国家社科基金项目"20世纪中期以来水环境政策与白洋淀地区人水关系研究"（18BZS150）资助

张慧芝 著

1949—2016年水环境政策与白洋淀地区人水关系研究

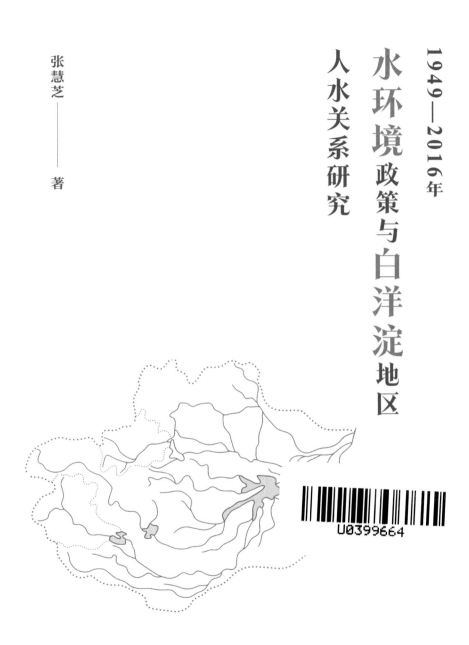

复旦大学出版社

序　言

这本书是张慧芝博士调到河北工业大学工作后,以京津冀地区海河流域人地关系为研究对象的第二部专著,也是她承担的国家社科基金项目"20世纪中期以来水环境政策与白洋淀地区人水关系研究"(18BZS150)的结项成果。当前中国特色社会主义建设进入新时代,亟须历史地理学更加充分地发挥其"有用于世"的积极作用,本书的撰述也充分体现了这一学术宗旨。

我一直主张,人类历史时期地理环境(不论是自然地理环境还是人文地理环境)变迁都是自然环境要素本身遵循自然规律变化与人为经济社会活动相互叠加共同作用所造成的结果,因而构成多元复合双向制约系统。慧芝博士在这本书的写作过程中也基于这一学术观点,将 20 世纪中叶以来白洋淀地区地理环境变迁与经济社会发展结合起来,进行综合研究,既探明地理环境变迁过程与特点,也探明经济社会发展历程及动力机制,更重要的则是要揭示出两者彼此制约与作用之"人地关系"规律,为未来之城——雄安新区建设和京津冀地区和谐人水关系的构建提供镜鉴,达到生态环境保护改善与经济社会健康持续发展的双赢目的。

白洋淀是华北地区现存最大的淡水湖泊,也是雄安新区选址的重要考量。从历史长时段来看,人类活动叠加在地貌、气候等自然要素变迁之上,淀内水量一直在盈溢与干涸间周期性变化,对京津冀区域水环境产生着直接影响。《1949—2016 年水环境政策与白洋淀地区人水关系研究》一书,选取了"水环境政策"与"人水关系"这两个带有明显交叉学科特征的研究对象,落实在白洋淀这一方圆数百公里的淀泊上,进行了实证研究。政府主导的水资源环境政策治理是中国水环境治理的主导模式,对 1949—2016 年水环境政策引导下人水关系从传统走向现代的过程进行研究,具有显著的典型性和现实价值。

慧芝博士这本书总字数逾40万字，以十一届三中全会为分界线，分上、下两部分，再以气候要素、国家重大水环境政策和重要水利工程等为依据，分为六章。在复原中国重要水环境政策实施、重大水利工程运行等与白洋淀人水关系的变化之间相互作用的基础上，分析得失，总结经验，为新时代雄安新区建设及21世纪人水关系重构中的中国话语提供学理服务。本书中具有新意的见解，还可以略举以下几处：

（1）学界对中华人民共和国75年来治水思想内容及效果的研究，或分阶段，或从理论层面宏观评述，具体到一个完整的中小尺度的人水系统，对政策作用下人水互动机制的实证研究，成果极少。慧芝博士以白洋淀地区为研究对象，从流域生态系统视角做了一个较为完整的个案研究。

（2）近年历史地理学、环境史对中国人水关系总结成果渐多，但对白洋淀研究多止于近代。随着雄安新区设立和湖长制逐步实施，以白洋淀地区为对象，对70多年来治水思想及实施效果做一个系统的实证研究，以微见著，以史为鉴，十分必要。

（3）水问题具有复杂性，学科交叉研究是趋势。近年将中共党史、新中国史与历史地理学、环境史等多学科交叉，探讨中国水环境制度政策下的人水关系，成果依然较少。这本书还大量借鉴了生态学、水文学、水利学等自然学科相关成果，量化揭示了白洋淀水环境的变化，对水环境政策的实践成效的评价也更为客观、科学。

（4）本书还关注了中华人民共和国成立后白洋淀流域居民对人水关系认知的变化转型。在马克思主义理论指导下，与工农群众结合，逐步形成具有社会主义性质的人水互动模式，对白洋淀水资源的利用、水环境的改造产生了根本变化。

（5）本书对"水库拦蓄"和"入海为安"治河利弊也进行了重新审视。洪水是一种自然现象，人类要想完全控制洪水不产生灾害，在当前科技水平下是无法办到的。面对白洋淀无水可蓄、无水可弃的局面，更需要改变传统观念。"给洪水出路，让洪水为我所用"，通过洪水资源化，在一定程度上解决区域水资源紧缺问题。

近期慧芝博士又承担了2024年度河北历史文化研究工程项目《大清河

流域开发史》书稿的撰写,她将继续在京津冀区域、海河流域历史地理领域耕耘探索,这一点也值得称道,深感欣慰。这本书行将出版,要我写篇序文。回忆当年慧芝博士师从我学习的情景,宛然如昨,因而欣然从命写成这篇序文,以供读者诸君审读品鉴。

朱士光
2024 年 11 月 6 日于西安城南望秦书屋

目 录

导言   1

上篇   走出传统
毛泽东时代改造语境下
白洋淀地区人水关系大变革（1949—1977）

第一章   社会主义改造背景下白洋淀水环境治理转变   41
  第一节   淀区社会主义制度的逐步确立   43
  第二节   白洋淀自然特征和主要水灾害   59
  第三节   淀区生产定位与水环境相互作用   68
  第四节   1949—1957年社会背景与白洋淀流域水环境治理   82
  本章小结   98

第二章   1958—1965年"大跃进"背景下白洋淀水环境的剧变   101
  第一节   白洋淀自然和人文要素的主要特征   103
  第二节   根治海河与以白洋淀为中心的流域治水   121
  第三节   生产"大跃进"与白洋淀水环境综合治理互动   141
  第四节   白洋淀流域对社会主义人水关系的实践探索   156
  本章小结   167

第三章　1966—1977年工农业生产发展与白洋淀区水环境的新问题 … 169
　第一节　白洋淀自然和人文要素的主要特征 … 171
　第二节　"向淀底要粮"与白洋淀区水环境相互作用 … 191
　第三节　综合治理白洋淀的十六字方针与流域水利工程 … 208
　第四节　重视工业污染与第一次综合治理白洋淀水环境 … 224
　本章小结 … 235

下篇　面向世界
改革开放以来科学语境下
人水关系调整（1978—2016）

第四章　1978—1987年乡镇企业的迅速发展与白洋淀水环境 … 241
　第一节　20世纪七八十年代白洋淀主要地理特征 … 243
　第二节　改革开放与白洋淀水环境保护的转折 … 259
　第三节　水环境变化与淀区传统渔耕产业调整 … 268
　第四节　白洋淀流域综合治理及对水环境的影响 … 283
　本章小结 … 297

第五章　1988—2000年白洋淀重新蓄水对产业和城镇化的影响 … 299
　第一节　20世纪末白洋淀区的主要地理特征 … 301
　第二节　中国步入依法治水新阶段与白洋淀水环境治理 … 318
　第三节　1988年白洋淀重新蓄水与淀区社会经济调整 … 328
　第四节　白洋淀水环境问题与再次综合治理 … 343
　本章小结 … 357

第六章 2001—2016年白洋淀区城镇化提速与为构建和谐人水关系的
　　　　努力　　　　　　　　　　　　　　　　　　　　　　　　　359
　　第一节　新世纪白洋淀区主要地理特征　　　　　　　　　　　　361
　　第二节　强化水资源保护与白洋淀产业结构再调整　　　　　　　376
　　第三节　白洋淀基于生态系统的第四次综合治理　　　　　　　　390
　　第四节　白洋淀水环境治理逐步上升为国家战略　　　　　　　　409
　　本章小结　　　　　　　　　　　　　　　　　　　　　　　　　419

结论与讨论　　　　　　　　　　　　　　　　　　　　　　　　　421

参考文献　　　　　　　　　　　　　　　　　　　　　　　　　　439

导言

本书选取了京津冀区域协同发展最宝贵的生态资源——白洋淀为研究对象,以1949—2016年近70年间水环境政策对人水关系的影响为研究核心,旨在通过白洋淀地区的个案研究,对马克思主义理论指导下、社会主义公有制背景下的人地(水)关系的理论与实践展开较为深入的探讨。以史为鉴,面向未来,从微观层面,服务雄安新区现代化都市建设与白洋淀湖泊利用现代化转型的同步推进;从宏观层面,为人与自然和谐的中国式现代化建设提供学理服务。

一、 研究的时空范围、特征

大清河是海河五大水系之一,白洋淀位于大清河流域中游。白洋淀流域横跨河北、山西两省和北京市,涉及38个县,总流域面积31 199平方千米,其中河北省占81.04%。在河北境内的流域面积中,保定地区又占近85%。[1] 截至2016年,入淀水系主要有潴龙河、孝义河、唐河、府河、漕河、南北瀑河、萍河和1970年开挖的白沟引河。河水经过白洋淀蓄滞由枣林庄枢纽下泄,经赵王新河、大清河注入渤海。

(一) 白洋淀概念及本书研究范围

历史时期白洋淀湖泊群有西淀、东淀之分,这一说法在18世纪中期得到官方认同,以今安新县赵北口东20余里的张青口为分界点,明确了东、西两淀的划分,"口西西淀,口东东淀"[2]。目前张青口三村隶属雄县龙湾镇,明清两代这里曾是长芦盐场大清河转运中心之一[3]。基于自然变化和历史

---

[1] 安新县地方志编纂委员会编:《安新县志》,新华出版社,2000年,第175页。
[2] 赵尔巽等撰:《清史稿》卷五十四《地理一·直隶顺天府》,中华书局,1977年,第1899页。
[3] 嘉庆《长芦盐法志》卷十《转运下》。

演进,白洋淀概念有广义、狭义之分。

广义的白洋淀包括清代界定的西淀、东淀,泛指历史时期曾经出现在冀中地区,地跨今清苑、徐水、文安、任丘、高阳、安新、容城、雄县、霸州等地的湖泊群。在地貌上表现为"白洋淀—文安洼"构造洼地,即古白洋淀。①

狭义的白洋淀有两层含义:一是指西淀淀泊群中面积最大的一个,其周边还连接马棚淀、烧车淀、藻苲淀等诸多淀泊;二是指以白洋淀为核心的湖泊群,大致相当于历史时期的西淀。

20世纪前白洋淀是东淀、西淀中最大的淀泊,20世纪后人们习惯以白洋淀代称西淀,"白洋淀本淀面积居诸淀之首,故总称白洋淀"②。本书以白洋淀为研究对象,包括白洋淀本淀及周边藻苲淀、马棚淀、烧车淀等淀泊群,可以说研究的主体就是清代的西淀。

(二) 白洋淀的主要特征

白洋淀处于北纬 38°44′~38°59′、东经 115°45′~116°16′ 之间,四周被千里堤、新安北堤、四门堤、淀南新堤和障水埝等堤防环绕,1970年以后出水口被枣林庄枢纽控制,已类似一座人工水库。总面积366平方公里,由143个大小不等的淀泊和3 700多条沟壕组成,"水落则洼淀分明,水涨则互连成片"③,构成淀中有淀,沟壕相连,芦苇台田、浅滩沼泽与水面相间的特殊地貌。

1. 主要自然特征

白洋淀是一个水陆相间的平原湖泊,其中苇田、园田、村庄等陆地面积约占淀区面积的46.95%,水面约占53.05%。在水域范围中,沟壕水面占7.4%,泊淀面积约占41.1%。水位低时,洼淀轮廓分明,相互间沟壕连通;水位高时,淀泊互连成片,汪洋浩渺。

白洋淀地区属季风区暖温带半干旱地区,大陆性季风气候特点显著,年

---

① 石超艺:《明代前期白洋淀始盛初探》,载中国地理学会历史地理专业委员会《历史地理》编辑委员会编《历史地理》(第26辑),上海人民出版社,2012年,第275页。
② 彭艳芬:《白洋淀名称考释》,《兰台世界》2011年第26期。
③ 徐正编著:《海河今昔纪要》,河北省水利志编辑办公室,1985年,第172页。

平均气温7~12℃,基本满足一年两熟作物生长的需要。① 淀区多年平均降水量563.9毫米,降水年际变化较大,年内降水量分配也极不平衡,80%集中在汛期6—8月三个月内,且多以暴雨的形式出现。文献记载:"或有十日之雨,则燕南赵北悉为巨浸,设有十日之旱,则上谷中山尽为石田。"②在地形、气候等自然因素作用下,水旱无常。

白洋淀是华北地区最大的淡水浅湖型生态系统,在历史时期属于天然的蓄滞洪区③,是大清河乃至海河水系重要的汛期蓄滞调节洪水的场所。同时,白洋淀也是京津冀地区重要的湿地系统,被称为"华北之肾"。

2. 主要人文特征

白洋淀在京津冀区域的主要功能,大致经历了"军事—生产—生态"的变化过程。

白洋淀毗邻保定市,先秦时期利用淀泊湿地的自然阻隔作用,"燕南赵北,昔为百战之场"④。燕国曾将易水河堤改为军事防御设施,史称燕南长城,具有"燕水不南,赵水不北"的军事、防洪两种功能。⑤ 自宋代开始统一管理白洋淀地区⑥,并兴建塘泊围堰。金元以降,京师北迁,白洋淀纳入京畿区,清代在淀内建有行宫,政治文化功能提升。抗日战争中,白洋淀区归属晋察冀边区政府,涌现出了雁翎队等抗日力量。新中国成立后至2016年,白洋淀一直分属保定、沧州两地,具体位于安新、容城、雄县、高阳、任丘五县市,其中约85%位于安新县境内。其间白洋淀京畿区的地缘位置依旧,"一五"计划启动后,明确了白洋淀水产品供给和服务京津保城市和工业化的职能定位;1993年,白洋淀(含周边地区)被国家确定为海河流域26处蓄滞洪区之一,随着可持续发展理念、生态文明思想上升为国家战略,白洋淀在京津冀区域的生态功能受到了前所未有的重视。

---

① 程伍群、王涛:《半干旱地区水资源平衡合理利用是农业持续发展的命脉》,载河北农业大学编《白洋淀周边地区农业持续发展道路》,农业出版社,1993年,第56页。
② 道光《安州志》卷十六《艺文志·疏通直隶水利论》,清道光二十六年稿本。
③ 安新县地方志编纂委员会编:《安新县志》,新华出版社,2000年,第175—180页。
④ 光绪《畿辅通志》卷五十八《舆地略十三·山川二·顺天府》,载《续修四库全书》(第632册),上海古籍出版社,1996年,第297页。
⑤ 孙全录编著:《大城地名志》,河北人民出版社,2014年,第325页。
⑥ 彭艳芬著:《白洋淀历史与文化》,河北大学出版社,2012年,第107页。

(三) 白洋淀流域的主要特征

大清河水系由源于恒山南麓、太行山东麓的河流呈扇形汇集而成,因上游支流众多,历史上将其划分为不同部分,且有多种划分方法,如三分法、四分法。① 现代则按汇流地把大清河上游简分为北系和南系,凡入东淀者为北支,入西淀者为南支。② 白洋淀承接大清河水系来水,有"九河下梢"之称。大清河水系南、北两支主要有潴龙河、孝义河、唐河、瀑河、府河、萍河、漕河及白沟引河(详见表0-1-1),大白洋淀流域多年平均降水量500~600毫米,80%以上集中在6—8月,多年平均径流量23.53亿立方米。

表0-1-1 1970年后汇入白洋淀的主要水系

水系	支流	入淀	源头	流域概况
大清河南支	潴龙河	马棚淀	繁峙	河长80.8公里,流域面积9430平方公里,多年平均径流量7.75亿立方米
	孝义河	马棚淀	安国	河长90公里,流域面积1262平方公里
	唐河	藻苲淀	浑源	河长333公里,流域面积8390平方公里,多年平均径流量5.9亿立方米
	瀑河	藻苲淀	易县	河长73公里,流域面积649平方公里,多年平均径流量0.59亿立方米
	府河	淀西部	保定	河长62公里,流域面积381平方公里,多年平均径流量1.69亿立方米
	萍河	南藻苲	定兴	全长30公里,流域面积435平方公里
	漕河	藻苲淀	徐水	全长110公里,流域面积800平方公里,多年平均径流量1.19亿立方米
大清河北支	白沟引河	淀东北部	涞源	人工河,1970年开挖。全长12公里,流域面积1万平方公里

数据来源:《安新县志》(2000年)第176、177页。

---

① 王建革:《清浊分流:环境变迁与清代大清河下游治水特点》,《清史研究》2001年第2期;邹逸麟主编:《黄淮海平原历史地理》,安徽教育出版社,1993年,第157—158页。
② 《中国河湖大典》编纂委员会编著:《中国河湖大典(海河卷)》,中国水利水电出版社,2013年,第93页。

新中国成立后,针对白洋淀入淀河道、出淀河口都进行了大规模治理。第一,入淀水系治理。1970年建成新盖房水利枢纽,开挖白沟引河,将大清河北支一般年份的洪水引入白洋淀,在丰水年份启用大清河分洪道行洪。自此,大清河上游南北水系皆入白洋淀。第二,对白洋淀出水口的治理。在唯一的出水口——赵北口,修筑了枣林庄枢纽工程,人为控制了淀水下泄。第三,大清河尾闾入海治理。20世纪50年代建成独流减河,流域洪水大部分由此入渤海,不再汇入海河干流。第四,大规模水利工程建设。在流域上游有大型水库6座、中型水库8座、小型水库121座,总库容36亿立方米,另有万亩以上灌区28处。①

(四) 研究时间说明

白洋淀是河北平原上唯一常年积水的洼地,究其自然成因,地质、地理等学科一直存在争议;探究人类作用,基本认同以宋代大规模人工筑堤围堰为标志,白洋淀最终蓄水成淀。② 历史地理学、环境史等学科,基于考古资料、典籍文献等,大致认同白洋淀湖泊群变化与全新世暖湿期以来气候变化、公元前602年以来黄河下游河道变迁、3世纪以来海河水系形成发育,以及11世纪以来筑堰围垦等活动密切相关。③

本书选取了1949年新中国成立至2017年雄安新区设立前的近70年为研究时间范围。主要基于以下三点考量:

第一,1949年新中国成立,标志着白洋淀水资源的利用从传统的私有制进入了以社会主义公有制为主的新阶段;

---

① 河北省地方志编纂委员会编:《河北省志·水利志(1979—2005)》,河北人民出版社,2018年,第36页。
② 何乃华、朱宣清:《白洋淀形成原因的探讨》,《地理学与国土研究》1994年第1期;吴忱、许清海:《"演变阶段"与"成因"不能混为一谈——也谈白洋淀的成因》,《湖泊科学》1998年第3期;王若柏:《白洋淀流域特殊地貌——撞击成因与相关问题的探讨》,《地学前缘》2004年第2期;宫进忠:《诘问白洋淀陨击假说》,《地学前缘》2004年第4期;王若柏、何肇雄、万文妮等:《一种特殊的地貌现象——碟形洼地群及其成因的探索》,《地质论评》2004年第4期;王若柏、苏建锋:《冀中平原历史地貌研究与白洋淀成因的探讨》,《地理科学》2008年第4期等。
③ 邹逸麟:《黄河下游河道变迁及其影响概述》,《复旦学报》(社会科学版)1980年第1期;彭艳芬著:《白洋淀历史与文化》,河北大学出版社,2012年;韩嘉谷著:《天津古史寻绎》,天津古籍出版社,2006年等。

第二,2017年雄安新区设立,标志着白洋淀水资源、水环境保护利用,进入了中国式现代化大都市水安全保障的新时代;

第三,1949—2016年间,以白洋淀为中心的水利工程,经历了从传统散乱的堤堰到形成现代治水工程体系的巨大变化,其间国家水环境政策发挥着自上而下的引导作用。

二、主要概念解读

习近平总书记"山水林田湖是一个生命共同体"的生态思想,是对马克思主义生态文明思想的原创新贡献,是本书研究的基本哲学遵循。此外,从1972年参加斯德哥尔摩人类环境会议开始,中国的环境政策就紧跟国际环境政策的步伐。因此,国内外学界对水环境、水环境政策、人水关系等基本概念、基本理论的解读,也为本书研究提供了方法论层面的指导。

(一) 水环境概念、内涵

传统意义上的水环境仅限于水体,18世纪以来随着科学的进步,人类对水体、水环境的内涵、功能等的理解也逐步完整。

1. 对水体理解的扩展

根据《中国大百科全书》,水体是江、河、湖、海、地下水、冰川等的总称,是被水覆盖地段的自然综合体。[①] 水体不仅包括水,也包括水中的悬浮物、底泥及水生生物等完整的生态系统。

2. 对水环境概念解读的丰富

不同学科研究侧重点不同,如研究水环境容量时,水环境即指水体;在确定水环境质量标准时,水环境是指水质;一般理解水环境即水资源。《环

---

① 中国大百科全书出版社编辑部、中国大百科全书总编辑委员会《大气科学、海洋科学、水文科学》编辑委员会编:《中国大百科全书:大气科学、海洋科学、水文科学》,中国大百科全书出版社,1992年,第701页。

境科学大辞典》提出:"水环境主要由地表水环境和地下水环境两部分组成。地表水环境包括河流、湖泊、水库、海洋、池塘、沼泽、冰川等。地下水环境包括泉水、浅层地下水、深层地下水等。"①详细解释了水环境的内涵、外延。我国《水文基本术语和符号标准》则规定:"水环境是指围绕人群空间可直接或间接影响人类生活和发展的水体,以及影响其正常功能的各种自然因素和有关的社会因素的总体。"②这是一个内涵较为全面的解读,且体现了人类社会与水环境的共生关系。本书对水环境的理解,主要基于上述权威解释。

3. 水环境包括硬环境、软环境两方面

从系统论出发,有研究提出水体环境包括两方面:第一,水的硬环境,即水的物质环境,主要包括自然地理条件、与水相关并相互制约的基础设施等;第二,水的软环境,即水的人文环境,主要包括政治经济制度、法律、文化、人口等因素。因此,在研究水环境时,除了水质、水量、水资源或水体,还必须综合考虑水的软、硬环境,"水环境的状态是水质、水量、水效益、水生态、水法规等要素的综合反映"③。

水环境是环境要素中最复杂的一个系统。④ 本书重在研究水环境政策,属于软环境范畴。本书主要研究人对水环境的作用,聚焦在对人的群体行为产生重大影响的水环境政策上。鉴于中国社会主义公有制的特征及其对组织生产过程的影响,水环境治理具有显著的自上而下的特征,水环境政策就成为构成软环境的核心要素,指导并引领人们的行为作用于水的硬环境,譬如水利设施、水利工程的建设等。

(二) 水环境的主要特征、功能

水资源是人类须臾难离的。水资源供需状态是社会经济可持续发展的

---

① 《环境科学大辞典》编委会主编:《环境科学大辞典》,中国环境科学出版社,2008年,第6250页。

② 中国人民共和国国家标准 GB/T50095—1998《水文基本术语和符号标准》。

③ 曾群:《汉江中下游水环境与可持续发展研究》,博士学位论文,华东师范大学,2005年,第6页。

④ 陈晓宏、江涛、陈俊合编著:《水环境评价与规划》,中国水利水电出版社,2007年,第1页。

基础,是保障生态环境与社会经济协调发展的主要影响因素。同时,水资源是水环境的主体,水环境是区域环境的重要组成部分。

1. 水环境的主要特征

根据水环境概念的内涵和外延,分析其特征需要考虑三个层面:

第一,综合性。水环境由气候、地貌、人口、政治体制、法律法规、社会文化等诸多因素构成,这些因素构成了一个"多维的、有着自身内部结构"[①]的系统。

第二,动态性,或曰时效性。构成水环境系统的诸因素,处于不断变化和运动之中,各因素之间还会出现新的组合,形成新的环境特征。

第三,差异性。在不同地区、在同一地区的不同发展阶段,因诸要素特征不同,水环境也会出现不同的特征。

2. 水环境的主要功能

水环境的功能是指水环境及其生态过程,以及形成并维持人类赖以生存的自然环境的条件与效用。[②] 水环境是人类社会经济的基础资源,也是维持人类生存与发展的生态环境条件。因此,水环境的功能可划分为环境生态功能和经济社会功能。[③] 具体阐释如下:

第一,水环境的环境生态功能包括调节功能和生命支持功能。水环境的调节作用主要包括区域气候调节、水文调节、河流输送、侵蚀控制、水质净化等,水环境的生命支持功能主要指维持自然生态过程、区域生态环境条件的功能;

第二,水环境的经济社会功能包括提供产品和文化功能。水环境提供的产品主要包括人类生活生产用水、水产品生产、内陆航运、水力发电、基因资源等,水环境的文化功能主要包括文化多样性、文化遗产价值、教育价值、美学价值、生态旅游价值等。水是自然景观的灵魂,同时,水环境作为一种独特的生存环境,又是塑造地域文化类型的重要动力。

---

① 曾群:《汉江中下游水环境与可持续发展研究》,博士学位论文,华东师范大学,2005年。
② Gretchen C. Daily, *Nature's services* (Island Press, 1997).
③ 欧阳志云、赵同谦、王效科、苗鸿:《水生态服务功能分析及其间接价值评价》,《生态学报》2004年第10期。

（三）政策、水环境政策等概念解读

约束人类行为的规则可以分为"非正式约束"和"正式约束"，前者包括风俗、文化、道德、禁忌等，后者包括政策、法律、产权等，制度是二者的总和。政策则一般是指政府等特定组织制定的战略纲领、行动计划等。因此，从内涵上看，政策属于"正式约束"范畴，政策包含于制度之中，是制度的一种主要形式。[①]

1. 国内外关于政策概念的解读

制定政策和实施政策是一个政党和国家政府存在的基础，国家公共权力机关通过制定和实施政策来实现国家的职能。对于政策概念，国内外皆有阐发，如政策科学的创立者之一哈罗德·拉斯韦尔认为，政策是一种含有目标、价值与策略的新型计划。[②] 美国安德森认为："政策是一个有目的的活动过程，而这些活动是由一个或一批行为者，为处理某一问题或有关事务而采取的。"[③]国内林水波、张世贤等认为："政策是执行行动的指引，它是一个人、团体或政府在固定的环境中，所拟定的一个行动计划。"[④]可见，政策的主体不仅包括国家和政府，还包括个人和团体。《现代汉语词典》诠释："政策是国家政权机关或政党为了实现政治、经济、文化上的目的，根据历史条件和当前情况制定的一套措施和办法。"[⑤]此定义将政策主体界定为国家权力机关或政党。

基于上述分析，本书中水环境政策既包括中国共产党相关的文件、报告，也包括中国共产党作为执政党，领导国家政权组织制定的法律、规定、条例等。本书研究的水环境政策不仅是一些措施和办法，还包括战略性的、指

---

① 杨洪刚：《中国环境政策工具的实施效果及其选择研究》，博士学位论文，复旦大学，2009年。

② 参见沈桂萍、石亚洲著：《民族政策科学导论：当代中国民族政策理论研究》，中央民族大学出版社，1998年，第19页。

③ 詹姆斯·E·安德森著：《公共决策》，唐亮译，华夏出版社，1990年，第4页。

④ 林水波、张世贤著：《公共政策》，五南图书出版公司，1997年，第5页。

⑤ 中国社会科学院语言研究所词典编辑室编：《现代汉语词典》，商务印书馆，2002年，第1317页。

导性的、法律层面的政策。

2. 本书对水环境政策采用了广义的理解

关于环境政策内涵的界定,国内外学界多有研究。日本宫本宪一认为:"所谓环境政策是指通过防止公害和环境保护,为保卫人类的生命和健康,确保舒适性而制定的综合性公共政策。"①英国简·罗伯茨提出:"环境政策是用来指导人类对环境资本和环境服务进行决策制定的一系列准则和意向。"②国内沈满红等认为:"环境政策是国家(而不仅是政府)为保护环境所采取的一系列控制、管理、调节措施的总和。"③李康等提出:"环境政策是可持续发展战略和环境保护战略的延伸和具体化,是诱导、约束、协调环境政策调控对象的观念和行为的准则,是实现可持续发展战略目标的定向管理手段。"④基于上述研究,环境政策定义可分为广义和狭义两种,广义说认为环境政策是指国家在环境保护方面的一切行动和说法,环境政策应该包括环境法律法规;狭义说则认为环境政策是与环境法律法规平行的一个概念,它是指在环境法律法规以外的有关政策安排。

服务课题研究内容,本书对环境政策采用了广义的理解。认同夏光等提出的观点:环境政策是国家为保护环境所采取的一系列控制、管理、调节措施的总和,代表了一定时期内国家权力系统或决策者,在环境保护方面的意志、取向和能力。⑤ 因此,本书中的水环境政策主要指党中央、国家和地方各级政府,围绕水环境保护、开发利用而制定的一系列控制、管理、调节措施的总和,包括国家针对水环境保护的总体方针、基本原则、惩罚规则等。具体表现形式和环境政策一致,有四个层面:(1)宪法、基本法律和有关环境资源保护的法律、行政法规;(2)执政党制定的各种有关环境保护的纲领、决议、通知等文件;(3)中央政府和各级地方政府制定的有关环境保护的规范性文件;(4)中国参加或者签订的有关环境资源保护的国际性法律和政

---

① 宫本宪一著:《环境经济学》,朴玉译,生活·读书·新知三联书店,2004年,第162页。
② 简·罗伯茨著:《环境政策》,朱琳主译,华东理工大学出版社,2020年,第2页。
③ 沈满红、何灵巧:《外部性的分类及外部性理论的演化》,《浙江大学学报》(人文社会科学版)2002年第1期。
④ 李康著:《环境政策学》,清华大学出版社,2000年,第48—52页。
⑤ 夏光著:《环境政策创新:环境政策的经济分析》,中国环境科学出版社,2002年,第55—56页。

策性文件。①

（四）水环境政策与人水关系

水环境作为一项公共物品，具有一定的非竞争性和非排他性。因此，水环境问题的解决更多需要依靠政府的力量，通过出台相应的环境政策，来协调相关方的利益，制约其行为。政府主导的水资源环境政策治理是中国水环境治理的主导模式②，这也是中国学界的基本共识③。政府或其他公共机构凭借其法定权力，制定法律、法规、政策等权威性的规则并付诸实施，对社会主体行为进行约束和规范④；政府立法部门或环保相关部门通过出台一系列的法律法规、政策措施来对环境破坏行为进行约束和规范⑤，对水资源和水环境保护行为进行鼓励和奖励。历史上，人类活动经历了由小到大、由弱到强、由自发行为到组织化行动的过程⑥，从各地水利设施的运作功能和历史轨迹，"可以看到区域生态环境变迁中自然与人力的两种作用力，而国家扮演了决定性的角色"⑦。

1. 水环境政策就是人类利用水资源的文化准则

在一定的社会环境下，人的任何具有社会性的行为，一般都是在事先的规定性、过程的可掌控性和事后的可预见性等层面上展开的。美国威廉·哈维兰提出，人类社会要存在下去，就必须使社会成员的个人利益与社会整体要求之间达到平衡，"要实现这种平衡，它必须对遵守其文化准则的成员

---

① 任春晓：《我国环境政策预期与绩效的悖反及其矫正》，《行政论坛》2007年第3期。
② 《李克强副总理在第七次全国环境保护大会上的讲话》，《环境保护》2012年第1期。
③ 张琪慧、王正早、王沐丹等：《深化水资源水环境政策改革，积极推动环境社会治理——PACE 20周年纪念大会会议综述》，《中国环境管理》2017年第5期。
④ 周生贤：《主动适应生态文明建设和环保新常态》，《中国环境报》2014年11月4日第2版。
⑤ 陈吉宁：《以改善环境质量为核心，全力打好补齐环保短板攻坚战——在2016年全国环境保护工作会议上的讲话》，《环境经济》2016年增刊第1期。
⑥ 侯甬坚：《历史地理学、环境史学科之异同辨析》，《天津社会科学》2011年第1期。
⑦ 南德、马瑞诗、孙竞昊等：《笔谈：历史视野中的水环境与水资源》，《浙江大学学报》（人文社会科学版）2017年第3期。

给予奖励"。① 他所谓的"文化准则"是指,特定的社会体系内,其共同体成员应该一致遵守的制度。他还提出人类在社会中的谋生方式来源于逐步形成的知识体系,而这一知识体系也是人类文化的核心,包括利用资源的生产技术、把技术应用于不同环境的劳动方式。② 德国柯武刚提出:"制度是行为规则,并由此而成为一种引导人们行动的手段。"③二者结合,可以得出这样的结论:人类应对自然资源、自然环境的"生产技术"和"技术应用",实质就是人类社会制度的具体表现。④ 人类针对自然环境的行为要受到"文化准则"的制约,或曰制度的制约。

基于上述分析,人类对水的行为首先是一种文化行为,其次要受到制度的规范和引导,所以各级政府颁布的与水相关的法规政策就成为水资源保护利用、水务管理等一切水事活动的准则。

2. 水环境政策的工具强制性

截至 2016 年,白洋淀作为国家级蓄滞洪区、湖泊湿地保护区,加上湖泊自身生态系统安全要求,所面临的水环境问题主要包括:气候波动带来的生态问题,上游截蓄引水带来的入淀水量减少乃至干淀问题,上游及淀区废水等排入带来的水体污染问题,上下游大型水利工程建成使湖泊变为人工水库、生态系统失去活力的问题等。这些问题的解决就需要突破属地管理和部门管理分散割裂的瓶颈,逐步走向流域系统内的整体协同,这就需要发展"区域划分"类政策工具,积极整合淀区行政区划,改变国家、省级、地级、县级主管部门间"多龙治水"多头管理的局面,促进白洋淀水污染治理外部效应的内部化。

从政策工具强制程度上看,存在对管制型政策工具的路径依赖,其他工具类型的实施也大多以政府主导为主要手段。⑤ 2017 年雄安新区设立,解决了长期以来白洋淀区分属保定、沧州两地管辖的困境,借助政策工具将白

---

① 哈维兰著:《文化人类学》,瞿铁鹏、张钰译,上海社会科学院出版社,2006 年,第 54 页。

② 同上书,第 168 页。

③ 柯武刚、史漫飞著:《制度经济学:社会秩序与公共政策》,韩朝华译,商务印书馆,2000 年,第 112—113 页。

④ 赵新峰、张欣蕊:《雄安新区水污染治理中的政策工具选择研究——基于白洋淀流域政策文本(1984—2018)》,《中共宁波市委党校学报》2019 年第 5 期。

⑤ 同上。

洋淀的管理权限升级。服务"千年大计"的国家战略,遵循集体行动的文化准则与协同治理的理念,为白洋淀水环境治理最终形成跨行政区划、跨部门的流域高效联动协同机制,提供了政策工具保障。

三、研究进展

水是环境的重要组成部分,水环境则是社会经济发展和人类生存的资源空间。在人类文明史上,人地观念大致经历了畏惧自然、征服自然、谋求与自然和谐相处三大阶段。具体到白洋淀,由于其水域面积相对较小——依据21世纪初期数据,它不足鄱阳湖面积的9%,再加上历史时期一度干淀消失,所以关注度较少。清雍正三年(1725),潴龙河决口,白洋淀堤溃,第一次提出"治直隶之水,必自淀始",再加上津保运河开通,白洋淀地位得到很大提升。民国年间因数次大水成灾,顺直水利委员会等也针对白洋淀治理做过规划,多未能实现。新中国成立后,城市化、工业化发展迅速,白洋淀位于京津保腹地的地缘位置,使其生产功能、防洪功能得到了前所未有的关注,特别是1963年大洪水之后。20世纪60年代后期开始,严重的污染、多次干淀带来了难以逆转的生态问题,引起政府和学界的高度关注,80年代以来以白洋淀为研究对象的成果持续增加,2017年设立雄安新区后相关研究更是井喷式增加。

(一)国内关于水环境问题的相关研究进展

20世纪80年代至今,出现了大量与白洋淀相关的学术文章。概览之,专题研究主要有白洋淀成因探讨、古环境与史前文化、气候水文、水生生物生态体系与水环境质量、湿地退化与保护、水利工程与水环境、产业发展与水环境等,重在对白洋淀水量减少、水质降低及如何修复展开研究。此外,针对海河流域的相关探讨,包括灾害治理、河道变迁、水利灌溉、流域生态修复等,也涉及白洋淀水环境研究。

1. 对水环境问题的相关研究

水环境作为区域可持续发展不可替代的自然基础和资源,相关研究成果众多,核心聚焦在水环境与城市可持续发展、与区域经济社会可持续发展之间的互动关系,旨在总结经验、探寻规律,摆脱目前水问题困境。在国家层面,水利部及其下属的长江水利委员会、黄河水利委员会、海河水利委员会等管理机构,中国科学院下属的水生生物研究所、南京地理与湖泊研究所等研究单位,都集中力量组织展开了重大项目研究工作。在这些重大成果引导下,一些地方高校科研单位也针对区域水环境问题做了大量研究。

40多年来成果丰硕,主要集中在环境科学、生态学、水利水电工程、水产和渔业等学科。这些成果主要从水环境的质量和数量的变化过程、特征,水域生态系统的演变,以及政府和社会对水环境的管理等方面,对我国水环境展开了全方位的综合研究。同时,从流域系统视域进行水环境整体研究的成果也较为丰硕。[1]

2. 对新中国水环境政策法规的研究

新中国成立至21世纪初,有关环境保护的重大决策与行动达130余项[2],应用了包括直接管制、经济刺激和公众参与等各类型的环境政策工具,取得了显著的环境成效。从1973年开始到2016年,全国共开了七次全国性的环境保护会议,前六次都叫"全国环境保护会议",第七次改称"全国环境保护大会"。

关于水环境政策的核心内容,有学者在对长三角地区三省一市水环境政策文件展开研究时,以"水污染""水治理""水保护""河流治理""河流污染""河流保护""湖泊治理""湖泊污染"和"湖泊保护"等为关键词展开检索,这些关键词也反映出学界对水环境及水环境政策核心内涵的理解。[3] 有研究提出,截至21世纪初,中国对流域水环境管理体制的变迁可划分为四个阶段,即起步阶段(1949—1978年)、转变阶段(1979—1994

---

[1] 主要成果有孟伟、张远、郑丙辉:《水环境质量基准、标准与流域水污染物总量控制策略》,《环境科学研究》2006年第3期;孟伟:《中国流域水环境污染综合防治战略》,《中国环境科学》2007年第5期;史玉成:《流域水环境治理"河长制"模式的规范建构——基于法律和政治系统的双重视角》,《现代法学》2018年第6期等。

[2] 张坤民、温宗国、彭立颖:《当代中国的环境政策:形成、特点与评价》,《中国人口·资源与环境》2007年第2期。

[3] 万欣、苏鹏程、郑亚平:《长三角水环境政策效力及耦合协调关系演化》,《水利经济》2022年第2期。

年)、深化阶段(1995—2005年)、强化阶段(2006年至今);并把中国流域水环境管理体制变迁的动力,概括为流域突发性水污染、高层领导的重视与推动、政府职能转变、社会公众的参与意识等方面,基于中央的流域水环境政策只有得到地方政府有效执行才能保障生效,认为中央与地方的关系是我国流域水环境管理体制变动的主导因素。① 面对21世纪水环境可能出现的新问题,有研究基于对我国水环境形势的分析,提出应着力完善环境经济政策,建立起水环境治理稳定模式,即以市场为主,政府给予必要政策扶持。②

3. 对国外水环境治理案例、经验的研究

积极借鉴国外管理经验,寻求适合我国的水环境管理体制,也是近年政界、学界关注的重点。水环境概念的出现就反映了对"水"的理解从单一到系统的过程,如德国、法国、荷兰三国的治水观念,便由过去单一修建防洪工程防灾减灾,转变为以保护水环境为重点的多目标综合治理,把防洪工程措施与水环境、社会环境结合起来。他们认为洪水是自然现象,不可能不发生,也不可能人为完全控制住,让河流保持自然状态、尊重其自身属性是治理的基本原则。③ 通过对美、英、法、日、韩及南非等国水环境管理体制确立和发展过程的研究,发现各国大都采取了水资源流域管理与综合管理相结合的做法。④ 此外,各国在明确环境保护部门在水环境管理中的主导地位,将水环境管理权利系统化、专门化的同时,也注意到了集权与分权相适应,也需要调动发挥其他政府部门的作用。⑤

韩国从20世纪90年代开始实施河流保护计划,如1995年起对良才川河流开始综合治理,并取得显著成效。⑥ 其主要经验包括:实行流域综合管理的制度,鼓励当地社区、居民共同参与,促进湖泊所在区域共同努力来解

---

① 王资峰:《中国流域水环境管理体制研究》,博士学位论文,中国人民大学,2010年。
② 阎世辉:《关于我国水环境形势的分析及政策建议》,《环境保护》2001年第3期。
③ 郭勇:《基于新型人水关系的城市防洪规划对策研究》,硕士学位论文,华中科技大学,2006年。
④ 李晓锋、王双双、孟祥芳等:《国外水环境管理体制特征及对我国的启示》,《管理观察》2008年第10期。
⑤ 黄森慰、卞莉莉、苏时鹏:《农村水环境研究文献综述》,《河南科技学院学报》2011年第5期。
⑥ 北京市水利局水环境治理考察团:《日本韩国的水环境治理》,《北京水利》2003年第4期。

决水问题等。① 国民环保意识和政策管理措施是水环境治理的保障体系,鉴于此,要使环保成为一项全民运动。② 日本环境保护属于典型的先污染后治理,为此付出了沉重的代价。1958 年就开始实施《水质保护法》《工业污水限制法》等,但未能控制住环境的恶化。③ 1987 年制定了国家水资源综合管理规划,强调要以流域为基本管理单位;20 世纪末提出了面向 21 世纪的河流治理策略,以形成良好的河流景观和滨水环境为目标,2001 年对琵琶湖水质保护和综合开发成效显著。④ 总之,20 世纪 70 年代以来,日本环境部和地方政府实施了一系列水环境管理政策和措施。我国是一个行政色彩较浓的国家,日本依靠行政政策指导成功控制水污染的经验⑤,值得我国借鉴。

(二) 国内对白洋淀水环境的相关研究进展

20 世纪五六十年代,对白洋淀的关注多局限在水产经济及人民公社对生产的促进上⑥,但 1965 年后渔业产量逐渐下降,同时水量减少,水质污染加剧,70 年代末开始从生态学视角关注水产问题⑦。80 年代以后,中国北方水资源短缺问题加重,生态不可持续危机显现,白洋淀在区域"生态—经济—社会"中的复合影响力日益受到重视,逐步进入多学科系统研究阶段,越来越多的研究关注到人类活动对白洋淀生态系统的影响⑧。

---

① 刘芳、王圣瑞、李贵宝等:《韩国湖泊水污染特征与水环境保护管理》,《水利发展研究》2015 年第 6 期。
② 北京市水利局水环境治理考察团:《日本韩国的水环境治理》,《北京水利》2003 年第 4 期。
③ 赵华林、郭启民、黄小赠:《日本水环境保护及总量控制技术与政策的启示——日本水污染物总量控制考察报告》,《环境保护》2007 年第 24 期。
④ 北京市水利局水环境治理考察团:《日本韩国的水环境治理》,《北京水利》2003 年第 4 期。
⑤ 主要成果如陈艳卿、刘宪兵、黄翠芳:《日本水环境管理标准与法规》,《环境保护》2010 年第 23 期;高娟、李贵宝、华珞等:《日本水环境标准及其对我国的启示》,《中国水利》2005 年第 11 期;白音包力皋、丁志雄:《日本城市防洪减灾综合措施及发展动态》,《水利水电科技进展》2006 年第 3 期等。
⑥ 主要成果有范果仪、张乃新:《白洋淀的青虾》,《动物学杂志》1959 年第 3 期;王维恭:《白洋淀公社杨庄子丰产塘的经验》,《中国水产》1959 年第 1 期等。
⑦ 陈中康:《浅谈白洋淀渔业减产原因和增产措施》,《中国水产》1979 年第 4 期。
⑧ 何乃华、朱宣清:《白洋淀地区近 3 万年来的古环境与历史上人类活动的影响》,《海洋地质与第四纪地质》1992 年第 2 期。

1. 对白洋淀历史变迁的相关研究

首先是对白洋淀湖泊变化及原因的分析，主要是对上游土地开垦与中游淀泊淤废演变展开定性描述和原因分析。陈桥驿等通过对宁绍地区湖泊群研究，提出了湖泊垂直运动理论，认为一定的地形和气候条件下，湖泊循环体现了人类对地理环境的改造。[1] 在此思路下，邓辉等系统复原了北宋时期冀中平原"塘泺"湖泊群的分布与水系结构[2]，研究了明清时期东淀湖泊的形成和演变过程[3]，王长松等研究了三角淀的形成与淤废过程[4]。这些研究成果均反映了白洋淀演变与流域人类活动、土地开垦之间的相互作用。

其次是从历史长时段探讨白洋淀开发和治理问题。有研究从历史文献的角度对北宋到清末近一千年来有关白洋淀水域开发与利用的文献进行梳理，分析了历代政府在开发中的措施与经验，旨在为雄安新区建设中对白洋淀水资源的开发治理提供历史借鉴。[5] 有研究对大清河上游南部流域三百年来县域尺度下耕地变化与白洋淀湖泊变化展开量化分析，结果显示开垦范围的扩大基本是由坡度平缓的地区向山区进发。[6] 白洋淀的收缩与土地开垦之间的相互关系为：由于人口激增，对耕地、木材、水资源需求增大，上游地区的森林砍伐导致水土流失日益严重，汇入白洋淀的河流含沙量增加，白洋淀逐渐淤积，淤成平陆的土地被人们不断开垦，甚至设坝挡水，主动围垦。[7] 此外，1664—1981年间，白洋淀区域的水域面积因围垦造田损失了90%，也有学者认为人类活动才是水环境演变的主要因素[8]。

---

[1] 陈桥驿、吕以春、乐祖谋：《论历史时期宁绍平原的湖泊演变》，《地理研究》1984年第3期。
[2] 邓辉、卜凡：《历史上冀中平原"塘泺"湖泊群的分布与水系结构》，《地理学报》2020年第11期。
[3] 邓辉、李羿：《人地关系视角下明清时期京津冀平原东淀湖泊群的时空变化》，《首都师范大学学报》（社会科学版）2018年第4期。
[4] 王长松、尹钧科：《三角淀的形成与淤废过程研究》，《中国农史》2014年第3期。
[5] 梁松涛、姜姗：《白洋淀淀群水资源治理开发的历史考察》，《河北大学学报》（哲学社会科学版）2017年第3期。
[6] 李俊、叶瑜、魏学琼：《过去300a大清河上游南部流域耕地变化重建》，《地理科学进展》2019年第6期。
[7] 王建革：《清浊分流：环境变迁与清代大清河下游治水特点》，《清史研究》2001年第2期；刘洪升：《唐宋以来海河流域水灾频繁原因分析》，《河北大学学报》（哲学社会科学版）2002年第1期等。
[8] 谭徐明：《海河流域水环境的历史演变及其主要影响因素研究》，《水利发展研究》2002年第12期。

2. 白洋淀史志编撰和历史文化研究

1996 年出版的《白洋淀志》①,第一次对白洋淀自然和人文历史进行了综合研究。受限于志书的性质,它具有地方性、资料性、广泛性、连续性等特征,并力求内容面面俱到,各部分之间体量均衡。史志"述而不论"的编撰要求,使它对白洋淀的形成与变迁、经济特征、军事地位涉及很少或没有论述,有所记述的则缺乏学术理论的提升。地志的特征就是留存资料,《白洋淀志》为进一步研究白洋淀的演变规律提供了基本史料。此外,由于白洋淀约 85% 的水域位于安新县境内,2000 年出版的《安新县志》也用很大的篇幅为白洋淀作志,内容翔实,留存了大量的数据,具有较大的史料价值。

2012 年出版的《白洋淀历史与文化》②一书,充分吸纳了《白洋淀志》《安新县志》的基本资料,以及白洋淀国土经济研究会等的研究成果,较为全面地梳理了历史时期白洋淀形成演变过程和主要特征,特别是新中国成立后至 21 世纪初期淀区水域实体形态的变化。该书系统地分析了白洋淀在区域政治、军事、经济、文化等方面的作用,研究内容包括水源水量、防洪灌溉、航运交通、渔苇生产、民俗和精神文化等内容,构建白洋淀历史与文化的基本轮廓,开了系统研究白洋淀历史的先河。

3. 从环境科学与资源利用的角度探讨白洋淀水环境状况

20 世纪 50 年代,以《白洋淀生物资源及其综合利用初步调查报告》《白洋淀的渔具》等为代表,开始了对白洋淀生态环境的讨论。90 年代以来,我国湿地生态恢复研究逐步深入,白洋淀是关注的重点之一。

有研究提出,1979 年以来白洋淀湿地面积减少、景观多样性降低,主要原因包括气候、水文过程及社会经济和政策等因素。③ 有研究用生态水位法计算了白洋淀湿地生态环境需水量,认为全年理想生态环境需水量为 2.78

---

① 安新县地方志办公室编纂:《白洋淀志》,中国书店,1996 年。
② 彭艳芬著:《白洋淀历史与文化》,河北大学出版社,2012 年。
③ 主要观点见白军红、房静思、黄来斌等:《白洋淀湖沼湿地系统景观格局演变及驱动力分析》,《地理研究》2013 年第 9 期;庄长伟、欧阳志云、徐卫华等:《近 33 年白洋淀景观动态变化》,《生态学报》2011 年第 3 期;张敏、宫兆宁、赵文吉:《近 30 年来白洋淀湿地演变驱动因子分析》,《生态学杂志》2016 年第 2 期;江波、肖洋、马文勇等:《1974—2011 年白洋淀土地覆盖时空变化特征》,《湿地科学与管理》2016 年第 1 期等。

亿立方米。① 有研究提出，1954—2008 年间白洋淀流域气温变化一直保持平稳上升趋势，平均每 10 年气温上升约 0.4～1.2℃，同期白洋淀流域多年平均降水量呈整体下降趋势，这将导致流域降水、径流、蒸发等水文要素的改变。② 针对 1960 年以来白洋淀湿地水位降低、水量减少等水环境变化，有学者提出气候变化在白洋淀湿地退化中起决定作用，其中降水对湿地的影响最大，人为因素在一定程度上加剧了这种趋势。③ 同时，通过生态补水和沼泽化治理，也能够缓解白洋淀的退化趋势。④

另外，很多研究关注了白洋淀水环境污染问题产生的原因及其生态后果，提出水环境污染原因包括淀外污染源、淀内污染源、营养物质的淀内循环及白洋淀水量减少等。此外，水利工程使白洋淀成为封闭的淀泊，也造成污染物难以排出，再加上政府重视程度不够、居民环境意识差等原因，增加了污染问题解决难度。⑤

4. 从生物学的角度探讨白洋淀水环境状态

20 世纪 50 年代就开始通过实地调查对白洋淀物种、群落、分布格局等进行研究，最早是对鱼类的调查⑥，此后的各个年代都在进行⑦，形成了较完整的 1949 年以来白洋淀鱼类演化资料。

---

① 衷平、杨志峰、崔保山等：《白洋淀湿地生态环境需水量研究》，《环境科学学报》2005 年第 8 期。
② 高彦春、王晗、龙笛：《白洋淀流域水文条件变化和面临的生态环境问题》，《资源科学》2009 年第 9 期。
③ 刘春兰、谢高地、肖玉：《气候变化对白洋淀湿地的影响》，《长江流域资源与环境》2007 年第 2 期。
④ 白军红、房静思、黄来斌等：《白洋淀湖沼湿地系统景观格局演变及驱动力分析》，《地理研究》2013 年第 9 期。
⑤ 主要成果有张笑归、刘树庆、窦铁岭等：《白洋淀水环境污染防治对策》，《中国生态农业学报》2006 年第 2 期；文丽青：《白洋淀水生态环境的变迁及影响因素》，《环境科学》1995 年增刊第 1 期；胡国成、许木启、许振成等：《府河—白洋淀沉积物中重金属污染特征及潜在风险评价》，《农业环境科学学报》2011 年第 1 期；张彦、寇利卿：《白洋淀污染现状空间分布规律可视化分析》，《中国环境管理干部学院学报》2014 年第 3 期等。
⑥ 郑葆珊、范勤德、戴定远著：《白洋淀鱼类》，河北人民出版社，1960 年。
⑦ 调查成果见白洋淀国土经济研究会等编：《白洋淀综合治理与开发研究》，河北人民出版社，1987 年；曹玉萍：《白洋淀重新蓄水后鱼类资源状况初报》，《淡水渔业》1991 年第 5 期；韩希福、王所安、曹玉萍：《白洋淀重新蓄水后鱼类组成的生态学分析》，《河北渔业》1991 年第 6 期；金相灿等著：《中国湖泊环境》（第二册），海洋出版社，1995 年等。

自 20 世纪 90 年代人工养殖开始大规模增加，2006 年开始"引黄济淀"跨流域调水，一些学者关注了这些举措对白洋淀水产资源、水环境的影响。鉴于经济鱼类在人工养殖下增长较快，有学者提出应有计划地予以节制，以便淀内鱼类资源的可持续发展。① 有研究基于对白洋淀水产养殖污染问题的调查分析，明确了白洋淀水产养殖对水环境的影响，提出了白洋淀水产养殖容量。② 有研究提出，2007 年群落生物量较 1980 年大幅下降，人工养殖、污染物排放和水位的变化可能是造成白洋淀湿地退化的主要原因。③ 此外，还有很多研究从生物学的角度探讨了污染对生物种群的影响，以及生物种群对污染的监测与修复等。④ "引黄济淀"后，人工放养种类增加，包括濒临灭绝的名贵经济鱼类，如黄鳝、黄颡等，鱼类数量有所增加，但鱼类的低龄化、小型化问题依然突显，鱼类资源多样性尚处于恢复之中。⑤

5. 研究水利工程对白洋淀水环境的影响

1952—1959 年白洋淀年均入淀水量 19.27 亿立方米，其中 8、9 月入淀水量占全年入淀总量的 73.3%，50 年代入淀水量基本能够反映自然状态下地表径流入淀的水量。1960 年以后，白洋淀流域上游山区先后有约 150 座水库投入运行，上游山区径流量大部分被水库控制。1970 年，白沟引河将大清河北支白沟河平水年的洪水引入白洋淀，枣林庄水利枢纽则控制了白洋淀水出口。到 20 世纪 70 年代末期，水利工程大幅改变了白洋淀流域水资源空间分布格局，流域径流几乎全处于人工调配之下，白洋淀遂由天然过水型湖泊转变为人工调蓄型湖泊。

有研究复原得出白洋淀湿地面积呈减少趋势：1964 年为 407.3 平方公

---

① 曹玉萍、王伟、张永兵：《白洋淀鱼类组成现状》，《动物学杂志》2003 年第 3 期。

② 边蔚：《白洋淀水产养殖污染负荷与控制研究》，博士学位论文，中国地质大学（北京），2013 年；陈新永、田在锋、胡晓波等：《网箱养殖对白洋淀草型湖泊水质的影响》，《水生态学杂志》2011 年第 1 期。

③ 李峰、谢永宏、杨刚等：《白洋淀水生植被初步调查》，《应用生态学报》2008 年第 7 期。

④ 主要成果有李亚蒙、赵琦、冯广平等：《白洋淀硅藻分布及其与水环境的关系》，《生态学报》2010 年第 17 期；白雪梅、何连生、李必才等：《利用水生植物组合净化白洋淀富营养化水体研究》，《湿地科学》2013 年第 4 期；王瑜、刘录三、舒俭民等：《白洋淀围隔中不同生物组合调控水质实验》，《湿地科学》2013 年第 3 期等。

⑤ 谢松、贺华东：《"引黄济淀"后河北白洋淀鱼类资源组成现状分析》，《科技信息》2010 年第 9 期。

里,2002年缩减到274.63平方公里;1964年水面为346.75平方公里,到1974年十年间减少到94.65平方公里,1983年和2002年水面继续缩减为67.27平方公里和46.86平方公里。① 与水域减少同步的便是白洋淀生物系统的衰退。通过对白洋淀流域生态水文演变过程的分析,有研究认为,气候干旱只是生态系统退化的环境背景条件,流域内水库、堤埝、闸堰等截蓄、阻断水资源的水利工程等人为因素叠加其上,加速了白洋淀生态系统退化过程。② 人类活动对白洋淀及其流域自身运行规律的扰动,以及由此产生的负面影响,不容忽视。

6. 对白洋淀水环境政策法规的相关研究

白洋淀政策法规研究的已有成果首先集中在污染治理领域。有学者关注了白洋淀流域水污染治理中的政策工具,把1984年《中华人民共和国水污染防治法》视为水污染领域国家层面的第一个政策文本。随后1984年至2018年间,国务院及其部委和河北省政府共发布了37个政策文本,河北省政府颁布的条例等重在执行中央决策,因此数量多于国家层面;有24个文本在2017—2018年内发布,反映出雄安新区设立后对白洋淀水问题的高度重视。③ 还有一批学者从政策和治理模式的角度探讨了白洋淀污染治理和生态保护问题④,这也是白洋淀水环境亟须解决的问题。还有研究基于对白洋淀水域农业面源污染生态治理的实证考察,提出要摒弃传统自上而下治理规则,应该从微观(社区)、中观(区域政府)、宏观(中央政府及国家)层面实现权力与资

---

① 王京、卢善龙、吴炳方等:《近40年来白洋淀湿地土地覆被变化分析》,《地球信息科学学报》2010年第2期。

② 王立明、朱晓春、韩东辉:《白洋淀流域生态水文过程演变及其生态系统退化驱动机制研究》,《中国工程科学》2010年第6期;王京、卢善龙、吴炳方等:《近40年来白洋淀湿地土地覆被变化分析》,《地球信息科学学报》2010年第2期等。

③ 赵新峰、张欣蕊:《雄安新区水污染治理中的政策工具选择研究——基于白洋淀流域政策文本(1984—2018)》,《中共宁波市委党校学报》2019年第5期。

④ 主要成果如孟晶、王军、贾俊民:《白洋淀淀区农民参与式治理污染的现状调查与经济分析》,《农业环境与发展》2011年第1期;刘秀娟、刘妍琳:《白洋淀流域水资源管理体制建设途径初探》,《资源与产业》2012年第2期;梁淑轩、秦哲、张振冉等:《从白洋淀内源污染调查探析其环境保护对策》,《中国环境管理》2014年第1期。

源的共享,使更多主体参与公共政策的制定过程。①

此外,对京津冀区域、河北省的政策文本的梳理和水环境政策的研究,大多也涉及了白洋淀。② 总之,对新中国成立以来白洋淀水环境政策研究存在明显不足:(1)缺乏历时性的梳理,对水环境政策演变的内在原因缺乏深刻的剖析;(2)对水环境政策实施的结果,特别是对人水关系的影响,缺乏系统梳理。

7. 其他新领域

有研究详细梳理了1972—2018年间白洋淀生态报道的发展历程,政府、媒介、公众三者良性互动,共同推动了白洋淀生态保护,在"媒体与生态文明建设"的框架下,提出了生态新闻学的概念。③ 鉴于白洋淀生态腹地的地缘位置,该研究具有一定新意。

针对白洋淀保护利用的政策、策略研究中有学者提出,鉴于21世纪以来白洋淀地区严峻的水资源状况,白洋淀难以承担灌溉供水的任务,因此20世纪70年代初提出的"缓洪滞沥,蓄水灌溉,渔苇生产,综合利用"方针应予以调整,停止白洋淀灌溉供水任务。④ 有学者探讨了1973—2007年白洋淀水质年际时空变化,提出水质变化呈恶化趋势,原因包括自然变化及生产、人口增加、水利设施的盲目建设等,并提出白洋淀湿地最低生态水位应定为7.3米⑤,高于一直执行的6.5米最低生态水位的标准。这些基础性研究为白洋淀水环境政策的调整提供了学理依据。

2014年京津冀协同上升为国家战略。有研究通过文献分析法对京津冀区域水环境现状进行了研究,提出应借鉴国际经验将大数据的理念融入京津冀水环境保护工作中。⑥ 有学者提出应从完善协同治理组织机构、加强协

---

① 詹国辉、刘邦凡、张瑾:《农业面源污染的适应性治理:国际经验、限度与路径选择——基于雄安—白洋淀水域的实证考察》,《河北经贸大学学报》2018年第2期。

② 主要成果有高尚:《京津冀区域水环境政策评价研究》,硕士学位论文,天津工业大学,2019年;张国丰、马晓静著:《河北省水资源和水环境政策动态模拟研究》,经济科学出版社,2017年;河北省环境科学学会环境评价分会编:《河北省环境影响评价文件汇编》,河北人民出版社,2011年等。

③ 王敬照:《白洋淀生态报道研究(1972—2018)》,博士学位论文,河北大学,2018年。

④ 边志勇、贾绍凤:《"蓄水灌溉"已不宜作为白洋淀的管理利用原则》,《科技导报》2008年第6期。

⑤ 张婷、刘静玲、王雪梅:《白洋淀水质时空变化及影响因子评价与分析》,《环境科学学报》2010年第2期。

⑥ 李晨子、王斌:《大数据在京津冀水污染防治中的应用研究》,《现代商业》2019年第13期。

同能力建设等领域,提升增强京津冀水环境协同治理的能力。[1] 这些研究多体现了"学以致用"的科研价值。

(三) 国外相关研究进展

自20世纪60年代起,西方发达国家就感受到了工业化带来的河湖水环境问题,并积极开展相关的治理研究和实践工作,如莱茵河、泰晤士河等河流污染治理和水体修复工作,水环境明显改善。近几年,西方河流治理工作大致由污染控制发展为水生态修复,治理目标也从水污染控制向流域水生态系统健康保护转变,如日本的多木川、淀川等多条河流的治理工作都取得了良好的生态环境效益。

1. 湖泊水环境相关理论研究

水位是湖泊十分重要的水文要素,其变化就意味着水域面积、蓄水量的变化,还能使湖泊的水环境容量和自净能力发生改变。国外关于水位变化对湖泊生态影响的研究较多。1990年日本学者Nohara和Tsuchiya研究了日本霞浦湖(Lake Kasumigaura)的水位变化对荷花生长的影响,证明水位是其生长和生存的重要决定因子。[2] 2003年阿根廷学者Domitrovic分析了20世纪90年代阿根廷巴拉那平原上三个湖泊的水位变化对水体浮游植物的影响,结论显示水位变化对湖泊中浮游植物的群落结构存在明显的影响。[3] 2008年德国学者Wantzen提出,湖泊的水位变化从水生生物栖息地、索饵场变化,以及光照、气候、波浪改变等各个方面,影响湖泊的生态过程和生态模式。[4] 同年意

---

[1] 牛桂敏、郭珉媛、杨志:《建立水污染联防联控机制,促进京津冀水环境协同治理》,《环境保护》2019年第2期。

[2] Lyubov E. Burlakova and Alexander Y. Karatayev, "The Effect of Invasive Macrophytes and Water Level Fluctuations on Unionids in Texas Impoundments," *Hydrobiologia* 586, No. 1 (2007): 291-302.

[3] Yolanda Zalocar de Domitrovic, "Effect of Fluctuations in Water Level on Phytoplankton Development in Three Lakes of the Paraná River Floodplain (Argentina)," *Hydrobiologia* 510, No. 1 (2003): 175-193.

[4] Karl M. Wantzen, Karl-Otto Rothhaupt, Martin Mörtl et al., "Ecological Effects of Water-level Fluctuations in Lakes: an Urgent Issue," *Hydrobiologia* 613, No. 1 (2008): 1-4.

大利学者 Leira 和 Cantonati 研究得出,湖泊的水位变化是控制其生态系统功能的主要因子。① 这些理论对白洋淀水环境研究具有一定的借鉴意义,如 20 世纪 90 年代决定生态引水济淀,以维持白洋淀最低生态水位。

　　随着现代科学技术、工程技术的发展,水库已成为人类影响地球表面水体的重要水利设施,广泛分布于世界各地的河流水系上。20 世纪 40 年代,随着水库利用程度的提高,美国一些资源管理部门开始关注流域淡水渔场减少的问题,并就建坝前后河流物理条件的变化开展比较研究。自 20 世纪 70 年代起,针对水库运行对生态系统的影响、河流生态需水等问题的探索逐步深入,并建立起了较为完善的理论体系。1978 年美国大坝委员会环境影响分会出版《大坝的环境效应》(Environmental Effect of Large Dams)一书,总结了 20 世纪 40—70 年代大坝的经济效益和社会效益、大坝对水生动植物、水库蒸发蒸散量、下游河道、下游水质等方面的影响。1996 年 Geoffrey E. Petts 等对生态对象研究从单纯的鱼类扩展到其他水生生物类型,系统总结了大坝对河流生态系统由低到高三个等级的影响特性②,这种相互作用过程的复杂性从第一级影响到第三级影响逐步增加③。Bunn 等总结了河流水文特性变化所引发的四项主要生态问题:对河道及洪泛区生境的扰动、对河流纵向和横向连通性的破坏、对水生生物生命史状况的干扰、为外来物种入侵提供条件等。④ 总之,保障河流的基本生态用水需求、恢复天然的径流量是河流生态系统修复的基本前提和最为有效的途径⑤,这些观点已成为学界共识。

---

①　Manel Leira and Marco Cantonati, "Effects of Water-level Fluctuations on Lakes: an Annotated Bibliography," *Hydrobiologia* 613, No.1 (2008): 171-184.

②　Peter Calow and Geoffrey E. Petts, "Rivers: Dynamic Components of Catchment Ecosystems," in *The Rivers Handbook*, (Oxford: Blackwell Scientific Publications, 2009).

③　M. P. 麦卡内、李伟民:《减轻大坝环境影响的泄洪调度方法》,《水利水电快报》2002 年第 2 期。

④　Stuart E. Bunn and Angela H. Arthington, "Basic Principles and Ecological Consequences of Altered Flow Regimes for Aquatic Biodiversity," *Environmental Management* 30, No.4 (2002): 492-507.

⑤　Brian D. Richter, Andrew T. Warner, Judy L. Meyer et al., "A Collaborative and Adaptive Process for Developing Environmental Flow Recommendations," *River Research and Applications* 22, No.3 (2006): 297-318; Sandra Postel, *Rivers for Life: Managing Water for People and Nature* (Washington, D.C.: Island Press, 2003); Karakoyun Y., Yumurtaci Z. and Donmez A. H., "Environmental Flow Assessment for Energy Generation Sustainability Employing Different Hydraulic Evaluation Methods: Cambasi Hydropower Plant Case Study in Turkey," *Clean Technologies and Environmental Policy* 18, No.2 (2016): 583-591.

2. 水环境政策相关理论研究

与人类关系最为密切的水体是河流,世界范围内的大工业区和大部分城市群皆依河而兴,利用了河流供水、航运、灌溉、娱乐、水电能源供应等多种社会服务功能,以及排污、纳污等生态净化功能。与人类现代化进程同步,河流也由初始的以自然演变为主,逐渐演变成自然和社会混合影响的复合生境系统,目前河流的社会属性已经无所不在地影响着自然属性。①

水环境是一种公共品,具有典型的非竞争性和非排他性。1968 年,英国 Garrett Hardin 在《公地悲剧》("The Tragedy of the Commons")一文中首先提出"公地悲剧"理论,还将这一概念加以发表、延伸,并对水环境这一"公共资源"进行了制度经济学分析。如在用水制度领域,如果不能明确水权,水资源、水环境就可能作为公共物品被肆意开发掠夺,并发生"公地悲剧"问题。针对水资源政策体系,美国梅纳德·霍夫斯米特提出三个互动系统:(1)"天然水资源系统"供给人类水和与水有关的自然资源;(2)"人类活动系统"主要是人类的利用活动;(3)"水资源管理系统"是基于水资源政策的管理制度和组织框架。② 美国唐纳德·惠特的著作《干旱与水危机:整合科学、管理和政策》提出,干旱是正常气候变化,是否会演变成旱灾取决于它对当地居民和环境的影响,以及环境对长期降水不足的恢复能力。鉴于干旱具有自然属性和社会属性,干旱预案和政策会大大加强抗旱能力;反之,社会滥用自然资源、政府的不当政策都将加剧这种自然灾害。惠特提出,政府政策管理应该从传统的危机管理转向事前风险管理。③

1983 年美国普渡大学政治系的 Lester Ross 发表《中国在用水政策方面的变化》一文,分析了社会主义意识形态对中国水资源分配的影响,关注了改革开放后运用价格政策来调节需求量和抑制供给扩大的举措,特别是在应对中国北部长时间干旱问题中所具有的效果,并以政治中心北京所在的华北平原为例,分析了严重干旱对平衡水资源供给和需求之间矛盾的影

---

① 张为玲、盖永伟、龙玉桥等:《河流功能研究尺度与影响因素探析》,《水利发展研究》2017 年第 10 期。
② 梅纳德·M. 霍夫斯米特:《可持续发展的水政策》,《水利水电快报》1997 年第 10 期。
③ 唐纳德·A. 惠特、罗杰·S. 普尔沃蒂著:《干旱与水危机:整合科学、管理和政策》,赵兰兰等译,黄河水利出版社,2020 年。

响。① 此文重点探讨社会主义制度下,国家用水政策对水资源、水环境的作用,尽管一些观点不够全面甚至稍显偏颇,但也提供了一个分析中国水环境问题的视角。

3. 各国与水环境相关的主要政策法规

20世纪以来,欧美发达国家基本上已经形成了比较完善的关于水资源利用、水环境保护等的政策法规,特遴选借鉴意义较为显著的几个国家,简单梳理分析。

法国在1919年就颁布了第一部《水法》,后经逐步修改补充完善,形成了较为成熟、一直沿用的1992年《水法》。该《水法》对国家、流域、地方政府、水公司及用户等全部主体,所从事的水资源规划、开发利用、污水处理及水资源保护等一切水事活动,均有较为详细的法律层面的规定,用以规范各级水管理机构、公司、个人使用水资源、保护水环境的行为。

20世纪50年代开始,美国的资源开发进入了一个综合资源规划和全面质量管理的时期。1965年,美国颁布《水资源规划法》,要求以环境质量、区域发展、社会福利为目标进行水土资源综合规划,并要求建立以规划、协调为主的流域机构,实施水环境的流域保护计划。该规划法的主要内容既满足了现实的需求,又充分考虑了可能的效益,并从法制和技术等多方面制定了具有可行性的水环境标准,对美国境内河湖水环境保护起到了较好作用。

1970年日本政府制定《水污染防治法》,明确规定了排放浓度、排放总量、排水设施等申报制度,以及执行不力的惩治措施。同时,针对工厂、事业单位制定了《废水排放标准》,严格规定了达标排放制度。为解决有机污染问题,于1978年实施了水质总量控制制度。1992年之前,日本在水资源和环境保护方面主要有两部法律,即《公害对策基本法》和《自然环境保护法》。1993年出台《环境保护法》,1994年制定《环境基本计划》,调整了之前环境政策的理念和措施,确立了废弃物循环利用、化学物质处理和生物多样性保护等制度,开始强调环境行政政策的长期性、综合性。

此外,英国在水环境治理方面,由环境食品和乡村事务部(DEFRA)依法进行宏观调控,并通过国家环境署、水服务办公室、饮用水监督委员会等

---

① Lester Ross、蒋平:《中国在用水政策方面的变化》,《世界科学》1983年第8期。

负责执行具体事务。德国主要通过法律约束、市场调节、与邻国合作三种方式,来实现对水环境的保护。挪威政府基于对开发水电可能会破坏人与自然环境之间平衡的认识,规定任何水电开发公司都必须经过严格审批程序,取得开发许可,方可进行开发,以预防水电开发给江河造成的不利影响。① 这些举措具有一定的借鉴意义。

4. 对白洋淀的相关研究

鉴于白洋淀湖泊群在华北地区的重要生态功能、文化娱乐功能,特别是毗邻京津保城市的地缘位置,白洋淀在国外学界也有一定的关注度,研究主要集中在水文学、生态学等领域,包括对白洋淀的水环境变化及主要原因的分析、对污染来源及生态修复问题的研究、对生态质量与经济社会之间相互作用的探讨。

首先,对白洋淀水环境的状态及功能展开研究。Liu CQ、Liu LS、Shen HT 等复原了 1958—2018 年白洋淀浮游植物物种数及物种组成的演变过程,提出这一阶段白洋淀浮游植物物种数呈现逐步下降的趋势。② Tang CH、Yi YJ、Yang ZF 等研究得出,近半个世纪以来,由于气候变化和人类活动的综合作用,白洋淀湿地面临水源不足、湿地萎缩、水体污染、泥沙淤积、生物多样性减少等问题,水质污染影响了白洋淀流域的工农业生产和城市生活用水安全,导致其生态系统服务功能衰退。③

第二,白洋淀污染变化情况的采样分析。Guo W、Huo SL、Ding WJ 等于 2011 年对白洋淀泥柱同位素定年,并对相关元素进行了分析,得出了白洋淀近 160 年来 TOC、TN、As、Cd、Pb 和 Hg 的演变结果,除了 As,底泥中其他物质含量均逐步上升,尤其在 20 世纪 90 年代以后都呈现出较快的增长趋势,

---

① 齐学斌、刘景祥:《国外水资源可持续利用发展动态浅析》,《西北水资源与水工程》2001 年第 4 期。

② Liu CQ, Liu LS and Shen HT, "Seasonal Variations of Phytoplankton Community Structure in Relation to Physic-chemical Factors in Lake Baiyangdian, China," *Procedia Environmental Sciences* 2, No. 2 (2010): 1622-1631.

③ Tang CH, Yi YJ, Yang ZF et al., "Effects of Ecological Flow Release Patterns on Water Quality and Ecological Restoration of a Large Shallow Lake," *Journal of Cleaner Production* 174, No. 1 (2018): 577-590.

这也体现出底泥作为污染物质汇聚地的特征。① Ji ZH、Zhang H、Zhang Y 等进一步提出,白洋淀内整体上呈现出营养元素"西北高东南低"、重金属"中部高南北低"的空间变化特征,高潜在风险区的空间分布主要集中在白洋淀东西之间的河流廊道上,中等潜在危险区主要集中在淀边附近的城镇和村庄。②

第三,对白洋淀污染来源进行了分析。Gao L、Han LF、Peng WQ 等提出,保定市的发电厂、造纸厂和有色金属制造厂等排出的工业废水,经府河排入白洋淀,是淀内沉积物重金属污染的主要来源。③ 同时,淀内的旅游业、游船用柴油、养殖业等也在一定程度上带来重金属污染。基于此,对白洋淀沉积物重金属污染特征与风险评价,也开展了大量研究。④

第四,对引致白洋淀水环境变化的自然、人文因素展开研究。刘茂峰、高彦春、甘国靖等研究提出,由气温升高等导致的降水量下降和蒸发量上升,叠加人类活动影响,引起白洋淀水位降低、入淀水量减少、湿地与水面面积下降、水质下降,浮游动物的种类和数量也受到影响。⑤ Yang W、Yang ZF 等则对白洋淀补水水源、补水时间及补水量分布等展开了研究。⑥

有学者在 Web of Science 上使用主题词"Baiyangdian"进行检索。关于

---

① Guo W, Huo SL and Ding WJ, "Historical Record of Human Impact in a Lake of Northern China: Magnetic Susceptibility, Nutrients, Heavy Metals and OCPs," *Ecological Indicators* 57, No.1 (2015): 74-81.

② Ji ZH, Zhang H, Zhang Y et al., "Distribution, Ecological Risk and Source Identification of Heavy Metals in Sediments from the Baiyangdian Lake, Northern China," *Chemosphere* 237, No.1 (2019): 124-125.

③ Gao L, Han LF, Peng WQ et al., "Identification of Anthropogenic Inputs of Trace Metals in Lake Sediments Using Geochemical Baseline and Pb Isotopic Composition," *Ecotoxicology and Environmental Safety* 164, No.1 (2018): 226-233.

④ Teklit Zerizghi, Yang YF, Wang WJ et al., "Ecological Risk Assessment of Heavy Metal Concentrations in Sediment and Fish of a Shallow Lake: a Case Study of Baiyangdian Lake, North China," *Environmental Monitoring and Assessment* 192, No.2 (2020): 154.

⑤ 刘茂峰、高彦春、甘国靖:《白洋淀流域年径流变化趋势及气象影响因子分析》,《资源科学》2011 年第 8 期。

⑥ Yang W and Yang ZF, "Effects of Long-term Environmental Flow Releases on the Restoration and Preservation of Baiyangdian Lake, a Regulated Chinese Freshwater Lake," *Hydrobiologia* 730, No.1 (2014): 79-91.

白洋淀的研究,1995年开始出现在国际期刊上,关注的重点是水质,尤其是氮、磷的问题;21世纪初,随着入淀水量的减少,入淀河流与湖泊的关系研究开始成为关注的焦点;2008年开始,关于白洋淀的污染问题,特别是富营养化和新兴污染物,成为热点;2012年开始,沉积物的污染、新兴污染物(如多环芳烃)等受到重视,白洋淀生态修复开始提上日程。从检索结果可以看到,围绕白洋淀的研究成果集中在自然科学领域,人文因素影响明显不足,水环境政策、法规几乎没有。[①]

（四）研究现状述评

国内环境问题的学术研究,早期主要集中在自然科学和技术科学方面,社会科学在20世纪80年代初期才逐步进入。20世纪90年代,国外学者的研究方法和学术观点陆续被介绍到中国,推动了国内关于环境问题及其治理方面的学术研究。[②] 到21世纪初,有关中国环境问题及其治理的研究涉及内容非常广泛,既包括对个别污染现象的研究,也包括对产业结构、能源构成、人口问题的研究,还包括对环境管理制度、环境政策的研究,涉及法学、经济学、社会学、公共管理学、历史地理学、环境史等学科。近年学术界对水环境政策的研究集中在公共管理学,主要就政策工具的选择及政策价值展开分析,寻求政策工具的选择优化路径,为政府科学合理地选用政策工具提供依据和方法,为完善水环境政策提供新思路。纵是如此,对京津冀区域的水环境政策研究成果依然较少。

已有成果是本书研究的重要基础。但目前的研究成果也有不足:(1)20世纪中期以来治水思想内容及效果的研究,或分阶段,或以理论层面宏观评述居多,具体到一个完整的中小尺度的人水系统,对政策作用下人水互动机制的实证研究,成果极少。(2)随着学科理论发展,近年历史地理学、环境史对中国人水关系总结成果渐多,但对白洋淀的研究多止于近代。随着雄安新区设立和湖长制逐步实施,以白洋淀地区为对象,对70年来

---

① 易雨君、林楚翘、唐彩红:《1960s以来白洋淀水文、环境、生态演变趋势》,《湖泊科学》2020年第5期。

② 杨洪刚:《中国环境政策工具的实施效果及其选择研究》,博士学位论文,复旦大学,2009年。

治水思想及实施效果做一个系统的实证研究,以微见著,以史为鉴,十分必要。(3)由于水问题的复杂性,学科交叉研究是趋势,但将党史与历史地理学、环境史等多学科交叉,探讨中国水环境制度政策下人水关系,几近空白。

四、主要内容、研究思路

气候变暖、人口增加和政策引导是湿地转向农田的重要影响因素。白洋淀流域受气候暖干和用水量增长的影响,且在水利工程直接作用下,入淀径流量显著减少,进而导致白洋淀水位降低、湿地面积减少、景观破碎化程度增加等。1981年开始,白洋淀经历了从上游水库输水及引岳、引黄等济淀工程,人工补水量甚至超过天然入淀水量,对保护白洋淀湿地生态作用巨大,但不能从根本上解决生态缺水问题,也不利于白洋淀的可持续发展。同时,从20世纪60年代后期开始,流域上游工业发展带来的污染问题不断加剧,污染与治理之间拉锯战的深层背景则是发展转型问题。梳理借鉴新中国70多年白洋淀水环境治理的经验,面向未来,充分发挥水环境政策引领作用,实现人水和谐,就成为一个值得探讨的课题。

(一)研究内容、目标

本书以海河五大水系之一的大清河中游的白洋淀为主要研究对象,基于历史地理学、环境史、水利史、生态学、环境学、水文学等学科已有研究成果,利用档案资料、现代统计资料、观测数据、田野考察资料等,围绕"水环境政策""人水关系"两个核心词,就1949—2016年近70年间中国水环境政策对白洋淀地区人水关系的影响展开个案研究,总结经验和规律,以史为鉴,服务京津冀区域绿色发展和"千年大计"雄安新区的建设。

1. 主要研究内容

白洋淀湖泊群在历史时期水域面积、蓄水量等变化幅度较大,甚至在洪涝灾害和干淀灾害之间剧烈波动,因此也会有不同的名称,同一名称所指范围也会有变化,故需要进行概念界定、说明。同时,对白洋淀所在流域及地区气候、地貌、地缘位置等主要地理特征,特别是这些特征对白洋淀水环境的影响,也进行了分析解读。

水资源是人类可持续发展最根本的自然保障,因此在20世纪中后期,在世界范围内各国政府、学界都进行了大量理论研究和实践探索。从学术史视角,梳理国内外关于水环境构成、各组成因子之间的相互影响,以及水环境政策的基本概念、内涵的解读,特别是对水环境政策在人水关系中的作用及作用机制的研究,为本书研究提供了基本的理论借鉴或理论指导。

基于上述学科对白洋淀相关领域研究的已有成果,本书复原了历史时期,特别是1949—2016年近70年间,研究区域气温、降水量、地貌等自然要素的演变过程和特征,以及国家治水用水方针、水利工程、人口、社会经济等人文因素的阶段性特征和变化过程,并对自然与人文要素共同作用下带来的入(出)淀水量、水位、蓄水量、水产、水灾害等生态系统的变化进行了复原研究。基于人地(水)关系变化是人类活动叠加在自然环境变化基础之上的结果这一理论认知,对1949—2016年间在国家水环境政策自上而下引导下,白洋淀人水关系互动的演变规律进行了归纳分析,服务新时代中国式现代化水文明建设话语权的构建。

2. 主要研究目标

基于上文论述的研究设想、研究预期,主要研究目标有:(1)从中共党史、马克思主义中国化视角,系统梳理、分析新中国治水思想和水环境政策;(2)从历史地理学、环境史视角,复原20世纪中期以来人类活动影响下的白洋淀水环境变迁与人水关系的演变;(3)中共党史、生态学、环境史等多学科交叉,探寻新中国白洋淀水环境变化与政策应对之间的互动机制;(4)以史为鉴,构建新时代中国特色社会主义人水关系,服务中国式现代化全面建设。

总之,本书在梳理、吸纳前人的研究成果的基础上,以水环境、生态系统和区域可持续发展基本理论为指导,分析白洋淀淀泊群水环境时空变化特征,探讨适宜白洋淀水环境可持续发展的模式。通过白洋淀个案研究,提出京津冀区域可持续发展的水环境优化对策,丰富水环境与区域可持续发展的模式,为面向未来雄安新区水资源的合理开发利用与经济发展提供科学依据与政策建议。

（二）研究思路

本书从白洋淀水问题的主要表现、演变（特别是引致发生、发展的原因）展开研究，从我国水问题产生、治理的特征出发，重点分析了在其中起主导作用的国家水环境政策。在此基础上，对新中国成立以来在社会主义制度这一社会政治大背景下水环境政策对白洋淀人水关系的作用进行系统研究，旨在总结经验、规律，服务白洋淀水资源利用和水环境保护的现代转型。（研究思路参图 0-1-1）

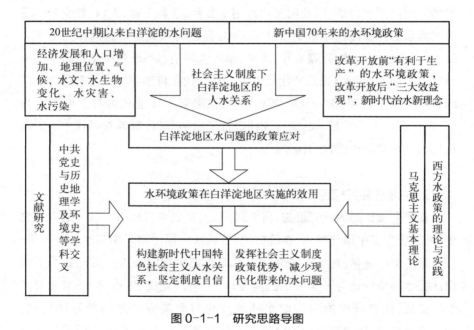

图 0-1-1　研究思路导图

（三）主要方法、材料

本书主要基于历史地理学的研究理论和方法。同时，"白洋淀""水环境政策""人水关系"这三个带有明显交叉学科特征的研究对象也表明，还必须借鉴生态学、水文学、水利学、政治学、社会学等学科的相关已有成果，定性与定量研究结合，多学科交叉。

1. 文献研究

搜集分析1949年以来白洋淀地区与本课题相关的资料,包括气候、水文、生物、灾害等自然要素变迁,社会生产、城镇、人口、交通等人文要素变迁,各级政府应对水环境的主要政策内容及其在白洋淀地区的实施过程和效用。数据来源包括政策文本、档案、史志、现代观测数据等。

2. 学科交叉

中共党史、马克思主义中国化与历史地理学、环境史、生物学、水利学、管理学等学科交叉,关注政策对人的群体行为的影响,以白洋淀为例对新中国成立以来(特别是1949—2016年间)水环境政策的发展脉络、在水环境政策作用下的人水关系变化的规律性,进行了较为全面的研究。

3. 实地调查

无论是水环境政策在白洋淀实施效果的分析,还是居民应对水资源、水环境变化的举措,乃至对人水关系的认知,除了文献分析之外,还需深入淀区进行实地调研、走访,挖掘第一手资料。特别是针对一些典型的水村、水环境问题严重的城镇等展开实地走访。

4. 统计分析

水资源、水环境研究需要定量与定性结合。为直观揭示白洋淀水环境的变化,在气温、降水量、水位、蓄水量、水产资源、水产量、人口、水利工程、水质污染等方面,查找使用了多种统计数据,大量使用了统计表格的形式,将水环境自然状态的变化通过数据进行直观复原,以期做到客观评价水环境政策的实践成效。

上篇 走出传统

毛泽东时代改造语境下白洋淀地区人水关系大变革

(1949—1977)

白洋淀是京津冀三地现存最大的淡水湖泊。从历史长时段来看,人类活动叠加在地貌、气候等自然要素变迁之上,淀内水量一直在盈溢与干涸间周期性变化,对京津冀区域水环境产生着直接影响。1949年新中国成立至改革开放前的30年间,随着社会主义公有制及与之相适应的生产方式确立,对白洋淀流域水资源利用、水环境改造发生了根本变化。在马克思主义地理学理论指导下,学习借鉴苏联人地关系的理论和实践,与工农群众结合,通过"实践—理论—实践"的工作方法,探索构建了具有社会主义性质的人水互动模式。马克思主义人地理论与中国水利建设实际相结合,不仅在治水实践中强调了人民性、实践性,在对人水关系规律的探索总结上也遵循了科学研究服务社会生产的马克思主义科学观。这30年的探索,为改革开放后白洋淀水环境治理提供了宝贵的经验。运动式、急于求成是其间最大的不足。

1949—1977年白洋淀地区人水关系可分为三个阶段:

(1) 1949—1957年。随着生产资料公有制革命、农村初级社逐步建立,人水关系也开始走出传统敬畏观念的羁绊。这一时期气候多雨,从新中国成立初期国家、地方实际出发,水利工程以防洪和农业灌溉为主,主要工程是加固已有的堤埝;此外就是改变东汉末年以来海河水系"九河下梢"的"伞"状布局,通过开挖减河,使各水系尾闾尽量分流入海,从"伞柄"向"束"状变化。入海减河的开辟也标志着防洪思路从传统向现代的过渡。

(2) 1958—1965年。社会经济"大跃进"过程中,白洋淀水环境也发生着巨大变化。其间除了对淀内土水资源过度使用,还在白洋淀上游大规模修建水库,原本由白洋淀自然调节的洪沥水改由上游山区水库调配。1963年特大洪水后,防洪原则由"以蓄为主"转向"上蓄、中疏、下排、适当地滞",治水理念更为科学。同时,1965年还是白洋淀地域气候变化的一个小分界线,此后气候趋向干旱,人水关系由防水、治水向寻水转变。

(3) 1966—1978年。气候暖干,加之"向淀底要粮"和保定城市工业污染,开始出现干淀。1970年新盖房、枣林庄两个枢纽工程投入使用,白洋淀入水口和出水口被工程控制,水环境危机加剧。1972年,在周恩来总理关注下制定了白洋淀开发整治的十六字方针,即"缓洪滞沥,蓄水灌溉,渔苇生产,综合利用"。1975年1月国务院作出《关于迅速解决白洋淀污染问题的批复》,正式拉开了白洋淀污水治理工作的序幕,开始探索向工业化转型的人水关系。

第一章
社会主义改造背景下白洋淀水环境治理转变

新中国成立初,白洋淀总面积约561.6平方公里。上游大清河南支入淀,下游与东淀连为一体,津保水运在冀中平原与天津港之间发挥着重要交通作用。但因近代战争破坏和政府无力整治,水系入淀河道大多狭窄淤积,淀周堤防不固,尾闾入海阻塞。这一时期气候多雨,汛期淀内经常是一片汪洋,年最高水位都在9米以上①,1954年和1956年分别是11.31米和11.3米,淀内村庄、园田大部分被淹,并多次冲毁堤堰造成周遭地区的洪涝灾害。② 在1949—1957年社会主义革命和建设时期,随着生产资料公有制、农村初级社逐步建立,人水关系也发生了根本性变化。

第一节 淀区社会主义制度的逐步确立

环白洋淀五县在新中国成立前都已建立起人民政权,群众觉悟较高,人民政权也比较巩固。此外,得益于位于京津保之间的地缘优势、津保航道的水运便利,近代以来淀区经济社会也得到了一定发展,具有一定的经济基础。

一、淀区开展了用马克思主义思想取代封建会道门的运动

新中国成立伊始,肃清潜伏的反革命分子,取缔反动地富和反动会道门的活动,稳固新生政权成为首要工作。这一时期,淀区包括安新、容城、雄县、任丘、高阳五县,分属保定专区和沧州专区。

---

① 本章若无特殊说明,水位均为大沽高程。
② 安新县地方志编纂委员会编:《安新县志》,新华出版社,2000年,第174页。

（一） 取缔地富、反动会道门运动①

根据中共中央镇压反革命的指示,淀区五县很快开始部署镇压反革命运动。1950年12月,安新县发出了《关于镇压地富反攻的指示》,提出要"及时地严肃地处理地主富农的反攻案件",要严厉取缔反动会道门的活动,镇压那些继续进行反革命活动的道首和骨干分子。到1953年3月,全县逮捕了104名反革命分子。② 雄县、高阳、任丘等县也发出了同样的指示和要求,同全国一样,白洋淀地区掀起了镇压反革命运动高潮。

首先,反击一些地富分子的反攻倒算活动。这些人多和国民党政权关系密切,对新生政权怀有敌对情绪。如雄县邢庄村地主邢兆来,曾是国民党党员、阎锡山"同志会"会员,做过国民党军队的团长,新中国成立后,他歪曲我党的政策,拉拢村干部,夺走了本村姚横子等四户农民土改分到的17.8亩土地和三间房子。再如安新县杨庄子村富农杨振宗,偷回了已分给农民的梯子和大门,还强迫农民退还田地二亩。类似事件在淀区多次发生,影响到群众对新生政权信心,必须严厉打击。

其次,取缔一些会道门的敌对活动。新中国成立时,在白洋淀地区活动的会道门约有39种,其中一些受到敌对势力煽动,甚至被敌对势力控制,成为颠覆新生政权的一股力量。当时一贯道在淀区各县势力最大,仅安新县境内就有29个村庄村民信奉该教。此外,还存在一个村庄多种会道门并存的情形,如同口村就有一贯道、茶口道、望圣道、三佛堂等多种会道门的信众,端村也有七八种会道门同时活动。面对逐步深入的社会主义思想文化改造,一些会道门竟然公开反对、抵抗,他们利用封建迷信控制信众思想,有的还同反革命分子相勾结,直接参与对新生政权的破坏活动。如张庄一个佛教徒四处鼓吹原子弹的威力,散布要发生第三次世界大战的谣言,煽动甚至恫吓少数落后群众拆房卖地,还把一些青壮年信徒组织起来,编班设组,公然对抗新生政权。

20世纪50年代,白洋淀五县人民政府取缔反动会道门,是在当时特殊

---

① 参见张泽、薄恒秀、贾锡信等主编:《白洋淀人民斗争史》,南开大学出版社,1991年,第99页。

② 安新县地方志编纂委员会编:《安新县志》,新华出版社,2000年,第53页。

形势下采取的一项重大政治行动,是新中国初期基层社会变革运动中的一个重要组成部分。通过这次取缔运动,基本上解决了民间宗教秘密结社、抵抗地方政权的问题;同时,有助于淀区生产力解放,为社会经济恢复发展奠定了群众基础。

(二) 积极提升群众文化素质和政治素养

在肃清封建迷信、反动反革命思想的同时,更为紧迫、重要的任务是用马克思主义的思想武装群众头脑,不能出现思想真空。针对当时群众文化水平实际情况,1949年10月河北省人民政府发出《关于一九四九年开展冬学运动的指示》,提出这一年冬学运动的总任务是针对当前群众思想情况,通过提高广大群众的政治觉悟、生产热情及文化水平,为全力贯彻大生产运动、进一步加强人民民主专政的政权,打下坚实的思想和工作的基础。[①] 淀区各县积极响应落实。

以雄县为例,1950年12月县政府、妇联和团县委联合印发《关于开展冬学运动的指示》,1951年2月县政府印发《关于开展业余教育指示的执行意见》[②],1952年10月又印发了《关于在全县开展扫除文盲运动的计划》,提出要在广大工农群众中推行"速成识字法"。上述冬学、业余教育扫盲成效显著,经过三年学习运动,雄县近80%文盲脱盲[③],极大提高了群众的文化素质,为社会主义新淀区建设打下了坚实的群众基础。随后,1955年8月雄县县委举行第一期党员集训班,进行了过渡时期总路线教育,学习了党的七届六中全会决议和毛泽东《关于农业合作化问题》等文章,并进行了马列主义基本理论教育。[④] 提高了党员干部的政治素养和理论水平,增强了基层的领导组织能力。

总之,淀区各县人民政府通过各种方式,因地制宜组织学习,在大范围扫盲的基础上,有效提高了群众思想认知水平;再通过各种形式的宣传教育,使干部群众更好地理解党和国家大政方针,步调一致地融入新中国革命

---

① 中共河北省委党史研究室编著:《中国共产党河北编年史(1949—1952)》,河北人民出版社,2019年,第57、58页。
② 雄县县志编纂委员会编:《雄县志》,中国社会科学出版社,1992年,第205页。
③ 同上书,第161页。
④ 同上书,第171页。

和建设事业中。

二、淀区生产资料国有化、生产方式集体化制度的建立

新中国成立后,中国共产党在建立起必要的社会秩序后,立刻开始了地方政权系统的建设。在广大农村,主要通过土地改革、集体化和政党下乡等系列举措,实现了对农村社会的有效控制。特别是通过与农民利益息息相关的土地改革,赢得了农民的认同与拥护。同时,通过政治动员,将党和国家的意志,全面、迅速地渗透下去,实现了对农村的有效整合。①

(一) 淀区生产资料国有制逐步确立

依据1949年河北省人民政府令,白洋淀所有堤防、城墙、闸涵、桥梁等水利设施属国家所有。② 1950年6月《中华人民共和国土地改革法》"特殊土地问题的处理"条目下,规定了对鱼塘、苇地、堰坝等分配、经营的原则,提出"大水利工程""湖、沼、河、港""均归国家所有,由人民政府管理经营之"。③ 在水利设施国有的基础上,湖泊湿地生产资料也逐步取缔了私人所有制。

首先,苇田公有化。民国时期白洋淀内有苇田7万多亩,多为地主所有,土地改革运动使"淀区人民有了自己的苇田",生产积极性提高,1949年便发展到8.5万亩。④ 白洋淀苇田、堤坝等资源或集体所有或全民共有,从生产资料占有上改变了人水关系的基础,随着具有半社会主义性质的初级合作社、完全社会主义性质的农村高级合作社逐步建立,淀区劳动力也被组织起来,在人水关系中开始彰显人民群众的力量。淀区生产资料公有制是社会主义人水关系的根本保障。

其次,千里堤等"河根留地"国有化。1950年6月通过的《中华人民共和国土地改革法》,明确规定"湖、沼、河、港等,均归国家所有,由人民政府管

---

① 徐勇:《"行政下乡":动员、任务与命令——现代国家向乡土社会渗透的行政机制》,《华中师范大学学报》(人文社会科学版)2007年第5期。
② 安新县地方志编纂委员会编:《安新县志》,新华出版社,2000年,第446页。
③ 《中华人民共和国土地改革法》,《天津市政》1950年第15期。
④ 安新县地方志编纂委员会编:《安新县志》,新华出版社,2000年,第219页。

理经营之";还规定"公路、河道两旁的护路、护堤土地"等占用的土地,不得分配,如果使用"须经省以上人民政府批准"。① 次年9月,天津专区转发"河北省人民政府1949年11月23日水字第一号令:关于'河根留地'的决定的指示",要求各县遵照执行,主要内容是大清河右岸河堤未经平分者,在1951年冬土改结束后,要留出堤根地,收归国有。② 具体到白洋淀,主要是千里堤等堤根地国有化。1955年8月任丘县印发关于加强千里堤的管理与养护工作的文件,1964年2月发布《关于加强堤防管理的几项规定(草案)》,规定堤根里七(丈)外八(丈)范围内的土地全部收归国有,其地面树木、苇、草及工程建筑物均由县统一管理。③ 堤根地所有权国有化,便于堤堰日常护理及抗洪、分洪关键时刻的统一使用。

1954年9月通过新中国第一部根本大法——《中华人民共和国宪法》,明确规定重要自然资源和环境资源为国家所有,包括"矿藏、水流",以及"由法律规定为国有的森林、荒地和其他资源,都属于全民所有"。④ 生产资料公有制为白洋淀区随后的农业合作社、人民公社生产组织形式变革,提供了根本保障。

(二) 农业合作社逐步实施

新中国成立后,随着公有制实施,群众生产积极性提升,苇田面积等逐步增多,随之而来的问题就是如何发挥制度优势更好地减灾增产。认识到"一家一户分散经营的生产方式抵御自然灾害的能力低下"⑤,淀区各县开始引导农民组成互助组,发挥集体力量来修筑水利工程,应对水旱灾害。同时,还希望通过劳动互助,走共同富裕的道路。我国农业合作化的道路经历了从互助组到半社会主义的初级合作社,再到完全社会主义的高级合作社的过程。

第一,继续组织农民自愿组成互助组。新中国成立后,白洋淀区翻身做主的群众生产热情高涨;同时,经济基础薄弱、生产资料不足、一家一户的落

---

① 《中华人民共和国土地改革法》,《天津市政》1950年第15期。
② 文安县地方志编纂委员会编:《文安县志》,中国社会出版社,1994年,第776页。
③ 河北省任丘市地方志编纂委员会编纂:《任丘市志》,书目文献出版社,1993年,第307页。
④ 《中华人民共和国宪法》,《法学研究》1954年第3期。
⑤ 安新县地方志编纂委员会编:《安新县志》,新华出版社,2000年,第260页。

后生产方式等因素,又制约着生产力的发展。安新县政府因势利导,在不改变土地及生产资料所有制的前提下,按照"自愿、等价、民主"的方针,坚持"自愿互利、民主管理"的原则,引导农民自愿组成互助组,走共同富裕的道路。① 到1951年6月底,全县总农户的46.4%和总人口的13%组织了临时性或较长期的小型互助组,一些村庄、互助组还组织了爱国增产竞赛运动。② 1951年10月新安区店上村组建安新县第一个农业生产合作社——赵洪儒农业生产合作社,社内实行土地入股、集体劳动、按土地和劳动比例分红。③ 1952年安新县圈头水乡陈建勋互助组转为半社会主义性质的渔农生产合作社,促进了淀内水产业的发展。至1952年底,参加互助组的农户占全县总农户的53%,人数占总劳力的66.7%。④ 淀区各县情况大致近似,截至1952年11月,容城全县互助组已发展到2 709个,建立了12个农业生产合作社。⑤ 为体现翻身渔民的主人翁地位,1952—1954年间安新县先后四次召开渔民代表大会,提出限制和取缔密箔、密网、电捕鱼、炸鱼等渔具渔法,保护水产资源,大力发展养殖业。⑥

第二,1953年开始农村合作化运动。1953年起,白洋淀区各县在推行互助组的基础上,开始了大规模的农业合作化运动,通过组织学习《关于党在过渡时期总路线的指示》《关于发展农业生产合作社的决议》等纲领性文件,为农业合作化奠定了思想基础。以安新县为例,1953年1月县政府批准郝关村赵凯勋互助组、北喇喇地村张岗互助组转为农业生产合作社,1953年底全县初级社发展到7个。1954年兴办初级社进入高潮,到3月安新全县初级社便达到了160个,至年底全县初级社达到187个。⑦ 同年10月,雄县全县建成农业社507个,入社农户占全县总农户的24.79%。⑧ 1955年上半

---

① 安新县老区建设促进会编:《安新县革命老区发展史》,河北人民出版社,2019年,第171页。
② 安新县地方志编纂委员会编:《安新县志》,新华出版社,2000年,第259页。
③ 安新县老区建设促进会编:《安新县革命老区发展史》,河北人民出版社,2019年,第171页。
④ 安新县地方志编纂委员会编:《安新县志》,新华出版社,2000年,第259—260页。
⑤ 河北省容城县地方志编纂委员会编:《容城县志》,方志出版社,1999年,第25页。
⑥ 安新县地方志编纂委员会编:《安新县志》,新华出版社,2000年,第361页。
⑦ 同上书,第260页。
⑧ 雄县县志编纂委员会编:《雄县志》,中国社会科学出版社,1992年,第205页。

年,安新县对境内初级社进行了三次整顿①,至 11 月全县有 676 个农业社,包括 43 个大社②,试办高级农业社 1 个。到 1956 年 3 月,安新全县由 580 个初级社合并为 140 个高级合作社,入社农户占总农户的 96.6%,入社人口占农业人口的 96.3%,基本实现了农业合作化。③ 淀区其余各县大致同步,将半社会主义性质的农业社过渡到社会主义性质的农业社,最后完成对农村的社会主义改造。④

第三,1956 年兴办高级社成为群众运动。这一时期党内也产生了冒进情绪,认为初级农业合作社仍然具有一定局限,特别是土地参与分红还具有一定的剥削性质,而高级社除小农具外全部生产资料归集体所有,取消土地分红,社员凭工分吃饭,更能体现"各尽所能,按劳分配"的原则,而且生产过程也实行了统一管理。⑤ 1956 年春季,全国农村掀起兴办高级社的群众运动,到 1957 年底全国加入高级社的农户已占 97%。⑥ 白洋淀区在 1956 年初基本实现农业生产初级合作化基础上,在很短的时间内完成了向高级社的过渡,基本是一乡变为一社。1956 年 2 月容城县将 62 个农业社转为高级社,同年年底下属 44 个乡合并为 12 个乡。⑦ 淀区各县高级社数量也迅速增加,1957 年 2 月安新县原有的 140 个高级社调整为 177 个,生产队也由原来的 980 个调整为 1 300 个,便利了生产和经营管理。同时,贯彻中央和省委"书记动手,全党办社"的精神,抽调大批干部对高级社进行了整顿与巩固。在农副业生产上,高级社制定了渔业副业生产定额和超产奖励制度,初步实行了按劳取酬的分配原则。⑧

三、淀区行政管理、人口等特征

白洋淀水域面积随水位高低的变化而变化。当十方院水位在 10.5 米

---

① 安新县地方志编纂委员会编:《安新县志》,新华出版社,2000 年,第 260 页。
② 同上书,第 55 页。
③ 同上书,第 260 页。
④ 雄县县志编纂委员会编:《雄县志》,中国社会科学出版社,1992 年,第 161 页。
⑤ 于建嵘著:《岳村政治:转型期中国乡村政治结构的变迁》,商务印书馆,2001 年,第 241—243 页。
⑥ 国家统计局编:《中国统计年鉴 1990》,中国统计出版社,1990 年,第 32 页。
⑦ 河北省容城县地方志编纂委员会编:《容城县志》,方志出版社,1999 年,第 28、29 页。
⑧ 安新县地方志编纂委员会编:《安新县志》,新华出版社,2000 年,第 260 页。

时,淀区总面积 366 平方公里,其中安新境内有 312 平方公里,占白洋淀总面积的 85%,余下部分属容城、雄县、高阳、任丘四县。① 安新、雄县、容城、高阳属保定专区,任丘县属沧州专区②。

(一) 行政区划特征

新中国成立初期,为巩固新生政权和恢复正常的政治经济秩序,基于白洋淀区的地理位置,在行政区划方面的主要工作如下:

第一,县域边界调整。1950 年 5 月初,安新县所辖臧村区、大堤口区划归清苑县③,即今保定市清苑区臧村镇和大堤口村,这一调整应和满足保定市副食供给有关。1955 年 3 月,经省人民委员会批准,将定兴县所属杨村、卷子、南冬、房家庄、西里村等 22 个村划归容城县④,蠡测应和南拒马治理等有一定关系。

第二,淀区各县划乡、并乡工作。1953 年 4 月 23 日容城县划乡工作开始,到 6 月 25 日结束,全县 3 个区,共划 39 个乡。⑤ 1953 年 4 月至 7 月安新县进行划乡工作,全县设 5 区 53 个乡。1957 年 7 月安新县撤区并乡,58 个乡镇合并为 4 镇 14 个乡,四镇分别是安州镇、新安镇、端村镇、同口镇。⑥

第三,县城和建制镇调整。1950 年 4 月,安新县治由安州迁至新安镇⑦,比较二者地理位置,新安镇更靠近白洋淀,辖区范围包括白洋淀边及淀内。究其因,一方面应和对水产业的重视、水产业的发展有密切关系;另一方面,从历史长时段分析,也反映了清代以来白洋淀水域的减少。

(二) 淀区人口特征

1953 年秋到 1954 年春,河北省进行了新中国成立后第一次人口普查,

---

① 安新县地方志编纂委员会编:《安新县志》,新华出版社,2000 年,第 179 页。
② 1986 年 5 月撤销任丘县,设立任丘市,为县级市,隶属沧州市。
③ 安新县地方志编纂委员会编:《安新县志》,新华出版社,2000 年,第 53 页。
④ 河北省容城县地方志编纂委员会编:《容城县志》,方志出版社,1999 年,第 28 页。
⑤ 同上书,第 26 页。
⑥ 安新县地方志编纂委员会编:《安新县志》,新华出版社,2000 年,第 87、88 页。
⑦ 同上书,第 53 页。1992 年,新安镇改名安新镇。

比较确切地掌握了全省人口与劳动力状况,为制定国民经济发展计划提供了重要依据。1949—1957年间,安新、雄县、容城、任丘主要人口数据见表1-1-1。从表中可以看出,新中国成立后的八年间,白洋淀区域人口总数呈缓慢上升趋势,其中安新县在1956、1957两年人口略有下降,主要原因是白洋淀洪涝灾害。此外,非农业人口数量波动加大,且表现出下降特征,根本原因是国家控制城镇人口。其间为解决农村生产力素质低下,不能满足互助合作化运动要求等问题,1955年9月毛泽东主席在《在一个乡里进行合作化规划的经验》一文的按语中发出号召——"组织中学生和小学毕业生参加合作化的工作"①,也引发了有文化的中小学毕业生回乡参加农业生产合作化运动。

表1-1-1 1949—1957年白洋淀区主要人口数据　　　　单位:万人

年份	人口					非农业人口				
	安新	雄县	容城	任丘	小计	安新	雄县	容城	任丘	小计
1949	18.84	16.37	14.02	32.43	81.84	0.68	0.49	0.13	1.10	2.37
1950	19.31	16.67	/	32.72	/	0.64	0.49	/	0.74	/
1951	19.88	16.99	/	33.15	/	0.68	0.49	/	0.50	/
1952	20.31	17.36	/	33.82	/	0.62	/	/	0.33	/
1953	20.72	17.71	14.48	34.02	/	0.58	0.50	0.23	0.66	/
1954	21.16	18.04	/	35.35	/	0.52	0.50	/	0.50	/
1955	21.43	18.33	/	35.84	/	0.55	0.51	/	0.62	/
1956	20.73	18.82	/	35.96	/	0.51	0.51	/	0.65	/
1957	20.85	18.70	15.22	36.51	91.28	0.54	0.51	0.42	0.87	1.47

数据来源:《安新县志》(2000年)第234页,《雄县志》(1992年)第123页,《容城县志》(1999年)第463页,《任丘市志》(1993年)第137页。

四、 水运是主要交通形式

地形地貌决定了利用大清河水系、穿过白洋淀的内河航运,为"自古以来

---

① 共青团中央青运史工作指导委员会办公室编著:《中华人民共和国青年工作编年纪事(1949年10月—1994年12月)》,天津人民出版社,1996年,第54页。

保定、天津间的重要水路"①,白洋淀水域地处水运中枢,享有"舟楫之利","成为津保间之航运要道"②。同时,以白洋淀各码头为中心点,沿着入淀水系河道轴线向冀中城乡腹地呈放射状扩展。

(一) 新中国成立后对津保运河的管理及发展

白洋淀水运在北宋时期已具雏形,元明两代消极保漕,加之气候进入明清小冰期,明代白洋淀一度淤为平地。经过清康乾年间(1662—1795)多次治理,并在府河段兴建水闸,使津保水运"常盈不缺,而利舟行",运河由保定"南城外清苑河起,下达天津,舟楫往还运输便利,商民赖之"③,有清一代持续兴盛二百年。清末民初,安新县境内已形成新安、安州、北六、赵北口、端村、同口、北马庄等水陆码头,"舟舶云集,车马夜达"④。民国年间,津保水运先后遭到军阀破坏和日军控制,以致水运衰落。

解放战争期间,中国共产党领导成立了冀中运输公司大清河船队,使白洋淀及津保航运为新中国成立做出了重大贡献。⑤ 新中国成立之初,津保航线上的木船主要分布在保定市及新安、新镇、胜芳三镇,白洋淀内的航运交通繁荣。1950年11月,华北内河航运管理局将大清河办事处移交河北省交通局航政处。1951年12月,河北省交通局航政处改组为河北省交通厅内河航政办事处,并设立天津、新镇、保定航运管理站,全面负责津保航线的运营管理工作。1952年12月,保定航运站改名为保定管理站,驻保定府河刘守庙码头,辖新安管理站,对内河运输实行统一经营管理。1954年7月,保定管理站改名为保定办事处,下辖新镇站、胜芳站、新安站及雄县工作组。1955年在对私营和个体木船航运业进行社会主义改造的运动中,保定市率先成立了先锋民船运输合作社,当年"全省水运货物运输量比上年增长13.33%"⑥,推动了津保航线水运业的恢复发展。

---

① 东亚同文会编:《支那省别全志》,东亚同文会,1917年,第472页。
② 天津市地方志编修委员会编著:《天津通志·旧志点校卷》(下册),南开大学出版社,2001年,第286页。
③ 金良骥等修,姚寿昌等纂:《清苑县志》,成文出版社,1934年,第113页。
④ 安新县地方志编纂委员会编:《安新县志》,新华出版社,2000年,第466页。
⑤ 同上书,第467页。
⑥ 王树才主编:《河北省航运史》,人民交通出版社,1988年,第289页。

再以安新县为例进行分析。1953年4月在县城东关成立航运管理站,负责水上航运工作。1956年在社会主义改造中,合营后的船只组成航运社。同时在老河头成立马车运输社,推动水陆联运。1957年在原搬运工会基础上成立搬运社①,主要承担各码头(特别是县城东关、南关两个码头)的装卸业务②。据统计,安新县水运经过恢复和发展,1952年已由1949年的货运量1万吨、周转量25.8万吨公里,客运量0.4万人次、周转量10.4千人次公里,增至货运量7.2万吨、周转量381.7万吨公里,客运量1.4万人次、周转量120千人次公里。水运木帆船由8 012只增至8 502只。③从表1-1-2可以直观地看出,新中国成立初期,安新县交通中水运占主要地位,受1954年大洪水影响,略有减少。

表1-1-2　1949—1957年安新县水陆里程概况　　　单位:公里

年度	公路车里程	内河船里程	年度	公路车里程	内河船里程	年度	公路车里程	内河船里程
1949	/	57	1952	19.6	57	1955	19.6	52
1950	19.6	57	1953	19.6	57	1956	19.6	52
1951	19.6	57	1954	19.6	52	1957	19.6	52

数据来源:《安新县志》(2000年)第470页。

(二) 以淀区为中心的主要航线及运输力概况

新中国成立后,河北省内河航运管理局和淀区各县政府对白洋淀码头进行了整顿,规范了淀内外水运章程。1955年,白洋淀鱼虾产量高达1 770万斤,苇席350万片,苇箔25万块,除小部分在当地及周边销售,大部分按常例行销保定、天津、北京,以及山东、黑龙江等省,并购进生产生活用品1 087万吨,绝大部分也依靠水运。④ 1957年安新县水运进一步规范化,相继组建两个航运社,共有船只2 588个,其中10吨以上船只49只,对艚逐渐

---

① 安新县地方志编纂委员会编:《安新县志》,新华出版社,2000年,第472页。
② 同上书,第470页。
③ 同上书,第468页。
④ 安新县地方志办公室编纂:《白洋淀志》,中国书店,1996年,第208页。

被以内燃机为动力的拖轮所取代,增加了运输能力,水运达到鼎盛时期。①

1. 淀内水运

以安新县新安镇东关码头为中心的水运,在淀内呈放射状扩散:至安州13公里,至赵北口15.5公里,至端村15公里,至寨里15公里,至郭里口7.5公里,至采蒲台17公里,至圈头11公里,至大田庄18公里,至大马庄26公里,至任丘七间房25.1公里,至古佛堂19公里,淀内航道总计约182.1公里。另外,淀内各村之间均有航线相通。② 天津发往容城、固安、易县、徐水一带的货物,在北六村陈家湾码头卸货;由淀区发往天津、保定的货物,在端村、安州、同口、北马庄、新安等码头装船。③ 此时,以府河、大清河为主,潴龙河为辅,形成东西向航运,新安镇码头为中转站和必经之地。运输物资大部分为生产资料和生活用品,如塘沽食盐、保定煤炭、安国药材、白洋淀鱼虾和苇箔等;运销范围主要是天津、保定等城市及周边十几个县。④

2. 淀外水运

这一时期以白洋淀为中心的主要航线有:(1)天津—保定,全长181公里,可行百吨船只;(2)白洋淀—安国伍仁桥,全长134公里,可行60吨对艚大船;(3)白洋淀—徐水大因镇、高桥村一带,全长19公里,可航行10吨以下船只;(4)白洋淀—容城黑龙口,全长15公里,可航行10吨以下船只;(5)白洋淀—白沟河,16.5公里航线,可航行10吨以下船只。丰水期或洪水期,还可以增加以下航线:白洋淀—定兴北河店、白洋淀—容城小里、白洋淀—白沟河—小清河—北京良乡等。另外,以白洋淀为中心的更大范围内跨水系航运主要有:白洋淀—大清河—南运河一线、白洋淀—大清河—子牙河一线、白洋淀—大清河—卫运河一线等。同时,白洋淀上、下游水系,包括府河、唐河、沙河、潴龙河、漕河、南瀑河、北瀑河、孝义河、小北河、赵王新河等,这一时期也均可通航。20世纪50年代,白洋淀依然是联系京津冀三地及辽、鲁、豫等地区的水运中心。⑤

---

① 安新县地方志编纂委员会编:《安新县志》,新华出版社,2000年,第468页。
② 彭艳芬著:《白洋淀历史与文化》,河北大学出版社,2012年,第149页。
③ 安新县地方志编纂委员会编:《安新县志》,新华出版社,2000年,第466页。
④ 同上书,第468页。
⑤ 彭艳芬著:《白洋淀历史与文化》,河北大学出版社,2012年,第149、150页。

五、 与白洋淀相关的行政管理起步

与白洋淀水产台田利用相关的机构,早在北宋时期已经设立;有清一代设立河道总督;民国政府在1918年设顺直水利委员会,在1928年设华北水利委员会,后又在枣林庄设大清河河务局直接管理白洋淀区河务。新中国成立后,对白洋淀及大清河的管理体系逐步健全。

(一) 水利管理机构

1949年河北省水利局成立后,各河流相继成立河务局。同年9月,大清河河务局成立,驻地为沧州任丘县鄚州镇,1952年迁至保定市。1954年大清河河务局被撤销,取而代之的是各专区水利机构——专署水利局,负责河道、堤防管理、维修、防汛及全区的水利工作①,这也意味着大清河管理的权力下移,改归行政属地管理。各县根据自身情况设立水利科或专职干部负责水利工作,水利管理任务较重的安新、高阳等县都设立了水利科。

安新县最早的水利管理机构成立于1937年,隶属当时抗日民主政府设立的实业科,1949年改为建设科,1955年改设水利科。此外,根据实际需要,1950年还设立了防汛指挥委员会和春工委员会。总之,这一时期根据不同任务还曾设置相关的水利管理机构,如1957年到1958年间安新县设水利建设委员会、低洼地改造办公室、水利生产办公室等②。新中国成立后,容城县水利工作由农建科负责,下设河防办事处和渠道管理委员会,到1955年改设水利科,1957年水利科改称水利局,专管县境内水利工作。③ 淀区各县水利机构大致如此,逐步加强了管理职能。

(二) 水利工程管理

白洋淀区安新县等的水利施工在新中国成立后始有记载(见表1-1-

---

① 保定地区水利志编纂委员会编:《保定地区水利志》,中国社会出版社,1994年,第544页。
② 安新县地方志编纂委员会编:《安新县志》,新华出版社,2000年,第441页。
③ 河北省容城县地方志编纂委员会编:《容城县志》,方志出版社,1999年,第215页。

3),这也是社会主义制度人民当家作主的切实体现。由于技术水平较低,水利工程进行更需要大规模的劳动力才能完成。

表 1-1-3　1949—1957 年白洋淀区主要水利工程协作施工统计简表

时　间	施 工 内 容	施 工 组 织
1950—1951	堤坝培修加固	保定专署
1955	堤坝修复	安新、高阳、容城、雄县
1957	复堤加固	保定专署、高阳、安新组织实施
1956	开挖引河、开辟赵王新河	天津、保定专区组织,16 个县施工
1956	防风工程	保定专署

资料来源:《保定地区水利志》(1994 年)、《安新县志》(2000 年)、《雄县志》(1992 年)相关内容。

1. 堤防管理

堤防管理是白洋淀水利工程管理最重要的内容。清顺治年间(1644—1661)河道开始设专官兼理堤工,一直沿袭到 1914 年,被民国政府成立的新安北堤堤工会取代。1950 年 6 月中央人民政府成立了全国统一的防汛指挥部,各地也成立了防汛指挥机构。1955 年安新县河防办事处配有巡堤员 27 名,并划定沿堤村各自业堤段;1957 年每村确定一名巡堤员,专司其职。①

2. 水利勘测规划等管理

1951 年,为兴修大清河上游水库,河北省成立大清河水库筹备处,成立了河北省的地质勘探队。② 1953 年底,省政府将原大清河水库筹备处改建为设计处。③ 从 1952 年开始,对大清河水系进行了较为系统的查勘调查工作,并完成了报告文件。④ 1956 年 8 月河北省水利厅设计处改建为省水利厅勘测设计院,以承担全省水利基建工程的勘测规划和设计工作。1958 年 5 月设计院由保定迁天津,因省水利厅与省电力局合并,设计院亦合为河北省水利

---

① 安新县地方志办公室编纂:《白洋淀志》,中国书店,1996 年,第 241 页。
② 河北省水利厅编:《河北省水利十年》,河北人民出版社,1960 年,第 105 页。
③ 河北省水利厅水利志编辑办公室编:《河北省水利志》,河北人民出版社,1996 年,第 728 页。
④ 河北省水利厅编:《河北省水利十年》,河北人民出版社,1960 年,第 103 页。

电力勘测设计院。① 同期成立了保定专区水利建设委员会,负责对全区水利事业的规划决策、群众性的农田水利工作的指导,以及对计划建设的王快、龙门、西大洋、安格庄四大水库进行勘测等工作。

3. 水利工程协作施工管理

1949年10月12日《河北日报》报道了河北省人民政府发出紧急训令,令大清河河务局、容城县政府、大清河堵口工程处,迅速组织民工协作完成大清河赵村堵口的任务,尽快解决10万余灾民无家可归的生活困难。② 1951年3月28日雄县政府会同新城、定兴、徐水等县进行新盖房分洪道的开挖工程,组织分洪道内陈家台村群众转移。③ 1954年汛期潴龙河两堤受到不同程度的破坏,汛后由安平、博野、蠡县、高阳四县组织补修施工,其间高阳县仅参与潴龙河治理的工程就有:1950年开辟北绪口临时分洪口,1951年、1955年两次下口改道,1953年河道疏浚,1957年开辟陈村分洪道,等。④

(三)水产管理机构

1950年3月国家批准河北省成立水产局,9月全省首届水产工作会议后,在渔业重点专区、县、市增设了专职水产干部,1952年6月依据精简机构、紧缩编制的精神撤销省水产局,在农业厅内设水产科。随着水产事业的发展,1954年秋水产科改为水产处。基层组织亦逐步健全,沧州、保定专署在农林局内设专职水产干部,安新等县在农渔局内设水产股。1956年2月为使水产生产、供销统一,省政府又将水产处划归省商业厅领导,厅下设水产管理局,负责领导全省水产生产,专区、县级机构也随之成立或扩编,如保定专署在工商科内设专职水产干部,安新等县设水产科,任丘等县设立了专

---

① 海河志编纂委员会编:《海河志》(第四卷),中国水利水电出版社,2001年,第9页。
② 中共河北省委党史研究室编著:《中国共产党河北编年史(1949—1952)》,河北人民出版社,2019年,第102页。
③ 雄县县志编纂委员会编:《雄县志》,中国社会科学出版社,1992年,第205页。
④ 河北省地方志编纂委员会编:《河北省志·第20卷·水利志》,河北人民出版社,1995年,第167页。

职水产干部。

1957年4月国务院批准再次成立河北省水产局,随后将商业厅领导下的水产管理局与水产供销公司合并,成立河北省水产局,水产局负责对全省水产的生产、供销及渔业合作社的领导、指导工作,重点渔业地区及大水面区域分别设立水产局,统一领导、管理当地水产的生产、供销工作。① 其间随着统购统销政策的实施,1953年安新县先后成立农渔局、水产公司,负责渔业产品购销,在赵北口、圈头、端村等水村设置收购站,统一价格,统一销售。② 总之,加强了对白洋淀水产品的购销管理。

(四)《河北省山区水土保持工作实施计划》等颁行

新中国成立后,党中央和国务院对搞好水土保持和山区建设十分重视,1952年12月周恩来总理签发的《关于发动群众继续开展防旱、抗旱运动并大力推行水土保持工作的指示》就指出,历史时期长期过度开发山林,无计划地在陡坡开荒,使很多山区林草覆被降低,失去涵蓄雨水的能力,这种现象带来的严重后果主要有二:一方面,造成河道淤塞,洪水肆虐;另一方面,严重的土壤冲刷流失,使山陵高原地带沟壑增加,"土壤日益瘠薄,耕地日益减少,生产日益衰退"。由此提出要在山区丘陵地区和高原地带"有计划地封山、造林、种草",并"禁开陡坡",这些举措重在"涵蓄水流和巩固表土"。③

1952年《河北省山区水土保持工作实施计划(1952—1957)》颁行,大清河上游房山、涞源、易县、阜平等山区县是治理重点,提出了上游山区与修建水库相配合,修建谷坊工程,封山护林等举措。④ 在国家政策、地方规定引导下,配合其他举措,白洋淀上游山区环境得到了一定恢复。1957年5月国务院通过《中华人民共和国水土保持暂行纲要》,根本目的是指导全国展开水土保持工作。要求通过合理利用水土资源,实现开发河流之利,根治河流之

---

① 河北省地方志编纂委员会编:《河北省志·第19卷·水产志》,天津人民出版社,1996年,第188页。

② 安新县地方志编纂委员会编:《安新县志》,新华出版社,2000年,第357页。

③ 《中央人民政府政务院关于发动群众继续开展防旱、抗旱运动并大力推行水土保持工作的指示》,载中共中央文献研究室编《建国以来重要文献选编》(第三册),中央文献出版社,2011年,第394、395页。

④ 海河志编纂委员会编:《海河志》(第二卷),中国水利水电出版社,1998年,第526页。

害,服务农、林、牧业生产发展,进而达到建设山区,"建设社会主义的目的"。提出山区 25 度以上的陡坡,一般应禁止开荒,已开垦的"逐年停耕,进行造林种草"。① 贯彻中央要求,河北省的水土保持工作进一步规范、加强。白洋淀位于大清河中游,上游太行山区的水土保持工作直接影响着白洋淀水源和泥沙含量。

第二节 白洋淀自然特征和主要水灾害

白洋淀淀内地形复杂,高垫地带 9 米以上,一般高程在 5.5~6.5 米,淀底最低高程约 5 米,高垫地把淀内分割成大小 143 个淀泊。白洋淀四周主要以堤坝为界,东西长 39.5 公里,南北宽 28.5 公里,水域面积随水位高低的变化而变化。白洋淀与东淀、文安洼、贾口洼、南北大港等洼淀,在减轻海河流域洪涝灾害方面起着重要作用。

一、淀区气候、水文特征

据国家气候中心数据统计,1951 年以来我国年平均气温呈显著上升趋势,平均每十年升温 0.26℃,高于同期全球 0.15℃ 的平均水平,是全球气候变化的敏感区。与之同步,20 世纪 50 年代白洋淀所在的海河流域大致处于暖湿时期,降水量较多,多次形成洪涝灾害。

(一) 温度、降水量

据调查,白洋淀湿地周边气温比同纬度的其他地区低 3℃ 左右,空气湿度比远离湿地的其他地区高 5%~20% 以上,降水也相对较多,尤其在夏季东南风为主导风向时。上述特征使白洋淀湿地对调节淀周边区域及京津地区温湿状况,以及减轻浮尘扬沙有一定的作用。②

白洋淀水系处于温带季风区,四季分明,无霜期约 200 天,多年平均降

---

① 《中华人民共和国水土保持暂行纲要》,《中华人民共和国国务院公报》1957 年第 33 期。
② 胡福来、杨新阁:《引黄济淀对白洋淀的生态效益分析》,载潘增辉主编《水生态文明建设研究与实践》,河北科学技术出版社,2013 年,第 54 页。

雨500~700毫米。受海洋及地形影响,降水量年际变化较大(参见表1-2-1),多雨年和少雨年最大差6.4倍。降水量年内分配也不均匀,冬、春两季降水很少,多以暴雨形式集中降于7、8月汛期。故经常出现连年洪涝、连年干旱或先旱后涝、旱涝交替等情况。白洋淀水系所在流域面积占海河流域总面积的15%,但按大水年份30天最大洪量统计,来水量却占海河流域总来水量的44%。①

表1-2-1　1951—1957年白洋淀安新县部分降水量　　　　单位:毫米

年度	全年降水量	年度	全年降水量	年度	全年降水量
1951	377	1954	1 058	1956	950
1952	471	1955	787	1957	443
1953	613				

数据来源:《河北省志·第19卷·水产志》(1996年)第91页。

20世纪50年代,白洋淀区降水量在209~922毫米间大幅波动,1953年最多,1956年最少,二者相差3.4倍。1956年水位最高,降水量最少,反映出入淀径流量对淀区水位至关重要,这一年海河水系的南运河、子牙河、大清河皆发生了有记录以来的最大洪水。② 水位则受淀区降水量和流域入淀径流量共同作用,或曰是流域上中游人类活动叠加在气候因素之上的结果。同时,由于白洋淀洼地浅平,水位过高又极易引发洪灾,所以降水量和洪灾之间存在平衡博弈。

（二）上游径流量

由于大清河水系多源于太行山区,山区面积约占全流域面积的一半,各水系基本同时涨水,因而汛期洪水量大峰高,再加上大清河上游支流多,下游泄量小,来水迅猛,出水滞缓,容易造成河堤决口,故是河北省水灾最频繁的河流之一。

---

① 水利部海河水利委员会海河下游管理局编:《海河下游管理局志》,天津科学技术出版社,2020年,第9页。

② 河北省水文水资源勘测局编:《河北省水文志》,河北人民出版社,2016年,第178页。

这一时期大清河径流量见表1-2-2。同期南支主要水系入淀水量情况：漕河多年平均径流量1.19亿立方米,1954年达到4.57亿立方米;瀑河多年平均径流量0.59亿立方米,1956年达到1.74亿立方米;唐河多年平均径流量5.9亿立方米,1956年出现8.95亿立方米;府河多年平均径流量1.69亿立方米;潴龙河1954年径流量23.3亿立方米。潴龙河设计分洪流量只有1 500立方米/秒,由于河道经常淤塞决口,入淀口在千里堤与四门堤之间摆动,1955年高阳博士庄决口后,由南冯村西侧入马棚淀,这也是百年来第五次改道。①

表1-2-2　20世纪50年代大清河径流量一览表

河道名称（测站）	流域面积（平方公里）		河长（公里）	多年平均径流量		代表年份年径流量（亿立方米）			可灌溉面积（万亩）
	全部	河北境内		流量(立方米/秒)	年径流量(亿立方米)	1952	1956	1957	
大清河	39 600	38 500	448	/	/	/	/	/	
北支	/	/	/	39.10	12.34	7.52	45.40	10.83	308
南支	/	/	/	55.80	17.60	5.46	51.76	14.50	440

数据来源:《河北省水利十年》(1960年)第5页。

1970年白沟引河启用之前,大清河北支绕过白洋淀北部入东淀。但在1917、1924、1939年,汛期大水,北支均决口入白洋淀,与南支水流汇合后,再冲毁千里堤,涌入冀中腹地,最后使文安洼、白洋淀与东淀连成一片汪洋。1917、1939年更汇合其他流域水流泄入天津市。②

（三）水位、水面、水量变化

新中国成立初,白洋淀湖盆总面积为561.6平方公里,水域面积相对较大。但是,因入淀河道狭窄,四周堤防不固,加之淀水下泄不畅,所以每到汛期,淀上一片汪洋,最高水位都在9米以上。1954年和1956年达到了11.31

---

① 安新县地方志编纂委员会编:《安新县志》,新华出版社,2000年,第176、177页。
② 河北省水利厅编:《河北省水利十年》,河北人民出版社,1960年,第58页。

米和11.3米,淀内村庄、园田全被淹没,灾情严重。①

白洋淀的水位、水面受入淀水量的制约,1949—1957年九年间,白洋淀最高水位有五年出现在8月,一年在7月,一年在9月,比较特殊的是1951年最高水位出现在1月1日;最低水位一般分布在5—7月内,1951年依旧比较特殊,最低水位出现在8月11日。② 从表1-2-3可以看出,1949—1957年间淀内年平均水位维持在8.27~10.05米间,处于新中国最初30年高水位期,降水量和入淀径流量都较大,淀区水位、水域面积、蓄水量都较高、较大。

表1-2-3 1949—1957年白洋淀年内水位、水面、蓄水量变化表

年份	水位变化范围(米)	水面变化范围(万亩)	蓄水量变化范围(亿立方米)
1949	10.93~7.78	46.22~26.22	10.94~1.89
1950	10.89~8.93	46.2~41.61	10.8~3.25
1951	9.04~8.11	45.51~31.89	5.12~2.53
1952	8.44~7.47	42.85~21.78	3.4~1.41
1953	10.11~7.36	46~19.26	8.35~1.12
1954	11.31~7.99	分洪~28.28	分洪~2.27
1955	10.78~8.33	46.2~40.17	10.45~3.08
1956	11.3~8.53	分洪~44.02	分洪~3.63
1957	9.25~8.51	45.75~43.87	5.77~3.58

数据来源:《安新县志》(2000年)第180、181页。

(四)入淀水量、出淀水量

白洋淀天然入淀水量主要包括降水量和入淀径流量,20世纪90年代后开始增加跨流域引水。据统计,1952—1960年九年平均进淀水量为

---

① 安新县地方志编纂委员会编:《安新县志》,新华出版社,2000年,第174页。
② 同上书,第184页。

37.67亿立方米,1958年以后在进淀河流水系的上游先后修建了百余座各种型号水库,水库大量截留使入白洋淀径流量大幅减少。① 此外,白洋淀水域面积开阔,年平均水面蒸发量达1 369毫米②,水资源蒸发耗损也相对较大。

20世纪50年代,尽管四周堤堰环绕,但大清河南支诸水穿过白洋淀后,通过赵北口下泄进入赵王河,汇入大清河,是一条一年四季都有径流量的正常河流。总之,其间大清河上游诸河通畅,下游和东淀连为一体,保定通往天津的航道依然是主要运输线路,来往船只不绝。

表1-2-4 1951—1957年白洋淀入淀、出淀水量推算成果表

单位:亿立方米

年 份	入淀水量	出淀水量	年 份	入淀水量	出淀水量
1951	4.897 7	5.276	1955	22.003 4	20.55
1952	2.922 9	1.279	1956	51.268 9	50.97
1953	11.370 1	7.376	1957	8.635 7	0.407
1954	26.444	25.155			

数据来源:《安新县志》(2000年)第181、182页。

分析表1-2-4可知,1951—1957年间,白洋淀入淀水量最高是1956年,逾51亿立方米,最少是1952年,不足3亿立方米;与此同时,白洋淀出淀水量最多的也是1956年,而1952年出淀量只有1.3亿立方米,最少是1957年,只有0.4亿立方米。由于白洋淀湖盆浅平,蓄水能力差,出淀水量基本是随着入淀水量波动的。

二、淀区主要水灾害

由水所造成的灾害和引发的次生灾害均可称为水灾害,如暴雨灾害、洪水灾害、山洪灾害、冰雹灾害、风暴灾害、台风灾害等。历史时期白洋淀区主

---

① 童文辉:《白洋淀渔业自然条件分析》,《华北农学报》1984年第1期。
② 胡福来、杨新阁:《引黄济淀对白洋淀的生态效益分析》,载潘增辉主编《水生态文明建设研究与实践》,河北科学技术出版社,2013年,第54页。

要有洪、涝、旱、碱四大灾害,新中国成立之初就对白洋淀洪涝灾害展开了治理。

(一) 1949—1957年淀区以涝灾为主

1949年7、8月间,白洋淀十方院水位达10.93米,超过历史最高水位。① 1950年十方院水位曾达11.15米,大清河北堤多处漫溢决口,千里堤多处漫顶,有的堤段水面高于堤顶0.5米。② 1954年汛期,大清河上游曾七次降雨,8月9日新城一带降水量达405毫米,白沟一带降水量达329.4毫米,都超过了历史纪录。③ 1955年8月中下旬连续降雨,降水量总计264毫米,白洋淀北堤决口,容城县受灾耕地面积15.09万亩,占耕地总面积的37%,全县受灾人口4.59万人,占全县总人口的33%。④ 1956年汛期较往年提前近一个月,6月上旬上游各水系即开始涨水,因此这一年也成为新中国成立后洪水最大的一年。⑤

在其他年份,淀区各县也遭受了不同程度涝灾。1952年,雄县涝灾成灾面积3万亩,占耕地4.5%。⑥ 1953年7月,白洋淀水位上涨,至8月底任丘全县沥涝面积18.01万亩,受灾村庄81个,倒塌房屋3913间。⑦ 再以雄县为例,可窥白洋淀水灾对农业的破坏情况之一斑(详见表1-2-5)。

表1-2-5　1950—1957年雄县水灾害统计简表

年份	灾害程度	涝灾		备注
		成灾面积(万亩)	占耕地(%)	
1950	特大洪水	57.8	86.0	
1952		3	4.5	

---

① 河北省水利厅编:《河北省水利十年》,河北人民出版社,1960年,第44页。
② 海河志编纂委员会编:《海河志》(第一卷),中国水利水电出版社,1997年,第407页。
③ 河北省水利厅编:《河北省水利十年》,河北人民出版社,1960年,第44页。
④ 河北省容城县地方志编纂委员会:《容城县志》,方志出版社,1999年,第27页。
⑤ 河北省水利厅编:《河北省水利十年》,河北人民出版社,1960年,第44页。
⑥ 雄县县志编纂委员会:《雄县志》,中国社会科学出版社,1992年,第106页。
⑦ 河北省任丘市地方志编纂委员会编纂:《任丘市志》,书目文献出版社,1993年,第36页。

(续表)

年份	灾害程度	涝灾 成灾面积(万亩)	涝灾 占耕地(%)	备注
1953		2	3.0	
1954	特大洪水	39	57.9	
1955	春旱秋涝	45	67.9	春旱无成灾统计
1956	大水灾	18	27.0	
1957	无灾害记载			

数据来源:《雄县志》(1992年)第106页。

成灾原因主要有两点:一是气候多雨,这也是根本原因,1949—1957年的九年间,海河流域丰水多灾,受灾的范围相对集中于北部水系中下游地区,1949、1950、1954、1955、1956年五个年份发生洪灾,其中后三次的暴雨中心都在大清河流域;二是水利设施较少,近代以来经济凋敝,历经战争破坏,大清河流域和周边地区一样,水利设施数量少、质量低,无力拦蓄汛期过量的洪潦。

(二) 1950年8月特大洪水及移民

1950年8月2日开始,大清河流域又普降暴雨,各支流径流量大增,大清河北堤洪水漫溢,多处决口,白洋淀十方院水位一度达11.15米,千里堤多处漫顶,有的堤段水面高于堤顶0.5米。① 随着白洋淀周边堤埝或被冲刷决口,或人为破堤分洪,安新全县除三台、小营等6个村尚有0.41万亩庄稼外,其余69.94万亩土地全部被淹,倒塌房屋1.81万间。② 同时,淀堤决口后,洪水直流雄县境内。到8月5日中午,雄州镇大清河上解放桥能容400立方米/秒的桥孔,过峰已达480立方米/秒,雄县境内大清河两岸水位与堤顶基本相平。当日下午3时,河水继续上涨0.66米,部分堤段水位超过了堤顶,形成11处决口。这年汛期全县90%的村庄和86%的耕地被淹,仅有

---

① 海河志编纂委员会编:《海河志》(第一卷),中国水利水电出版社,1997年,第408页。
② 安新县地方志编纂委员会编:《安新县志》,新华出版社,2000年,第154页。

高秆作物略有收成。① 同年8月5日,赵村堤决口,容城全县19个村被淹,另有56个村或大半或部分被淹,被淹土地占全县耕地面积总数的40%。②

特大水灾发生后,安新县逃荒1.82万户,计7.97万人。随后,安新县政府开始有组织地向东北移民810人。③ 其实淀区各县人民政府有组织地移民东北,1949年已经开始。1949年汛期白洋淀十方院水位达10.93米④,8月10日白洋淀堤决口,据151个村统计,有636户22 187人逃荒到东北、察南及附近各县。⑤ 1949年夏秋之际的大洪水波及河北省104个县,白洋淀区属于被灾最为严重的地区之一。为了安置暂时无法耕种的灾民,东北人民政府决定在1949年冬天接纳河北的1.73万名灾民。河北省对水灾过后两三年后不能实现复耕的地域也进行了移民动员,主要集中在安新、宁河、宝坻、大名、恩县、迁西等县。⑥ 同时,严重的水灾害也使水利部、华北水利委员会决定修建潮白河、大清河、永定河等的防洪工程⑦,提高抵御洪水的能力。

(三) 1954年8月特大洪水损失重大

这一时期气候多雨,如安新县1954年降水量970.9毫米,而1962年仅206.2毫米。⑧ 汛期最高水位都在9米以上,1954年汛期白洋淀水位达到了11.31米。⑨ 淀堤失修,淀内水位抬升引发决堤,叠加下游河道失修,淀水宣泄不畅,淀内村庄、田园全部被淹没,淀区各县涝灾严重。下游京津地区沥涝成灾,京津间铁路被迫中断。

1954年6至8月间,南拒马河、大清河三次猛涨,萍、瀑河水四次决溢,

---

① 雄县县志编纂委员会编:《雄县志》,中国社会科学出版社,1992年,第104页。
② 河北省容城县地方志编纂委员会编:《容城县志》,方志出版社,1999年,第24页。
③ 安新县地方志编纂委员会编:《安新县志》,新华出版社,2000年,第154页。
④ 海河志编纂委员会编:《海河志》(第一卷),中国水利水电出版社,1997年,第408页。
⑤ 安新县地方志编纂委员会编:《安新县志》,新华出版社,2000年,第52页。
⑥ 衣保中著:《中国东北农业史》,吉林文史出版社,1993年,第657页。恩县,1956年撤销建制。
⑦ 海河志编纂委员会编:《海河志》(第一卷),中国水利水电出版社,1997年,第408页。
⑧ 雄县县志编纂委员会编:《雄县志》,中国社会科学出版社,1992年,第64页。
⑨ 海河志编纂委员会编:《海河志》(第一卷),中国水利水电出版社,1997年,第408页。

白洋淀北堤沥水横流,三处决口。① 容城县连降大雨,8月8日一天降水量达172毫米,全年降水量为1 237.2毫米,因暴雨引发堤坝决口,全县耕地面积82.8%被淹②,房屋倒塌29 284间③。

同年7、8月,任丘县连降大雨和暴雨,并伴有大风冰雹,全县受灾面积96万余亩,倒塌房屋17 632间④,高任公路以北73个村庄屋院全部进水,大街行船无阻。同年6月至9月雄县降水量955毫米,占全年总量的88%,尤其7月末至8月初连降四次大暴雨。8月10日24小时内降水量高达207.8毫米,七日内达到335毫米,造成河水淀水猛涨,出现1 480立方米/秒的大洪峰⑤,引发大清河北支沿岸堤坝决口不断,雄县淀内的村庄、园田全被淹没。造成全县72万亩秋作物全部受灾,为1949年以来秋粮产量最低年,玉米亩产44斤,全县秋粮比50年代常年产量减产115.5万斤,年景不足三成。⑥

(四) 1956年8月大水灾及分洪举措

1956年8月上旬,海河南系从南到北发生大暴雨,南运河、子牙河、大清河发生有记录以来的最大洪水⑦,白洋淀汛期最高水位达到了11.31米⑧,白洋淀北堤崩溃1.3万余米,出现险情20余处。随着白洋淀北堤崩溃,容城县内一片汪洋,全县被淹秧苗36.35万亩,倒塌房屋1.79万余间。⑨

1956年汛期雄县降水量占全年总降水量的78%,24小时内最大降水量65.6毫米。7月底至8月初连降六天中到大雨,新盖房分洪道、安新北堤多

---

① 河北省容城县地方志编纂委员会编:《容城县志》,方志出版社,1999年,第86页。
② 同上书,第27页。
③ 雄县县志编纂委员会编:《雄县志》,中国社会科学出版社,1992年,第205页。
④ 河北省任丘市地方志编纂委员会编纂:《任丘市志》,书目文献出版社,1993年,第36页。
⑤ 雄县县志编纂委员会编:《雄县志》,中国社会科学出版社,1992年,第104页。
⑥ 张金声:《雄县旱涝史话》,载政协雄县委员会文史资料组编《雄县文史资料》(第4辑),政协雄县委员会文史资料组,1990年,第48页。
⑦ 河北省水文水资源勘测局编:《河北省水文志》,河北人民出版社,2016年,第178页。
⑧ 海河志编纂委员会编:《海河志》(第一卷),中国水利水电出版社,1997年,第408页。
⑨ 河北省容城县地方志编纂委员会编:《容城县志》,方志出版社,1999年,第28页。

处漫溢决口,全县147个村庄遭洪水围困①,积水耕地占总耕地的82%,成灾面积占总耕地面积的27.9%②,在白洋淀淀内的村庄、园田全被淹没③。同期,任丘县连降大暴雨,潴龙河、大清河、子牙河同时决口,251个村庄被水包围,倒塌房屋29 081间,受灾面积达104万亩。④

汛期末,白洋淀水位持续17天保持在保证标准以上,周边堤埝险工百出,直接威胁着津浦铁路和天津市的安全。为了应对突发洪灾,保卫京津安全,一方面迅速调集解放军官兵上堤防守抢险,保证了千里堤大堤安全;另一方面为保全大局主动放弃局部利益,有计划地采取了分洪缓洪措施。1953、1954、1956、1959年等年份先后利用溢流洼、马棚淀、文安洼、青甸洼、太和洼、贾口洼、大黄铺洼等大小洼淀滞洪缓洪,以缩小成灾面积,确保工业交通的安全。这些洼淀或辟为一水一麦区,或改种早熟作物,或逐步改造为稻田区,使农作物生长和收获适应滞洪的需要。在因分洪缓洪受灾的地区,灾后党和政府也引导开展多种副业,组织生产救灾,并以工代赈加固堤防,在加强河道防洪能力的同时也增加了灾区群众收入。⑤

第三节 淀区生产定位与水环境相互作用

白洋淀区依水发展起经济,涉及鱼类水产、苇织业、营田植稻、引水灌溉等,津保航道穿白洋淀而过,又使其兼具地域交通商贸中心地位,总之,在华北平原传统农耕区显得独树一帜。1953年12月中共中央发布《关于当前过渡时期总路线的学习和宣传提纲》,借鉴苏联关于"社会主义积累的道路""乃是我国工业化的唯一道路"等观点⑥,确定了优先发展工业的

---

① 张金声:《雄县早涝史话》,载政协雄县委员会文史资料组编《雄县文史资料》(第4辑),政协雄县委员会文史资料组,1990年,第48页。
② 雄县县志编纂委员会编:《雄县志》,中国社会科学出版社,1992年,第104页。
③ 安新县地方志编纂委员会编:《安新县志》,新华出版社,2000年,第174页。
④ 河北省任丘市地方志编纂委员会编纂:《任丘市志》,书目文献出版社,1993年,第37页。
⑤ 河北省水利厅编:《河北省水利十年》,河北人民出版社,1960年,第47—49页。
⑥ 《为动员一切力量把我国建设成为一个伟大的社会主义国家而斗争——关于党在过渡时期总路线的学习和宣传提纲》,载中共中央文献研究室编《建国以来重要文献选编》(第四册),中央文献出版社,2011年,第604、612、613页。

思路。1955年7月,在第一个五年计划报告中对农业生产的价值作了如下阐述:第一,供应全国人民的食粮;第二,是某些工业产品的原料,这点非常重要,"在目前又占全国工业总产值的50%以上";第三,换取外汇,工业发展需要进口设备和器材,所需外汇当时主要靠农产品出口。基于此提出:"发展农业是保证工业发展和全部经济计划完成的基本条件。"①与之相应,全国各地确立了农业服务、保证工业化的基本方针。防洪防旱、引水灌溉是农业发展的主要保证,也是国民经济恢复时期水利工作的核心。

一、服务工业发展背景下淀区水产业与水环境

城市人口扩大,如何扩大农业产品供给量就成为一个重要的问题。1952年国家就提出要积极发展水产业,《1956年到1967年全国农业发展纲要(草案)》提出,利用一切可能的水面发展淡水养殖业②。随着社会主义集体化生产方式在白洋淀区的确立巩固,每个生产村都组织了捕捞专业队,在深水区、急流区、浅水带、鱼类洄游的通道等,因地制宜选用各种不同的渔具和方法③,以增加捕捞量。从长期看,过度捕捞,特别是在鱼类洄游的通道截捕,也破坏了鱼类正常繁殖。

(一)供给京津保城市发展与渔业生产

20世纪50年代,位于大清河中游的白洋淀与上下游之间水流畅通,尾闾连通渤海,为洄游水生物的繁衍生息提供了良好的条件。淀内生物资源种类丰富,数量多,质量好,鱼、虾、蟹、芦苇等传统水产业依然是这一时期淀区的支柱产业。

1. 供给京津保等城市

在传统交通体系中,北京与保定之间有官道相通。清代,保定地区徐水

---

① 李富春:《关于发展国民经济的第一个五年计划的报告》,《经济研究》1955年第3期。
② 《1956年到1967年全国农业发展纲要(草案)》,《人民日报》1956年1月26日第1版。
③ 冯钟琪编著:《白洋淀的渔具》,农业出版社,1959年,前言。

的白菜、定县的生猪、白洋淀的鱼虾莲藕等,便以输入北京为大宗;近代,保定乾益公司的面粉及高阳的棉布、麻葛等也主要供给北京市场。① 白洋淀作为河北省主要的淡水鱼基地,20世纪50年代鱼虾产量很大,每年都有9万斤以上的鲜鱼供应北京、天津、保定等城市②,部分还远销太原等内地城市,支援国家的工业化建设,输出量约占淀内鱼虾捕捞量的70%③。1956年3月商业部发出《关于海淡水养殖中急需解决的若干问题的指示》,提出主要产区和集中产区应由国家经营,国家不便经营的可组织群众大力经营,并成立国营的中国水产养殖总公司。1957年国家进一步明确"若干渔业集中产区供应出口和大城市的水产品"④。为了提高产量,给京津保等城市供给更多的水产品,安新县成立了水乡人民公社,从生产组织形式上激发渔业生产潜力,出现了杨庄子先锋农渔社、全国养鱼模范杨树桐等先进事迹。⑤

2. 产业以捕捞业为主

这一时期,白洋淀最高水位都在9米以上,水域总面积约为346.67平方公里,水域辽阔、水源充足,鱼类品种最多达54种。安新县渔业最高年产量达885万公斤,平均年产量613.5万公斤,自然捕捞达19公斤/亩,居全国大型湖泊亩产量的首位。⑥ 当时的白洋淀是河北省主要的淡水鱼基地,盛产鱼、虾、蟹、贝、苇、藕、菱等(详见表1-3-1),群众以水产为生,全淀有捕捞渔船1万多条,从事捕捞的人员每年平均1万人左右。其间产量最高是1955年,从事渔业的劳动力达1.9万人,全年鱼虾产量885万公斤,产值达531万元。⑦

---

① 袁熹著:《北京城市发展史》(近代卷),北京燕山出版社,2008年,第238页。
② 冯钟琪编著:《白洋淀的渔具》,农业出版社,1959年,前言。
③ 河北省地方志编纂委员会编:《河北省志·第19卷·水产志》,天津人民出版社,1996年,第98页。
④ 《国务院关于由国家计划收购(统购)和统一收购的农产品和其他物资不准进入自由市场的规定》,《中华人民共和国国务院公报》1957年第36期。
⑤ 安新县地方志编纂委员会编:《安新县志》,新华出版社,2000年,第56页。
⑥ 河北省地方志编纂委员会编:《河北省志·第19卷·水产志》,天津人民出版社,1996年,第91页。
⑦ 同上书,第98页。

表 1-3-1　1949—1957 年白洋淀鱼虾、贝类产量　　　　单位：吨

年份	鱼虾	贝类	合计	年份	鱼虾	贝类	合计
1949	7 000	100	7 100	1954	6 650	350	7 000
1950	6 000	125	6 125	1955	8 850	350	9 100
1951	7 500	150	7 650	1956	6 890	250	7 140
1952	4 500	150	4 650	1957	4 425	250	4 675
1953	3 135	150	3 285				

数据来源：《安新县志》(2000 年)第 224、542 页。

白洋淀鱼类养殖业开始于新中国成立后，为提高淀区人民的生活水平，改善靠天吃饭的状况，白洋淀的水产养殖业在上级部门扶持下逐步发展起来。1949 年冬河北省水产局设立技术科，1952 年在安新县建立河北省白洋淀水产试验场，对草鱼产卵、淡水渔具渔法等展开调查，并对鲤鱼人工孵化、南方鱼种运输技术及成鱼养殖等进行试验。[1] 1949 年白洋淀渔业养殖面积只有 1.5 亩，1957 年发展至 366 亩[2]，并多次创下当时全国淡水养殖最高亩产纪录。

（二）服务工业生产与苇田、苇制品增加

台田是白洋淀内一种颇具地域特色的特殊农田，始建于明朝，种植的植物除少量为杨树和桃树外，绝大多数为芦苇，因此民间常用苇地代指台田，常用壕沟代指水道。新中国成立后，为发展白洋淀苇田，1951 年国家拨出粮食，发放贷款，扶持栽苇 5 453 亩[3]，促进了苇田发展。1957 年 11 月安新县政府根据河北省人民委员会的市场管理命令，把席苇提升为国家统购物资，并且颁布了《关于青苇入市的管理办法》，从根本上保证了国家收购和调拨计划的完成。

---

[1]　河北省地方志编纂委员会编：《河北省志·第 19 卷·水产志》，天津人民出版社，1996 年，第 164 页。

[2]　白洋淀国土经济研究会等编：《白洋淀综合治理与开发研究》，河北人民出版社，1987 年，第 179 页。

[3]　安新县地方志编纂委员会编：《安新县志》，新华出版社，2000 年，第 219 页。

将表 1-3-2 相关数据与"大跃进"开始之后的状态比较可以看到，1949—1957 年间芦苇面积、产量呈上升态势，尽管总体还在生态承载力范围之内，但 1957 年开始在一定程度上就有些过度开发利用了。当时报纸对苇田"大跃进"的报道中记述，1957 年共有苇田 107 201 亩，产苇 5 038 447 把，1958 年更完成新栽芦苇 10 520 亩。① 与表 1-3-2 统计数据基本一致。

表 1-3-2　1949—1957 年白洋淀芦苇面积、产量及苇制品产量

年份	芦苇面积（百亩）	芦苇产量（吨）	席苇（吨）	柴苇（吨）	苇席（百片）	苇箔（百块）
1949	850	23 500	/	/	653	/
1950	870	24 000	430	/	6 788	/
1951	870	24 000	980	/	15 679	/
1952	875	24 500	1 280	25	21 714	36
1953	875	23 500	3 250	325	23 228	520
1954	900	22 500	3 800	400	34 179	1 560
1955	902	22 500	4 750	460	34 993	2 450
1956	951	22 500	625	28.5	29 970	3 250
1957	1 128	27 500	176	48.5	12 536	2 900

数据来源：《安新县志》（2000 年）第 224、542 页。

淀区主要水生植物除芦苇之外，还有被称为"一花三宝"的莲藕和菱角、芡实、皮条草，也广泛分布于淀区各个水域。这些水生植物传统上主要是食用，随着国家工业化战略实施，多被作为工业原材料加以利用。②

（三）1955 年安新县颁布第一部渔业法规

1952 至 1954 年安新县先后四次召开渔民代表大会，提出限制、取缔密箔、密网、电捕鱼、炸鱼等渔具渔法，积极探索养殖业发展。1955 年安新县农

---

① 永：《白洋淀发展多种经济》，《中国水产》1958 年第 7 期。

② 同上。

渔局在杨庄村建立水生植物培育站,当年种菱 0.25 万亩、芡实 1 万亩、莲藕 1 万亩。同年安新县制定了《白洋淀繁殖保护暂行条例》(以下简称《暂行条例》),此条例是安新县第一部渔业法规。① 围绕增加捕捞量这一宗旨,主要内容可以归纳为以下三方面②:

第一,禁捕幼鱼、鱼卵,禁止"一网打尽"。《暂行条例》规定"禁止捕治一切有经济价值的幼鱼",特别逐一列举淀内产量较高的九种鱼,包括鲤、鲫、鲢、鲂、鳜等。而后来由于过度捕捞,这些鱼种在淀内大幅减少、濒临灭绝。当时为便于群众掌握,还规定了详细重量。在捕鱼工具、方法上,做出了严格、详细规定,如坚决禁止使用"密网治鱼""密箔治鱼""打埝子治鱼""花罩在苇地边上罩把子治鱼"等,禁止使用捕治产卵的渔具,限制"在苇子地里下厚鱼卡""在迎河下稀箔治鱼"等。

第二,限制、消灭鱼鹰。由于鱼鹰大小鱼通吃,且多在鱼类的繁殖季节捕鱼,为保护水产资源,将鱼鹰放养限制在烧车淀、藻苲淀两个水淀,"以达逐步消灭之目的"。还规定在指定水域内放鹰治鱼时,要注意保护芦苇,"不准踏遭任何苇子",为确保鱼鹰数量逐步减少,坚决禁止"孵小鹰"和"从外地输入鱼鹰"。

第三,确定禁渔期。规定每年 6 月 15 日到 8 月 15 日两个月内,禁止一切捕鱼工具和捕鱼法下水捕鱼;规定每年 4 月至 6 月三个月内,不准捕捞螃蟹。

此外,还对确定渔民身份、控制捕捞人数规模进行了规定,如非渔民或是没有获批捕鱼证的渔民,"均不准在白洋淀范围内进行捕鱼"。尽管上述举措随着"大跃进"的开始,并未得到严格执行,但《暂行条例》除了"限制、消灭鱼鹰"一条有待商榷,其他内容皆有利于保护白洋淀生态系统。

二、 淀区种植业发展与水环境应对

1949 年 11 月各解放区水利联席会议提出了水利建设的基本方针:应着重于防洪、排水、灌溉、放淤等工作,以保障和增加农业生产。时任水利部部长傅作义多次强调农田水利与新生政权之间唇齿相依的关系,今后"水利

---

① 安新县地方志编纂委员会编:《安新县志》,新华出版社,2000 年,第 361 页。

② 同上书,第 361—364 页。

工作正是全部生产建设的中心环节之一"①,简而言之,"水利应为农业增产服务"②,为稳固新生政权提供农产品供给保障。

(一) 白洋淀农田水利与水环境改造

在发展农业生产合作社的基础上,组织农民开展了一系列大规模的水利工程。由于1953年、1954年两年农业生产都没有完成原定增产计划,1955年5月中央通过《关于垦荒、移民、扩大耕地、增产粮食的初步意见》,随后在全国范围内开展"向荒山、荒地、荒滩进军"的活动。天津地委深入洼地进行了三个多月的调查研究工作,提出了适应、限制、利用和改造的方针③,这是河北省系统改造低洼地区的开始。

第一,白洋淀与文安洼水量相互调剂及淀稻种植扩大。在白洋淀、文安洼等洼淀自然水域种植的稻子,当地称淀稻。文献记载,早在988年至1021年间,任丘县白洋淀、文安县文安洼、静海县东淀等洼淀,就开始利用洼内自然水种植。④它较之普通水稻适应性强,种植技术简单。1952年任丘县划归天津地区管辖后,白洋淀下游洼地、滩地治理,遂纳入了天津地区系统治理工程中。为改变连年受涝、粮食不能自给的局面,"改造洼地,消灭涝灾"就成为天津地区主要任务,从1954年开始对荒碱洼地的系统治理。⑤这次洼地改造群众运动的指导思想是:"欲治好洼地,必须对高地、坡地、上下河道进行统一规划,综合治理,互相结合,综合利用。"⑥当时对海河尾闾水系采取了系统化治理,针对各河汛期洪水涨发时间、水量不一,使不同洼地水量呈现不均衡态势,遂以河系为中心,通过水闸、渠道逐步形成了以西河与

---

① 傅作义:《各解放区水利联席会议开幕词》,载《一九四九——一九五七年历次全国水利会议报告文件》,水利部办公厅编印,1957年,第4页。
② 李葆华:《四年水利工作总结——今后方针政策》,载《一九四九——一九五七年历次全国水利会议报告文件》,水利部办公厅编印,1957年,第133—134页。
③ 河北省水利厅编:《河北省水利十年》,河北人民出版社,1960年,第23页。
④ 中共河北省天津地委洼改办公室编:《天津地区改造洼地种植水稻增产粮食典型经验》,农业出版社,1958年,第48页。
⑤ 农业部农田水利局编:《十年来农田水利建设成就1949—1959》,农业出版社,1959年,第25页。
⑥ 海河志编纂委员会编:《海河志》(第一卷),中国水利水电出版社,1997年,第414页。

白洋淀、南运河与子牙河、永定河与北运河、潮白河与南运河等四大河洼相连的水系,使各河、洼在汛期泄洪和平时用水能整体调剂。实践证明,形成全面水网结构后,在汛期互助泄洪,有效避免了泛滥,减轻了承担蓄洪任务的洼地土地被淹的压力;在干旱季节,河洼间水量互相调剂,还能够全面用水,增加淀稻种植面积。如1956年文安洼水少,种稻面积受限,就从白洋淀引水,得以种植17万亩淀稻[①];1958年两个洼淀互相调剂,浇地达30多万亩[②]。

第二,淀区灌溉工程与水环境改造。鉴于白洋淀区春旱夏涝的气候特征,新中国成立后,在整治河道、堤堰的同时,也开始修筑灌溉工程。一方面,引地上径流的灌溉干渠。容城县在1952年冬季完成王甾至留通的干渠,渠长8 000米,有支渠6条、斗渠29条;在1957年参与兴建了位于定兴县境内、南拒马河上游的老里村水利工程。[③] 任丘县开挖任文干渠,1957年10月借着其他水利配套工程全面铺开,全县10万余人上阵,拉开了"大跃进"的序幕。[④] 1957年高阳县开挖引河,用白洋淀水灌溉耕地。[⑤] 另一方面,掀起抗春旱的打井和地下水抽取热潮。1952年,针对旱情,容城县动员全县农民掀起打井热潮,当年打井1 500余眼,政府出贷水车近500辆,扩大水浇地70余万亩。[⑥] 1956年雄县主要打砖井、机井,1957年便开始机井建设,当年打机井75眼,配套63眼,地下水灌溉面积10.3万亩,为1949年的3.4倍。[⑦] 1952年春,任丘全县人民开展抗春旱春播运动,到5月14日完成千里堤、任河两道水渠工程,打砖井2千余眼。[⑧]

第三,排水工程与抗涝能力提升。这一时期由于大清河水系河道尚未进行根治,汛期水位较高,如沥水不能及时排入河道,就需要开挖排水渠系,

---

① 中共河北省天津地委洼改办公室编:《天津地区改造洼地种植水稻增产粮食典型经验》,农业出版社,1958年,第14页。

② 中华人民共和国农业部粮食作物生产局编:《改造自然争取丰产》,财政经济出版社,1958年,第14页。

③ 河北省容城县地方志编纂委员会编:《容城县志》,方志出版社,1999年,第25页。

④ 河北省任丘市地方志编纂委员会编纂:《任丘市志》,书目文献出版社,1993年,第38页。

⑤ 高阳县地方志编纂委员会编:《高阳县志》,方志出版社,1999年,第188页。

⑥ 河北省容城县地方志编纂委员会编:《容城县志》,方志出版社,1999年,第124页。

⑦ 雄县县志编纂委员会编:《雄县志》,中国社会科学出版社,1992年,第288页。

⑧ 河北省任丘市地方志编纂委员会编纂:《任丘市志》,书目文献出版社,1993年,第35页。

有计划地组织完成了大清河南排水渠等工程。1952年河北省水利厅制定雄、固、霸排水工程计划,三县出工疏浚了宁庄至下岔河长近1.6万米的县界河,下岔河以下挖了0.6万米的泄水沟,将水导入牤牛河。1953年雄县对下游中亭河进行了疏浚。1955年春任丘县组织开挖古镜河、台子洼引水河,疏通任河大排水渠。① 1957年高阳县修建扬水站,同期开展群众性改碱活动。② 此外,继续灌溉工程建设,在恢复利用已有井、渠基础上,小型农田水利有了新的发展,还建设了新盖房分洪道、陈村分洪道工程等防洪工程,尽管上述工程存在质量低下、选址不当等问题,但运用现代技术探索解决洪灾的办法还是取得了一定效果,如雄县在50年代末行洪能力提高了13.9倍③。

(二) 种植技术的改进与对水环境的适应

新中国十分重视农业机械化,并运用计划经济集中配置资源的手段予以推进。1950年全国各地开始普遍推广新式农具和改良农具,同期国家向农民提供化肥、农药、兽药及施药器械等,并不断增加,"施肥重点为棉、麻、烟、糖等特种作物地区"④。在应对洪、涝、旱诸种水灾害过程中,人民集体力量得到了极大发挥,政府更是发挥了自上而下的引导组织作用。

第一,各级政府引导组织作用的发挥。这一时期,随着土地、水渠等生产资料逐步转为公有制,通过政府组织很快实施了种植结构调整,以适应多雨气候特征,变害为利,减少洪涝多对农业生产的危害。以任丘县为例,1954年春任丘县农业生产开始使用双铧犁,并推广种植紫穗槐;1955年春任丘县开始组织农业改种工作,高地上扩种玉米、山芋等高产作物,低洼易涝地则改种旱稻、水稻、青麻、豌豆等耐水早熟作物。⑤ 雄县麦区集中在大清河沿岸冲积的胶泥土地带,历史时期均为旱地,1952年6月县政府印发《关于大力开展农业技

---

① 河北省任丘市地方志编纂委员会编纂:《任丘市志》,书目文献出版社,1993年,第37页。
② 高阳县地方志编纂委员会编:《高阳县志》,方志出版社,1999年,第188页。
③ 雄县水利局:《雄县水利建设十年》,载河北农业大学编《白洋淀周边地区农业持续发展道路》,农业出版社,1993年,第158页。
④ 中国社会科学院、中央档案馆编:《1949—1952中华人民共和国经济档案资料选编农业卷》,社会科学文献出版社,1991年,第145页。
⑤ 河北省任丘市地方志编纂委员会编纂:《任丘市志》,书目文献出版社,1993年,第36,37页。

传授的通知》①,同年冬季开渠,运用大水漫灌法可灌溉 7 万余亩农田。在政府组织下,上述举措更好地发挥了人水关系中人的主观能动性。

第二,组织起来的劳动力可以发挥集体的力量。农村互助合作运动可以把分散的农村劳动力组织起来,这就为提高生产技术提供了前提。雄县针对小麦传统品种的不适应环境及产量较低问题,在群众积极要求下,农场引进新麦种,经过试种,寻找到适用于胶泥土麦区要求的种子,群众自愿换种,使种植面积得到很快扩展。② 容城县也通过农民协会、农村互助合作社等形式,把农民组织与提高技术相结合。③ 高阳县境内传统农具以木制件为主,辅以铁木制件和木石制件,自 20 世纪 50 年代中期开始,高阳县内半机械化、机械化农具逐渐增多。④ 把人民群众组织起来后,不仅生产积极性提高,集体力量更能办成个体劳动无法完成的技术改进,使生产取得较大成果。1957 年容城县粮食总产量 2 251 万公斤,棉花总产量 59.75 万公斤⑤,达到了新的历史高度。

(三) 对"人定胜天"和急切改造水环境的反思

1952 年春旱,河北全省展开了抗旱打井浇地运动,中央也提出了"长期防旱,爱国增产"的号召,批判了历史时期一直存在的"种不种在人,收不收在天"等靠天等雨思想,倡导树立"人定胜天"的思想,激发了干部群众兴修水利、防旱抗旱的生产热情⑥,人水关系中人的主动性不断提升。1957 年 3 月毛泽东主席指出:"现在处在转变时期:由阶级斗争到向自然界斗争,由革命到建设,由过去的革命到技术革命和文化革命。"⑦他把中国人对自然的征服称为"第二个革命"⑧,把人类赖以生存的大自然视为"革命对象",也

---

① 雄县县志编纂委员会编:《雄县志》,中国社会科学出版社,1992 年,第 205 页。
② 张锦熙、沈树铭、赵继兰等:《在雄县种植七二麦应注意的几项技术问题》,《农业科学通讯》1953 年第 8 期。
③ 河北省容城县地方志编纂委员会编:《容城县志》,方志出版社,1999 年,第 24 页。
④ 高阳县地方志编纂委员会编:《高阳县志》,方志出版社,1999 年,第 188 页。
⑤ 河北省容城县地方志编纂委员会编:《容城县志》,方志出版社,1999 年,第 29 页。
⑥ 河北省水利厅编:《河北省水利十年》,河北人民出版社,1960 年,第 17 页。
⑦ 中共中央文献研究室编:《毛泽东文集》(第七卷),人民出版社,1999 年,第 289 页。
⑧ 中共中央文献研究室编:《毛泽东文集》(第八卷),人民出版社,1999 年,第 216 页。

带来了对生态系统的盲目利用、过度利用问题。

开渠灌溉是白洋淀一带提高小麦生产的一项重要措施，但如果不能适应小麦生长规律，掌握不好灌溉的时机、力度，就会得到相反的效果。如1952年冬天，雄县自立冬至大雪节气以后一直在灌溉，由于浇冻水时间太晚，且用大水漫灌方式，水量过大，造成了严重的麦苗死亡现象。共浇麦6.7万亩，据1953年春统计，发生大面积麦苗死亡的达0.77万余亩，死苗较轻微者尚未统计在内。这次过晚、过量灌溉，还招致土壤反碱的潜在危害。这一事件发生后，雄县干部群众进行反思总结，认识到逐步建立正规的灌溉系统是十分必要的。①

三、淀区工商业和建制镇的发展

社会主义工业化起步对全国农业生产提出了更多、更高的要求。1953年底中央提出农村"孤立的、分散的、守旧的、落后的个体经济""与社会主义工业化之间日益暴露出很大的矛盾"②，为快速解决这一矛盾，提高农业服务工业化的能力，白洋淀地区农业互助组开始向具有半社会主义性质的初级合作社转变。

（一）造船厂等淀区传统工商业恢复

新中国成立后，政府向淀区提供了大量贷款，促进苇织业、苇编业的发展。此外，安新县的造船业、高阳纺织业等传统优势产业，也在各级政府扶持下加速发展。

安新县马家寨村造船业历史悠久，传说清季曾给皇帝造龙舟和粮船，民国时期已有东兴、四合顺、两益公、永顺、同兴等八个造船作坊，时称造船八大家，生产的船只或租或售，甚至远销。土改时期这几家作坊接受改造，把船分给了船工。1954年县政府组织成立了群众造船社，45名社员都来自马家寨村。造船、修船结合，以造为主，按社员投入股金和出工多少分红。

---

① 张锦熙、胡瑞光、林荣恍等：《小麦渠浇冻水死苗问题调查》，《中国农业科学》1953年第9期。
② 中华人民共和国国家农业委员会办公厅编：《农业集体化重要文件汇编（1949—1957）》（上册），中共中央党校出版社，1981年，第54页。

1956年群众造船社与马家寨村修配厂合并,改称安新造船社,有职工285人,生产规模较大,一年可修、造木船205只。同年,白洋淀水区共有木船10 904只,当时水运畅通,造船业需求大,销路好。①

近代发展的高阳县织布业具有较好的生产技术和市场销路,新中国成立后在政府、公营企业等多方扶持下得到了进一步发展。原有的4 500张织布机,很快便有60%投入了生产。产品除分销周边城镇乡村的当地市场外,按照国家统一布局,还在北京、石家庄、太原、张家口等城市成立了分销处及转售中心,产品转销西北、西南及东北各地。② 高阳纺织业也带动了周边地区产业。据1951年2月统计,容城全县家庭有织布机7 383台、纺车29 249架,另外全县15个村中硝土面积有2 000亩,三联庄有草纸作坊20个,二区有糖坊百余座。③ 这些农副业也都得到了不同程度的发展。

1949年10月初河北省颁发《关于当前市场管理工作意见》,除了国家明令管制的物资及国家专卖品外,余者均可自由买卖,商业得到恢复发展。④ 同年11月下旬,为缩短灾区春荒,省政府决定大力开展农副业生产⑤,吸引青岛、济南、上海、天津等地的商人来到河北市场上出售商品。1952年11月安新县大张庄信用社和大田庄信用社诞生。⑥ 这是第一批农民集资互助金融组织,从金融上实现了淀区社会主义集体互助,还成为与淀区之外城乡间物质交流的中枢,如与天津市合作货栈合作"运大米到安新县交换苇席"⑦。

---

① 安新县老区建设促进会编:《安新县革命老区发展史》,河北人民出版社,2019年,第204页。

② 中共河北省委党史研究室编著:《中国共产党河北编年史(1949—1952)》,河北人民出版社,2019年,第102页。

③ 河北省容城县地方志编纂委员会编:《容城县志》,方志出版社,1999年,第24页。

④ 河北省地方志编纂委员会编:《河北省志·第51卷·工商行政管理志》,河北人民出版社,1994年,第41页。

⑤ 中共河北省委党史研究室编著:《中国共产党河北编年史(1949—1952)》,河北人民出版社,2019年,第107页。

⑥ 路平主编:《农村信用社发展改革与经营管理创新》,经济日报出版社,2013年,第2509页。

⑦ 中国人民政治协商会议天津市委员会文史资料委员会编:《天津文史资料选辑》(总第七十三辑),天津人民出版社,1997年,第80页。

(二) 实行统购统销和工商业的社会主义改造

1953年"一五"计划颁布,启动工业化战略,农产品供需矛盾加大。为保证城市、工矿区的供应,在扩大农业生产合作化谋求农产品增产的同时,自1953年12月全国实行粮食统购统销。这是中国农业税收历史上的一个重大变革,成为国家掌握粮食的一种直接而强有力的方式。① 之后还相继对油料、棉花等重要农产品实行了统购统销。② 1953年12月安新县政府制定了《关于严格限制席苇贩运商贩自由经营的管理方案》,严格控制了私商的活动范围,基本上切断了私商与市场的联系。1954年9月容城县政府发出通知,取缔棉布自由市场。③ 自1954年起,对生猪等其他农产品先后实行了有计划的统一收购,即派购制度。④

1956年3月农村改进粮食供应制度,容城全县1.03万个缺粮户合并为307个集体购粮单位。⑤ 1957年6月雄县发布《关于停止粮食市场交易的命令》,粮食交易一律停止。⑥ 1953年11月天津粮食收购任务没完成,分析原因认为"最主要的是计划经济和自发势力的矛盾",还提到有商人抢购了面粉"到白洋淀卖14万元"。⑦ 随着派购制度建立,淀区取消了市场自由交易,上述问题也就不存在了。

1955年以前,容城生猪购销业务由县供销社负责,组织收购生猪调往京津两市。自1954年起国家对生猪等其他农产品先后实行了有计划的统一收购,即派购制度,到1956年落实生猪派购政策,禁止私人贩运。⑧ 1956年

---

① 孔飞力著:《中国现代国家的起源》,陈兼、陈之宏译,生活·读书·新知三联书店,2013年,第96页。

② 郭书田主编:《神农之魂大地长歌:中国工业化进程中的当代农业(1949—2009)》,金盾出版社,2009年,第87页。

③ 雄县县志编纂委员会编:《雄县志》,中国社会科学出版社,1992年,第205页。

④ 郭书田主编:《神农之魂大地长歌:中国工业化进程中的当代农业(1949—2009)》,金盾出版社,2009年,第87页。

⑤ 河北省容城县地方志编纂委员会编:《容城县志》,方志出版社,1999年,第28页。

⑥ 雄县县志编纂委员会编:《雄县志》,中国社会科学出版社,1992年,第427页。

⑦ 华东师范大学中国当代史研究中心编:《中国当代民间史料集刊20·天津某粮管干部工作笔记摘编(二)粮油业务部分(1951年—1973年)》,东方出版中心,2018年,第91页。

⑧ 河北省容城县地方志编纂委员会编:《容城县志》,方志出版社,1999年,第332页。

2月底,容城县基本完成了对私营工商业的社会主义改造,450名手工业劳动者和536户私营工商业者实现了集体经营和公私合营。① 总之,淀区各县在1956年完成了对私营商业的社会主义改造,公私合营取代了私有制经济,商品购进渠道实行计划分配,计划调拨。②

(三) 建制镇的发展情况

新中国成立之初,为解决失业人口问题,实行扩大城镇就业政策。高阳镇凭借在纺织市场的优势,1950年成为淀区第一个建制镇。同时,环淀五个县城③亦起着中心镇的作用。随着农副业活跃,1953年淀区设置了六个建制镇。高阳县旧城镇与任丘接壤,附近农民在此贸易历史悠久,民国时逢集日"行旅塞途,商货辐辏"④。安新县端村镇、安州镇均为津保运河码头⑤,前者因贸易繁荣,1948年初至1949年底曾设市。雄县有水陆联运的优势,宋辽时曾设榷场,明清形成了鞭炮、纸花等品牌⑥。其城关镇位于雄县、安新等四县交界处,所产铃铛阁大叶烟闻名京津;昝岗镇是近代以来至京津道路的起点⑦,集市规模较大;龙湾镇与文安、任丘接壤,其火神庙会是雄县七大庙会和九处粮油集市之一⑧。

1953年底国家很快建立起统购统销制度,粮食无法自足的村镇改由计划调拨满足,城镇发展的商贸动力衰落。为保证城市工业粮食供给,1955年依据聚居人口2000人以上、有50%以上的非农业人口等标准,全国撤并了一批建制镇。淀区七镇无一撤销,且于1957年增置新安镇,从中可窥淀区农副业发展和中心镇非农人口的较高比例。但容城、任丘两县因集镇布局分散、以生活资料交易为主,未能摆脱农村集镇的格局,未形成具有一定辐

---

① 河北省容城县地方志编纂委员会编:《容城县志》,方志出版社,1999年,第28页。
② 安新县地方志办公室编纂:《白洋淀志》,中国书店,1996年,第210页。
③ 县城是指未设立建制镇的县人民政府所在地。
④ 高阳县地方志编纂委员会编:《高阳县志》,方志出版社,1999年,第416页。
⑤ 赵峥:《端村旧话》,载政协安新县文史资料委员会编《安新县文史资料》(第五辑),政协安新县文史资料征集委员会,2007年,第98页。
⑥ 雄县县志编纂委员会编:《雄县志》,中国社会科学出版社,1992年,第357页。
⑦ 刘崇本编:《雄县乡土志》,王旭龙点校,河北人民出版社,2017年,第135页。
⑧ 雄县县志编纂委员会编:《雄县志》,中国社会科学出版社,1992年,第30页。

射力的中心镇。"大跃进"之前,淀区建制镇设置情况详见表1-3-3。

表1-3-3　1950—1957年白洋淀区建制镇设置情况

县	设置时间	建制镇名称	备注	总计
高阳县	1950	高阳镇	县政府驻地。明洪武三年(1370),因水患,县治从旧城镇迁此	2
	1953	旧城镇	明代以前,高阳县治此	
雄县	1953	城关镇	半水区。县政府驻地,1984年更名雄州镇	3
	1953	昝岗镇	近代开始有道路分至京津	
	1953	龙湾镇	隔大清河与文安、任丘接壤	
安新县	1953	端村镇	半水区。1948年至1949年初,曾设端村市	3
	1953	安州镇	半水区。历代州县治所,1950年县政府迁出	
	1957	新安镇	半水区。1950年成为县政府驻地,1992年更名安新镇	

数据来源:20世纪90年代以来各县市新志。

第四节　1949—1957年社会背景与白洋淀流域水环境治理

1949—1957年处于新中国三年经济恢复时期和第一个五年计划时期,治水方针政策以此为前提。以当时的国力,在水利建设领域只能"集中力量解决主要矛盾"。大清河水系因中下游河槽狭窄,"不能承泄较大的洪水",存在汛期危及京津的洪水安全问题,因此被列入主要治理的河流之一。[①] 如何治理? 一是短期内"上游设法蓄水,下游完成独流入海减河",直接作用就是减轻中游洪水压力;二是长远治本考量,逐步在上游开展"植树等水土保持工作和水库工程"。[②] 位于流域中游的白洋淀区,从当时国力、省情实际

[①] 《中央人民政府水利部关于水利工作一九五〇年的总结和一九五一年的方针与任务》,《人民日报》1951年2月17日第1版。

[②] 张子林:《怎样农田水利工作做的更好些》,《新华月报》1951年第6期,第1335页。

出发,与水环境相关治理也采取了重点应急工程与重点水利工程二者兼顾、重在后者的举措。

一、 大清河流域治水与京津冀水环境的修复

相对多雨的气候、长期失修的堤坝,使白洋淀及其所在的大清河水系洪涝危险较大,毗邻京津的地缘位置又加大了其洪涝危害的程度。因此新中国成立后十分重视大清河治理,1953—1957年主要工程以险工治理和展堤、复堤等被动防灾工程为主,同时开辟了新盖房分洪道、赵王新渠、陈村分洪道及独流减河等引水工程。其间水利工程大体上分为国家举办、民办公助及群众自办三类。① 特别在三年经济恢复时期,国家财政困难,水利工程建设主要采取了以工代赈的政策,具有鲜明的时代特征。

(一) 新生政权的治水方针及对大清河流域的关注

大清河中游的白洋淀是京津冀区域重要的蓄滞洪区和水产区,因其地缘位置、诸种功能的重要性,被纳入了新中国初期重点治理范围之内。1949年汛期大洪水过后,以白洋淀为中心的修复堤防、河道整顿,也是新中国恢复铁路等运输干线、恢复发展工农业生产、保护京津保城市安全的基本条件。其间大清河中下游河道弯曲、淤积,"对上游特大洪水宣泄不畅,每至汛期迭遭水患",两岸堤防被冲刷破坏,险工林立,"每年必须加以修整,方可免少水患"。②

1. 三年恢复时期大清河是河北省治水的重点

1950年海河流域被列入国家重点工程,大清河堵口复堤工程则是海河治理的重点之一。1951年初水利部关注到了河北省各河"因河槽狭窄,不能承泄较大的洪水"的问题,为保护京津城市安全,将大清河列为河北省重点

---

① 中国社会科学院、中央档案馆编:《1953—1957中华人民共和国经济档案资料选编:农业卷》,中国物价出版社,1998年,第571页。
② 《大清河系一九五二年水利事业工作方针意见书》(1952年),河北省档案馆藏档案,档案号:982-5-34。

治理的河流。治理要点有三：(1)继续永定、子牙、大清等河流的堤防培修巩固，"以御普通洪水"；(2)筹谋水库等治本工程，提出华北水患的根治"端赖上游水库与水土保持工作"；(3)确定了大清河"上游设法蓄水，下游完成独流入海减河"的治水思路。① 1951年的治水方针，无论是在国家层面，还是地方视野，皆体现了大局观念和系统治理两个核心理念。

当时河北省确定了永定、子牙、大清等治理的先后顺序，提出了在上游"蓄"字当头、中游"拦"字为要、下游"泄"字为纲的治理思路。大清河水系治理要求遵循"上游修建水库，中游修筑堤坝，下游开挖引河"的思路，与民国时期顺直河道治本计划报告书的规划有一定延续性，同时也提出"大清河的上游将办理植树等水土保持工作和水库工程"。② 1952年3月国家提出，水利建设总方向要由局部治理转向流域规划，由临时性措施转向永久性工程，由消极除害转向积极兴利。③ 遵照这一精神首先在大清、子牙、南运河三河汇流点开辟了独流减河，使尾闾水流直接入海。限于财力、人力等因素，大清河上游的水库"仍应推进勘测研究工作"，没有动工兴建。

2. "一五"期间河北省治理大清河成效显著

国民经济恢复时期，河北省提出的治水方针目标主要包括：(1)积极治标，改进堤防与河道的现状，争取在一般洪水年份不致成灾；(2)大体上完成治本的准备工作，有条件、有重点地开始举办一些治本工程；(3)尽量利用现有条件开展灌溉，增加灌溉面积；(4)努力恢复抗战前航道。据此，治理白洋淀的重点是恢复整顿各河堤防，重点改善河道现状，减灾防汛。④"一五"计划以工业化为整个经济建设的主要任务，为增加粮食、棉花等农产品生产，国家提出了"使水利工作积极地服务于国家总路线"的指导方针⑤，鼓励发展抽水机站等具有现代性质的灌溉设施⑥。

---

① 《中央人民政府水利部关于水利工作一九五〇年的总结和一九五一年的方针与任务》，《人民日报》1951年2月17日第1版。
② 张子林：《怎样农田水利工作做的更好些》，《新华月报》1951年第6期，第1335页。
③ 海河志编纂委员会编：《海河志》(第一卷)，中国水利水电出版社，1997年，第406页。
④ 河北省水利厅编：《河北省水利十年》，河北人民出版社，1960年，第16页。
⑤ 海河志编纂委员会编：《海河志》(第一卷)，中国水利水电出版社，1997年，第406页。
⑥ 刘国新主编：《共和国史记》(第一卷)，吉林人民出版社，1996年，第809页。

河北省确定的农田水利建设任务为"利用一切水源,广泛地开展蓄水运动",扩大灌溉面积,提高灌溉效能,保证农业增产①,重点做好大清、滹沱河上游水土保持工作②。1954年2月水利部号召各地利用农闲时间展开农田水利兴修工作③,河北省响应号召,要求在十年内集中力量治理为害最大的子牙、大清、南运三大河流,对大清河仍采取重点整理与有计划的分洪措施,重在减轻灾害。1955年冬和1956年春,河北省农业合作化进入高潮,依靠集体的力量广泛开展农田水利的基本建设,支持国家社会主义工业化,到1957年在控制洪水、减轻洪水灾害等方面成效显著。④

(二) 编制大清河、海河流域综合治理规划

1950年8、9月间,河北省水利厅对大清河流域的水土流失状况进行考察,同年10月确定大清河上游为水土保持示范区,决定1951年"在这里举办水土保持试验工程"⑤,即在上游山沟修筑缓水坝、谷坊等工程缓洪拦沙。1952年冬掀起了新中国第一次冬修水利高潮,1955年冬到1956年春出现了第二个冬修水利高潮。⑥ 1953—1957年,国家特别强调一切工程"都必须事先进行规划,注意利用现有基础,贯彻经济适用原则"⑦,于是各大水系相关规划工作开始提上工作日程。

1954年完成《大清河流域规划轮廓及附图》。1952年河北省水利厅开始编制《大清河流域规划草案》,并于1954年7月编制完成《大清河流域规划轮廓及附图》,1957年水电部北京勘测设计院编制完成《海河流域规划(草案)》,二者均提出修建沙河上游水库对确保潴龙河千里堤安全有决定性

---

① 《华北区一九五三年农田水利工作方案》,《山西政报》1953年第8期。
② 河北省水利厅编:《河北省水利十年》,河北人民出版社,1960年,第20页。
③ 许建文著:《中国当代农业政策史稿》,中国农业出版社,2007年,第118页。
④ 河北省水利厅编:《河北省水利十年》,河北人民出版社,1960年,第20、21页。
⑤ 《在合作化的基础上大力开展水土保持》(1950年),河北省档案馆藏档案,档案号:979-1-149。
⑥ 许建文著:《中国当代农业政策史稿》,中国农业出版社,2007年,第120页。
⑦ 中国社会科学院、中央档案馆编:《1953—1957中华人民共和国经济档案资料选编:农业卷》,中国物价出版社,1998年,第633页。

作用。① 1949 年至 1957 年是大清河水利建设的初步发展阶段,主要对晚清民国时期旧有的水利设施进行恢复建设。从 1951 年开始在上游修建谷坊工程,在白沟镇附近开辟新盖房分洪道工程,河道全长 31 公里,分洪道从新盖房始延伸到雄县东南境,使北支洪水经分洪道、溢流洼进入东淀,尽量避免洪水入侵白洋淀的危险。同时在下游开挖赵王新渠和独流减河,打通了入海出路,逐步使洪水在一定程度上可以人为调控。②

1957 年完成《海河流域规划(草案)》。海河水系是京津冀三地共同的地理基础,由于洪灾多发,在第一个五年计划开始时,遵照周恩来总理的指示开始了海河流域的全面勘查,1954 年开始编制海河流域的治理规划。1955 年 1 月开始对海河各水系系统地实地测量,至 1957 年 11 月编制完成《海河流域规划(草案)》。③ 这是一次全流域综合治理规划,依据新中国成立不久百废待兴的实际情况,根据流域经济社会发展需求,以防洪除涝、灌溉和水土保持为主,并开始考虑山区水库建设方案。主要内容包括:(1)防洪方面,提出在山区规划修建水库拦蓄,在中下游适当利用洼淀滞洪,并开辟减河,使各水系自成系统独立入海;(2)灌溉方面,除利用流域水资源,还要发展引黄灌溉④;(3)水能利用方面,针对大清河的水能规划主要是张坊、西大洋、王快、东岔头等配合水库开发电能⑤。《海河流域规划(草案)》对大清河水系作了全面研究,根据第二个五年计划水资源分配,在大清河水系各支流中选择水量较大的沙河、拒马河、唐河先期修建水库,最先进行沙河王快水库的修建。⑥

1957 年 9 月中共中央、国务院提出,大规模地开展兴修农田水利运动"必须贯彻执行小型为主,中型为辅,必要和可能的条件下兴修大型工程"的水利建设方针;同年,水电部也提出了水利建设"以小型为主,群众自办为主,以蓄为主"的"三主"方针。1957 年河北省第二个五年计划的水利建设

---

① 保定地区水利志编纂委员会编:《保定地区水利志·大型水库、灌区专志》,中国社会出版社,1995 年,第 27 页。
② 河北省水利厅编:《河北省水利十年》,河北人民出版社,1960 年,第 54 页。
③ 海河志编纂委员会编:《海河志》(第四卷),中国水利水电出版社,2001 年,第 15 页。
④ 同上书,第 621 页。
⑤ 同上书,第 21、22 页。
⑥ 河北省水利厅水利志编辑办公室编:《河北省水利志》,河北人民出版社,1996 年,第 149 页。

规划中也强调了群众性工程的作用。① 至60年代初,《海河流域规划(草案)》安排的大部分工程陆续实施,上述方针也在这一时期与白洋淀水环境相关的工程中得到了贯彻落实,大清河流域的防洪、灌溉、排涝体系开始形成。

二、 大清河北支、南支水系入淀河道治理

大清河北支南拒马河、琉璃河、白沟河、易水等至白沟镇汇流后称大清河,这一时期北支不入白洋淀;南支潴龙河、唐河、府河、漕河、瀑河入白洋淀蓄滞后,经赵王河东流入大清河,也称为赵王河水系。大清河在东南流向穿过东淀,至静海县第六埠入子牙河,然后分两支入海:其一南经1953年建成的独流减河入渤海湾,其二至天津市区汇入海河干流。这一时期,气候暖湿、无水库截留,大清河水系径流量较大。

(一) 大规模的堤坝整治

为保证千里堤的安全,充分发挥独流减河的作用,1955年在大清河南支修建了赵王新渠工程,泄量1 000立方米/秒,保证白洋淀水位不超过10.5米。在大清河北支修建了新盖房分洪口门及分洪道工程,分洪流量1 900立方米/秒,注入东淀,减轻了大清河新镇以下的洪水负担。大清河南、北两支的治理解决了大清河一般年份的洪水压力,独流减河在1954年至1956年连续三年抗洪斗争中发挥了巨大作用。此外,以大清、子牙、南运河这三条河为重点,进行了河防岁修工程,加高培厚了堤防。②

新中国成立初期的堤坝整治工程,很大程度上体现了新生社会主义政权的社会组织能力。主要体现在以下三方面:(1)堤坝治理由各级政府组织。大清河水系入淀一段多位于当时保定专署的辖区内,很多工程由保定专署组织。此外,各县也有自己领导机构,如1950年4月雄县县长牵头成立春工委员会加强堤防建设,6月又组成防汛指挥部。③ (2)体现了调用大

---

① 河北省水利厅编:《河北省水利十年》,河北人民出版社,1960年,第103页。
② 同上书,第21、22页。
③ 雄县县志编纂委员会编:《雄县志》,中国社会科学出版社,1992年,第205页。

量劳动力的组织能力。每次堤坝整治工程参与人数规模都相对较大,动辄以千人为单位,体现了在当时技术水平下"人多力量大"的作用。1956年春开始大规模整治堤防,当年完成的工程有萍、瀑河疏浚,大清河、南拒马河、白洋淀修堤,仅容城一县投入的民工累计16万人。(3)思想政治宣传教育在组织、激励士气中发挥较大作用。如1956年8月南拒马河六千余米堤防出现严重险情,容城县委提出"与堤防共存亡"等口号①,极大地鼓舞了士气。

从当时物质财力实际状况出发,很多工程是在汛期出现溃堤等问题后,为减轻灾害,立刻组织进行修险工程,在报酬上也采用了以工代赈等形式,大清河南北两支都进行了治理。

首先,大清河北支河堤整治。拒马河泥沙含量较大,新中国成立时泄洪量仅为500立方米/秒,汛期决堤成灾风险较大。1952年7月下旬南拒马河容城县段水位上涨至2.8米,立刻发动64个村庄4 448名抢险队员上堤抢险。② 1953年保定专署组织群众进行了培修加固工程,使流量达到了1 000立方米/秒。③ 1955年汛期南拒马河堤防、白洋淀北堤同时溃堤,两股洪水夹击吞没了容城全县,10月组织群众复堤,以工代赈,并在堤防两侧植树10万多株。④ 1956年、1963年、1970年、1978年先后四次对大堤进行加高培厚,行洪标准增加到4 640立方米/秒。⑤

其次,大清河南支河堤整治。这一时期对潴龙河进行了三次大规模整治工程。第一次在1953年6月,由保定专署、大清河河务局及高阳、安新等单位组织4 000余民工施工⑥,堵闭溢水口,修复河堤,疏浚旧河道⑦。堤坝比1948年洪水位高出0.5米,增加了堤坝的防洪能力。第二次在1955年10、11月间,保定专区贯彻"治标治本结合,防洪、防涝、防旱兼顾"的方针,加固河道堤坝,保证流量增至3 000立方米/秒。第三次在1956年汛期,滹沱河侵入,造成潴龙河两堤决口和九处分洪,保定专署发动民工约2.97万

---

① 河北省容城县地方志编纂委员会编:《容城县志》,方志出版社,1999年,第124页。
② 同上书,第25页。
③ 定兴县地方志编纂委员会编:《定兴县志》,方志出版社,1997年,第200页。
④ 河北省容城县地方志编纂委员会编:《容城县志》,方志出版社,1999年,第124页。
⑤ 同上书,第209页。
⑥ 高阳县地方志编纂委员会编:《高阳县志》,方志出版社,1999年,第238页。
⑦ 保定地区水利志编纂委员会编:《保定地区水利志》,中国社会出版社,1994年,第129页。

人,修复堤坝 130 公里。① 其余诸河如大清河干流、孝义河、萍河等都进行了堤坝加固、修复与河道疏浚等工作,不再赘述。②

(二) 北支治理: 新盖房分洪道和兰沟洼蓄滞洪区工程

1951 年国家山区水土保持工作开始重点实验,主要展开了恢复耕地、整修梯田、增加种植面积、封山育林养草,以及修建水池水窖解决山区人民饮水等项工作。③ 其间为解决大清河北支堤坝决口问题,1951 年建成了新盖房分洪道,完成堤坝总长 52.7 公里④;为解决大清河南支堤防决口问题,1950 年开始建设潴龙河分洪道等大型工程,分洪入马棚淀⑤,1957 年又新辟陈村分洪道⑥。尽管这些分洪道存在质量低下、选址不当等问题,但运用现代技术探索解决洪灾的办法,并取得了一定效果,主动"分流",走出了传统被动修筑堤坝的模式,标志着治淀理念的现代转变。

首先,建成新盖房分洪道。分洪口在大清河北支雄县新盖房村东,故名。上游控制面积约 1 万平方公里,雄县南关的泄洪能力仅 400 立方米/秒,下游河道狭窄以致经常泛滥。1951 年保定专区与大清河河务局共同组织施工,在白沟河下口新盖房村东建起了新盖房分洪道,由新盖房至刘家铺,全长 24 公里,刘家铺以下汇入溢流洼,再沿大清河北岸东行入东淀。以 1953、1954 年两年分洪考验,标准偏低,随后数年对沿线堤坝进行加固、接长、复堤。⑦ 1956 年拒马河上游暴雨,北支汛情严重,新盖房分洪道曾以 3 000 立方米/秒流量分洪。⑧ 这次洪水后,1957 年保定专区的岁修计划是新盖房分洪道能在一定水情下不致泛滥成灾,保证安全通过分洪流量 1 900 立方米/秒,"堤顶高出 1956 年洪水位 0.5 公尺"。⑨ 新盖房分洪道是 1949

---

① 河北省地方志编纂委员会编:《河北省志·第 20 卷·水利志》,河北人民出版社,1995 年,第 167 页。
② 河北省容城县地方志编纂委员会编:《容城县志》,方志出版社,1999 年,第 27 页。
③ 河北省水利厅编:《河北省水利十年》,河北人民出版社,1960 年,第 18 页。
④ 雄县县志编纂委员会编:《雄县志》,中国社会科学出版社,1992 年,第 325 页。
⑤ 保定地区水利志编纂委员会编:《保定地区水利志》,中国社会出版社,1994 年,第 129 页。
⑥ 高阳县地方志编纂委员会编:《高阳县志》,方志出版社,1999 年,第 240 页。
⑦ 雄县县志编纂委员会编:《雄县志》,中国社会科学出版社,1992 年,第 325 页。
⑧ 海河志编纂委员会编:《海河志》(第一卷),中国水利水电出版社,1997 年,第 409 页。
⑨ 《一九五七年度保定专区堤防岁修工作计划》(1957 年),河北省档案馆藏档案,档案号:982-6-304。

年至 1957 年间保定地区最行之有效的水利工程。

其次,治理兰沟洼蓄滞洪区。兰沟洼位于容城、定兴、雄县之间,位于白沟河以西、京广铁路以东、南北拒马河之间的封闭区,承受兰沟河、白沟河和南拒马河来水,洼区面积 840 平方公里,洼内耕地 95 万亩。当蓄洪水位 17 米时,相应蓄水量 2.2 亿立方米,淹没面积 110 平方公里,包括村庄 131 个、人口 8.4 万人、耕地 14.1 万亩。① 洼内最高水位 18.6 米,淹没面积 145.68 平方公里,容积达 4.392 亿立方米,洼区周边 95 万亩耕地和 38 万人口即受到严重威胁。② 为了解决兰沟洼积水问题,1955 年疏浚了其上游仓上河、紫泉河、斗门河、兰沟河河道,1956 年在南拒马河左堤东马营建起了过水能力 70 立方米/秒的泄水闸。③ 一方面鉴于兰沟洼蓄滞洪区对保卫北京、天津、华北油田安全起着重要作用,对洼地周边河流的堤防加高培厚;另一方面为了保证洼内群众生活生产,又努力提高上游各河的防洪能力,减少分洪,并多次对洼内排水河渠进行治理,提高了除涝沥标准。

(三) 南支治理: 潴龙河分洪道等工程

潴龙河河道上宽下窄,洪水下泄不畅,汛期一旦连日暴雨,往往使河水暴涨,极易引发堤防决口。新中国初期潴龙河一直是大清河南支中汛期防洪的重点,几乎每年都对其进行河堤修复和河道疏浚。同时,保定专区组织高阳、蠡县等沿河民工,完成了潴龙河、孝义河入淀河道的改道、分洪道等工程。

1951—1955 年潴龙河下口改道工程。1951 年汛期前,破潴龙河左堤,开挖至马棚淀新河道 800 米,完成下口改道工程。1953 年 6 月至 7 月间,高阳、安新两县合作施工,疏浚河道并开挖了三坊至小北淀段新引河 4 453 米,可解除新河道周围 4 万余亩农田水患。由于整体规划不当,潴龙河这次改道并没有达到预期效果。1955 年 3 月底,高阳县再次出动民工 5 000 余人,完成了自博士庄村东至梅果庄西长 3 300 米河道,终于完成了潴龙河下口改

---

① 海河志编纂委员会编:《海河志》(第二卷),中国水利水电出版社,1998 年,第 94 页。
② 朱道清编纂:《中国水系辞典》,青岛出版社,2007 年,第 102 页。
③ 海河志编纂委员会编:《海河志》(第二卷),中国水利水电出版社,1998 年,第 94、95 页。

道入马棚淀工程。①

1950—1957 年北绪口分洪口工程。潴龙河上宽下窄，流水不畅，故泛滥频繁。河北省水利局在 1950 年正式确定了北绪口水利工程，口门堤顶低于千里堤 1 米，作为潴龙河的分洪道，当洪水威胁千里堤安全时，主动扒堤分洪进入马棚淀。② 但是由于设计缺陷，分洪口偏下，即便分洪，北绪口分洪道难以保证沿线堤坝安全，起不到减灾目的，这一工程完全失败。因此，1957 年保定专署决定废弃北绪口分洪道，开辟陈村分洪道。

1957 年陈村分洪道工程。1957 年保定专署组织了定县、安国、蠡县、博野、高阳、安新六县民工 25 511 名，开辟陈村分洪道，分洪道总长 28 公里③，左堤为主堤，右堤为次堤，分洪后洪水也入马棚淀④。陈村分洪道设计标准是 20 年一遇，当陈村段水位高达 30.5 米，相应流量为 3 410 立方米/秒，分洪量为 1 500 立方米/秒。因口门前滩地位置较高，分洪道难以达到设计标准，但其分洪效果与北绪口相较大为提升。随着潴龙河险情减少，陈村分洪道完成了历史使命，在 70 年代以后一直闲置。

三、白洋淀堤埝、出水口治理与洪水灾害应对

第一个五年计划期间，大清河是海河流域治理重点之一⑤，白洋淀区是"采取重点整理与有计划的分洪措施，以减轻灾害"的重要区域⑥，主要任务是修筑堤坝蓄洪，保障下游地区安全。与社会主义改造和建设时代背景同步，淀区进行了淀泊、堤坝所有权公有化和生产方式集体化等社会主义改造。

---

① 高阳县地方志编纂委员会编：《高阳县志》，方志出版社，1999 年，第 238、239 页。
② 保定地区水利志编纂委员会编：《保定地区水利志》，中国社会出版社，1994 年，第 129 页。
③ 高阳县地方志编纂委员会编：《高阳县志》，方志出版社，1999 年，240 页。
④ 安新县水利志编纂委员会编：《安新县水利志》，中国水利水电出版社，1995 年，第 25—29 页。
⑤ 《在第一届全国人民代表大会第四次会议上的发言——胜利度过大灾荒，继续争取大丰收，高树勋谈河北省的生产救灾和水利建设》，《人民日报》1957 年 7 月 12 日第 12 版。
⑥ 河北省水利厅：《本厅关于水利建设年度五年十五年的计划》(1954 年)，河北省档案馆藏档案，档案号：982-1-102。

（一）整治白洋淀周围堤埝

每年汛期前,各级机构都会成立防汛指挥部,跨地区组织群众,党政军民合力防守埝护。如1954年洪水来得较早,全省组织了逾86万人防守白洋淀千里堤。① 这一时期堤埝治理的主要工程是增高加宽等培固工作。此外,鉴于四门堤屡次决口分洪,受损严重,建成了新四门堤。同时,树立大局意识,一旦遇到特大洪水,为保护主堤千里堤,在迫不得已时要主动放弃次要堤防,扩大调蓄水量,进行有计划的缓洪,牺牲局部利益,保护下游广大地区的工农业生产,以及天津市、津浦铁路、华北油田的安全。

1951年建成新四门堤。汛期四门堤承受洪水压力较大,常常决口,从1950年到1963年数年间四门堤决口、分洪就达六次。② 1951年5月开始修筑新四门堤,从曲堤村西的四门堤起,经七级、后亭至老河头筑起新堤,全长10.8公里,并修复了曲堤以南原四门堤。后因汛期防守困难,到60年代后期废弃。与此同时,白洋淀堤防的岁修工程也在从量到质提升。1955年春任丘县组织修复加固千里堤、中亭堤、六郎堤。③ 为缩小水淹面积,减轻周边洪水危害,1950—1957年间对千里堤、新安北堤、新四门堤、障水埝等进行了四次大规模整修和择要加固。

增筑淀堤防风工程。此前白洋淀防风多采用一种暂时措施,群众称之为"懒龙",即汛期用青苇等捆成直径0.3~0.4米不等的圆把,置于堤坡前水面上并用绳索固定于堤顶,当风浪出现时随风在水中摆动,达到破浪护堤的目的。另外就是一些较固定的防风工程,汛前以草袋装土或以块石护坡。这些措施有一些防风效果,但都属暂时性的。从1950年开始,白洋淀防风采取了三种措施:(1)修建防风灰坝。1955年5月,经省水利厅批准,在新四门堤的曲堤至七级村段,修建了3.93公里的防风灰坝,防风灰坝面积为1.08万平方米。防风灰坝经汛期运用,能起到防风作用,但不能破浪。(2)绳网蓄笆防风工程。1956年经省水利厅批准,于新安北堤和四门堤易遭风浪袭击段,进行了绳网蓄笆和压笆防风工程。工程材料由国家开支,其

---

① 河北省水利厅编:《河北省水利十年》,河北人民出版社,1960年,第46页。
② 安新县地方志编纂委员会编:《安新县志》,新华出版社,2000年,第434页。
③ 河北省任丘市地方志编纂委员会编纂:《任丘市志》,书目文献出版社,1993年,第37页。

他由群众自筹国家适当补助。安新县四门堤完成14公里,新安北堤完成23.1公里。(3)防风石坝与栽苇。① 群众根据常年治堤的经验将石坝与生物工程结合,提高了防风能力。堤坝防风能力与其抗洪能力成正相关,因此这些措施的实施也提高了白洋淀蓄滞洪水的能力。

(二)白洋淀下口开卡工程和赵王新渠泄洪闸、赵王新渠建成

历史时期大清河南支诸水经过白洋淀蓄滞,穿赵北口十二连桥,沿赵王河东流,在新镇县以西与大清河北支合流,赵王河是白洋淀水唯一的下泄孔道。鉴于赵王河道淤塞、倒灌问题,1955年2月编制了《大清河中游整治赵王新渠初步设计书》《大清河中游整治赵王新渠工程技术设计》,规划在赵王新渠上口建泄洪闸,流量1 380立方米/秒,于1956年4至7月实施,1969年扩大到2 700立方米/秒。②

1954年白洋淀下口开卡工程。赵王河位于雄县东部、任丘北部,上游断面窄小,草苇丛生,加之无北埝,白洋淀下泄洪水增加时,会自然漫入河道所在的百草洼。此外,大清河新镇附近河槽狭窄,在大清河的顶托下,常使北支洪水沿赵王河倒漾,赵王河槽屡遭淤塞,不仅航运受阻,也使白洋淀宣泄不畅,汛期直接威胁千里堤和冀中一带的安全。民国时期就提出修筑赵王新渠的设想,未能实行。1949年以后结合航运对赵王河进行疏浚,但屡挖屡淤,如1954年汛期就扒开大清河堤,在榕花树分洪入新盖房分洪道泄入溢流洼③。1954年10月,为加速洪水宣泄,扩种小麦,保定、天津专署和任丘、雄县、安新一起组织实施了白洋淀下口的开卡工程,排除赵北口以下阻水物,共计挖口14处,打苇650亩,开挖10米宽泄水沟14道④,给白洋淀宣泄洪水及汛后加速降低淀内水位创造了条件。

1955年建成赵王新渠泄洪闸⑤。赵王新渠泄洪闸坐落于文安县史各庄

---

① 河北省地方志编纂委员会编:《河北省志·第20卷·水利志》,河北人民出版社,1995年,第133页。

② 海河志编纂委员会编:《海河志》(第四卷),中国水利水电出版社,2001年,第84页。

③ 河北省地方志编纂委员会编:《河北省志·第20卷·水利志》,河北人民出版社,1995年,第132页。

④ 安新县地方志编纂委员会编:《安新县志》,新华出版社,2000年,第55页。

⑤ 1970年以后称王村闸。

乡韩各庄村北,自 1955 年建成至 1970 年大清河中下游治理以前,称赵王新渠泄洪闸。该闸建设宗旨是控制白洋淀出水量,减轻大清河中下游水患,解除洪水对千里堤和天津市区的威胁,保障津浦铁路的安全。同时,还可以使白洋淀内保持一定的水深,以达到发展渔苇生产的目的。1955 年 1 月下旬开始准备施工材料,2 月省水利厅勘测设计院开始泄洪闸技术设计,从天津、唐山两市及天津专区内招来 248 名技工,又从水利部工程总局聘来技工 120 名,文安县组织民工 3 300 人,6 月至 12 月间完成了施工。① 建成的泄洪闸有闸房 12 间、启闭机 20 部、弧形钢闸门 10 扇,1956 年过闸流量 1 350 立方米/秒,1963 年过闸流量 1 580 立方米/秒,两次超标准运用没有出险②,在一定程度上完成了控制洪水下泄量和淀内水位的目的。

1956 年建成赵王新渠。主要工程除了上文提到的建成赵王新渠泄洪闸,另外就是建成了赵王新渠。1956 年至 1957 年间,在百草洼下口开辟赵王新渠,白洋淀水由之直接泄入东淀,设计泄量 1 385 立方米/秒。赵王新渠是赵王河分流泄洪工程,大大提高了白洋淀的泄洪能力。工程由天津、保定两专区组织 24 个县 6.15 万人参与。赵王新渠横贯文安县境北部,由王村至苏桥镇崔家房与大清河北支合流,全长 23 公里。③ 新渠为平地起堤,大部分无深水河槽。④ 为保证泄洪闸泄水时赵王河内行船安全,赵王河改道绕过闸上。⑤ 赵王新渠的建成沟通了东、西二淀,使经过白洋淀蓄滞的洪水顺利进入东淀,再经独流减河下泄入海,对保证白洋淀水位不超过 10.5 米并顺利入海具有显著作用。⑥ 赵王新渠完成后,配合千里堤延展、文安洼蓄滞洪水,如遇 1954 年型洪水,可保证白洋淀十方院水位不超过 8.94 米,从而缩小白洋淀以西的沥涝面积。

四、大清河下游洪水安全治理

1951—1956 年间,大清河水系主要完成了三项工程,即新盖房分洪道、赵王新渠、独流减河。虽然标准相对较低,但在当时来说,上游尚未修建水

---

① 《文安县水利志》编纂委员会编:《文安县水利志》,水利电力出版社,1994 年,第 66 页。
② 河北省地方志编纂委员会编:《河北省志·第 20 卷·水利志》,河北人民出版社,1995 年,第 177 页。
③ 同上书,第 132 页。
④ 海河志编纂委员会编:《海河志》(第一卷),中国水利水电出版社,1997 年,第 410 页。
⑤ 《文安县水利志》编纂委员会编:《文安县水利志》,水利电力出版社,1994 年,第 59 页。
⑥ 海河志编纂委员会编:《海河志》(第一卷),中国水利水电出版社,1997 年,第 410 页。

库,利用注淀调蓄和减河泄洪,已具备了解除普通洪水灾害的能力,并为以后河系统一规划打下了基础。①

(一) 千里堤等下游堤堰整治

20世纪50年代大清河下游堤防主要有千里堤、秃尾巴堤和隔淀堤,堤防总长达138.9公里。② 这一时期堤堰依旧是抗御洪涝灾害、保卫京津的重要手段,因此集中力量进行了大规模的整治。

1949年至1954年五年之中,千里堤得到了连续修缮,高度和顶宽各增加了3~4米。1954年6月大清河水猛涨,文安县投入民工1.62万人、船只380艘,历时两月进行堤防抢修,筑起长约4.13万米的子埝,用芦苇筑起3.45万米埽坝,确保了千里堤及大清河沿线堤防没有决口。隔淀堤始筑于清乾隆三十二年(1767),后经多次展筑,自富管营至坝台总计逾7.5公里,将文安洼与东淀隔开,与千里堤同为清南之屏障。1956年8月特大洪水,在赵王新渠右岸毕家坊进行有计划分洪,造成千里堤、隔淀堤自赵王新渠下口至坝台全长2.79万米损坏,严重地段堤顶被水打去三分之二。文安县成立堵口复堤指挥部,组织8 000名民工,在1957年正月初五开工,冒着-5~-8℃的严寒开始任庄子堵口、千里堤复堤,7月竣工时千里堤增高0.3~0.7米,顶宽基本达到5米。③

其间对大清河下游秃尾巴堤等也进行了整治。大清河道是任丘、雄县两县界河,两岸筑堤,其右堤也称秃尾巴堤,始筑于1939年,旨在阻挡永定河决口的洪水。但由于新镇一带河道窄小,未能改善这一段倒灌白洋淀、淤积赵王河的情况;相反,在一定程度上还限制了白洋淀汛期泄洪。④ 1954年大洪水,秃尾巴堤遭到不同程度的破坏,同年11月由文安县组织实施复堤工程,修复总长7.95公里。1956年大洪水,秃尾巴堤再度遭到破坏,同年10、11月间,由文安、任丘两县共同组织复修18.37公里,堤顶达5米。⑤ 自

---

① 海河志编纂委员会编:《海河志》(第一卷),中国水利水电出版社,1997年,第410页。
② 《文安县水利志》编纂委员会编:《文安县水利志》,水利电力出版社,1994年,第61页。
③ 同上书,第62页。
④ 同上书,第63页。
⑤ 河北省任丘市地方志编纂委员会编:《任丘市志》,书目文献出版社,1993年,第298页。

70年代大清河改为灌溉河道后,秃尾巴堤未再做整修。①

(二) 文安洼、东淀等下游洼地利用与治理

1950年水利部提出了今后三年水利工作的根本方针:一是"大力防治水患",包括有重点地进行河流治本工程,同时兼及上游水土保持,"以求初步消灭严重水灾";二是"兴修灌溉工程,以减轻旱灾"。② 具体到白洋淀区及周边洼淀的利用,除了上述要求之外,还存在分洪与生产之间的矛盾。

1. 文安洼分洪与生产的矛盾的调和

文安洼在大清河与子牙河交汇处,位于东、西两淀之间,西与白洋淀接壤,东北以隔淀堤与东淀分界。洼地面积230平方公里,地势呈碟形,高程大部分2.3~2.6米。历史时期承纳清南地区5200平方公里的沥水,以及大清、子牙两河决口的洪水。1949年前洼地洪沥没有下泄出路,只能靠自然消耗,因此洼内常年积水,以致当地流传着"淹了文安洼,十年不回家"的民谚。③ 1952年河北省水利厅就提出了赵王河改道的设想,此后又提出在河右岸韩各庄附近建分洪闸一座,下接赵王新渠至崔家坊入东淀。1955年4月水利部批复河北省水利厅《大清河中游整理赵王新渠工程初步设计书》,这一设计以文安洼暂不分洪为依据,这样可以减少对洼地群众生产生活的影响。④ 但汛期发生流域性大洪水时,需要分蓄洪水,如1954年、1956年和1963年三次向文安洼分洪,其中1963年8月31日最高滞洪水位7.19米,相应滞洪量为45.57亿立方米。⑤

2. 东淀生产与分洪的矛盾的调和

东淀位于大清河中下游,受大清河泛滥而成,主体在文安、霸县两县和

---

① 《文安县水利志》编纂委员会编:《文安县水利志》,水利电力出版社,1994年,第64页。
② 傅作义:《各解放区水利联席会议开幕词》,载《一九四九——一九五七年历次全国水利会议报告文件》,水利部办公厅编印,1957年,第40页。
③ 海河志编纂委员会编:《海河志》(第二卷),中国水利水电出版社,1998年,第93页。
④ 《文安县水利志》编纂委员会编:《文安县水利志》,水利电力出版社,1994年,第58页。
⑤ 海河志编纂委员会编:《海河志》(第二卷),中国水利水电出版社,1998年,第92页。

天津西境，东西长约40公里，南北宽约7公里。具体四至为：东有子牙河右堤，南有千里堤、隔淀堤，西接溢流洼，北有中亭堤。周边堤防总长129公里。东淀主要承接大清河南北支洪水和子牙河、南运河的部分洪水及清南、清北的沥水，是防洪滞洪的天然洼淀。当第六埠水位达到8米时，淀内容积9.5亿立方米，淹没面积345平方公里。[1] 新中国成立以来，对东淀进行了多次治理。1953年建成独流进洪闸，1955年和1957年进行了中亭堤复堤工程。[2] 东淀历来是行洪、滞洪、缓洪之所，特别是在大清河北支控制性工程建成之前，当北支发生大水时，洪水就直接流入东淀，南支洪水经白洋淀调蓄后也入东淀。每年淤沙达1 200万立方米，故1958年时已成季节性湖泊。东淀是大清河流域防洪分洪的关键区域，发生大洪水时，除东淀之外还要向贾口洼、文安洼分洪，只有三洼联合调度才能最大限度地发挥削峰缓洪作用。[3]

（三）新辟独流减河与大清河独立入海

这一时期海河各水系下游治理的指导思想是：开辟减河，使各河系自成体系，独立入海。东汉末年曹操治理海河，旨在利用海河水系开辟南北漕运通道，使海河上游水系百川归一，海河水系呈扇形布局，尾闾成为"九河下梢"。二者正好相反。

大清河与子牙河原在第六埠会合，全部水量经西河、海河干流入海。由于下游河道泄量相对较小，就使白洋淀、东淀水位经常居高不下。为解决尾闾入海不畅，并减轻海河洪水对天津市区的威胁，这一时期重在各水系尾闾一带开辟减河，使各河自成体系，独立入海。1952—1953年间开挖了独流减河。进口为位于东淀第六埠村南的进洪闸，对岸为天津市独流镇，故名独流减河；出口为独流减河防潮闸，当时亦称工农兵防潮闸，下接2公里长尾渠入海。减河从第六埠经管铺头到万家码头汇入北大港，全长43.5公里。北大港是独流减河的入海通道，1953—1956年间筑成了大港围堤，此后遂成为

---

[1] 河北省地方志编纂委员会编：《河北省志·第20卷·水利志》，河北人民出版社，1995年，第134页。

[2] 海河志编纂委员会编：《海河志》(第二卷)，中国水利水电出版社，1998年，第91页。

[3] 于天一：《东淀是大清河防洪调度的关键一环》，《海河水利》1993年第4期。

蓄水之处。1954年大水,独留减河最大泄量为1390立方米/秒,1956年最大泄量为1190立方米/秒,均超过了设计标准。①

为配合独流减河的完成,1953年由省大清河务局组织对潴龙河左堤进行了普遍加固,堤顶高程高出1948年洪水位0.5米。② 独流减河流经地为天津市南部的蓄洪洼淀,历史时期大清河、子牙河等洪水在经由海河干流无法下泄时,便蓄滞于此,漫流入海。减河建成后,洪沥水入海速度大大提升,洼地大多成为耕地。大清河下游独流入海减河的开辟,标志着新中国的防洪治水已从单纯的筑堤拦防,转入积极寻找问题、对症解决的阶段。

本 章 小 结

新中国成立之初,政府无力全面兴修水利,只能集中力量解决主要矛盾,有重点地治水,特别是遏制临时性大洪水灾害。③ 所以新中国治河是从防汛开始,逐步走向综合治理。1949—1957年间国家治河重点是黄、淮二河,海河水系治理力度有限,其中大清河水系以复堤坝、疏河道等恢复旧有设施为主。

社会主义改造的完成,劳动人民从生产资料占有制上成为生产的主人,激发了劳动的主动性、创造性。白洋淀群众积极进行生产工具、工艺改进,提高了生产力,在"水利非和人民结合不行"④的思想引导下,白洋淀治水也突出了人民群众的主体性。1956年春淀区基本实现了农业高级合作化,具备了土地连片、劳力集中等新条件,为大规模治淀、治水工程奠定了基本条件,也迎来了群众性兴修水利的高潮。其间打破行政界限,用大兵团作战的方式展开"劳动大协作"⑤,"整体利益与局部利益相结合,长远利益与当前

---

① 海河志编纂委员会编:《海河志》(第一卷),中国水利水电出版社,1997年,第409页。
② 河北省地方志编纂委员会编:《河北省志·第20卷·水利志》,河北人民出版社,1995年,第167页。
③ 《中央人民政府水利部关于水利工作一九五〇年的总结和一九五一年的方针与任务》,《人民日报》1951年2月17日第1版。
④ 《周总理在听取河北、天津、北京汇报海河工程问题时的指示》(1973年),河北省档案馆藏河北省根治海河指挥部档案,档案号:1017-1-370。
⑤ 《必须争取小麦大丰收》,《人民日报》1958年4月4日第1版。

利益相结合"①,在人水互动的实践中,革命化、科学化的水利劳动大军成为人水关系的主体。

随着"一五"计划启动,各项工作逐步走向正轨,国家也开始关注流域的综合治理。1954年、1957年分别编制完成《大清河流域规划轮廓及附图》《海河流域规划(草案)》,反映了治河理念开始利用现代技术去改变水系固有的布局。经过社会主义改造时期的思想教育,淀区干部群众也在逐步摒弃传统听天由命的消极思想,开始接受"利用自然、征服自然"的人地观念②,思想上开始了从畏惧自然向利用、征服自然的转变。

---

① 徐水县水利建设经验调查工作组:《学习徐水县水利建设的经验》,《中国水利》1958年第4期。
② 贺笠:《利用自然、改造自然就能胜利——天津专区两年来的洼地改造工作》,《人民日报》1957年4月27日第4版。

第二章

1958—1965 年「大跃进」背景下白洋淀水环境的剧变

这八年又可细分为两个时段：一是与"大跃进"叠加的"二五"计划时期（1956—1962），二是之后国民经济三年调整时期（1963—1965）。鉴于水资源与人类的密切关系及水生态的敏感性，白洋淀区的"大跃进"运动对其水环境影响深远。1963年8月白洋淀流域遭遇了新中国成立后最大的暴雨和洪水。此外，1965年还是一个气候小波动的分界线，此后白洋淀地区水量由多转少，进入了以干旱为主的时期。① 这一转变对淀区人水关系影响巨大。

第一节 白洋淀自然和人文要素的主要特征

20世纪中后期，以1965年为起点，白洋淀区气候由多雨趋于干旱，并于1966年开始出现干淀，1970年前后大清河航线完全中断。20世纪60年代初白洋淀水域范围与1930年相似，即东起赵北口，西到寨里村，北至新安北堤，南至高阳龙化村，水域较20世纪末要宽广很多，如马棚淀等都是一片汪洋。②

一、气候、水灾害等自然特征

在1958—1965年八年间，1963年汛期白洋淀发生流域性特大洪水，1965年则是白洋淀流域降水量最枯的一年，只有290.1毫米③，淀内水位大幅下降，大清河径流减少，津保水运断航。值得关注的是，1965年以后流域降水量逐步减少，成为由涝向旱转变的分界点，淀内储水量、水域面积随之

---

① 杨学新主编：《起步与拓荒：新中国社会变迁与当代社会史研究》，河北大学出版社，2013年，第321页。
② 安新县地方志编纂委员会编：《安新县志》，新华出版社，2000年，第174页。
③ 刘克岩、张橹、张光辉等：《人类活动对华北白洋淀流域径流影响的识别研究》，《水文》2007年第6期。

减少,雄县等进入旱期。①

（一）温度、降水量等主要特征

20世纪60年代白洋淀区气温波动较大,如表2-1-1所记雄县气温。以安新县为例,历年极端最高气温40.7℃,出现于1963年6月26日,为历史罕见②;极端最低气温为-26.7℃,出现于1966年2月。此外,气温日较差、月较差、年较差都很大,最热的7月份平均气温为26.4℃,最冷的1月份平均-4.5℃,历年平均温度年较差达到30.8℃。③

表2-1-1　1958—1965年雄县年平均气温统计表　　　　　单位:℃

年份	年平均气温	年份	年平均气温	年份	年平均气温	年份	年平均气温
1958	11.9	1960	11.9	1962	12.2	1964	11.0
1959	12.2	1961	12.7	1963	12.1	1965	12.3

数据来源:《雄县志》(1992年)第62页。

这一时段安新县年平均降水量为529.7毫米。年内降水变化为"一峰一谷型",降水集中于7、8月份。整个夏季平均为386.2毫米,占全年降水总量的73%;而冬季降水平均仅为10毫米,占全年降水量的2%,表现了降水季节分配极不均匀的气候特点。此外,安新县降水量年际变化较大(见表2-1-2),最少263.3毫米,出现于1962年④,1963年为其2.6倍,但较之前文提到的50年代在209~922毫米间大幅波动,这一时段变化幅度略有缩小。

表2-1-2　1960—1965年安新县降水量统计表　　　　　单位:毫米

年份	降水量	年份	降水量	年份	降水量	年份	降水量
1960	563.3	1962	263.3	1964	849.7	1966	603.9
1961	648.9	1963	657.8	1965	315.9		

数据来源:《安新县志》(2000年)第124页。

---

① 张金声:《雄县旱涝史话》,载政协雄县委员会文史资料组编《雄县文史资料》(第4辑),政协雄县委员会文史资料组,1990年,第52页。
② 安新县地方志编纂委员编:《安新县志》,新华出版社,2000年,第58页。
③ 同上书,第122页。
④ 同上书,第124、125页。

1961年干旱还引发了蝗灾,7月淀区18万亩农作物被灾。1965年北方出现大范围严重干旱,当时气象预报分析旱象有可能持续。① 当地人民的感受是1965年以后淀区进入了旱期②,学界研究也显示年均入淀水量在1965年之后一直呈现下降趋势③。对比其他数据可以看出,此后的干旱具有地域性的特征。

(二) 入淀水量、出淀水量的概况

白洋淀流域入淀径流量对淀区水环境产生着重要影响,而水系径流量在很大程度上要受流域降水量影响,由于径流量主要产生于流域山区,所以径流量年内、年际变化幅度均大于降水变化。白洋淀流域属温带季风型气候区,多年平均降水量554毫米,降水量年内分配集中,70%~80%的降水发生在6—9月份的汛期。年际变差也很大,1956年以来流域平均最大年降水量发生在1956年,为958.2毫米;而最枯发生在1965年,只有290.1毫米。④ 从表2-1-3可以看出,1958—1966年间,白洋淀1963年入淀水量最多,1958年出淀水量最少,入淀水量与出淀水量二者之间基本成正比。

表2-1-3 1958—1966年白洋淀入淀、出淀水量推算成果表

单位:亿立方米

年 份	入淀水量	出淀水量	年 份	入淀水量	出淀水量
1958	5.1614	1.6347	1961	7.6962	3.739
1959	41.2937	40.442	1962	8.8042	7.637
1960	4.8546	3.5707	1963	70.3006	62.862

---

① 任丘市交通局史志编写办公室编:《任丘市交通志》,任丘市交通局史志年鉴编写办公室,1987年,第201页。
② 张金声:《雄县旱涝史话》,载政协雄县委员会文史资料组编《雄县文史资料》(第4辑),政协雄县委员会文史资料组,1990年,第52页。
③ 毛欣、刘林敬、宋磊等:《白洋淀近70年生态环境演化过程及影响因素》,《地球科学》2021年第7期。
④ 刘克岩、张橹、张光辉等:《人类活动对华北白洋淀流域径流影响的识别研究》,《水文》2007年第6期。

(续表)

年 份	入淀水量	出淀水量	年 份	入淀水量	出淀水量
1964	51.941	51.145	1966	7.7362	3.641
1965	7.9264	8.123			

数据来源:《安新县志》(2000 年)第 182 页。

1958 年开始在流域上游大规模修建水库,1960 年以后逐步投入使用,开始截蓄上游径流量,此后入淀水量在很大程度上开始受到水库的调节,处于自然变化和人类控制的双重影响下。"大跃进"时期淀内存在过度捕捞、盲目农垦等问题,同时流域上游覆被变化、涵养水源功能也在降低,这些都是影响白洋淀水量的因素。

(三) 白洋淀水位①、水面、水量变化

在 1958—1965 年八年间,白洋淀最高水位有四年在 8 月,一年在 9 月,比较特殊的是 1960 年最高水位在 1 月 1 日,1961 年在 10 月 25 日;最低水位五年发生在 7 月,1962 年在 12 月 31 日,1965 年在 12 月 30 日,1964 年最低水位在 4 月 6 日。② 淀区平均水位维持在 7.6~9.8 米之间水平,1965 年平均水位 7.6 米,已接近最低生态水位,这也是一个重大信号。③ 1958—1965年八年间,白洋淀水位、水面、水量变化情况见表 2-1-4。

表 2-1-4　1958—1965 年白洋淀年内水位、水面、水量变化表

年份	水位变化(米)	水面变化(万亩)	蓄水量变化(亿立方米)
1958	9.48~7.13	45.73~15.35	6.5~0.88
1959	10.65~7.73	46.5~21.8	10.1~1.8
1960	9.02~7.51	45.5~22.67	5.06~1.47

---

① 本章若无特殊说明,水位均为大沽高程。
② 安新县地方志编纂委员会编:《安新县志》,新华出版社,2000 年,第 184 页。
③ 张金声:《雄县旱涝史话》,载政协雄县委员会文史资料组编《雄县文史资料》(第 4 辑),政协雄县委员会文史资料组,1990 年,第 52 页。

(续表)

年份	水位变化(米)	水面变化(万亩)	蓄水量变化(亿立方米)
1961	9.22~7.89	45.5~27.48	5.66~2.1
1962	9.45~8.01	45.75~29.21	6.36~2.32
1963	11.58~6.96	分洪~13.35	分洪~0.81
1964	10.48~8.49	46.2~43.59	10.03~3.52
1965	8.05~	54.43~6.9	4.85~0.15

数据来源:《安新县志》(2000年)第180、181页。

这一时期,淀区各县多有蝗灾发生。研究显示,白洋淀的水位变化对东亚飞蝗大面积发生存在一定的影响,5—10月间白洋淀若逐月水位偏低,就有利于东亚飞蝗灾害的发生;此外在水位年际变化中,峰值回落阶段和波谷阶段对应的年份,也易于东亚飞蝗灾害发生。①

(四) 白洋淀生物物种变化及特征

白洋淀水生物种主要包括水生植物、鱼类、底栖动物、浮游生物四类,具体种类、产量的变化主要与入淀水量、淀中水质等密切相关。同时,白洋淀处于我国鸟类迁徙路线上,野生动物种类繁多,生物资源丰富,有"生物资源和野生动物种群的基因库"之誉②。

20世纪60年代以前,白洋淀内水体自然流动,水草丰茂,水产丰富,生物种类繁多。1958年中科院动物研究所调查结果(表2-1-5)表明,淀内淡水藻类、淡水浮游动物、水生高等植物、鱼类、鸟禽等种属多样化,有着完整的水生动植物资源体系,生态系统健康,形成了华北地区独具特色的水生动植物资源体系。③

---

① 石瑞香、刘闯:《白洋淀水位变化及其对东亚飞蝗大发生的影响》,《农业工程学报》2005年增刊第1期。
② 《河北省白洋淀生态修复与环境治理历程》,载《改革开放实录》编写组编写《改革开放实录》(第四辑),中共党史出版社,2018年,第229页。
③ 白洋淀国土经济研究会等编:《白洋淀综合治理与开发研究》,河北人民出版社,1987年,第2—12页。

表2-1-5　1958年白洋淀水生动植物调查结果

种　类	状　态
淡水藻类	9门55科406种
淡水浮游动物	原生动物13属、轮虫21属、枝角类7属、桡足类8种
底栖生物	38种
水生高等植物	47种
鱼类	11目17科54种,以鲤、乌鳢、黄颡为主,包括鳗鲡等洄游性鱼类,青虾、河蟹、元鱼等广布
野生鸟类	46科192种,在淀内繁殖的97种,国家一级保护鸟类3种(丹顶鹤、白鹤、大鸨）

数据来源:《白洋淀综合治理与开发研究》(1987年)第2—12页。

1958年资料显示,白洋淀54种鱼类中,经济鱼类以鲤科为主,计33种,占总种数的61.1%;其次为鳅科,计4种,占总种数的7.4%;鮠科3种,占总数的5.6%。此外,尚有溯河性鱼类,主要是鲻科、鳗鲡科和鳡科等[①],反映出这一时期白洋淀流域上下游之间,淀内水域与出海口之间,鱼类洄游通道畅通,繁衍生息正常。随着大清河入海口大闸、白洋淀出水口枣林庄大闸等建成,白洋淀出水、出海基本由人工控制、阻断,以致下游经济鱼类和洄游性鱼类很少,甚至不可能进入淀区。这些水利工程对白洋淀内生物资源产生了严重影响。

（五）水灾害变化及特征

1958年之后大清河上游水库逐步建成投入使用,总库容达30多亿立方米,控制了山区面积的88%。[②] 与此同时,气候波动幅度也开始增大。为保证农业生产,各级政府抗旱、防涝兼顾。1960年2月底河北省发出《关于动员全党全军坚决战胜春旱的紧急指示》,天津市农村有200万人投入抗旱,

---

[①] 金相灿等著:《中国湖泊环境》(第二册),海洋出版社,1995年,第262页。
[②] 河北省地方志编纂委员会编:《河北省志·第20卷·水利志》,河北人民出版社,1995年,第130页。

城市300多家工厂、14万职工加入支农抗旱。① 这八年间最大水灾害是1963年特大洪水。

1. 春汛、旱、涝灾害交错出现

这一时期涝沥灾害明显多于旱灾,但处于气候转干的前期,水旱灾害交替出现特征也比较明显。1959年汛期,大清河南支各水系上游都出现了大降雨,且暴雨中心相对集中。沙河最大洪峰流量为6 000立方米/秒,唐河为2 480立方米/秒,都达到了有记载以来的最大洪峰值。② 1962年大旱,雄县全年降水量仅206.2毫米,春、夏、秋三季连旱,降水量只有185.7毫米,小麦亩产74斤,夏粮比60年代常年减产422万斤③,全县成灾面积48万亩,占耕地面积的82.5%④。同年8月任丘县涝灾、蝗灾交替出现,受灾面积分别是17.33万亩和34万亩。⑤ 1963年汛期,海河出现流域性大暴雨,8月大清河上游连降暴雨,达600~800毫米,部分地区超过1 000毫米,新盖房洪峰高达5 210立方米/秒,超过安全流量2.89倍⑥,白洋淀十方院水位达到11.58米,白洋淀及周边滞洪量41.72亿立方米,淹没面积1 270平方千米⑦,淀区各县被灾严重。1964年5月30日安新县淀区发生罕见大春汛,水位达9.62米,淹死芦苇3.7万亩、皮条1.88万亩、藕及芡实3 000亩、园田1 600亩。⑧ 同年雄县特大洪水,全县受灾面积35万亩,成灾面积25万亩,绝收17万亩,占耕地面积的29.5%,属特大洪水。⑨ 1965年容城县旱灾严重,累计降水量只有337.7毫米,但经过抗旱,粮食总产量4 229.5万公斤,比1964年提高

---

① 《海河志》编纂委员会编:《海河志·大事记》,中国水利水电出版社,1995年,第124页。
② 河北省水利厅编:《河北省水利十年》,河北人民出版社,1960年,第45页。
③ 张金声:《雄县旱涝史话》,载政协雄县委员会文史资料组编《雄县文史资料》(第4辑),政协雄县委员会文史资料组,1990年,第49页。
④ 雄县县志编纂委员会编:《雄县志》,中国社会科学出版社,1992年,第106页。
⑤ 河北省任丘市地方志编纂委员会编纂:《任丘市志》,书目文献出版社,1993年,第38页。
⑥ 雄县县志编纂委员会编:《雄县志》,中国社会科学出版社,1992年,第107页。
⑦ 河北省地方志编纂委员会编:《河北省志·水利志(1979—2005)》,河北人民出版社,2018年,第39页。
⑧ 安新县地方志编纂委员会编:《安新县志》,新华出版社,2000年,第59页。
⑨ 雄县县志编纂委员会编:《雄县志》,中国社会科学出版社,1992年,第105—109页。

35%,棉花总产量85.5万公斤,比1964年提高33%。① 粮食总产量和单产双超历史最高水平,这与引用地下水灌溉有直接关系。

2. 府河工业废水开始注入淀内

1953年中国工业化建设启动,出于发展国防、稳固政权的需要,"重工业是国家工业化的基础"成为当时党中央的共识②,从国情实际出发,提出了"用一切方法挤出钱来建设重工业和国防工业"③。"一五"期间,河北省利用资源优势,确定煤炭、电力、纺织工业成为省内工业发展的重点,保定市确立了西郊八大厂为代表的企业建设计划。这些企业位于大清河上游,随着规模的扩大,对白洋淀区生态影响也愈发显著,主要包括两方面:(1)水资源消耗,这些企业耗水量很大,加上节水观念不强,直接减少了府河注入白洋淀的径流量;(2)水质污染,水环境保护意识较薄弱,加上缺乏污水净化处理的配套设施,工业污水被无节制地全部排入白洋淀内,蓄水环境和水质不断恶化,甚至河道流经地带的土壤和淀底淤泥也因此被污染。据统计,1962年保定市排放污水1 570万立方米④,与此同时,府河源头水量减少,一亩泉在1965年"泉河断流"⑤。直接带来白洋淀水位下降,动植物数量和种类迅速减少。

3. 内涝蝗区的蝗情特点和治理

这一时期旱涝灾害交替出现,为蝗虫孳生提供了条件。1959年8月任丘县发生涝灾、蝗灾,受灾面积分别是17.33万亩和34万亩。⑥ 1961年7月淀区18万亩农作物发现蝗虫,通过飞机喷治、人工捕打得以控制。⑦ 1965年5至8月雄县、安新、高阳、武邑等县开展治蝗工作,参与治蝗工作的专家

---

① 河北省容城县地方志编纂委员会编:《容城县志》,方志出版社,1999年,第33页。
② 中共中央文献编辑委员会编:《周恩来选集》(下卷),人民出版社,1984年,第109页。
③ 《中共中央关于实行精兵简政、增产节约、反对贪污、反对浪费和反对官僚主义的决定》,载中共中央文献研究室编《建国以来重要文献选编》(第二册),中央文献出版社,2011年,第415页。
④ 马敏立、温淑瑶、孙笑春等:《白洋淀水环境变化对安新县经济发展的影响》,《水资源保护》2004年第3期。
⑤ 海河志编纂委员会编:《海河志》(第三卷),中国水利水电出版社,1999年,第330页。
⑥ 河北省任丘市地方志编纂委员会编纂:《任丘市志》,书目文献出版社,1993年,第38页。
⑦ 安新县地方志编纂委员会编:《安新县志》,新华出版社,2000年,第58页。

总结认为,白洋淀属于河北省中部内涝蝗区,地势低洼,蝗情特点是"面积大、密度稀、点片发生",且蝗蝻孵化期前后参差不齐,"不易准确掌握蝗情"。总之,有一定根治难度。① 同时,受上游水系入淀的影响,将白洋淀周边分割成六片封闭地区,分别是新安北堤洼地、障水埝洼地、唐河北四门堤洼地、唐河南四门堤洼地、淀南新堤洼地、千里堤境内洼地等,宜蝗面积由原来的16.7万平方公里减少到6.3万平方公里。过去的一些滨湖蝗区已变为内涝蝗区,如大王淀、营家淀、边吴洼、磁白洼、垒头洼、西淀泊等六个洼淀。从20世纪60年代起,通过农田基本建设、加固白洋淀大堤及在诸河上游修建水库,基本上解决了白洋淀决溢和雨季排涝问题。此后内涝蝗区没出现东亚飞蝗群居型蝗蝻,仅有散居型飞蝗。②

二、 人民公社化运动与淀区行政管理的变化

1958年4月中央批准《关于把小型的农业合作社适当地合并为大社的意见》,直接催生了随后人民公社化运动。同年8月中央通过《关于在农村建立人民公社的决议》,指出"在目前形势下,建立农林牧副渔全面发展、工农商学兵互相结合的人民公社,是指导农民加速社会主义建设"所必须采取的基本方针。③

(一) 淀区人民公社化高潮和调整

《关于在农村建立人民公社的决议》的基本精神是建立农村人民公社,提出人民公社"一般以一乡为一社,两千户左右较为合适",并实行"政社合一"的管理体制。随后声势浩大的人民公社化运动在全国展开。

1959年8月白洋淀开始人民公社化。1958年8月雄县做出《关于并乡成立农村人民公社的决定》,在高级社基础上将全县13个乡合并成立6个

---

① 杜成远:《对内涝蝗区侦查方法的意见》,《植物保护》1966年第3期。
② 张书敏、勾建军、张振波主编:《河北省蝗区分布及蝗害可持续控制》,河北科学技术出版社,2015年,第22页。
③ 《中共中央关于在农村建立人民公社问题的决议——一九五八年八月二十九日》,《法学研究》1958年第5期。

农村人民公社,实现了新的农村经济体制和"政社合一"的农村政权建制。①同月安新县提出《关于大办人民公社的方案(草案)》,随后展开大办人民公社运动②,把177个小社合并成5个"政社合一"的人民公社③,实行"工农兵学商"五位一体。人民公社实行全民所有制,取代集体所有制。在劳动力组织形式上,一度采取组织军事化、行动战斗化的形式,按照人民公社的生产计划,划分"战区",统一安排调动劳动力。在生活上,人民公社一度推行过伙食供给制,提倡大办农民食堂,实行全县范围的全民供给制。④ 在白洋淀水乡,干部群众为快速推进养殖现代化、捕鱼机械化和水产加工工业化等现代要求,也把小型合作社的组织形式改成了人民公社,诞生了白洋淀人民公社。在"大跃进"思想的鼓动下,甚至提出只要在白洋淀三个出入水口建筑捕鱼设备,就可将30余万亩水面(当时总淀面的60%)全部变为养鱼塘。⑤ 这一设想带有典型的"大跃进"特征,显然不具有可行性。

1958—1961年,安新、容城、徐水三县的合分。1958年5月河北省会由保定迁往天津,同年10月保定地委批准容城、安新两县并入徐水。合县期间,安新县境划为五个大公社。⑥ 1959年在原安新境内开展了"四化""两院"活动,前者分别是托儿互助化、米面加工机械化、穿衣缝纫化和食堂化,后者指敬老院、妇产院。在公社化过程中还出现了"共产"风、浮夸风、瞎指挥风等极"左"倾向,再加上严重的自然灾害,挫伤了农民积极性,造成生产大幅度下降。1959年下半年在原安新境内开展了"整风整社"运动,但未能有效纠正当时无偿调用生产资料的"共产"风。1960年开始,安新境内粮食供应趋于紧张,被迫实行"低指标、瓜菜代",群众生活陷入困难。国务院决定恢复安新、容城两县,恢复划归前的行政区域,并于1961年1月实施。"大跃进"时期,淀区各县大量人力、物力、财力浪费,农业生产大幅度下降。

1961年开始适度调整。1961年1月确定了调整国民经济的八字方针,

---

① 雄县县志编纂委员会编:《雄县志》,中国社会科学出版社,1992年,第162页。
② 安新县地方志编纂委员会编:《安新县志》,新华出版社,2000年,第261页。
③ 同上书,第56页。
④ 同上书,第261页。
⑤ 丛永竹:《水乡万民欢腾白洋淀人民公社诞生》,《中国水产》1958年第9期。
⑥ 安新县地方志编纂委员会编:《安新县志》,新华出版社,2000年,第88页。

这是对1958年以来经济指导工作的一次重要转变。恢复建制的安新县贯彻中央精神调整公社规模,全县由原来5个大公社划分成19个人民公社。同年6月安新县在大王公社南六大队进行了"分配大包干"试点,后在水区普遍推行,旨在克服分配上的平均主义。① 1962年9月中央通过《农村人民公社工作条例修正草案》(即"六十条"),从政策上纠正了人民公社初期存在的严重问题,强调必须实行公社、生产大队、生产队三级体制,坚决制止"一平二调"。在全国农村形势逐步好转的大环境下,白洋淀各县的工农业生产也开始恢复和发展。

(二) 淀区建制镇改人民公社

工业化"大跃进"带动了市镇设置高峰,以农业为主的白洋淀区未由此增设。1963、1964年间,为解决城镇化"大跃进"带来的粮食问题,国家再次提高建制镇标准,1964年河北省建制镇下降至52个。② 由于社队纺织企业的发展,1965年高阳县城关人民公社逆势而行,复建城关镇③。

合作社时期开始有计划地减少非生产资料经济作物的种植,如雄州大叶烟几近绝迹④;工商业从业者也多转归农业,如1954年任丘县将392名粮油商、327名棉商转归农业⑤。1956年工商业完成社会主义改造后,农村生产生活资料完全依赖供销社,1957年雄县发布停止粮食自由交易的命令,次年又发布《关于禁止农村劳动力和学生盲目流入城市的指示》⑥,环淀各县大致同步。物资贸易和人员流动受限,一些城镇逐步退化为村落,如白沟镇到70年代就退回到小村庄的状态。⑦ 淀区8个建制镇先后改为人民公社,具体时间则受到"大跃进"并县高潮的影响,详见表2-1-6。

---

① 安新县地方志编纂委员会编:《安新县志》,新华出版社,2000年,第261页。
② 河北省地方志编纂委员会编:《河北省志·第12卷·人口志》,河北人民出版社,1991年,第41页。
③ 1984年复名高阳镇。
④ 雄县县志编纂委员会编:《雄县志》,中国社会科学出版社,1992年,第26页。
⑤ 河北省任丘市地方志编纂委员会编纂:《任丘市志》,书目文献出版社,1993年,第416页。
⑥ 雄县县志编纂委员会编:《雄县志》,中国社会科学出版社,1992年,第206页。
⑦ 鲁泽等著:《小城镇改革与发展:河北省小城镇建设理论与实践》,中国物价出版社,2000年,第19页。

表 2-1-6　1958—1965 年间白洋淀区建制镇变动情况

县	建制镇名称	改人民公社情况
高阳县	高阳镇	1958 年改城关公社,1965 年复置城关镇
	旧城镇	1961 年改旧城公社
雄县	城关镇	1958 年改灯塔公社,同年更名雄州公社,1961 年改城关公社
	昝岗镇	1961 年改昝岗公社
	龙湾镇	1958 年属雄州公社,1961 年析置龙湾公社
安新县	端村镇	1961 年改端村公社
	安州镇	1958 年改安州公社
	新安镇	1958 年改新安公社

资料来源:依据 20 世纪 90 年代以来各县市新志统计。

(三) 淀区人口数量、结构等变化

河北省人口,在 1953—1957 年和 1962—1972 年间,先后出现了两次生育高峰,1963 年人口自然增长率达到 27.4‰,为 1949 年以来最高纪录。自 20 世纪 70 年代初实行计划生育政策,人口自然增长率逐步降低。[①] 由于上述人口增长率变化主要受政策影响,所以白洋淀区人口变化大致同步。此外,这一时期城乡人口流动发生变化。1958 年 8 月雄县人委发布《关于禁止农村劳动力和学生盲目流入城市的指示》,淀区非农业人口数量直接受到政策影响,譬如建制镇的取消,必然会带来非农业人口的减少。由于新中国采取了重工业优先发展战略,实行了农村支援城市、农业支持工业的方针,建立了一套包括统购统销、户籍制度、就业制度、福利补贴制度在内的社会经济管理制度,因而逐渐形成了以城乡隔离为特征的二元经济结构,严格禁止农村劳动力向城市流动。

表 2-1-7 显示了 1958—1965 年间白洋淀区安新、雄县、任丘三县人口变化的一些主要信息。从人口总量看,1960—1962 年三年是低谷;从非农

---

① 冯晓淼、于江海、梁彦庆:《河北省人口—耕地—粮食系统动态分析预测》,《河北师范大学学报》(自然科学版) 2005 年第 1 期。

业人口占人口的比值看,1962—1964年三年为低谷。前者主要原因是人民公社一些极"左"做法和严重自然灾害的影响。后者除了这些原因外,还和1962年根据河北省"精兵简政"指示,安新县等实施了精简机构、压缩行政编制等直接相关。当年6、7月间,安新县精简职工947人,压缩非农业人口1449人。①

表2-1-7 1958—1965年间白洋淀区部分县人口变化情况　　单位:万人

年份	人口				非农业人口				非农业人口占比
	安新	雄县	任丘	小计	安新	雄县	任丘	小计	
1958	21.46	18.40	36.74	76.60	0.80	0.66	1.14	2.60	3.39%
1959	21.14	18.60	35.85	75.59	0.81	0.73	1.28	2.82	3.70%
1960	20.32	18.03	34.90	73.25	0.77	0.64	1.31	2.72	3.71%
1961	20.38	18.37	34.46	73.21	0.59	0.53	0.94	2.06	2.81%
1962	20.82	18.74	35.64	75.20	0.41	0.45	0.49	1.35	1.80%
1963	21.37	19.22	35.78	76.37	0.41	0.40	0.52	1.33	1.74%
1964	21.47	19.38	35.79	76.64	0.47	0.41	0.61	1.48	1.93%
1965	22.19	20.09	36.57	78.83	0.45	0.41	0.75	1.61	2.04%

数据来源:《安新县志》(2000年)第234页,《雄县志》(1992年)第123页,《任丘市志》(1993年)第137页。

1959年12月,毛泽东主席曾就如何提高劳动生产率的问题强调:"一靠物质技术,二靠文化教育,三靠政治思想工作。"②看到了技术的力量,也强调了精神的作用。新中国成立后,白洋淀区各县为提升干部党员文化知识、政治水平,采取了各种措施,如成立县级文化业余学校、在各区建立学习站、送干部外出进修学习等,通过文化知识提高为马列主义基本理论学习打下了基础;农村党支部也建有理论小组,县委宣传部指派理论教员定期下乡讲述马列主义毛泽东思想和党的方针政策、形势任务。③ 安新县除组织教职工

---

① 安新县地方志编纂委员会编:《安新县志》,新华出版社,2000年,第58页。
② 中共中央文献研究室编:《毛泽东文集》(第八卷),人民出版社,1999年,第127页。
③ 雄县县志编纂委员会编:《雄县志》,中国社会科学出版社,1992年,第171页。

互教互学外,也成立了干部职工业余学校,到50年代末职工中文盲、半文盲已从解放前的70%以上降到了20%。①

三、 1965年以后水运逐步衰退

以白洋淀为中枢的大清河水运,大致以1965年为分界点分为前后两个阶段,此前白洋淀上下游皆通航,1965年之后水运急遽衰落,70年代末全线停航。究其原因,一是人为因素,流域内大规模的水利工程对水系、淀泊的影响;二是自然因素,以1965年为分界点,气候发生变化,此后明显降水量减少,蒸发量增多。

(一) 大清河航道变迁

白洋淀是津保航道的中枢要冲,也是冀中平原唯一的水运枢纽。民国初期,天津与保定南关大桥之间,可以通航载重百吨以上的大木船。新中国成立后,内河航运很快恢复发展,20世纪50年代末津保航线上已经购置了轮船,主要航线有:(1)天津—保定线,全长181公里,可以航至天津塘沽港;(2)白洋淀—定兴县北河店线;(3)通过大清河水系,与海河水系的南运河、子牙河、卫运河等进行水运。②

"大跃进"开始后,大清河上游修水库,下游筑闸坝,河道径流量、入淀水量减少。流域内各行业都在"大跃进",上游林草覆被减少,水土流失加剧,中下游河道、淀泊淤塞淤积增加。再加上1965年以后气候趋干,降水量减少,于是大清河部分水系逐渐成为季节性河流,雨季河水猛涨,旱季河道干涸,水上交通时断时续。

先是上游保定市到白洋淀府河水运断航,随后白洋淀到天津市大清河水运也断航。③ 1958年高阳县境内河流断水,水运停止。④ 1965年白洋淀

---

① 安新县地方志编纂委员会编:《安新县志》,新华出版社,2000年,第796页。
② 任丘市政协:《"北国江南"白洋淀》,载河北省政协文史资料委员会编《河北文史集粹·风物卷》,河北人民出版社,1992年,第44页。
③ 河北省地方志编纂委员会编:《河北省志·水利志(1979—2005)》,河北人民出版社,2018年,第39页。
④ 高阳县地方志编纂委员会编:《高阳县志》,方志出版社,1999年,第9页。

水位、大清河水位下降,任丘境内水运断航。① 雄县境内大清河从 20 世纪 50 年代后期开始逐渐成为季节性河流,水运时断时续,1970 年改为灌溉河道,航线完全中断。②

(二) 淀区水陆运输跃进式发展

20 世纪五六十年代,白洋淀内 60 多个自然村依然主要靠水上运输。③ 冬季冰上运输是白洋淀水运交通的一大特点,冰床则是淀上冬季运输的主要交通工具。1953 年安新县有冰床 2 000 余辆,1955 年增加到 2 739 辆,1958 年进一步发展到 4 090 辆,是 1953 年的 204.5%,冰上运输能力大大提升。1959 年开始使用以柴油机为动力的新拖船,到 1960 年底已有拖船 5 艘。④ 1963 年汛期大洪灾期间,陆路交通全部中断,由保定交通局航运处和安新县委组织的运输队,调动 9 876 只运输船,在 8 至 12 月间完成了 23.5 万余吨的运输任务,其中运粮 9 600 余吨、菜 29 435 余吨、鲜薯 2 656 余吨、建材 271 余吨、木材 402 余吨、煤炭 14 804 余吨。⑤

同一时期,陆路交通也在发展。1958 年津保公路建成通车,其中容城段 22.9 公里。⑥ 同年安新县至徐水公路建成通车⑦,由新安镇至徐水日往返班车两次。1960 年安新县形成马车队、搬运队、运输站三个运输专业组织,1961 年安新县开始通行客货运输汽车。⑧ 1963 年高阳县境内铺设第一段油面路面。⑨ 同年安新县成立集体性质的搬运社,装卸运输设备除了传统小推车、平板车,还有现代的输道机 1 台、装卸吊车 1 台,1969 年又增添小型拖拉

---

① 任丘市交通局史志编写办公室编:《任丘市交通志》,任丘市交通局史志年鉴编写办公室,1987 年,第 201 页。
② 雄县县志编纂委员会编:《雄县志》,中国社会科学出版社,1992 年,第 68 页。
③ 任丘市政协:《"北国江南"白洋淀》,载河北省政协文史资料委员会编《河北文史集粹·风物卷》,河北人民出版社,1992 年,第 44 页。
④ 安新县地方志编纂委员会编:《安新县志》,新华出版社,2000 年,第 468 页。
⑤ 安新县地方志办公室编纂:《白洋淀志》,中国书店,1996 年,第 208 页。
⑥ 河北省容城县地方志编纂委员会编:《容城县志》,方志出版社,1999 年,第 219 页。
⑦ 安新县地方志编纂委员会编:《安新县志》,新华出版社,2000 年,第 56 页。
⑧ 同上书,第 469、470 页。
⑨ 高阳县地方志编纂委员会编:《高阳县志》,方志出版社,1999 年,第 9 页。

机 2 台和解放牌汽车 1 辆。① 淀区运输现代化也在逐步推进。

表 2-1-8　1958—1965 年安新县水陆里程概况　　　单位：公里

年度	公路车里程	内河船里程	年度	公路车里程	内河船里程	年度	公路车里程	内河船里程
1958	75.3	57	1961	102.6	57	1964	111.6	72
1959	98	57	1962	102.6	57	1965	114.1	72
1960	111.6	57	1963	111.6	72			

数据来源：《安新县志》(2000 年)第 470、471 页。

1961 年安新县交通运输局与工业局合并改称工交科，1965 年又改称交通局，下设航运队、搬运队、运输队和汽车站、航运站②，反映了水运和汽车运输的发展。从表 2-1-8 可以清晰看到，1958—1965 年间安新县水陆里程均有跃进式发展，其中水运里程增加 26.3%，公路里程增加 51.5%。

四、与白洋淀水资源、水环境的相关管理

1963 年 11 月 17 日毛泽东主席发出了"一定要根治海河"的号召，海河流域治理随之成为新中国水利工作的重中之重。1965 年 6 月国务院批准成立河北省根治海河指挥部，指挥部设在沧州市。③ 白洋淀区各县也都成立了根治海河指挥部，白洋淀流域水利工程大多也成为根治海河工程的组成部分。

（一）水利管理机构

河北省成立大清河河务局。1961 年中共中央办公厅主任杨尚昆来白洋淀视察。④ 1962 年河北省水利厅为加强河务管理，成立河北省大清河河务

---

① 安新县地方志编纂委员会编：《安新县志》，新华出版社，2000 年，第 470 页。
② 同上书，第 472 页。
③ 《海河志》编纂委员会编：《海河志·大事记》，中国水利水电出版社，1995 年，第 150 页。
④ 安新县地方志编纂委员会编：《安新县志》，新华出版社，2000 年，第 58 页。

局,为省厅直接管辖的水利管理机构,驻地为廊坊市文安县王村赵王新渠闸。

淀区各县成立相关水利机构。1958年至1962年,各县先后改水利科为水利局、农田水利局、农电局等,名称发生变化,职责不变。1958年至1961年安新县与徐水合县期间,原水利科改设为水利办事处,1961年水利、电力合并为水电局,1965年水电分开,设水利局。① 1964年容城县水利局又改称水利科。②

淀区各县成立根治海河指挥部。经国务院批准,1965年7月1日河北省根治海河指挥部正式成立,负责本省海河流域治理的勘测、规划设计和施工工作。随后保定专区成立了根治海河指挥部,负责全区民工外调施工领导及后勤供应工作。容城、安新等县也先后成立根治海河指挥部,负责本县根治海河工作的组织调配。初期根治海河指挥部属于临时性机构,随着海河治理的推进逐渐成为固定机构。

(二) 水利工程管理

1. 堤防管理

1962年国家建巡堤员住房,新安北堤8处,四门堤13处,淀南堤2处,障水埝1处。巡堤员每处裁至2名,补贴由国家发放。1965年5月,根据河北省水利厅管理会议精神,确定"专业与群众相结合"的管理办法,堤防管理权下放到村。由村建巡堤房,巡堤员由大队记工分,国家不再补贴。堤防苇田全部归大队,林木国家、大队七三分成。这一时期,安新县设水利科堤防办事处。

2. 扬水站管理

1961年5月雄县复置,为减少境内水灾损失,在陈家柳、王家房、马蹄湾建立四处扬水站③,设专人管理。1957—1979年间安新县共建扬水站21处,为管理方便设中心站4处,即大张庄站、杨孟庄站、曲堤站和同口站,每站有

---

① 安新县地方志编纂委员会编:《安新县志》,新华出版社,2000年,第441页。
② 河北省容城县地方志编纂委员会编:《容城县志》,方志出版社,1999年,第215页。
③ 雄县县志编纂委员会编:《雄县志》,中国社会科学出版社,1992年,第163页。

工人10人左右,负责维修管理。

3. 行政辖区外施工管理

"大跃进"时期跨行政区域组织水利工程施工的规模和次数进一步扩大和增加,如1958年修筑唐县西大洋水库,安新县出动民工1.89万人,历时一年多的时间参与修建工程;1962年和1965年安新县先后两次参加任丘组织的枣林庄白洋淀开卡工程,分别出动民工0.4万人和0.71万人。①

(三) 水产管理机构

随着水产范围扩大,加强了对水产的管理。1958年5月河北省设农林厅水产局,各地区均在农林局内设专职水产干部,以水产生产为主的地区及重点县均设置了水产局。1960年河北省设立畜牧水产局,1963年单独成立河北省水产局,后又成立了河北省水产供销公司,同时在白洋淀设水产工作站。②

白洋淀水产进入"大跃进"阶段后,生产范围、捕捞量、种植面积等存在程度不同的盲目扩大。1963年河北省水产供销公司保定地区分公司成立,1965年为适应鲜活商品特点,减少环节,组建起地市合一、批零合一的水产专业公司,主要负责保定市和周围22个县的水产品的购、销、调、存及渔需物资供应。1963年安新县水产供销公司成立,公司位于白洋淀中心,主要负责京津保及本地水产品的购、销、调、存和渔需物资的批发零售业务。③

随着白洋淀水产的减少,1964年3月初河北省在安新县召开白洋淀水产生产管理委员会第一次会议,制定颁行管理条例,确定马棚淀、藻苲淀、百草洼上游地带为禁渔区。但"文革"开始后,在淀区又形成管理空白。④

---

① 安新县地方志编纂委员会编:《安新县志》,新华出版社,2000年,第442—444页。
② 河北省地方志编纂委员会编:《河北省志·第19卷·水产志》,天津人民出版社,1996年,第189页。
③ 王宇等主编:《中国水产企事业名录大全》,海洋出版社,1987年,第25页。
④ 安新县地方志办公室编纂:《白洋淀志》,中国书店,1996年,第141页。

（四）制定规划和成立科研机构

1960年8月河北省批准印发了《河北省水利基本建设管理暂行办法（草案）》，规定了水利工程的规划、设计、施工管理、工程验收等各个环节的报批实施程序。① 同月河北省水利厅还拟定了《水利工程财务管理的若干规定》《大型水利工程施工机械设备使用管理及材料供给管理的几项原则规定》，这些规定的颁行标志着河北省对水利建设管理逐步加强。

由于"大跃进"时期许多水库选址规划、施工设计不够科学，土坝高度、质量也多不符合标准，一些水库在汛期出现堤防溃决，造成水库周围土地次生盐碱化等问题。1961年1月，水电部召开京、冀、晋、豫、皖、苏五省一市平原地区水利规划会议。会议强调，为保证农业稳产高产，必须旱涝兼治，在易涝和盐碱地区，应以防治盐碱为中心，蓄泄结合，灌排兼施，统一规划，因地制宜。②

1963年5月河北省防汛指挥部召开全省防汛会议，通过了《1963年防汛工作计划》，制定了防洪防涝兼顾、山区平原并重、上下游统筹、左右岸一体的原则。1963年6月24日河北省成立水利科学技术研究委员会③，旨在加强水利科学技术研究工作，以适应水利建设事业发展的需要。对人水关系的政策引导进一步科学化。

第二节 根治海河与以白洋淀为中心的流域治水

在"一五"计划实施期，海河不是全国重点治理的河流，大清河流域多为治标项目，基本没有重点工程。"二五"计划期间国家决定根治海河，大清河水系遂成为重点治理的地区，国家顶层设计中包括"海河等流域的治本工程和各地方的防洪、防涝工程"④。河北省也提出在两三年内基本根治省内全

---

① 河北省水利厅水利志编辑办公室编：《河北水利大事记》，天津大学出版社，1993年，第83页。
② 《海河志》编纂委员会编：《海河志·大事记》，中国水利水电出版社，1995年，第126页。
③ 同上书，第134页。
④ 周恩来：《关于发展国民经济的第二个五年计划的建议的报告》，《人民日报》1956年9月18日第1版。

部河流①,大清河则确立了水库建设的总体规划②。同期,白洋淀区水利工程除了修筑堤坝,还开始开辟引河,这也标志着白洋淀防洪工程由传统向现代技术工程的转变。

一、 大清河流域水利建设的新形势和治水方针

1958年进入水利建设高潮,大清河水系工程建设基本符合1957年《海河流域规划(草案)》。③ 但也存在一些缺点,诸如在蓄、泄关系上,一度片面强调水库的拦蓄作用,对中下游河道的疏泄(特别是尾闾出口)重视不够,以致河道"上大下小"及汇聚于天津入海的形势未能从根本上改变;在灌、排关系上,重灌轻排,以致平原地区发生了较为严重的次生盐碱化。1957年规划对流域内可能发生的洪水认识不足,据此设计的水库安全标准明显偏低,河道泄流能力等也明显偏小。另外,对航运的规划也因解决不了水源而中断。④

(一) 1958年沙河会议确定了大清河水库建设的重点

在全国水利建设跃进的形势下,1958年3月河北省委在行唐县召开沙河治理会议,坚持"依靠群众"的治水原则,同时从生产实际出发,提出了"以小型为基础,以中型为骨干,辅之以必要的大型工程"的治水方针,提出实现"根治海河,迅速实现山区水利化"的治水目标。⑤ 会议还提出按河系包干治理的办法,计划在两三年内基本根治省内全部河流⑥,遇一次降雨200毫米的洪水可以水不出川,拦蓄在山区⑦。会后,全省很快掀起了规模浩大的水利建设高潮。

---

① 《实现沙河会议的方针》,《人民日报》1958年4月28日第2版。
② 《依靠群众,小型为基础,中型为骨干,根治河北各河流,改变河山面貌——中共河北省委书记阎达开在沙河流域会议上的报告(摘要)》,《人民日报》1958年4月25日第2版。
③ 海河志编纂委员会编:《海河志》(第四卷),中国水利水电出版社,2001年,第32页。
④ 同上书,第621页。
⑤ 海河志编纂委员会编:《海河志》(第一卷),中国水利水电出版社,1997年,第415页。
⑥ 《实现沙河会议的方针》,《人民日报》1958年4月28日第2版。
⑦ 海河志编纂委员会编:《海河志》(第一卷),中国水利水电出版社,1997年,第411页。

关于大清河流域治理,沙河会议提出以保定专区为主,天津、石家庄专区为辅,合作根治,并确立了以建立小型水库为主、中型水库为辅、辅之以大型水库的总体规划。总之,提出要通过兴建水库,把大清河南北水系流域面积全部或大部控制起来①,实现根治水害。经过1957年冬至1958年春的水利建设"大跃进"运动,除了大清河南支唐河之外,大清河流域的漕、瀑、府、萍、白沟、北易水等水系上游全部开始拦蓄洪水的工程建设。按照当时建设设想要把山洪初步控制起来,如保定专区的目标是把200毫米左右的降水大部分控制在山区内,瀑河、漕河上游蓄水工程的目标是把120毫米的降水全部截蓄,不出川。不可否认,其间完成的各项水利工程,在1958、1959年的抗旱防洪中发挥了显著的作用。②

1959年,根据党的八届八中全会决议精神,河北省委进一步认识到水利建设是农业现代化中首要性、关键性措施,随后发出了"苦战三五年,根本改变农业生产面貌"的水利建设号召。在防洪方面依然把水库建设作为主要举措,提出之后三年首先要完成岗南、黄壁庄、横山岭、王快、西大洋、密云六大水库建设任务,在此基础上要继续新建一批水库,主要包括大清河北支的安格庄水库、张坊水库等数十座大中型水库。按照当时的设想,这些水库主要功能有三:(1)通过调剂水量,解决旱涝问题,助力农业稳定高产;(2)蓄水发电,促进城市和农村电气化目标的实现;(3)在解决农业灌溉用水之外,还能供给工业用水和一定的航运用水。③

(二) 1963年毛泽东主席发出"一定要根治海河"的号召

1963年8月海河流域发生特大洪水,京广、石太、石德等多条铁路被冲毁,冀中、冀南及天津市南部汪洋一片,受灾面积480万平方公里。1963年11月17日毛泽东主席发出"一定要根治海河"的号召。1964年4月,响应"根治海河"的号召,贯彻执行"调整、巩固、充实、提高"的发展方针,水电部成立水利电力部海河勘测设计院(简称海河院),该院的成立加强了水利水

---

① 《依靠群众,小型为基础,中型为骨干,根治河北各河流,改变河山面貌——中共河北省委书记阁达开在沙河流域会议上的报告(摘要)》,《人民日报》1958年4月25日第2版。
② 河北省水利厅编:《河北省水利十年》,河北人民出版社,1960年,第26—35页。
③ 同上书,第36页。

电工程的勘测设计工作,增强了科学施工的保障。

1964年9月海河院提出了《海河流域轮廓规划意见(讨论稿)》,规划工作分两步走:第一步,编制防洪规划,作为整个规划的核心内容;第二步,在防洪规划基础上再编制综合规划。该规划关于大清河流域水利工程多围绕白洋淀进行,主要包括:(1)续建、扩建原有水库、灌区等大型工程,(2)对平原河道和中下游洼淀的开发治理。①

1966年完成了《海河流域防洪规划报告》,首次提出"上蓄、中疏、下排、适当地滞"的防洪方针。在上游山区则继续开展水土保持,巩固、扩大水库蓄滞洪水的成果,以排为主,排滞兼施,洪涝兼治,集中力量扩大中下游河道泄洪入海的能力。保证农业丰收,保卫京津和交通干线安全。②确定了海河南系按1963年型洪水、北系按1939年型洪水治理,先后扩建新辟了子牙新河、釜阳新河、独流减河、永定新河等骨干行洪河道,扩建了多条骨干除涝河道,并对各水系中下游蓄滞洪水的洼淀进行了初步整治,基本形成了各水系分流入海的布局。经过这次整理,海河下游泄洪入海能力总计达24 680立方米/秒,相当于新中国之前的10倍。③

(三) 确定白洋淀"蓄、泄兼施"的方针

白洋淀流域水患的根源是上游来水量大与中下游泄洪能力不足之间的矛盾。如何控制上游来水量?生态工程治本,但见效慢,修筑水库则是见效最快的措施。于是,自1958年开始,特别是1963年特大洪水后,在"上蓄、中疏、下排、适当地滞"的防洪原则指导下,白洋淀上游修建了各类水库。有学者统计新中国70年间各种类型水库总计有156座④,总库容超过36亿立方米,超过了流域多年平均径流量35.7亿立方米,控制面积占上游山区面积的54.93%,其中南支潴龙河山区的控制面积达到83%⑤。水利工程完全

---

① 海河志编纂委员会编:《海河志》(第一卷),中国水利水电出版社,1997年,第424页。
② 海河志编纂委员会编:《海河志》(第四卷),中国水利水电出版社,2001年,第22页。
③ 邵维文等主编:《中国水利水电工程技术进展》,海洋出版社,1999年,第120、121页。
④ 毛欣、刘林敬、宋磊等:《白洋淀近70年生态环境演化过程及影响因素》,《地球科学》2021年第7期。
⑤ 王立明、张辉:《白洋淀流域生态水文过程演变与生态保护对策研究》,载中国环境科学学会编《中国环境科学学会学术年会论文集》(2009),北京航空航天大学出版社,2009年,第354页。

改变了白洋淀流域水资源的空间分布格局,使天然径流基本处于人工调配之下,原本由白洋淀自然调节的洪沥水改由上游山区水库调配。

1963年海河流域发生了特大洪水,白洋淀水位高达11.58米,远超千里堤的有效保证水位。任丘段有29处漫溢,在任丘县小关村北堤段进行人为分洪,以保证天津市和津浦铁路的安全。随后,1964年又出现严重的沥涝灾害。经验和教训使人们进一步认识到只"蓄"不行,必须采取"蓄、泄兼施"的方针,即在上游扩建各类型水库的同时,在中下游修建闸、涵等枢纽工程,开挖加宽河道,搞好中下游防洪除涝工程。1965年1月河北省总结1963年特大洪水和1964年严重沥涝灾害的经验教训,提出了"上蓄、中疏、下排、以排为主"的治水方针。① 群众把"以蓄为主"的治水方针比喻为上山,把"以排为主"的治水方针比喻为"下山",这一上一下不仅是建设地区的不同,更深刻说明了在治水理念上的差异。

二、入淀水系治理及对淀区水环境的作用

1958—1965年是大规模水利建设时期,其间大清河治理也以开展水利建设为主,主要包括兴修水库、发展灌区、初步治理白洋淀、恢复1963年水毁设施四部分。从流域系统性分析,这四部分之间是一个相互影响的整体,对于地处中游、承担调节流域水量的白洋淀来讲利弊参半。由于上游来水量是影响淀区水位最重要的因素,上游大规模水库建设,灌溉工程发展,对径流量截留大幅增加,入淀水量势必持续减少。但在丰水年的汛期,水库拦蓄又减轻了对中下游河道和白洋淀蓄洪的压力。此外,水库对上游山区洪潦的蓄滞,也减轻了淀区的淤积。

(一) 上游水库建设跃进及主要问题

河北省依据1957年《海河流域规划(草案)》,确定了工程治理以防洪为主,重点是在山区修建大、中、小型水库,相应完成与水库配套的水电站、灌区引水及平原地区与灌渠配套的排水工程。为整治白洋淀地区的洪涝灾害,在国家和各级政府主导下,自1958年开始在上游大兴水库。除了上文

---

① 《海河志》编纂委员会编:《海河志·大事记》,中国水利水电出版社,1995年,第149页。

提到的利弊，在"大跃进"时期进行的水库施工，还存在过度追求数量、速度而产生的质量问题。

1. 上游水库建设"大跃进"

早在 1955 年保定地区就开始组织兴修累子水库，1957 年开始兴修红领巾水库。在全国"大跃进"形势下，在"以蓄为主、小型为主、群众自办为主"的方针指导下，大清河流域大中小型水库在 1958—1959 年纷纷开工兴建（表 2-2-1），其中在白洋淀上游先后修建了 6 座大型水库、11 座中型水库[1]，以及 90 多座小型水库，总库容达 36.199 亿立方米[2]，控制了上游山区面积的 88%[3]。水库截流有效地节制了下泄洪水，大大降低了汛期流速，减轻了白洋淀、东淀及海河流域的洪水威胁，在保护天津和津浦铁路等方面发挥了长远效益。按常规建设一个大型水库需要四五年时间，王快、西大洋等大型工程"一年就能起拦洪作用"，一般需要国家投资举办的大型工程，"大跃进"时期"一个专区或者一个县就能办了"。[4] 甚至出现了"边规划、边勘测、边设计、边施工、边浇地"的冒进做法，在数量上去的同时，质量显然打了折扣。

表 2-2-1 大清河上游主要大中型水库简表

名　称	河流	类型	修建时间	总容量（亿立方米）	控制流域面积（平方公里）
王快水库	沙河	大型	1958.6—1960.7	13.89	3 770
口头水库	沙河	大型	1958.5—1964.10	1.052	142.5
西大洋水库	唐河	大型	1958.7—1960.2	10.71	4 420
龙门水库	漕河	大型	1958—1960	1.22	470
安格庄水库	中易水	大型	1958.6—1960.6	3.09	476

---

① 海河志编纂委员会编：《海河志》（第二卷），中国水利水电出版社，1998 年，第 298 页。

② 同上书，第 67 页。

③ 河北省地方志编纂委员会编：《河北省志·第 20 卷·水利志》，河北人民出版社，1995 年，第 130 页。

④ 《大办水利好得很》，《人民日报》1959 年 9 月 7 日第 1 版。

（续表）

名　称	河流	类型	修建时间	总容量（亿立方米）	控制流域面积（平方公里）
横山岭水库	磁河	大型	1958.7—1960.5	2.43	440
瀑河水库	瀑水	中型	1957.10—1958.6	0.975	263
旺隆水库	北易水	中型	1958.2—1960 汛前	0.127 5	37
马头水库	北易水	中型	1958.2—1960 汛前	0.101 5	49
累子水库	北易水	中型	1958.3—1958.6	0.102 7	25.1
红领巾水库	沙河	中型	1957—1958	0.442 5	/
龙潭水库	界河	中型	1971.5—1974	0.117 8	50
天开水库	大石河	中型	1960	0.147 5	/
牛口峪水库	大石河	中型	1972	0.1	/
燕川水库	燕川河	中型	1969	0.47	/
荣青水库	小清河	中型	1960	0.29	/
宋各庄水库	拒马河	中型	1975—1981	0.241	/

数据来源：《中国水系辞典》（2007 年）第 101—105 页，《海河志·大事记》（1995 年）第 111、112、300 页，《河北省水利志》（1996 年）第 149—209 页。

以王快水库为例，1958 年 6 月至 1960 年 7 月间建成，组织阜平、曲阳、定县、安国、蠡县、高阳六县民工参加施工，天津市和献县等六县出工支援，民工数量最高达到 10.2 万人。[1] 王快水库是根治海河的重点工程之一，是确保潴龙河千里堤安全的重点工程。水库总库容为 13.89 亿立方米，是大清河水系容量最大的水库，可控制沙河流域面积的 59%，可灌溉农田 105 万亩，水库电站年发电量约 4 500 万度。总之，发挥了以防洪为主、兼具灌溉发电等综合效益。[2] 遇百年一遇大洪水时，连同西大洋、横山岭水库，可以解除

---

[1] 保定地区水利志编纂委员会编：《保定地区水利志·大型水库、灌区专志》，中国社会出版社，1995 年，第 38 页。

[2] 河北省水利厅水利志编辑办公室编：《河北省水利志》，河北人民出版社，1996 年，第 149 页。

沙河下游700万亩土地的洪水灾害。①

2. 急于求成和以农民为主力的水库建设存在一定的工程质量隐患

"大跃进"中各行业皆出现急于求成的现象,水利电力部也提出了"更多、更快、更好、更省地大办水利"的口号②。其间建成的水库,大多进行了规划,坝址选择也基本合理,只是适应"大跃进"的形势,前期勘测、规划设计等工作不够深入。同时,受限于当时建设条件,堤坝均为土坝。此外,在施工中存在赶速度的问题,以致在1964—1973年根治海河建设中,大多水库又进行了扩建、改造和加固。

随着白洋淀上游150余座大中小水库建起,汛期山洪得到了有效控制,这也意味着入淀的自然水源供给受到了影响,于是整个淀区各县逐步由多涝变为多旱。③ 此外,这些水库大多是在1958年至1960年"大跃进"时期兴建起来的,尽管在1963年大洪水中极大地发挥了拦洪作用,在很大程度上减轻了下游灾害,但在"大跃进"时期建设的水库确实工程问题最多。这一时期水利建设主力军是广大农民,他们文化程度、现代水利技术水平普遍较低。同时,以农民作为建设的主力,水库的坝体填筑等工程大多只能在农闲的冬季进行,由于缺乏冬季施工经验及碾压机械,很多大坝碾压质量不合格。其间1959年1月4日平均气温-11.3℃,最低气温-13.7℃,低温环境严重影响了工程质量。另外,在沿坝轴线方向上,分县包段施工,由于各县进度不一,冻层深浅也就不在同一水平面上。④ 这也极大影响了库坝施工质量。

"大跃进"式的水库修建必然带有一定的盲目性。据调查,"约有70%的小型水库存在严重问题"。⑤ 1959年河北省水利厅对王快、西大洋、岗南、黄壁庄四大水库进行检测,存在坝基处理不够细致,坝坡、坝端等处有漏水现象,堰坝修筑不够严密等诸多问题⑥,很多没有达到既定的规划标准,安全隐患较大。以王快水库为例,1963年保定发生特大洪水时,水库拦洪能力远

---

① 河北省水利厅编:《河北省水利十年》,河北人民出版社,1960年,第61页。
② 李葆华:《高举红旗,大搞水利运动》,《人民日报》1959年9月28日第9版。
③ 安新县地方志编纂委员会编:《安新县志》,新华出版社,2000年,第150页。
④ 河北省水利厅水利志编辑办公室编:《河北省水利志》,河北人民出版社,1996年,第162页。
⑤ 同上书,第290页。
⑥ 《关于组织四大水库联合检查的报告》,河北省档案馆藏档案,档案号:940-2-215。

没有达到百年一遇的预期,仅是50~70年一遇的洪水就让大坝、泄洪洞、溢洪道等多处出现塌方、裂纹等高危风险,后在1963年11月至1964年12月进行了扩建。此外,在1963年大洪水中,西大洋、安格庄等水库损毁严重,在后续根治海河的运动中,全部进行了修复和配套工程扩建,提高了防洪标准,以便发挥综合效益。

总体而言,这一时期在白洋淀上游山区陆续兴建了百余座水库,实现了对水势的控制,基本实现了"治本"的工程建设目标。但由于经验缺乏、技术欠缺,以及片面追求施工速度和数量,大多数水库建成后不久问题和隐患便开始暴露,有的甚至发生严重事故,给所在地区民众带来了人为灾难。

(二)落实中央"以蓄为主,蓄而为用"的防汛方针与水环境变化

1958年中央提出了"以蓄为主,蓄而为用,调度洪水为生产服务"的防汛方针,当年汛期河北全省普遍利用了水库、洼淀蓄水。[1] 同期,大清河上游安格庄、龙门、西大洋、王快、口头和横山岭等大中型水库开始兴建,并按照计划全部工程在1960年汛前完成。[2] 这些水库大都是《海河流域规划(草案)》中的规划项目,坝址选择基本合理。尽管规划设计也存在一些问题,建设过程中更存在诸多工程技术问题,但1959年汛期大水,这批尚未完工的水库已在拦削大清河洪峰中发挥了显著作用。这批水库陆续竣工后,更在1963年8月抗击大洪水过程中起了重大作用。[3]

1. 大清河上游水库功能综合开发

1963年4月国务院发布《关于黄河中游地区水土保持工作的决定》,阐述了水库和治理坡地互补作用,认为水库拦蓄只能控制汇入干流的泥沙,"并不能做到土不下山",只有"治山、治坡"不使水土流失,才能"真正做到土不下山"。并提出治理水土流失,要从当地实际出发,"必须依靠群众,依靠生产队,以群众集体的力量为主"。[4]

---

[1] 河北省水利厅编:《河北省水利十年》,河北人民出版社,1960年,第50页。
[2] 同上书,第62页。
[3] 海河志编纂委员会编:《海河志》(第一卷),中国水利水电出版社,1997年,第416页。
[4] 黄河志编纂委员会编:《黄河志·卷十·黄河河政志》,河南人民出版社,2017年,第181、182页。

表 2-2-2　大清河上游水库的综合功能

名　称	综合效益	灌区面积（万亩）	水电装机容量（万千瓦）	养鱼（亩）
王快水库	防洪、灌溉	90	15	39 700
口头水库	防洪、灌溉、养殖、发电	23	0.064	5 500
西大洋水库	防洪、灌溉、发电	97	1.22	27 100
龙门水库	防洪、灌溉、养殖、发电	11	0.06	3 450
安格庄水库	防洪、灌溉、养殖、发电	84	0.96	12 400
横山岭水库	防洪、灌溉、发电	30	0.25	10 500
瀑河水库	防洪、灌溉、养殖	42—75	640	/
旺隆水库	防洪、灌溉、养殖	21	/	/
马头水库	防洪、灌溉、养殖	/	/	/
累子水库	防洪、养殖、灌溉	/	/	/
龙潭水库	防洪、灌溉	/	/	/
宋各庄水库	防洪、灌溉	/	/	/

数据来源：《中国水系辞典》(2007年)第102—105页，《河北省地名词典》(1991年)第1065—1069页。

如表2-2-2所显示的，这一时期水库主要是防洪、灌溉作用，再及养殖、发电。新中国组织农民开展了农田水利建设，大型灌区多在1958—1965年兴建或续建，与水库建设同步，水库周围一般会有相应的灌溉区。如沙河总干渠引王快水库之水，为河北省八大灌区之一，总干渠全长103公里，有效灌溉面积80万亩。[①] 易水灌渠由安格庄水库引水，有效灌溉面积28万亩。[②] 位于唐河干流的西大洋水库是一座以防洪为主，灌溉、发电并重的综合利用的水利枢纽，灌溉面积97万亩，年发电量2 700万度，并可供下游航运和城市工农业部分用水。[③] 1961年7月河北全省降了两次较大暴雨，大清河等

[①] 保定地区水利志编纂委员会编：《保定地区水利志》，中国社会出版社，1994年，第246页。

[②] 海河志编纂委员会编：《海河志》(第一卷)，中国水利水电出版社，1997年，第420页。

[③] 朱道清编纂：《中国水系辞典》，青岛出版社，2007年，第104页。

流域最大降水量在 300~500 毫米以上,源于太行山脉的易水、沙河、磁河等河流的水库都发挥了重要的拦蓄山洪作用。① 总之,在汛期水库发挥了显著拦洪作用,使中下游农田免遭洪涝灾害,同时保障了铁路交通和城市安全。

2. 水库截蓄与大清河流域水患成灾暂时结束

依据《人民日报》1958 年、1959 年报道,大清河南支瀑河水库蓄水逾 5 千万立方米,控制山区流域面积 295 平方公里,可以应对 50 年一遇的洪水。② 王快水库使沙河洪水从 6 000 立方米/秒减至 4 000 立方米/秒,西大洋水库使唐河洪水从 2 480 立方米/米减为 310 立方米/秒。③ 1963 年 8 月海河流域的中南部各河系发生了有水文记录以来的最大洪水,上游十几座大型水库拦蓄了山区来水总量的 46.2%,削减洪峰流量的 48% 以上。④ 其中,唐河发生了自有水文记载以来 6 天洪量 7.44 亿立方米的最高纪录,西大洋水库入库最大洪峰流量 7 940 立方米/秒,最高库水位在 8 月 8 日达 140 米,最大拦蓄洪量 5.84 亿立方米,占洪水总量的 74%,削减洪峰 80%。⑤

上游水库全面修建后,截至 2016 年,白洋淀的入淀水量再没有达到历史记载的 50 亿立方米以上的高蓄水量,也再未出现 10 米以上的高危险水位,白洋淀堤防压力明显减弱。总之,水库在汛期发挥了显著拦洪作用,使广大农田免遭洪水灾害,保障了中下游河道安全,为中下游水利综合治理创造了条件,从根本上保证了白洋淀的堤防安全,保证了铁路交通和京津城市安全。

3. 水库对流域水环境的负面影响

新中国成立至 20 世纪 80 年代初期,根治水患、发展灌溉一直是我国水利工程的中心工作。随着水库的兴建,库区周边多引水灌溉发展农田水利,灌区与水库的建设多同步进行,水库控制水流也有利于下游农田的灌溉。

---

① 《海河志》编纂委员会编:《海河志·大事记》,中国水利水电出版社,1995 年,第 130、131 页。
② 《实现沙河会议的方针》,《人民日报》1958 年 4 月 28 日第 2 版。
③ 《千百万座水库锁住蛟龙——史无前例的大规模水利工程控制了北方洪水,减轻了涝灾》,《人民日报》1959 年 9 月 5 日第 1 版。
④ 海河志编纂委员会编:《海河志》(第一卷),中国水利水电出版社,1997 年,第 423 页。
⑤ 河北省水利厅水利志编辑办公室编:《河北省水利志》,河北人民出版社,1996 年,第 165 页。

但这一时期灌区多采用粗放的灌溉方式,水资源浪费严重,而60年代中后期开始气候趋于干旱,降水量大幅减少,水资源持续减少。此外,因修建水库砍伐了许多山林,加之山土堆积,也加剧了上游山区水土流失。随着大清河上游逐渐成为季节性河流,著名的津保航线滞断①,安新县等由易涝变为易旱②。

白洋淀集生产区、蓄洪滞沥区及水运中枢等多功能于一体,淀内水源主要依靠上游地区降水形成的地表径流自然补给。③ 上游百余座水库投入使用后,对地表径流的截蓄量十分庞大,在入淀、出淀水口也逐步被水利枢纽控制后,白洋淀水文过程的自然周期性就逐步破坏了。总之,为了治理白洋淀洼地洪涝灾害,没有经过全面的规划和长远考虑,特别是对气候变化缺乏长期预判,便在水系上游修建了百余座水库,入淀河流被水库截断,入淀径流量逐年减少,于是白洋淀开始出现干淀,淀区生态平衡被打破。

(三) 南支分洪工程:陈村分洪道和引萍入藻

1963年大洪水后,对大清河各河系及时进行了水毁工程的修复,包括南拒马河复堤25.36公里,旧堤连接修长2.97公里;白沟河左堤三次修复28.49公里,修补险工12处;新盖房分洪道修堤20公里;大清河修复堤坝1.84公里;等等。④ 与此同时,反思大洪水发生的原因,各水系入淀不畅也是重要原因,随后开始了大清河南支、北支分洪道工程的建设开辟。大清河南支水系都汇入白洋淀,其中孝义河、萍河为平原排沥河道,白洋淀的洪水威胁主要来自潴龙河和唐河。

1. 潴龙河千里堤治理和开挖陈村分洪道

潴龙河是大清河南支中最大的行洪河道,河道右堤系著名的千里堤上段,自安平县北郭村起,下连白洋淀千里堤,再下连东淀大清河千里堤,终至

---

① 安新县地方志编纂委员会编:《安新县志》,新华出版社,2000年,第174页。
② 同上书,第150页。
③ 王立明、张辉:《白洋淀流域生态水文过程演变与生态保护对策研究》,载中国环境科学学会编《中国环境科学学会学术年会论文集》(2009),北京航空航天大学出版社,2009年,第355页。
④ 河北省地方志编纂委员会编:《河北省志·第20卷·水利志》,河北人民出版社,1995年,第167—175页。

子牙河左堤,河堤总长189公里,是冀中平原防洪屏障,一级堤防。堤防加固工程主要包括1953年春加固潴龙河左堤,1954年、1955年、1956年和1957年春秋两季对堤防培修加固。1963年8月初,滹沱河决口,洪水入侵潴龙河,造成左堤3处决口。① 汛后保定专署水利局编制了《南支堤防恢复工程计划说明书》,衡水专署水利局拟订了《潴龙河千里堤土方工程计划》,两专署于1963年秋至1964年间组织了施工。

由于潴龙河入淀前行洪能力不足,为此开挖了陈村分洪道。为保千里堤,潴龙河发生大洪水时多在北绪口分洪,洪水改入马棚淀,每次淹地4万余亩,此段河道无固定河槽,不便航运。1953年6月河北省大清河河务局编制《疏导潴龙河下口工程计划书》,将下口改入白洋淀,同年7月竣工。但1954年汛期,又在北绪口扒口200米分洪,使河流向北改道,由高阳县组织实施改道工程及筑围村埝等工程。1957年在蠡县陈村潴龙河左岸修建固定分洪口门,开辟分洪道,即陈村分洪道,经蠡县、高阳县入白洋淀,全长24公里,堤距1 500~1 900米,设计分洪流量1 500立方米/秒。1963年8月曾使用陈村分洪道,最大分洪流量1 040立方米/秒。

2. 引萍入瀑工程

萍河原来是容城县与徐水县边界的一条排沥小河,泄洪能力只有30立方米/秒,遇到大雨时,受白洋淀顶托,很容易造成河堤决口漫溢。1954年、1956年曾两次决口,淹地2 000余亩,1963年汛期决口多达13处。②

1964年决定将萍河合并到大清河南支的瀑河河道上,彻底解决河道狭窄洪水难以入淀问题。是年秋天由定兴、徐水、容城三县负责施工,至1965年3月"引萍入瀑"工程完工。在这一工程中,容城县组织了2 300多名民工参与施工,承担的施工任务超过工程全部的67%。③ 经过1965、1966年两次施工,河水流量达到200立方米/秒,流域面积为300平方公里,河道初具规模。④ 萍河泄洪问题基本得到了解决。

---

① 河北省地方志编纂委员会编:《河北省志·水利志(1979—2005)》,河北人民出版社,2018年,第37页。
② 河北省容城县地方志编纂委员会编:《容城县志》,方志出版社,1999年,第210页。
③ 同上书,第32页。
④ 同上书,第210页。

（四）北支分洪蓄洪工程：新盖房分洪道和兰沟洼蓄滞洪区

大清河北支是河北省暴雨频繁发生的地区之一，其防汛工作关系北京、天津及国家交通干线的安全，是全国防汛重点之一。拒马河分为南、北拒马河，南拒马河在白沟镇西与白沟河相汇。1949—2016 年，下游洪峰流量超过 1 000 立方米/秒的年份 7 次，出现决口或分洪的年份 6 次。1949 年前南拒马河两岸堤埝残缺不全，1949—1953 年定兴县北关以下拒马河两岸堤防初步建成，1954—1969 年拒马河两岸堤防持续加长、加高，河道保证流量提高到 2 800 立方米/秒。白沟河是大清河北支主要行洪河道，原河道狭窄，堤防简易，泄洪不畅，汛期常泛滥成灾。新中国成立后多次治理，到 60 年代完成了河道裁弯取直、疏浚展宽，以及两侧堤防加固等综合治理工程。① 同时，为提升分洪、蓄洪能力，还扩建了下泄东淀的分洪道和周边蓄洪区。

1. 扩建新盖房分洪道

1951 年开挖的新盖房分洪道系大清河水系北支干流的泄洪河道。自新盖房枢纽分洪堰至友谊河口，与东淀溢流洼相接，途经雄县、霸州，全长 3 公里。两堤间宽约 1 000~2 700 米，最大行洪能力 5 000 立方米/秒。分洪口初建为临时土坝，分洪时扒开。② 1963 年特大洪水时，新盖房分洪道最大流量达到 3 540 立方米/秒。③

2. 扩建兰沟洼蓄洪区

1960 年在兰沟洼蓄滞洪区扩建泄水闸，设计泄水流量 250 立方米/秒。1960 年冬至 1961 年春分两期扩挖了兰沟河，排水流量达到 75 立方米/秒。1962 年完成东代屯排水渠和薛家营排水闸，设计泄量 19.6 立方米/秒。这些工程在 1963 年大洪水中充分发挥了作用，当时兰沟洼最高滞洪水位达到 16.1 米。④ 还修复了水毁工程，1964 年 3 月完成兰沟河、仓上河清淤恢复工

---

① 河北省地方志编纂委员会编：《河北省志·水利志(1979—2005)》，河北人民出版社，2018 年，第 37、38 页。
② 河北省地名委员会编：《河北省地名词典》，河北科学技术出版社，1991 年，第 11 页。
③ 河北省水文水资源勘测局著：《河北雨洪模型》，河北科学技术出版社，2017 年，第 67 页。
④ 河北省地方志编纂委员会编：《河北省志·第 20 卷·水利志》，河北人民出版社，1995 年，第 130 页。

程。① 1964—1975 年逐年对排水河渠做了扩建配套,洼区先后修建了 5 座排水站,总排水能力为 24 立方米/秒;修建了 6 座排水闸,总排水能力为 270 立方米/秒,极大改善了洼内排水状况,使排水标准提高到 10 年一遇。② 新中国抗洪防汛实践也证明,鉴于大清河流域洪水特征、地处京津冀腹地对泄洪的影响,必须使用好蓄滞洪区。

三、"蓄、泄兼施"与环淀堤埝和下口泄洪工程

在根治海河运动中,大清河中游逐步形成了由河道、蓄滞洪区、分洪道、堤防和水利枢纽构成的水利布局,这些工程是防洪体系重要的组成部分。白洋淀是大清河中游地区最大的蓄滞洪区,逐步形成了淀区四周有堤防环绕、淀水下泄出水口由枣林庄枢纽控制的类似人工水库的封闭空间。这一时期白洋淀的治理采取了两项措施:一是巩固周边堤防,提高抗洪标准;二是加大淀水出水口泄量,加速降低淀内水位,减轻堤防压力,同时也减轻向堤外分洪压力。为保护主堤千里堤,在形势危急时,要牺牲局部,保全大局,放弃次要堤防,扩大调蓄水量,进行有计划的缓洪。③ 作为大清河流域洪水的调蓄场所,白洋淀对调蓄流域洪水起着关键作用。

(一) 堤埝增筑与白洋淀水库型湖泊

为保证白洋淀的安全,1964 年对淀四周堤防先后 5 次加固,使堤顶高达 12.5～14.57 米,堤顶平均宽度达到 8 米。④ 1965 年安新县决定在原标准的基础上再扩宽堤根 25 米,同时为提高防风能力,将植苇台高程垫到 7.5 米,当年垫成 900 亩,并在新安北堤的龙王庙和四门堤的蛤蟆嘴完成砌石护坡

---

① 海河志编纂委员会编:《海河志》(第二卷),中国水利水电出版社,1998 年,第 94、95 页。
② 河北省地方志编纂委员会编:《河北省志·第 20 卷·水利志》,河北人民出版社,1995 年,第 129、130 页。
③ 同上书,第 130 页。
④ 任丘市政协:《"北国江南"白洋淀》,载河北省政协文史资料委员会编《河北文史集粹·风物卷》,河北人民出版社,1992 年,第 40 页。

工程。① 值得关注的是,平原堤防的治理也使水系失去了大水泛滥、小水归槽的天然特性②,在白洋淀水下泄出口基本得到控制后,白洋淀也从天然湖泊转变为水库型湖泊。

1. 1963 年之后大规模的复堤工程

新安北堤因防洪标准较低容易决口,新中国成立后几乎每年都要维护,尽管如此,1950 年到 1963 年仍有 5 次决口。1963 年前护堤办法主要是"择险修要"或"修残补缺",如 1962 年 5 月修复四门堤和新安北堤总长 71.79 公里,使大堤顶宽达到 4 米,高程达到 11.3 米。③ 1963 年汛期大洪水,进淀最大流量达 17 900 立方米/秒,为保障千里堤安全,淀南新堤、障水埝、四门堤先后弃守,多处主动扒口分洪,新安北堤、新旧四门堤漫溢决口达 122 处。④ 1963 年灾后,按照堤段管辖范围,保定、沧州分别组织了水毁堤堰的修复,主要有:(1)千里堤的修复。1963 年冬至 1964 年春,任丘县分期完成自小关经十方院到任丘、文安界全长 43.5 公里的恢复工程。⑤ 1963 年 10 月至 1964 年 6 月间,文安县组织 1.4 万人参加了千里堤修复。⑥ (2)四门堤和新安北堤恢复工程。1964 年春由保定行署组织安新、高阳等五县完成,其中四门堤安新至高阳段复堤 105.08 公里;蠡县至清苑段复堤 7.6 公里;新安北堤上自安新县三台村,下至雄县十里铺村,复堤长 42.4 公里,堤顶加宽到 5 米。⑦ 白洋淀周边堤堰的修复、增筑,利弊参半,一方面提升了汛期蓄滞洪水能力,同时也使白洋淀逐步失去了自我循环能力。

---

① 安新县地方志编纂委员会编:《安新县志》,新华出版社,2000 年,第 442 页。
② 王立明、张辉:《白洋淀流域生态水文过程演变与生态保护对策研究》,载中国环境科学学会编《中国环境科学学会学术年会论文集》(2009),北京航空航天大学出版社,2009 年,第 354 页。
③ 安新县地方志编纂委员会编:《安新县志》,新华出版社,2000 年,第 433 页。
④ 河北省地方志编纂委员会编:《河北省志·第 20 卷·水利志》,河北人民出版社,1995 年,第 131 页。
⑤ 河北省水利厅水利志编辑办公室编:《河北省水利志》,河北人民出版社,1996 年,第 309 页。
⑥ 《文安县水利志》编纂委员会编:《文安县水利志》,水利电力出版社,1994 年,第 62 页。
⑦ 河北省地方志编纂委员会编:《河北省志·第 20 卷·水利志》,河北人民出版社,1995 年,第 131 页。

2. 白洋淀大堤的防风工程

历史时期白洋淀防风多采用临时性措施,护岸多用民间俗称的"懒龙",即用青苇等捆成直径 0.3~0.4 米的圆把,汛期用绳索固定在堤坡前水面上,风浪冲击时可迎着风浪摆动,达到破浪护堤之目的。护坡则是在以苇护岸基础上,将装土的草袋或块石置于堤坡上,达到护坡保堤作用。二者皆属于暂时性举措。1950 年开始修筑白洋淀堤堰防风工程,采取了三种措施:(1)修建防风灰坝。1955 年 5 月底在新四门堤的曲堤至七级村段,修建了长 3.93 公里、面积为 1.08 万平方米的防风灰坝,经实践检验,防风灰坝能起到防风作用,但不能破浪。(2)绳网蓄笸、压笸防风工程。1956 年在容易遭风浪袭击的新安北堤和四门堤段,开展了总计 37.1 公里的绳网蓄笸和压笸防风工程。(3)防风石坝、栽苇工程。1964 年冬在新安北堤和四门堤修建了防风石坝和植苇工程,石坝长 140 米,顶宽 0.3~0.4 米,底宽 0.5~0.7 米;防风植苇工程一般植至临河坡 30 米以内,植苇宽度 25 米。① 通过上述防风工程,增强了堤坝坚固性,提升了抗洪防汛能力。

(二) 白洋淀下口开卡泄洪工程与水环境

白洋淀是大清河水系缓洪滞沥的天然湖泊。从 1958 年开始了以白洋淀为中心的大规模水利工程修建,在上游建造了王快水库等大型截蓄洪水工程,随后又在洪水出淀口修建了枣林庄泄洪枢纽和赵北口泄洪闸等淀水下泄工程。白洋淀来水量、出水口都得到了一定程度的控制。

1. 1960 年在白洋淀下游开百草洼三口

赵王河是新中国成立前白洋淀唯一的泄洪河道,淀内洪水由赵王河经百草洼、东淀入大清河干流。为了使汛期白洋淀内的洪水能迅速下泄入海,50 年代还进行了白洋淀下口的开卡泄水工程。1956 年建成的赵王新渠,使白洋淀洪水可直接入东淀,因工程规模较小,再加上百草洼内低水河槽过洪量较小,堤埝纵横,苇田交错,洪水下泄仍然不畅。② 百草洼亦名柴禾淀,北

---

① 河北省地方志编纂委员会编:《河北省志·第 20 卷·水利志》,河北人民出版社,1995 年,第 133 页。

② 同上书,第 132 页。

有大清河,南临赵王河,西承赵北口十二连桥,当白洋淀洪水过大而赵王河不能宣泄时,便分洪水到百草洼再入东淀。受大清河北支决口淤积的影响,百草洼淤塞严重,在流域上游王快、西大洋水库已建成的情况下,针对百草洼地面高、苇田阻碍行洪问题,1960年5月至7月在张青口、高家场和里长道口三处实施开卡工程①,完成了赵王河裁弯工程,开挖低水河槽7公里,平毁了阻碍行洪的马村小堤、王家房小堤、行洼小堤,共长1 500米。② 这次百草洼开卡,一定程度改善了泄水条件,由于开挖的河槽底部较高,提高白洋淀洪水下泄速度的效果并不理想。

2. 1962年开挖白洋淀水下泄的赵王新河

赵王新渠于1956—1969年连续14年行洪,减轻了赵王河、大清河汇流后由于行洪断面过小给千里堤形成的压力。③ 这一时期,白洋淀下游赵王河与百草洼之间河道上宽下窄,汛期暴雨下泄水量陡增,百草洼便全洼漫流行洪,危及下游和天津市区安全。遂在赵王新渠的基础上,在低水河槽开挖深水河槽加大泄洪量,新河道称赵王新河,时称百草洼新河。1962年4月至6月间,由安新、高阳、雄县、任丘等四县组织1.47万人完成。主要工程包括两部分:(1)疏浚赵王河,赵北口老滩至苟各庄段,开挖低水河槽,长16.68公里,底宽25米;(2)开挖赵王新河,在低水河槽中开挖了底宽为25米的深水河槽,上接赵北口下的老滩,下至赵王新渠闸前,以加大泄量,全长10.68公里,其中任丘境内1.1公里,余者皆在文安县内。④ 1963年特大洪水,新渠两堤破坏严重,右堤外坡由于洼内高水位的浸泡,堤顶被打掉约二分之一,随后文安县组织4 000名民工分期进行了全面修复。⑤ 1965年开辟枣林庄分洪道时,对赵王新河进行了疏浚。因工程规模较小,赵王新河泄洪能力并不理想,下口泄洪能力也制约着白洋淀蓄滞洪水的能力。

---

① 河北省水利厅水利志编辑办公室编:《河北省水利志》,河北人民出版社,1996年,第309页。
② 《文安县水利志》编纂委员会编:《文安县水利志》,水利电力出版社,1994年,第60页。
③ 文安县土地志编纂委员会著:《文安县土地志》,中国大地出版社,2001年,第24页。
④ 河北省水利厅水利志编辑办公室编:《河北省水利志》,河北人民出版社,1996年,第309页。
⑤ 《文安县水利志》编纂委员会编:《文安县水利志》,水利电力出版社,1994年,第57—59页。

3. 1965 年白洋淀下口开卡工程

1963 年发生特大洪水,由于汛前不能腾空淀容,极大削弱了蓄洪作用,以致淀区洪水淹没了周围多县耕地。为解决这一时期白洋淀入淀水量大,出淀水量小,汛期高水位对下游和天津市的严重威胁,1965 年河北省决定在白洋淀出口进行开卡工程。工程包括三部分:(1)开挖枣林庄分洪道。在白洋淀出口以南开挖一条与百草洼上游平行的新泄水道,即枣林庄分洪道,从枣林庄村南千里堤起,到苟各庄百草洼入赵王新河,全长 8.2 公里。河北省白洋淀开卡工程指挥部在 1965 年 3 月至 5 月间组织了保定地区九县(市)五万民工进行施工。① (2)扩挖疏浚赵王新河。1965 年 4 月到 6 月,由保定地区组织 3 600 名民工扩挖赵王新河。② (3)在新开河道进口处修筑一座泄水闸。但新道设计泄洪能力远大于泄洪闸设计泄量③,又带来后续的泄洪问题。尽管存在一些问题,1965 年白洋淀开卡成效还是十分显著的,加快了大清河南支水系的下泄速度,提升了下游河道的泄洪能力。

四、 大清河下游的治理

白洋淀区西部是河流出太行山后形成的山前冲积扇;淀区东部为冲积平原,地面坡降相对山前倾斜平原较小。④ 再加上白洋淀洼淀纵横的地貌,大清河水系中下游河道多为地上河,河道过流能力相对低下,这也就决定了河道两侧多以堤防约束水流。遇到超标准洪水时,就需要根据下游不同地区的防洪要求,将河道中的洪水分泄进入河道外围的东淀、文安洼、贾口洼、团泊洼、兰沟洼等蓄滞洪区。

(一) 对 1963 年水毁堤埝的恢复增固

1963 年特大洪水使大清河下游堤埝毁损严重,如隔淀堤堤顶宽度仅剩 1~2 米,必须迅速完成复堤工程。同年 10 月,文安县组织了 1.4 万人的施

---

① 河北省任丘市地方志编纂委员会编纂:《任丘市志》,书目文献出版社,1993 年,第 42 页。
② 同上书,第 298 页。
③ 海河志编纂委员会编:《海河志》(第一卷),中国水利水电出版社,1997 年,第 426 页。
④ 何乃华、朱宣清:《白洋淀地区近 3 万年来的古环境与历史上人类活动的影响》,《海洋地质与第四纪地质》1992 年第 2 期。

工队伍,霸县、宝坻、蓟县、固安等四县也支援民工 0.6 万人,本着"择险修要"的治理思路,对重要堤防段进行了重点修复。① 同年大洪水退去后,任丘县组织 4 462 名民工完成了小关分洪口复堤和苟各庄村占临河增坡,共长 3 公里。1964 年 4、5 月间,任丘县又组织 1.98 万人完成了小关至十方院再至苟各庄,总长 43.5 公里的复堤增筑工程,使小关至十方院段千里堤堤顶高程达 10.6~11.1 米,十方院至苟各庄段达到 10.1~10.6 米,其中 31 公里堤顶宽度增筑到 6 米。总之,到 1964 年汛前,任丘境内千里堤段水毁、险工基本得到了修缮、增筑,并且多处改为干砌砖石坝②,千里堤右堤、秃尾巴堤复堤后,堤顶皆增到 7 米③。

与此同时,还关注了治理堤坝的生态工程。在不断整修的同时,每年都在堤防区植树,特别是 1963 年冬至 1964 年春大型复堤工程、1965 年开辟枣林庄分洪道工程,均搞了大规模植树工程。④

(二) 下游文安洼生产与分洪的矛盾

1954 年秋后,河北省展开了大规模群众性的低洼地区改造工作。在"适应自然,限制自然,利用自然,改造自然"的总方针下,对全省总共 2 500 万亩的洼地都进行了改造。⑤ 因洼地制宜,对于不同的洼淀采取了不同的措施。

文安洼北有大清河、赵王河穿越全境,东临子牙河,西有古洋河,是一个三面环河,中间凹下的封闭洼淀。1950—1954 年间,千里堤、隔淀堤高度、顶宽增加了 3~4 米,1956 年赵王新渠完成后,新镇、苏桥两镇及高头、史各庄两乡镇部分辖区从文安洼中分割出来,随着赵王新渠、赵王新河、枣林庄分洪道开挖,大大减轻了文安洼分洪的概率。因此,对文安洼的治理采取了"防用兼施,蓄泄兼顾,利用自然,改造自然,变水害为水利"的方针。⑥ 改造的方法首先是选择地势最低、最洼的地区,在其四周加筑围埝,固定蓄水区。随后就是分区种植——围埝内主要种植水产作物,如果常年有水,可以兼顾渔业发展;围埝外

---

① 《文安县水利志》编纂委员会编:《文安县水利志》,水利电力出版社,1994 年,第 64 页。
② 河北省任丘市地方志编纂委员会编纂:《任丘市志》,书目文献出版社,1993 年,第 299 页。
③ 《文安县水利志》编纂委员会编:《文安县水利志》,水利电力出版社,1994 年,第 64 页。
④ 河北省任丘市地方志编纂委员会编纂:《任丘市志》,书目文献出版社,1993 年,第 299 页。
⑤ 河北省水利厅编:《河北省水利十年》,河北人民出版社,1960 年,第 101 页。
⑥ 海河志编纂委员会编:《海河志》(第二卷),中国水利水电出版社,1998 年,第 93 页。

主要种植耐水作物；洼地外围与平地接连部分，可以种植大田作物。①

1957年10月至1958年9月，本着"防用兼施，蓄泄兼顾"的原则，在文安洼修筑两道周边埝，目的是稳定洼地的生产局面，使第一道周边埝外的60余万亩耕地保收，第一和第二道周边埝之间20余万亩耕地改种水稻，第二道周边埝以内19.2万亩土地养鱼和种植蒲藕等。随着水利建设和排水的需要，1965年扒平了边埝。"防用兼施"就意味着遇到特大洪涝时，文安仍有蓄洪滞沥任务，如1954年、1956年和1963年三次向文安洼分洪。其中1963年8月31日最高滞洪水位7.19米，相应滞洪量为45.57亿立方米。②总之，20世纪60年代以后，由于降水量减少，洪涝灾害概率降低，下游文安洼等开发治理的重点也发生了转移，开始兼顾洼地生产价值。

第三节 生产"大跃进"与白洋淀水环境综合治理互动

1956年中共八大提出"全党要集中力量去发展生产力"的方针，并通过了发展国民经济的第二个五年计划（1958—1962），开始了建设社会主义道路的探索。随后的"大跃进"运动属严重失误，但一定程度上反映出当时社会各界对社会主义建设的规模和速度问题的迫切关注。与海河流域治理同步，白洋淀及其所在的大清河流域也在1958—1965年间进入了大规模兴建水利设施阶段。通过兴建枣林庄枢纽、加固千里堤、开挖赵王新河等工程，使白洋淀的出口泄洪能力由1950年代初的130立方米/秒提高到2700立方米/秒。有效地控制了洪涝灾害的发生，为综合利用白洋淀的水土资源创造了良好的条件。③

一、水产"大跃进"与水环境

1958年中央提出"以养为主，积极发展捕捞"的水产业发展方针，甚至

---

① 河北省水利厅编：《河北省水利十年》，河北人民出版社，1960年，第99、100页。
② 海河志编纂委员会编：《海河志》（第二卷），中国水利水电出版社，1998年，第92、93页。
③ 同上书，第85、86页。

将养殖摆到了比捕捞更重要的地位,指出"一切水面都是与自然斗争的战场",生产劳动范围要"从种地扩大到种水"①,要依靠合作社,普遍开展水产养殖②。由于淡水养殖必须攻破苗种关,在当时养殖比重大大低于捕捞比重的历史背景下,1959年7月水产部重新确定了"养捕并举"水产方针。这一波折反映了当时急于求成的思想。

(一)渔业"大跃进"与反思纠正

20世纪50年代白洋淀的鱼类品种多、产量高,经济鱼类占的比重也很大,这为白洋淀渔业发展奠定了自然资源基础。在1958—1965年的八年间,捕捞量在4 070~7 230吨之间波动,最低的1962年较1953年依然多30%,最高的1959年较之前最多的1955年减少22.5%。(详见表2-3-1)这一组数据反映出白洋淀捕捞业"大跃进"状态,依稀可见水产业衰落的端倪。③ 1960年1月,水产部党组提出大力发展城郊渔业,积极建立渔业基地。1962年10月,国家科委水产组部分科学家提出要提高池塘养鱼产量,扩大湖泊养殖和增殖水面。④

表2-3-1 1958—1965年白洋淀部分水情、水位与鱼产变化统计表

年度	鱼产量（吨）	最高			最低			年降水量（毫米）
		水位（米）	水面（万亩）	蓄水量（亿立方米）	水位（米）	水面（万亩）	蓄水量（亿立方米）	
1958	4 750	9.48	45.75	6.5	7.13	15.35	0.88	638
1959	7 230	10.65	46.5	10.1	7.73	21.8	1.8	800
1960	5 500	9.02	45.5	5.06	7.51	22.67	1.47	479
1961	4 700	9.22	45.5	5.66	7.89	27.48	2.1	618

---

① 朱树屏:《"以养为主,积极捕捞"是我国独创性的水产方针》,《中国水产》1959年第9期。
② 刘广东等编著:《现代渔业公共政策理论与实践》,东南大学出版社,2017年,第115页。
③ 张金声:《雄县旱涝史话》,载政协雄县委员会文史资料组编《雄县文史资料》(第4辑),政协雄县委员会文史资料组,1990年,第52页。
④ 刘广东等编著:《现代渔业公共政策理论与实践》,东南大学出版社,2017年,第122页。

(续表)

年度	鱼产量（吨）	最高			最低			年降水量（毫米）
		水位（米）	水面（万亩）	蓄水量（亿立方米）	水位（米）	水面（万亩）	蓄水量（亿立方米）	
1962	4 070	9.45	45.75	6.36	8.01	29.21	2.32	422
1963	4 520	11.58	分洪	/	6.96	13.35	0.81	946
1964	6 050	10.48	46.2	10.03	8.49	43.59	3.52	857
1965	5 210	8.05	45.43	4.85	连底冻	6.9	0.15	289

数据来源：《河北省志·第19卷·水产志》(1996年)第91、92页。

1. 渔业"大跃进"与水环境变化

1958年在全国生产"大跃进"的形势下，白洋淀水区生产也出现了一个飞跃。1959年河北省水产生产继续"大跃进"，安新县鱼产量达到885万公斤，自然捕捞量亩产19公斤，居全国大型湖泊鱼产量首位。①

较之1950—1957年间，淀区水产年平均捕捞量由5 309吨上升到5 993吨，增加近13%。1958年调查鱼类资源有54种②，且多为经济型鱼类，为这一时期捕捞业发展提供了资源条件。其间每年都有9万斤以上的鲜鱼运往北京、天津、保定等地，供应城市生活所需。③ 1964年入春以来，白洋淀的水位上升到9米以上，对捕鱼业产生了不便，但水大虾多，安新县日产大青虾2万斤左右。1964年上半年，安新县收购鱼虾水产品260万斤，比1963全年收购量还多36.8%，其中仅青虾就53万斤，主要供给北京、天津、保定等大中城市。④

1964年10月18日《人民日报》报道，全国淡水养鱼面积比去年同期增长26%，全国淡水养殖面积比1957年增长了43%。白洋淀生产形势大致如

---

① 安新县地方志编纂委员会编：《安新县志》，新华出版社，2000年，第141、142页。
② 白洋淀国土经济研究会等编：《白洋淀综合治理与开发研究》，河北人民出版社，1987年，第2—12页。
③ 冯钟琪编著：《白洋淀的渔具》，农业出版社，1959年，前言。
④ 赵越：《白洋淀积极发展虾篓生产》，《中国水产》1964年第6期。

此,如 1965 年仅容城县鱼产量就高达 35.9 万公斤①。白洋淀捕虾业的迅速发展也得益于社会主义制度的集体互助,此前只有大田庄、李庄子两个村利用虾篓捕虾,通过比学赶帮运动,全淀 39 个纯水村 53 个大队和一部分沿堤的半水村都掌握了虾篓的张捕技术。②

2. 1964 年白洋淀水产生产管理委员会第一次会议

把淀泊作为与大自然斗争的战场,淀区各行业都在跃进,不仅水产业收获量在增加,淀区农垦地亩也在增加。但是过度捕捞,再加上水利工程"大跃进"对水系布局、淀泊形态的改变,引发了淀内水位、水质、水环境的大幅变化,也引致鱼虾种类和产量的显著变化,特别是经济鱼类比例下降和洄游鱼类消失,胜芳和赵北口的毛蟹几乎绝迹,白洋淀的鲤鱼、草鱼也大幅度减少。白洋淀年平均捕捞量由 50 年代的 613.5 万公斤③,下降到 60 年代的 515.35 万公斤④。1962 年白洋淀捕捞量较 1949 年下降了 52%,其中毛蟹捕捞量 1962 年较 1949 年下降了 34.4%。⑤ 水产"大跃进"急于求成,很快引来了自然界的报复。1964 年 3 月 2 日至 4 日河北省在安新县召开白洋淀水产生产管理委员会第一次会议,集中研究了白洋淀水产资源的繁殖保护问题,在统一思想认识的基础上,确定了资源保护的原则和措施,确定马棚淀、藻苲淀、百草洼上游地带为禁渔区。⑥

1964 年水产部颁行《水产资源繁殖保护条例(草案)》,旨在保护水产资源的正常繁衍生息,确保水产生产的持续进行。保护对象包括一切有经济价值的水生动植物和它们繁衍成长的环境条件。必要情况下可以规定捕捞限额,包括制定禁渔区和禁渔期。同年 6 月国务院批转《水产资源繁殖保护条例(草案)》,要求对条例中关于保护水产资源的各项措施,在认真研究的

---

① 河北省容城县地方志编纂委员会编:《容城县志》,方志出版社,1999 年,第 261 页。
② 赵越:《白洋淀积极发展虾篓生产》,《中国水产》1964 年第 6 期。
③ 河北省地方志编纂委员会编:《河北省志·第 19 卷·水产志》,天津人民出版社,1996 年,第 91 页。
④ 白洋淀国土经济研究会等编:《白洋淀综合治理与开发研究》,河北人民出版社,1987 年,第 179 页。
⑤ 中国科学院石家庄农业现代化研究所编:《农业现代化参考资料选编·黑龙港地区综合治理专辑》,中国科学院石家庄农业现代化研究所,1982 年,第 27 页。
⑥ 安新县地方志办公室编纂:《白洋淀志》,中国书店,1996 年,第 141 页。

基础上予以贯彻实施,并从农业、工业和水利建设工程三方面就保护渔业资源提出了要求:(1)农业应妥善地解决与渔业之间资源矛盾,要切实保护渔业资源;(2)新建水利工程、新建需要排弃有害污水的厂矿时,必须以水产资源保护作为前置条件,"一定要采取有利于水产资源繁殖保护的措施"。①遗憾的是正当国务院的批示贯彻落实时,"文革"席卷全国,各级渔业机构瘫痪,无政府主义泛滥,保护水产资源的法令法规成了一纸空文。

(二)"大跃进"对苇田和苇席业布局的影响

芦苇是白洋淀挺水植物中经济价值较高的作物。新中国初期淀内有苇田8.5万亩,年产苇7 000万斤,产苇席56.3万片;1962年发展到1 217万亩,产苇1.43亿斤,苇席400万片;此后持续发展,1983年达到600多万片。② 1965年是华北地区气候由湿润到暖干的一个分界点,也影响到了白洋淀芦苇的种植和苇席业空间分布。

1. "大跃进"时期苇田变化

20世纪60年代之前,白洋淀芦苇年平均产量在7 500万公斤左右,织席700万片,打箔300万块,产值3 000万元,占全县工农业总产值的三分之一,占淀区总收入的75%。由于物产丰富,鱼米之乡的白洋淀属河北省相对富裕的地区,渔民的生活水平普遍高于周边的农民。③ 1960年容城县芦苇产量为128.5万公斤,创历史最好水平。④ 1962年安新县苇田发展到12.7万亩,产量达到7 150万公斤。1963年汛期暴雨,白洋淀水位大涨,超过了芦苇生产适宜的水位,白洋淀汕苇、柴苇等大部分淹死,安新全县苇田面积减至7.8万亩。⑤ 1964年芦苇的种植面积只有3.9万亩,长势也已减弱,产量仅

---

① 《陕西省人民委员会转发国务院批转水产部制定的"水产资源繁殖保护条例(草案)"》,《陕西政报》1964年第10期。

② 任丘市政协:《"北国江南"白洋淀》,载河北省政协文史资料委员会编《河北文史集粹·风物卷》,河北人民出版社,1992年,第43页。

③ 河北省地方志编纂委员会编:《河北省志·第19卷·水产志》,天津人民出版社,1996年,第98页。

④ 河北省容城县地方志编纂委员会编:《容城县志》,方志出版社,1999年,第261页。

⑤ 安新县地方志编纂委员会编:《安新县志》,新华出版社,2000年,第219页。

有520吨。① 1965年至1966年间,政府号召在注淀增建台田5 000多亩,为扩栽芦苇打下基础。② 再看任丘县白洋淀水域内苇田变化,1957—1962年间苇田面积为2万余亩,年平均产苇15 000多吨;1965年七间房、鄚州、宗佐3个淀边乡镇,淀内共有苇田5 264亩,年产苇1 770吨。③ 上述变化在表2-3-2皆有反映,白洋淀内苇田变化和适宜的水位直接关联。

表2-3-2 1958—1965年白洋淀芦苇面积、产量及苇制品产量

年份	芦苇面积（百亩）	芦苇产量（吨）	席苇（吨）	柴苇（吨）	苇席（百片）	苇箔（百块）
1958	1 264	30 000	1 250	6 330	25 134	3 000
1959	1 278	35 000	1 660	6 500	14 000	4 080
1960	1 275	45 000	2 820	2 795	26 511	4 610
1961	1 270	46 750	1 815	1 020	25 283	3 230
1962	1 270	47 650	4 825	805	33 765	3 420
1963	967	19 300	5 375	1 070	39 082	3 055
1964	391	13 045	1 305	/	18 988	3 009
1965	461	20 795	4 052	/	27 619	/

数据来源:《安新县志》(2000年)第224页。

2. 白洋淀苇席业空间分布的变化

新中国成立后到1965年前后,白洋淀苇席生产布局发生了明显变化,表现在两个方面:(1)织席村庄空间扩展经历了由点到线、由线到面的过程。1949年之前织席村庄只局限于以安州为中心自西北而东南一带的60余个村庄,1949年织席村庄扩大到124个,1965年扩大到146个,占全县总村数的79%。(2)织席村庄空间分布由淀边半水区转向水区,即集中到淀内产苇区。如安州桥南村,1963年有苇田24亩,全村169户织席,占全部户数68.4%,产值是农业产值的3.74倍,这一繁荣态势一直持续到20世纪80年代初,之后该村织席户寥寥无几(原因详见后文分析)。再以纯水区赵庄

---

① 衷平、杨志峰、崔保山等:《白洋淀湿地生态环境需水量研究》,《环境科学学报》2005年第8期。
② 安新县地方志编纂委员会编:《安新县志》,新华出版社,2000年,第219页。
③ 孙犁著:《荷花淀》,人民文学出版社,1959年,第74页。

子村为例,1953年有苇田567亩,全村140户中只有5户织席,60年代以后该村基本户户织席。特别是1965年以后,气候变化,水位下降,渔业产量下降,织席逐步成为水区的第一大产业。苇席生产重心的转移,可以使生产做到就地取材,苇编业生产布局更为合理①,而芦苇种植区域分布的变化则和淀内水位的变化直接相关。

(三) 引进高产物种试验

研究机构根据白洋淀水草丰富的自然条件,选定了毛皮价值高、繁殖力强的物种,在白洋淀进行放养试验,目的就是取得经验后,在淀区各人民公社推广放养,增加公社财富。② 1958年从苏联引进麝鼠,从北京引进海狸鼠,投放到白洋淀进行实验。

麝鼠俗称水耗子、青根貂,是水陆两栖的野生草食类皮毛动物,原产于北美洲。20世纪初传入欧洲国家。麝鼠传入中国的路径有两条:一是1945年前由苏联自然扩散到东北地区,二是1957年以后中国科学院等单位从苏联引进种鼠。1958年10月中国科学院动物研究所白洋淀工作站从苏联运来50只麝鼠,在白洋淀留村一带开辟了40亩放养地,对新运来的这批麝鼠进行生态的观察和研究。③ 经过几年的繁殖,数量增加到200多只。"文革"期间很多机构陷入瘫痪,麝鼠的养殖和保护受到很大破坏,"一些人乱捕滥猎,麝鼠绝迹"。④ 此外,淀区老鹰是麝鼠在当地的主要天敌,麝鼠放养10天后放养池上空便有老鹰出现,最多时可达11只之多。⑤ 1958年又从北京饲养场运去了4只海狸鼠,散放饲养场设在新安留村小岛上的冰窖处⑥,试验效果也不理想。

---

① 孙文举:《安新苇席生产史略》,《河北学刊》1984年第3期。
② 陈俨梅、于纪贞、李学仁:《麝鼠放养初步经验总结》,《动物学杂志》1959年第2期。
③ 华东华中区高等林学院(校)教材编审委员会编著:《森林鸟兽生物学》,中国林业出版社,1959年,第113页。
④ 河北省地方志编纂委员会编:《河北省志·第18卷·畜牧志》,河北大学出版社,1993年,第166页。
⑤ 陈俨梅、于纪贞、李学仁:《麝鼠放养初步经验总结》,《动物学杂志》1959年第2期。
⑥ 华东华中区高等林学院(校)教材编审委员会编著:《森林鸟兽生物学》,中国林业出版社,1959年,第113页。

如何利用高效水资源也是人水关系的重要内容。白洋淀引进高产物种试验没有取得成功,一方面反映了当时科研水平对白洋淀生态系统特征了解不够,另一方面也反映了人们积极主动改变人水关系的努力。

(四) 服务城市工业化生产目的和水产贸易

20 世纪 50 年代末白洋淀是华北地区稀有的大型湖泊之一,本淀面积约为 502 322 亩(约 334.9 平方公里),大小淀泊总计有 92 个,淀内渔业捕捞量依然较大。当时报纸报道,白洋淀在 1959 年 1 月到 5 月间,总计捕鱼 500 多万斤,供应北京、天津、保定、太原等地。①

据 1960 年 2 月在河北省徐水县②调查,"那时白洋淀产的鱼,是供应首都市场的主要来源"。渔民上午捕捞的鲜鱼,下午三点多钟便运到了徐水火车站,"大条鲜活鲤鱼"装在筐里,置于露天车皮里,通过铁路运输到北京前门西车站,再转运至前门外的鱼市场,加工后供第二天上市销售。调查人员询问市场工人后得知,白洋淀运来的这些鲜鱼"主要供应中南海"。③ 这一时期水产业贸易经营主体虽有反复,但以国家和合作社经营为主④,白洋淀水产品销售亦然。此外,从白洋淀的鲜鱼供应中南海这一情况也可蠡测,直到 20 世纪 60 年代初期,白洋淀鱼的质量、水环境的质量都应该是上乘的。

二、 淀区各县贯彻"以粮为纲"与水环境变化

"水利应为农业增产服务。"⑤1960 年毛泽东主席提出"发展农业生产必

---

① 《多捕河湖鱼虾供应城市》,《大公报》1959 年 6 月 28 日。
② 1958 年 9 月容城、安新两县及定兴县南部 29 个村并入徐水县,1962 年 3 月徐水县恢复原建制。
③ 李滨声图,张道梁撰:《往事九十年二集》,天津人民美术出版社,2014 年,第 169 页。
④ 河北省地方志编纂委员会编:《河北省志·第 51 卷·工商行政管理志》,河北人民出版社,1994 年,第 42、43 页。
⑤ 李葆华:《四年水利工作总结——今后方针政策》,载《一九四九——一九五七年历次全国水利会议报告文件》,水利部办公厅编印,1957 年,第 133、134 页。

须以粮为纲,同时积极发展经济作物",要做到农林牧副渔"五业并举"。①对白洋淀水环境影响最大的经济政策,除了水产"大跃进"带来过量捕捞之外,还有在"以粮为纲"方针下的洼淀围垦和灌溉对水资源的过量引用。1958年开始生产"大跃进",加上自然灾害频发,1959—1961年期间淀区各县也遭遇了经济困难,农业生产水平明显下降,"结果指着白洋淀水吃饭的渔民尝到了违背自然规律的苦头"。②

(一) 洼淀水利工程与水环境改造

历史上白洋淀以盛产渔苇著称。1958年在全国生产"大跃进"背景下,白洋淀内的水产、种植生产都出现了一个飞跃发展的局面,主要水区如端村、赵北口、圈头、王家寨、新安、刘李庄等,在报道中不仅出现了大量的千斤亩塘,麦收产量每亩平均也超过400斤。③ 此外,渔民响应上级号召"向洼地要口粮",白洋淀内一度出现了围湖造田的繁忙景象。

1958年以来淀区各县掀起卫生"大跃进"运动,工作之一就是填埋污水坑,当时报纸宣传垫成7 000多亩丘田。④ 1959年11月底淀区采取大协作、大兵团作战的方式,组织6万水利大军,开展规模浩大的洼地改造运动。⑤ 1965年冬河北省掀起了大搞以梯田、台田、条田"三田"为中心的农田水利建设运动,投入劳力最多达370万人⑥,白洋淀是工程重点区域之一。浅碟形地貌本来就容易干淀,洼地被人为填平,显然是违背白洋淀生态规律的。先是1963年大洪水,后又开始出现干淀,与"大跃进"违背自然规律存在一定的因果关联。

"大跃进"期间在"以粮为纲"口号下,白洋淀各县为了抗击春旱掀起了打机井运动,如任丘县提出了"山区、平原、洼地一齐治,防洪、防涝、抗旱结

---

① 中共中央文献研究室、国家林业局编:《毛泽东论林业》,中央文献出版社,2003年,第71页。

② 欧阳刚:《谁喝干了白洋淀》,《凤凰周刊》2003年第17期。

③ 永:《白洋淀发展多种经济》,《中国水产》1958年第7期。

④ 范金铎:《"蚊子世界"变成幸福无蚊的水乡——河北省徐水县白洋淀新安公社爱委会代表范金铎在全国文教群英会上的发言》,《人民军医》1960年第7期。

⑤ 河北省容城县地方志编纂委员会编:《容城县志》,方志出版社,1999年,第48页。

⑥ 《海河志》编纂委员会编:《海河志·大事记》,中国水利水电出版社,1995年,第149页。

合搞"。到1958年初完成各种水库228座,开泉眼14处,打机井240眼、砖井及土井3835眼。① 1958年雄县掀起"大跃进"和人民公社化运动,通过《关于修建马庄水柜工程的决定》,组织民工2.4万人,于朱各庄、小步村两乡境内动土方近24万立方米,人工开挖小型水柜、水库9处,结果劳民伤财,水利效益甚微。1961年雄县从保定市分离恢复县制,为减少境内水灾损失,投资20万元,在陈家柳、王家房、马蹄湾建立4处扬水站。② 1958年为大办水利,容城县大搞春季水利工程和麦田管理,投入劳动力7万多人。③ 安新县委在修堤防、建水库、挖渠道、打水井的同时,抽调18 900个民工到唐县参加修建西大洋水库建设。④

在中央的"以蓄为主、以小型为主、以社办为主"的方针指导下,河北省各地大量修建了各种式样的蓄水工程,包括大批平原蓄水工程。平原水库是徐水县在1958年水利建设高潮中的新创造。这种水库主要是拦蓄雨季沥水,可防止沥涝灾害,干旱时还可引水浇地,但大多在建成后不久又被退淀还田。总之,这一时期白洋淀经过修建蓄水工程运动,可蓄水9.4亿立方米,灌溉50多万亩稻田。周边的东淀、黄庄洼、南大港等也都建了蓄水工程,可蓄水15亿立方米。这些工程既可减轻洪水对河道的威胁,也大量增加了灌溉水源。但由于对规律认识不清,盲目建设也造成较为严重的土壤次生盐碱化。⑤

(二) 排水除涝除碱工程与淀区农业生产扩大

白洋淀周边堤埝将安新县分割成5个较大的封闭区,形成了7个较大洼地。这些堤内洼地的地下水位埋深一般1~2米,汛期暴雨集中时,易沥涝积水,因此盐碱地较多。一般平水年份可为耕地,但白洋淀水位超过10.5米时,这些洼地就需要分洪,变为滞洪区。其间为排沥水,开挖排水干渠22条,总长13.36万米;排碱沟5条,总长16.18万米;灌水支渠47条,总长

---

① 徐水县水利建设经验调查工作组:《学习徐水县水利建设的经验》,《中国水利》1958年第4期。
② 雄县县志编纂委员会编:《雄县志》,中国社会科学出版社,1992年,第162、163页。
③ 河北省容城县地方志编纂委员会编:《容城县志》,方志出版社,1999年,第30页。
④ 安新县地方志编纂委员会编:《安新县志》,新华出版社,2000年,第56页。
⑤ 河北省水利厅编:《河北省水利十年》,河北人民出版社,1960年,第85页。

14.18万米。① 1963年5月河北省沧州、保定等6个地区11项平原除涝治碱工程全面开工,当时规划工程建成后可减免沥涝65万亩。②

白洋淀蓄水量越大,潜水位埋深越小。年降水量510~540毫米时,地下水位埋深一般为1.5~1.7米,这一时期农业灌溉尚以地上水为主,安新、容城、雄县、高阳四县共有机井3 989眼,浇地面积5.27万公顷。20世纪60年代白洋淀周边各县农业生产水平较低,水资源相对充足,盐碱地也较多,水利建设以排水除涝为主,兴修了大量的排水站点,排水渠、排水机械达到3 635台,动力达到2.56万千瓦。同时,农业机械化开始起步,农用拖拉机从1960年的122台发展到1970年的187台;农作物新品种及化肥开始应用推广,化肥实物施用量达到7 800吨。农业复种指数提升到127%,粮食单产从1960年的不足100斤/亩,提高到了1970年的180斤/亩。③

60年代初雄县农业生产仍以传统人力畜力耕作方式为主,大部分土地处于靠天收获的状态,粮食产量低而不稳。1962年全县粮食单产仅90斤/亩。随着化肥、农药、农机的使用,开始兴建以排涝工程为主的水利设施,包括4座扬水机站和新盖房枢纽工程,排涝能力达到5年一遇。到1970年,雄县全县有机井997眼,大中型拖拉机58台,水浇地1.03万公顷,粮食单产提高到172斤/亩。④ 可见五六十年代的农田基本建设,为后来农业的发展打下了一定基础。

(三) 地下水灌溉与淀区水环境

新中国成立后,为解决旱灾造成的农业减产,全省开展了利用地下水扩大灌溉面积的"打井运动"。过量开采地下水及传统农田灌溉中的大水漫灌,势必造成地下水资源的大量浪费,还可能带来次生水灾害。1958年任丘县新兴建的自流灌溉区内,采用"大水漫灌,有的洼地灌一二尺深",结果造

---

① 安新县地方志编纂委员会编:《安新县志》,新华出版社,2000年,第117页。
② 《海河志》编纂委员会编:《海河志·大事记》,中国水利水电出版社,1995年,第134页。
③ 刘兆亮:《河北省保定市白洋淀周边县三十年农业持续发展的回顾与展望》,载河北农业大学编《白洋淀周边地区农业持续发展道路》,农业出版社,1993年,第2页。
④ 雄县人民政府:《雄县农业三十年巨变的技术和经济因素》,载河北农业大学编《白洋淀周边地区农业持续发展道路》,农业出版社,1993年,第10页。

成1万多亩涝地,3 000多亩小麦被淹坏。① 此外,对地下水的持续过量开采必然会造成区域性地下水位下降,这一时期保定、沧州两地区的地下水位皆有不同程度的下降。

1960年7月上旬河北省召开开发地下水深层水会议,确定了水利建设以"农田水利为主",水源"以地下水为主,以深层水为主"的水利方针,全面部署了开发地下深层水工作。② 以容城县为例,20世纪50年代中期以前主要用地上水灌溉农田,随着地表水资源减少,只能以地下水资源为主。1949年有土、砖井4 677眼,到1957年发展到8 175眼,水浇地面积也从5.19万亩发展到了7万亩。随着社会生产力和农村集体经济的发展,农田灌溉的提水工具和动力构成发生了根本变化,1957年容城县开始大力发展机井,开始使用离心泵提水,用柴油机作动力。③ 1958年,随着钻井技术改进,全县展开了深钻井运动。截至1965年,容城县共挖土井3 560眼、砖井244眼,整修旧井2 333眼,新挖干支渠37条、干支斗渠419条,整修干渠6条。1965年属于严重干旱之年,全年零星降水只有337.7毫米,但发挥灌溉效用,取得了粮食总产量和单产双超历史最高水平。粮食总产量4 229.5万公斤,比1964年提高35%;棉花总产量85.5万公斤,比1964年提高33%。④ 不考虑对水环境的影响,"大跃进"中"深钻地下泉"的打井热潮有效地减缓了旱灾的发生。⑤

简而言之,20世纪五六十年代,与防洪除涝工程同步,淀区各县灌溉提水工具不断进步,由木制水车到铁制水车,再到内燃机、电动机拉动水泵抽水,成井工艺也不断更新,开采地下水的能力提高了数十倍。然而超采和深采也为以后白洋淀地下水资源危机埋下了隐患。

(四) 1965年淀区开始"农业学大寨"

20世纪中期大力开展洼地改造工作以后,河北省水稻的种植面积有了

---

① 《迅速掀起一个以抗旱播种为中心的水利建设高潮》,《人民日报》1958年4月3日第1版。
② 《海河志》编纂委员会编:《海河志·大事记》,中国水利水电出版社,1995年,第124页。
③ 河北省容城县地方志编纂委员会编:《容城县志》,方志出版社,1999年,第208—215页。
④ 同上书,第33页。
⑤ 同上书,第124页。

显著增加。到50年代末,"除小站、军粮塘、芦台、白洋淀、文安洼这些著名的产稻区以外,很多低洼或盐碱地区都种植了水稻,如南运河两岸已遍布稻田"①。1964年2月10日《人民日报》发表《大寨之路》通讯报道,介绍大寨治山高产的经验,并发表社论号召全国人民,尤其是农业战线,学习大寨人的革命精神。自此,大寨成为农业战线的一面旗帜,全国农村掀起了"农业学大寨"运动。

1965年11月安新县贯彻保定地委关于"广泛深入开展讲大寨、学大寨、赶大寨活动"的要求,部署全县"农业学大寨"工作。鉴于1963年特大水灾使原有的农田水利设施毁坏殆尽,确定"农业学大寨"运动的重点是与根治海河相结合,有组织、有规划、有重点地加固修复堤防,整治大洼地。同时兴修农田水利设施,提高抵御旱涝灾害的能力,实现粮食稳产高产。随后在全县开展了以"农业学大寨"和"一定要根治海河"为主要内容的宣传周活动,主要宣传内容有二:一方面宣传根治海河和防洪减灾的重要意义作用;另一方面宣传大寨精神,包括"政治挂帅、思想领先"的原则、"自力更生、艰苦奋斗"的精神、"爱国家、爱集体"的共产主义风格,动员全县人民学习大寨精神,实现粮食大丰收。②

安新县的"农业学大寨"运动自1965年始至1978年持续了13年,具体内容及其与白洋淀水环境相互作用,详见后面的章节。

三、 淀区社队企业的发展与水环境

人民公社实行政社合一体制,农副业由公社、生产队集体经营,被称为社队企业,这些企业在"大炼钢铁"和农业机械化运动中得到一定发展。工业"大跃进"带动了市镇设置高峰,以农业为主的白洋淀区没有增设。为解决城镇化"大跃进"带来的粮食问题,再次提高建制镇标准,1964年河北省建制镇下降至52个。③ 由于社队纺织企业的发展,1965年高阳县城关人民公社逆势而行,复建城关镇。

---

① 河北省水利厅编:《河北省水利十年》,河北人民出版社,1960年,第2页。
② 安新县老区建设促进会编:《安新县革命老区发展史》,河北人民出版社,2019年,第205页。
③ 河北省地方志编纂委员会编:《河北省志·第12卷·人口志》,河北人民出版社,1991年,第41页。

（一）造纸厂等社队企业的发展

由于生产、生活的需要，即使在社会主义改造和农村产业结构单一化过程中也存在一定非农产业，只是在50年代到70年代的20多年中，数量很少，发展缓慢。我国农村的非农产业在70年代主要由社队企业经营。

1956年安新县城群众造船社与马家寨村修配厂合并，称安新造船社，独立核算，自负盈亏，一年可以修造农用木船205只。这一年白洋淀内有木船10 904只，需求量加大，所以造船社生意较好。1958年"大跃进"开始后，在手工业联社集体所有制工业基础上，安新县突击组建了一批国营工业，有机械厂、变电站、棉织厂、造纸厂、造船厂、粮食加工厂、食品加工厂等，后经调整，只保留了机械厂、造纸厂、粮食加工厂三个国营工业企业，其他或撤并或转为集体工业。①

为贯彻执行"以钢为纲"的方针，1958年7月河北省成立冶金工业局，设立钢铁生产指挥部，统一领导指挥全省大炼钢铁运动。1958年8月3日，安新县为完成大炼钢铁任务，要求全县旱区每户交废铁120斤，水区每户交50斤。8月6日，根据地委指示精神，派出500人的先遣大军，由县工业部长带队，远赴易县石庄乡，上山采炼铁用的矿石。② 1959年安新、容城二县并入徐水县，安新造船社与安新木业社、安新机械厂合并为徐水县造船厂，企业性质由集体转为全民，一年可以修造农用木船218只。人民公社成立后，一些生产队也开始组织造船。1959年春国务院文化部领导来白洋淀视察，并指示建造水上文化宫，由安新造船社完成。③

为了纠正"大跃进"时期发生的一些错误，1963年以后国民经济进入调整时期。在中央的统一领导下，淀区各县对公社化初期的一些极"左"政策和做法进行了调整，解散了公共食堂，恢复了社员自留地，开放了农贸市场，公社体制实行公社、大队、生产队"三级所有，队为基础"。1962年以后，经过调整，生产逐步恢复正常。

"大炼钢铁"、社队企业发展等也给白洋淀带来了一定的水环境问题。

---

① 安新县地方志编纂委员会编：《安新县志》，新华出版社，2000年，第386页。
② 同上书，第56页。
③ 安新县地方志办公室编纂：《白洋淀志》，中国书店，1996年，第182、183页。

安新县造纸厂1965年生产机制纸749吨,厂址在当时漾堤口人民公社所在的漾堤口村,紧邻白洋淀边,该厂也成为大清河流域内重要污染源。[1] 由于这些小企业生产工艺十分简陋,资源消耗、污染都极为严重。20世纪70年代白洋淀污染加剧,一定程度上也是五六十年代不注意生态环境保护的后果。

(二) 人地矛盾与1965年高阳县复建城关镇

新中国成立后高阳县纺织业持续发展,除国家市场需求等外因,耕地不足是主要内因。依据中央工作组调查报告,1949—1953年五年间,高阳县农业生产都未能实现计划目标,90%的农户参与了乡村工业,且大多参与的是织布工业的分支业务。[2] 1954年全县开展互助合作,以家庭为生产单位的手工业改为生产社、组。1958年全县工副业完成集体化改造,纺织业合并为六个国营和集体厂。

1963年特大洪灾后,高阳县农田被灾严重,只能扶持工副业解决群众生活问题。1964年全县1960个生产队办起集体工副业,投入了农村劳力总数的54%。[3] 1965年国家为减少非农人口再次提高了建制镇标准,提出或聚居人口达3000人、非农业人口占70%,或聚居人口达2500人、非农业人口占85%,方可设镇,国内建制镇数量继续下降。但同年高阳县城关公社复置城关镇。据统计,1964年城关人口已达9152人[4],且大多从事纺织业,远高于建制镇标准。到1977年全县社队企业仍有600多个,占农村劳力总数的13%[5],在整个白洋淀区最高,人地矛盾是非农经济发展的根本原因。

---

[1] 河北省地方志编纂委员会编:《河北省志·第11卷·环境保护志》,方志出版社,1997年,第74页。

[2] 1954年中央工作组调查报告主要数据如下:1949年高阳县农业生产完成60.8%的任务,1950年31%,1951年52.3%,1952年69.9%,1953年51%。关于人均产出,1952年作为收成最好的一年,纳税后人均粮食占有量为343.8斤。转引自顾琳著:《中国的经济革命:20世纪的乡村工业》,王玉茹等译,江苏人民出版社,2009年,第176页。

[3] 高阳县老区建设促进会编著:《高阳县革命老区发展史》,河北人民出版社,2019年,第14页。

[4] 河北省地方志编纂委员会编:《河北省志·第12卷·人口志》,河北人民出版社,1991年,第41页。

[5] 高阳县老区建设促进会编著:《高阳县革命老区发展史》,河北人民出版社,2019年,第14页。

第四节 白洋淀流域对社会主义
人水关系的实践探索

随着社会主义改造的逐步完成,1957年2月毛泽东主席在《关于正确处理人民内部矛盾的问题》中提出,阶级斗争基本结束,下一步工作的重点是发展经济、发展文化,为之要继续团结全国各族人民进行一场新的战争,即"向自然界开战",通过经济发展进一步"巩固我们的新制度,建设我们的新国家"。① 同年3月再次强调,新中国要由革命转变到建设上来,转变到"技术革命和文化革命"。② 从这些论述和判断中可以看到,在三大改造已基本完成的情况下,如何在社会主义生产关系下保护和发展生产力就成为第一要务。

一、人民公社与白洋淀流域大规模的治水工程

随着全国人民公社化运动进入高潮,河北省农村在很短时间内基本实现了公社化,每一个公社平均8 700户,由单一的农业组织发展为工农商学兵相结合的统一组织,这一巨大转变带来了社会主义的政治、经济、文化建设的新高潮。③ 修河网、挖渠道、修水库等水利工程最重要的生产资料是土地,建成人民公社大集体的所有制并逐步向全民所有制过渡的新形势,就为白洋淀及大清河流域大规模水利建设所需要的统一规划和统一利用土地提供了保障,也为大规模组织劳力实行跨地区大协作提供了前提。

(一) 劳力跨地区统一调配是完成水利工程的重要保证

人民公社"有效地保证了大水库的建设任务"。在当时的技术条件下,修建水库等工程只能靠大规模的劳动力完成,由于人民公社一则规模较大、

---

① 中共中央文献研究室编:《毛泽东文集》(第七卷),人民出版社,1999年,第216页。
② 同上书,第289页。
③ 林铁:《河北省的人民公社运动》,《红旗》1958年第9期。

各业俱全,二则能够统一调配和安排大量劳动力工作,并能够解决他们日常生活问题,由此"便保证了水库建设有足够的精壮民工"。如果没有人民公社,调动如此规模的劳力肯定是一件难以做到的事情。① 由于人民公社建立了托儿所、公共食堂,民工减少了后顾之忧,可以安心投入水库建设,一定程度上保证了民工的劳动积极性。同时,人民公社有强大的人员组织和经济组织能力,能够有力地从各方面支援水库的建设,打破了县界、专区界以至省市界限,开展大范围施工大协作,不直接受益的地方也积极参加了水库、引河等工程建设。

徐水县修建史各庄水库时,组织了17个公社的民工,皆自带干粮、工具参加;修建瀑河水库时,调动了全县民工参加。生产资料的公有制改变了过去"谁受益谁负担,多受益多负担"等劳力负担政策,通过集体主义教育,宣传"整体利益与局部利益相结合,长远利益与当前利益相结合"②,使群众认识了长远利益、整体利益与自己利益的密切关系,自愿互利、互相支援,由公社、县、专区乃至省、市统筹安排,实现了全面增产。如1957年任丘县组织开挖白洋淀下口赵王新河时,安新县也发动2 000名民工参加。③

基于人民公社的组织形式,大型水利工程还实行了军事化的管理制度。1957—1980年间浩大的根治海河工程中,由保定地委、行署统一调度,按军事化组织形式,以县为单位组成团,团长和政委由县任命;以公社为单位组成营和连,营长、连长由公社任命。即使在"文革"时期,跨区域组织人员进行根治海河工程也未间断。

(二) 推行"先合作化,后机械化"的发展道路

农业机械化是农业现代化的一个重要标志,人民公社土地等生产资料公有,也为农业机械实现提供了重要条件。1955年7月毛泽东主席谈了他对合作化与农业机械化关系的认识,主要内容包括两方面:首先,必须"在社会经济制度方面彻底地完成社会主义改造";其次,"技术方面",在一切能

---

① 河北省水利厅编:《河北省水利十年》,河北人民出版社,1960年,第40页。
② 徐水县水利建设经验调查工作组:《学习徐水县水利建设的经验》,《中国水利》1958年第4期。
③ 安新县老区建设促进会编:《安新县革命老区发展史》,河北人民出版社,2019年,第208页。

够使用机器的部门和地方都使用机械操作,这样"才能使社会经济面貌全部改观"。① 人民公社化运动后,又提出了"农业的根本出路在于机械化"的重要论断②,按照"先合作化,后机械化"的发展道路,推广新式农具,开始了农业机械化运动。

1958年河北省召开了农具改革大会,提出要通过大搞农工具改革,推动农业生产"大跃进";同时,也要求农工具改革紧密结合生产,依靠群众,要求省、专、县、社逐级成立工具改革委员会,以此加强领导。当时全省连续遭遇大旱,改革提水灌溉工具成为急需,于是工具改革运动从简易提水工具的改良开始。其间安新县木业社创造设计了蜈蚣式水龙,比传统龙骨水车又轻又快③,提水效率明显提升。这一时期高阳县通过对传统木制农具的改造,半机械化、机械化农具逐渐增多,几乎是"家家办工厂,人人当工匠"④,极大地激发了群众的创造积极性,在一定程度上提升了农业生产效率。

在农业生产条件落后、资源匮乏的情况下,人民公社体制将有限的资源集中起来,进行大规模的农田水利建设及农具改良运动,这些都推进了农业机械化、半机械化的发展。在人民公社初期,很多地方兴办公共食堂及福利院,河北省内很多地方还实行"三化",即托儿化、碾米磨面集体化或机械化、缝纫机械化。这些措施的实施,使解放妇女劳动力成为可能,妇女从家庭中解放出来,参加生产,提高了妇女的社会地位,也提高了农业生产效率。⑤ 这一时期涌现出一批女拖拉机手、女种田能手等女性劳动模范。

工具改良还体现在对白洋淀堤堰修筑等水利工程上。淀内各洼淀的围堤由于长时间被水浸泡,背水坡会逐渐发生散浸,以致大堤脱坡、劈裂。1956年淀区群众学习借鉴长江流域开沟导渗的办法,较过去采取的堤防的背水坡打桩、厢苇、筑戗堤等措施,省时省力、简便有效。同时,在堤岸防风浪淘刷方面,传统植苇、设置天然屏障等方法也被进一步优化,寻找到适宜的季节种植,保证成活率和生长速度。经过改良,一般50~70米宽

---

① 毛泽东:《关于农业合作化问题》,《中华人民共和国国务院公报》1955年第18期。
② 中共中央文献研究室编:《毛泽东文集》(第八卷),人民出版社,1999年,第49页。
③ 《河北省大搞农工具改革,推动农业生产大跃进》(1958年),河北省档案馆藏河北省农业厅档案,档案号:979-5-472。
④ 高阳县地方志编纂委员会编:《高阳县志》,方志出版社,1999年,第188页。
⑤ 《张承先同志在河北省委召开的发展地方工业现场会议上的总结发言》(1958年),河北省档案馆藏中共河北省委档案,档案号:907-9-14。

的苇田就能抵御六七级大风。这样既能保护大堤安全,又可增加收入。①

二、 爱国卫生运动与白洋淀水环境

新中国成立以后,全国开展了轰轰烈烈的爱国卫生运动。这个运动不仅改善了城乡环境卫生,提高了人民群众抗病御病的能力,而且充分显示了我国人民民主制度的优越性,显示了人民当家作主后发挥的巨大力量。② 50年代初确立了"预防为主"的卫生工作方针,为环境卫生工作的开展创造了有利条件。自1958年以后,白洋淀水乡公社(新安人民公社)已基本控制了伤寒、脑炎等急性传染病,慢性疾病也大为减少③,保持了较高的劳动出勤率。

(一) 除"四害"讲卫生运动与白洋淀环境卫生

1956年1月《全国农业发展纲要(草案)》中提出,要从1956年开始,根据各地实际情况,分别在五年、七年或者十二年内,"在一切可能的地方,基本上消灭老鼠、麻雀、苍蝇、蚊子"。随后全国各地响应党中央的号召,开展了规模浩大的除"四害"运动。1956年1月20日容城县做出动员一切力量消除"四害"的决定,开展春季大扫除运动,老鼠、麻雀、蚊子、苍蝇密度显著下降。④ 随着爱国卫生运动的开展,白洋淀区几种常见传染病基本上得到控制,为卫生防疫事业的发展打下了基础。

1958年初国务院进一步发布了《关于除四害、讲卫生的指示》,争取尽快消除"四害",要求全国各地的除"四害"讲卫生要达到"消灭疾病、人人振奋、移风易俗、改造国家"的目的。⑤ 以除"四害"为中心的爱国卫生运动,逐

---

① 河北省水利厅编:《河北省水利十年》,河北人民出版社,1960年,第51页。
② 肖爱树:《1949—1959年爱国卫生运动述论》,《当代中国史研究》2003年第1期。
③ 参见范金铎:《"蚊子世界"变成幸福无蚊的水乡——河北省徐水县白洋淀新安公社爱委会代表范金铎在全国文教群英会上的发言》,《人民军医》1960年第7期;《学习"无蚊水乡"白洋淀新安人民公社的灭蚊经验》,《人民军医》1960年第7期。
④ 河北省容城县地方志编纂委员会编:《容城县志》,方志出版社,1999年,第445页。
⑤ 中共中央文献研究室编:《建国以来重要文献选编》(第十一册),中央文献出版社,1995年,第164页。

步在全国形成高潮。同年9月中央决定继续展开除"四害"运动①,号召各行各业要与"大跃进"同步,大力推进。保定市发动在校中小学两千多名学生停课参加除"四害",采用疲劳战术,轰撵麻雀使其不能停驻歇息,长时间飞行后就会因疲劳致死。② 1958年1月安新县开展以除"四害"为中心的冬季爱国卫生突击月运动,印发《关于今冬明春大力开展除四害的指示》。③淀区各县将麻雀捕杀殆尽。

这次除"四害"讲卫生运动是支援农业生产"大跃进"背景下卫生领域掀起的"大跃进",基本实现了中央提出的除"四害"讲卫生就是要消灭疾病、增强人民体质及"保护劳动力、提高劳动效率"的目的④。这次除"四害"虽有保护农田水利和粮食增产的初衷,但没有资料表明除"四害"达到了粮食增产的目的。⑤ 麻雀虽然啄食庄稼,但它也是农作物害虫的天敌之一。盲目地大规模捕杀使生物链发生断裂,生态平衡也受到一定影响,最直接的后果就是虫害增加,反而影响了农业产量。这次卫生"大跃进"运动初衷与结果的差异,也警示人地关系中必须尊重客观规律。

(二)水乡人民公社的"八翻五改良"

白洋淀水域面积逾80%位于安新县境内,各种传染病发病率较高,历史时期主要有疟疾、麻疹、痢疾、肺结核、肝炎、麻风、伤寒等。1964年安新公社小西庄发现一例"02"传染病患者,该传染病在1937年曾发生过,并在短时间内迅速蔓延全县,当时因没有有效防止的措施,造成了很高的死亡率。这次发现病例后,河北省迅速在安新县成立"02"病防治指挥部,在水乡设立了15个防治点,有效地控制了蔓延。⑥

新安人民公社位于白洋淀北部⑦,南面被白洋淀包围,北有营家淀、大王

---

① 《中共中央关于继续展开除"四害"运动的决定》,《大公报》1958年9月11日第2版。
② 《河北省卫生厅关于爱国卫生运动开展情况的通报》(1958年),河北省档案馆藏档案,档案号:1027-02-516。
③ 雄县县志编纂委员会编:《雄县志》,中国社会科学出版社,1992年,第206页。
④ 《关于继续开展除四害运动的决定》,《人民日报》1958年9月11日第1版。
⑤ 曾雪兰:《1958年河北"除四害、讲卫生"运动述评》,《石家庄学院学报》2018年第1期。
⑥ 安新县地方志编纂委员会编:《安新县志》,新华出版社,2000年,第935页。
⑦ 这时处于安新、容城、徐水合县时期。

淀,全社有大小淀泊 24 处、壕沟 290 多条,这些淀泊壕沟内都储蓄着一定的水量,很适宜蚊子繁殖。新中国成立前,这一带有这样的民间顺口溜:"白天苍蝇铺满地,夜晚蚊子遮住天,炕上臭虫咬,屋里老鼠叫。"苍蝇、蚊子、臭虫、老鼠都存在传染疾病的潜在风险。水乡聚落内的街巷更是坑坑洼洼,雨天满街泥泞,加上人们没有形成良好的卫生习惯,生活垃圾随意倾倒,新中国成立初期这一带有"五多""六脏"之说。其中"五多"是蚊多、蝇多、垃圾多、集灰多、屎尿多,"六脏"是河边脏、街道脏、胡同脏、院子脏、住屋脏、厕所脏,全面形象地描述了当时白洋淀水乡的恶劣生存环境。上述不良卫生条件使痢疾、疟疾、黑热病、流行性乙型脑炎、伤寒等疾病很容易在淀区流行。1942年霍乱流行时,2 000多人的大张庄就死了 60多人,死亡率达 3%。所以人民公社建立后,发动群众"移风易俗,改造世界",掀起了整治水乡环境的卫生运动高潮。

从 1959 年起,全社实行了粪便垃圾统一管理,落实"三圈"到田,人畜粪便垃圾专人包干清除,及时泥封堆肥进行无害化处理。1960 年全公社 46 个村卫生工作全面"大跃进",前后掀起 40 次卫生运动高潮,共填平污水坑、垫成丘田 7 000 多亩,修建养鱼池 1 000 多亩,结合生产对厕所、牲畜棚、鹅鸭窝、碾磨棚、粪坑、猪圈、粪堆底、垃圾坑等普遍进行了"八翻",对厕所、鸡鸭窝、水井、猪圈、牲畜棚等进行了"五改良"。同时还搞了当时总结为"连根拔"的活动,主要包括分片包干打捞水中苲菜,铲除岸边杂草,疏通沟渠,处理污水坑,有效地消灭了"四害"孳生地,实现从源头消灭"四害",减少了疾病传播,保证了劳动出勤率。① 消灭蚊子还是一件移风易俗、改造群众思想的事情,面对千百年来与乡民共生的蚊子,是否该消灭,是否能消灭,对当时百姓概括为"人能还是蚊子能"的命题展开讨论,这也是对人水关系中哪一方更具主动性的思考。

三、 社会主义制度经受了 1963 年大洪水的考验

新中国成立后,集中力量对危害较大河流展开治理,大清河及海河水系是治理重点之一。主要治理思路是在上游山区修建水库截蓄,在中下游疏

---

① 范金铎:《"蚊子世界"变成幸福无蚊的水乡——河北省徐水县白洋淀新安公社爱委会代表范金铎在全国文教群英会上的发言》,《人民军医》1960 年第 7 期。

浚河道,尾闾增加泄洪入海水道,改变东汉末年以来形成的集中于天津入海的历史局面,形成了各水系"分流入海,分区防守"的工程格局,海河水系从扇形水系结构逐步改变为网络形水系结构。1963年特大洪水证明了这一治河理念的前瞻性、正确性,同时社会主义制度也经受了这次大洪水考验,增强了群众对新中国的认同。

(一) 成灾自然因素和思想原因

1963年大洪水直接原因是汛期流域性大暴雨,这次暴雨强度大、范围广、持续时间长。一旬之内,平均降水在500毫米以上的面积达45 000平方公里,超过1 000毫米的面积达5 560平方公里。海河流域大清、子牙、漳卫三条河流共降水577亿立方米,产生的径流总量302亿立方米,相当于有记载以来年降水量最大的1939年的2倍多,为1956年的1.9倍。[①] 此外,由于大清河流域上游水库等蓄水工程在60年代已经逐步投入使用,干部群众期待这些工程可以拦蓄洪水,也导致预防观念不足。

1. 流域性暴雨是洪水的直接因素

1963年7月末8月初,太平洋副热带高压从日本海到渤海间形成了一个稳定不动的高压中心,同时江淮地区上空存在一条东西向分布的低压槽。8月4日以后从贝加尔湖至青藏高原形成一条南北向的阻塞高压,日本海高压与阻塞高压之间构成一条深且稳定的低压槽,华北地区上空就位于这一低压槽上,较长时间处在冷暖空气交锋的幅合带里,直接促成了这次特大暴雨的产生。这也决定了这次暴雨降水范围广、降水量大的特点,在太行山东麓形成一条南北长440公里、东西宽90公里、降水量超过600毫米的稳定且持续时间长的雨带。

在1963年汛期,海河流域10日内降水量超过500毫米的面积为4 000平方公里,暴雨中心最大降水量在500毫米以上的面积为45 000平方公里,超过1 000毫米的为5 400平方公里。大清河水系上游完县司仓村,8月7日一天降水量为704毫米,为一般年全年降水量的1.5倍。作为河北平原

[①] 刘铭西:《从1963年特大洪水对水利建设几个问题的重新认识》,《水利水电技术》1964年第5期。

上最大的洼淀,历史时期白洋淀滞蓄过无数次的洪沥水,但1963年各河洪水来势之猛、淀内水位上涨之快仍是出人意料的。这次暴雨雨区之稳定、持续时间之长、范围之广历史所罕见。① 这是1963年8月大洪水的直接原因。从8月1日到9日,特大暴雨自南而北、自西向东扫荡了河北省中南部地区,最终汇聚到中南部低洼区域——白洋淀,"一个暴雨中心,紧接着另一个暴雨中心","强度之大,来势之猛"是河北省水文记载史上所未见的。②

2. 白洋淀区干部群众防洪观念不足

1963年正处于国民经济调整恢复时期,7月底以前虽偏旱,但农业生产形势很好,河北全省一派丰收景象。进入汛期,海河流域普降大雨,河北省防汛指挥部提前电示各地加强防汛领导,特别是对水库、河道要加强防守。8月6日流域南系暴雨中心移至保定地区,大清河水系龙门、西大洋、王快等大型水库告急,河北省防汛救灾指挥部成立。同日《河北日报》发表社论,题为"动员起来,战胜洪涝灾害"。8月7日保定地区最大降水量达589毫米。同日国务院对大清河水系抗洪斗争作了重要指示:在确保天津市和津浦铁路安全的条件下,尽量缩小灾害损失。③

8月8日保定地区刘家台中型水库倒坝,龙门、瀑河两水库扒开副坝泄洪,大清河北支洪水开始进入白洋淀。④ 8月9日大清河南支洪水也进入白洋淀,千里堤告急。省委开始组织行滞洪区群众转移。8月9日上午,面对大清河南、北支洪水开始入淀,千里堤告急的险情,地方领导到白洋淀千里堤考察。当时看到的情形是"十方院的水位还很低",白洋淀内"高高低低的园子庄稼长得都很好",还不能直观地看到洪水危机。在枣林庄西南边园子地路边上,视察的干部遇到一位在地里劳作的老大爷,还问:"今年的水怎么样?没有事吧?"看到老人的乐观态度,干部讲了上游洪水情况和可能的险情。而老人根本不信,甚至和视察人员打赌:"我的大棒子准能吃上。"但第二天早晨他地里的玉米已经被洪水没顶。不仅这位经验丰富的老农没有想到,连来视察汛情的干部们也没有想到洪水会来得如此之快、之多。事后领

---

① 戴哲夫、顿维礼:《决战千里堤》,载政协任丘市文史资料研究委员会编《任丘文史资料》(第五辑),中国人民政治协商会议任丘市委员会,1997年,第136—138页。

② 同上书,第135页。

③ 《海河志》编纂委员会编:《海河志·大事记》,中国水利水电出版社,1995年,第140页。

④ 同上书,第136页。

导们也反思当时存在麻痹、侥幸意识,对灾害预估不足,没有提前将大水将至的消息告知群众,让群众做好应急准备,以减少损失。①

干部群众为什么会预防观念不足?主要原因应有三方面:(1)这次暴雨范围之广、数量之大确实超乎预期;(2)"大跃进"以来流域内生产实践加剧了水土流失,加速洪水下泄速度,也是干部群众没关注到的;(3)随着上游水库逐步投入使用,干部群众在一定程度上也高估了水库拦蓄减洪作用。如上文所述,"大跃进"时期水库工程质量也存在较多问题。这次特大洪水首先是西部山洪暴发,泥石流汹涌而下,破坏力极强,沿河树木被一扫而光,周边梯田谷坊等小型水利工程连续被冲毁,特别是8月8日刘家台水库倒坝,龙门和瀑河水库扒副坝泄洪②,泄入白洋淀的洪水量急遽加大。可见,1963年汛期大洪水的根本原因是自然条件形成的罕见暴雨,人类活动的扰动、防灾意识不足等也加剧了洪水危害。

(二) 新中国水利工程对洪水的截蓄、分流

1963年8月8日直泻而下的洪峰使京广线以南的大部分平原连成泽国,白洋淀外围低洼地区一时水位陡涨,高于淀内。8月8日至9日,相继扒开四门堤、障水埝、淀南新堤等隔堤,使洼地外围的大量洪水泄入白洋淀内。至8月10日估算,大清河南支洪水总量67亿立方米,经横山岭、口头、王快、西大洋、龙门等水库拦蓄后,仍有56亿立方米下泄入淀。仅8月10日一天白洋淀水位就上涨2.7米,远超保证水位10.5米,千里堤告急。千里堤溃堤,洪水就会直逼天津。

上游水库截蓄作用。在抵御水灾过程中,新中国成立以来兴修的水利工程在防洪、减洪方面发挥了重要作用。白洋淀上游大清河南支的王快、西大洋、横山岭、口头、龙门等五座水库就拦蓄了17.4亿立方米,占洪水总量的53%,并削减洪峰流量76%,使上游24 000立方米/秒的洪峰减至5 600立方米/秒。③ 这些水利工程在很大程度上降低了灾害程度。从区域气候特征

---

① 戴哲夫、顿维礼:《决战千里堤》,载政协任丘市文史资料研究委员会编《任丘文史资料》(第五辑),中国人民政治协商会议任丘市委员会,1997年,第138页。
② 吕元平:《对海河流域某些大型水库的回顾与展望》,《海河水利》1984年第3期。
③ 《河北省1963年抗洪斗争基本总结(修正稿)》(1963年),河北省档案馆藏档案,档案号:982-2-600。

实际出发,在 60 年代,汛前水库一般要大量放水腾出库容,以供汛期拦蓄洪水;但 70 年代以来,长期偏旱,水资源减少,需要最大限度地存蓄降雨,所以在汛期水库一般仍保留较高水位。①

除上游水库发挥拦洪削峰作用,下游文安洼、白洋淀、东淀等洼淀滞洪,也极大减轻了下游防洪负担。为了快速降低白洋淀高水位,在小关村及榕花树两处破堤泄水,文安洼、东淀、贾口洼三洼隔堤都被打开,联合运用扩大蓄滞洪水量,同时也减少了泄入尾闾河段的洪水量。在此前提下,将津浦线二十五孔桥疏通,发挥泄洪入海工程的作用,保证了天津市和津浦铁路的安全。8 月 11 日白洋淀水位达 11.37 米,在白洋淀千里堤小关村分洪入文安洼。8 月 13、14 日白洋淀依然维持超高水位,除继续扩大小关分洪口门外,由雄县和文安县分别在大清河榕花树左右堤扒口,分白洋淀洪水入大清河和洪城洼,再由溢流洼进入东淀。

8 月 15 日东淀水位上涨,严重威胁天津市安全。8 月 18 日滏阳河、子牙河溃决洪水进入贾口洼,超过限制水位。于是实施贾口洼、东淀、文安洼联合运行调洪,分三路泄洪:(1) 从王口向文安洼泄水,(2) 提锅底闸向东淀泄水,(3) 从二十五孔桥向团泊洼分洪。8 月 21 日实施三洼联合运行调洪,8 月 30 日文安洼水位达历史最高水位,8 月 31 日东淀水位超过历史最高水位。直到 9 月 1 日高水位才开始回落,到 9 月 24 日天津市外围各洼淀水位已基本降到保证水位以下。②

(三) 体现了社会主义新型人水关系

在 1963 年 8 月洪水期间,白洋淀最高淀水位达到 11.58 米,相应蓄水量 41.72 亿立方米。8 月 8、9 日两天,为了让周边平原地区过量洪水注入白洋淀,相继扒开了四门堤、障水埝、淀南新堤等隔堤。同时为确保千里堤安全,8 月 11 日在任丘县分洪入文安洼,13 日又在文安县分洪入溢流洼,两处分

---

① 肖嗣荣、穆仲义、张原秀:《"96·8"与"63·8"暴雨洪水的比较研究》,《河北水利水电技术》1998 年第 3 期。
② 《海河志》编纂委员会编:《海河志·大事记》,中国水利水电出版社,1995 年,第 137—140 页。

洪口门总分洪量达27亿立方米。①

安新县放弃所有堤防分洪。1963年8月白洋淀流域暴雨强度、范围历史罕见，西部山洪携带泥石流汹涌而下，冲毁小型水库300座、中型水库4座，洪水涌入白洋淀，天津危急。② 保卫千里堤成为保卫天津的第一战役。截至8月11日，安新县从大局出发，放弃了全县所有堤防，受灾淹涝11公社、2个农场，包括110个大队、775个生产队的276 528亩土地、160 539亩耕地，23 632户群众受灾。③

雄县、任丘、文安等县主动分洪。1963年汛期，雄县降水量占全年总降水量的86%，单日最大降水量为113毫米，特别是8月4至9日连降六场大暴雨。同时大清河上游山洪暴发，新盖房洪峰高达5 210立方米/秒。8月7日新盖房分洪，13日在王家房小堤和友谊河下游东岸两处决口险情下，依然在黄湾、马蹄湾破堤放水，在榕花树分洪，全县受灾总面积高达32万亩，其中颗粒无收18万亩。④ 8月11日上游洪水涌入白洋淀，任丘县在小关村附近扒堤分洪，全县遭受历史上罕见的洪涝灾害。⑤ 文安县也主动在文安洼分洪。雄县、文安、任丘等县主动扒堤坝分洪，使白洋淀的蓄洪面积由600平方公里扩至1 000平方公里，蓄水量由16亿立方米扩到38亿立方米⑥，堤坝毁坏122处⑦。白洋淀区各县汪洋一片，各行业生产都遭到重创，人民做出了重大牺牲。⑧

---

① 刘克岩:《"63·8"暴雨在近期重演后大清河流域江洪沥水组成的变化及洪水调度》,《河北水利水电技术》1998年第3期。

② 戴哲夫、顿维礼:《决战千里堤》,载政协任丘市文史资料研究委员会编《任丘文史资料》(第五辑),中国人民政治协商会议任丘市委员会,1997年,第135—143页。

③ 赵玉生:《1963年安新县抗洪抢险救灾大事纪实》,载政协安新县文史资料委员会编《安新县文史资料》(第五辑),政协安新县文史资料征集委员会,2007年,第150页。

④ 张金声:《雄县旱涝史话》,载政协雄县委员会文史资料组编《雄县文史资料》(第4辑),政协雄县委员会文史资料组,1990年,第48—49页。

⑤ 河北省任丘市地方志编纂委员会编纂:《任丘市志》,书目文献出版社,1993年,第41页。

⑥ 戴哲夫、顿维礼:《决战千里堤》,载政协任丘市文史资料研究委员会编《任丘文史资料》(第五辑),中国人民政治协商会议任丘市委员会,1997年,第135—143页。

⑦ 河北省地方志编纂委员会编:《河北省志·第20卷·水利志》,河北人民出版社,1995年,第131页。

⑧ 赵玉生:《1963年安新县抗洪抢险救灾大事纪实》,载政协安新县文史资料委员会编《安新县文史资料》(第五辑),政协安新县文史资料征集委员会,2007年,第154页。

全国支援白洋淀抗洪救灾及灾后重建。特大洪水发生后,驻河北省内的解放军陆海空三军临危受命,参与抗洪救援,用军用设备参与承担了通讯、救灾物资空投和水上运输等任务。同时国务院各部委和全国各省市伸出了援手。① 白洋淀水位涨到 11.73 米后,安新全县一片汪洋。8 月至 10 月间,184 个村被洪水包围,房屋倒塌 4.5 万间,一些人开始盲目外流。中央、华北局、省委、地委、北京、天津、张家口、新城、雄县等等,都派出慰问团和医疗队带着食物、药品,对安新灾区进行物资救急和免费医疗。② 8 月 3 至 9 日容城县境内拒马河、大清河出现超过安全流量的 1 340 立方米/秒的特大洪峰,92 个村庄被水围困,秋播面积 88.7% 被淹没。14 日驻秦皇岛的海军官兵百余人带着 26 条汽船和拖船赶来抢险救灾,驻保定、唐山、武清等地的部队也带着机帆船和橡皮船进入东牛、张市、平王等公社抢险救灾。③ 文安洼分洪之后,文安县城成为水中孤岛,天津市动员了全部饮食业和大批运输车辆,为灾区加工饼干、大饼。空军部队和中国民航派出多批飞机,向聚集在千里堤和文安城内的灾民空投食品。海军东海、北海舰队 4 艘登陆艇共抢救灾民 1.34 万人,省航运局、安新县、宝坻县、胜芳镇派来船只抢救转移灾民 6.64 万人,永清、固安、霸县 3 县则接纳安置了文安县 2.55 万名灾民。④

1963 年特大洪水是新中国成立后河北地区遭遇的最严重的水灾。大洪灾发生后,从环淀、临堤各县主动分洪保卫京津,再到全国各地和海陆空军队紧急救援,抗洪抢险成为当时压倒一切的任务。这次抗洪胜利体现了社会主义制度凝心聚力的优势,极大提升了人民群众对新中国的政治认同。个人利益服从集体利益、局部利益服从全局利益,这也是社会主义人水关系的新风尚。

本 章 小 结

1959 年底毛泽东主席强调提高劳动生产率的三个办法:"一靠物质技

---

① 戴哲夫、顿维礼:《决战千里堤》,载政协任丘市文史资料研究委员会编《任丘文史资料》(第五辑),中国人民政治协商会议任丘市委员会,1997 年,第 137 页。
② 安新县地方志编纂委员会编:《安新县志》,新华出版社,2000 年,第 59 页。
③ 河北省容城县地方志编纂委员会编:《容城县志》,方志出版社,1999 年,第 31 页。
④ 《文安县水利志》编纂委员会编:《文安县水利志》,水利电力出版社,1994 年,第 75 页。

术,二靠文化教育,三靠政治思想工作。"后两者都要调动人的主观能动性。毛泽东主席列举了1959年冬全国7 700多万劳动者参加水利建设的壮举,预想通过持续大规模人力的建设运动,可以使中国"水利问题基本上得到解决"。①

1958年水利建设也进入"大跃进"时期,大清河上游山区百余座水库工程上马,多由保定专署组织流域各县动员民工利用农闲参与建设,动辄数千人乃至万人,在工程技术、施工设备严重不足的情况下,确实也创造了人类水利工程的奇迹。不可否认,如此大规模的水库截蓄,必然扰动水系原有的生态系统。此外,水库选址、施工质量等确也存在诸多问题。大清河水系"上游修建水库,中游修筑堤坝,下游开挖引河"②的抗洪减灾思路,也标志着水系治理进入了一个新的阶段。

这一时期河道内的坝、闸设施开始截断洄游生物的通道,淀内各业都在"跃进",水产"大跃进"带来过量捕捞,芦苇种植"大跃进"势必与渔业争夺淀内水资源。生产无序扩张,就使白洋淀水土资源的利用、水产资源结构受到明显的人为扰动,甚至是损坏,最终只能带来水产资源的减少。

地缘位置赋予了白洋淀洼地保卫京津、铁路、油田等安全的职能。1963年特大洪水是对新中国成立以来水利工程的考验,更是对社会主义制度下局部利益服从整体利益新型人水关系的考验。抗洪胜利后,河北省总结经验教训,提出以后治水思路:"水有自然流势,不能挡,只能排,下游必须服从上游。"③认识到河流系统自身规律的客观性,水利工程需要顺之、从之,这正是新中国人水关系在曲折中发展的反映。

---

① 中共中央文献研究室编:《毛泽东文集》(第八卷),人民出版社,1999年,第127页。
② 杨学新、刘洪升:《周恩来与建国初期海河水利建设》,《河北大学学报》(哲学社会科学版)2013年第1期。
③ 《海河志》编纂委员会编:《海河志·大事记》,中国水利水电出版社,1995年,第146页。

第三章

1966—1977 年工农业生产发展与白洋淀区水环境的新问题

这一阶段完成了"三五""四五"计划,启动了"五五"计划,且与"文革"十年重叠。因淀区水安全事关京津,在保定地区武斗严重时,周恩来总理亲自参与部署了对部分堤坝的军管。这一时期气候趋向干旱,淀区种植规模持续扩大,社队企业也开始发展,与之同步的是水产业萎缩。产业结构调整既是社会主义现代化的发展目标,也是淀区水环境与人类相互作用的反映。

第一节 白洋淀自然和人文要素的主要特征

白洋淀水系在这一时期发生了重大变化。1970年白沟引河建成启用后,一般年份大清河北支也入白洋淀,这就改变了历史时期只有大清河南支入淀的情况,可以说在很大程度上改变了白洋淀水系布局。同时为保白洋淀和千里堤洪水安全,通过新盖房枢纽将白沟引河行洪能力控制在500立方米/秒以内,或曰白洋淀只接纳大清河北支低标准洪沥水,丰水年份则由新盖房分洪道引入大清河干流。

一、温度、降水量与淀区水环境

气候变化主要通过改变湿地的水文特征,减少湿地水源补给,增加水分消耗,使湿地退化萎缩。[1] 温度、降水量变化在白洋淀湿地退化中起决定作用,其中降水对湿地的影响最大。淀区和流域降水量的减少一般会带来入淀水量的减少,气候暖干又会使白洋淀蓄水蒸发加大,二者叠加会加速淀内水位的降低,严重时出现干淀灾害,生态系统遭到破坏。

---

[1] 刘春兰、谢高地、肖玉:《气候变化对白洋淀湿地的影响》,《长江流域资源与环境》2007年第2期。

(一) 白洋淀区夏季气温略有上升,冬季冰期略有延长

20世纪60年代以降,中国北部气温30年内上升了0.3~1℃,是世界平均水平的2倍。分析这一时期白洋淀区气温变化趋势,同样显示出上升态势。依据1959—1979年20年间白洋淀气象资料分析,这一时期极端最高气温40.7℃,极端最低气温为-22.6℃,最大温差63.3℃。七月为气温最高月份,平均气温在26~27℃;一月为气温最低月份,平均气温在-4~7℃。6—9月为汛期,积温占全年积温的67%,蓄水面积与高温同期,也是白洋淀水生生物生长繁殖的主要季节。①

白洋淀气温变化的特征可从这一时期雄县年平均气温中得到佐证。从表3-1-1可以看到,这12年间,最高年均气温出现在1975年,为12.8℃,这也是1949年以来平均气温最高的一年。白洋淀的水文特点与温度变化关系密切。

表3-1-1　1966—1977年雄县年平均气温统计表　　　　单位:℃

年份	年平均	年份	年平均	年份	年平均	年份	年平均
1966	11.6	1969	10.7	1972	12.0	1975	12.8
1967	11.6	1970	11.3	1973	12.0	1976	11.4
1968	12.1	1971	12.0	1974	11.9	1977	12.1

数据来源:《雄县志》(1992年)第62页。

白洋淀冰层厚度历年变动在0.19~0.42米之间,平均0.28米。这一时期白洋淀冰期波动较大,如1955年初冰期在12月1日,终冰期是12月31日,冰期一个月;而1975年初冰期在11月9日,终冰期是3月23日,冰期约四个半月。还有研究提出,1971年之后白洋淀冬季冰期有延长态势,其原因有待查证。由于淀水不深,底质淤泥较多,冰期延长就使浅水小淀鱼类的越冬条件变得恶劣。②

---

① 童文辉:《白洋淀渔业自然条件分析》,《华北农学报》1984年第1期。
② 同上。

（二）降水量波动较大，总体趋少

白洋淀降水主要集中在夏秋之交的汛期。据统计，1966—1977 年 12 年间，6 月至 9 月多年平均降水为 462.9 毫米，占全年降水量的 84.3%，1960 年、1972 年、1974 年、1976 等年份占到全年的 90% 以上。这一时期年平均降水量最多年份是 1977 年，达到 865.5 毫米，最少年份为 1968 年，两者相差 2.49 倍（详见表 3-1-2）。前文提到 1971 年之后冬季冰期略延长，但冬季降雪量依旧不大。以安新县为例，积雪深度一般 2~10 厘米，最大积雪深度 26 厘米发生在 1979 年 2 月①。

表 3-1-2　1966—1977 年白洋淀降水量统计表　　单位：毫米

年份	降水量	年份	降水量	年份	降水量	年份	降水量
1966	603.9	1969	549.8	1972	397.6	1975	357.2
1967	669.7	1970	473.0	1973	783.7	1976	647.5
1968	347.8	1971	371.0	1974	543.4	1977	865.5

数据来源：《安新县志》（2000 年）第 124 页。

白洋淀淀区降水最大的特点是暴雨较多，降水集中在汛期数月。因此白洋淀地区有明显的洪水季节，容易泛滥成灾。② 1973 年是新中国成立以来雄县降水最多的大涝之年，年降水量为 954 毫米。大涝之年不但未出现洪灾，农业反而获得了好收成③，反映了新中国成立以来农田水利设施在减灾保产方面的作用。

二、白洋淀主要水文特征

20 世纪 70 年代初白洋淀"淀内总面积 46 万亩"④，其中安新县境内占

---

① 安新县地方志编纂委员会编：《安新县志》，新华出版社，2000 年，第 125 页。
② 童文辉：《白洋淀渔业自然条件分析》，《华北农学报》1984 年第 1 期。
③ 张金声：《雄县旱涝史话》，载政协雄县委员会文史资料组编《雄县文史资料》（第 4 辑），政协雄县委员会文史资料组，1990 年，第 49 页。
④ 《河北省关于白洋淀情况汇报提纲（草稿）》（1972 年 11 月），河北省档案馆藏河北省革命委员会档案，档案号：919-5-113。

总面积的 86%。依据现代观测,年平均气温每升高 1℃,蒸发量就增加 10%~15%。一般年份白洋淀夏季蒸发量平均为 1 厘米/天①,所以必须保证一定的入淀水量。如果水源补给不足,严重到蒸发量大于入淀水量,白洋淀就会面临干淀危险。依据有关资料,1960 年以来白洋淀蓄水量在减少,水位降低,水域面积萎缩,干淀灾害开始出现并逐步加剧。

(一) 入淀水量、出淀水量

白洋淀水源主要有二:一是降水,二是上游河流来水。由于淀区和上游水系汛期基本同步,每年 8、9 月雨季是白洋淀水位最高的季节,雨季前的 5、6 月则是水位最低的季节。20 世纪 60 年代中期开始,河北平原气候趋向暖干,如 1966 年河北平原干旱,白洋淀入淀水量大幅减少,甚至到 1967 年趋于干涸,低水位状态一直持续至 1987 年。再加上上游水库截蓄,据 1971—1979 年 9 年间的统计,平均年进淀水量仅 11.39 亿立方米,比修建水库前减少三分之二以上,而且除洪水季节外,各条河流都出现了明显的断流现象。② 其中大清河南支水系在 1970—1980 年的 11 年间,入白洋淀水量共计减少 46.09 亿立方米,平均每年减少 4.19 亿立方米。③

毛泽东主席发出"一定要根治海河"的号召后,贯彻"上蓄、中疏、下排"的防洪方针,除了上游大量的水库修筑,在白洋淀出水口,1965 年建成枣林庄大闸,1970 年筑成赵北口溢流堰,淀水被拦截在十里铺—赵北口—枣林庄一线,白洋淀进入了半封闭状态。淀水基本不再东流,成了死水一潭。白洋淀水下泄量不仅波动很大,且在一般年份几乎无水下泄,以致 1966 年大清河河水干涸。④ 这一时期白洋淀入淀水量和出淀水量推算见表 3-1-3。

---

① 马敏立、温淑瑶、孙笑春等:《白洋淀水环境变化对安新县经济发展的影响》,《水资源保护》2004 年第 3 期。
② 童文辉:《白洋淀渔业自然条件分析》,《华北农学报》1984 年第 1 期。
③ 安新县地方志编纂委员会编:《安新县志》,新华出版社,2000 年,第 175 页。
④ 任丘市交通局史志编写办公室编:《任丘市交通志》,任丘市交通局史志年鉴编写办公室,1987 年,第 201 页。

表3-1-3　1966—1977年白洋淀入淀、出淀水量推算成果表

单位：亿立方米

年　份	入淀水量	出淀水量	年　份	入淀水量	出淀水量
1966	7.736 2	3.641	1972	1.139 5	0.149 2
1967	16.477 5	12.408	1973	17.623 9	13.17
1968	3.966 2	1.919	1974	8.715 7	5.699
1969	10.690 9	5.975	1975	0.929 2	0.363 8
1970	8.293 2	5.305	1976	5.737 4	1.234
1971	3.144 9	1.165	1977	20.822 1	18.06

数据来源：《安新县志》（2000年）第182、182页。

（二）白洋淀水位①、水面、水量变化

受地形、气候影响，白洋淀水位超过10米时，容易发生洪涝；反之，若降至7米以下，则会发生部分或全部干涸。② 1949年以来，白洋淀最高水位出现在1963年，为11.73米，水面也达到最大。60年代以后，水系上游逐步修建了近150座各类型水库，加之流域工农业用水量显著增加，入淀水量骤减。1960—1969年最低水位6.97米，均值7.358米；1970—1979年最低水位6米，均值6米。③ 从这些数据可以直观地感受到淀内水位在降低（详见表3-1-4）。

白洋淀水量变化与水位变化有密切关系，当水位上升至8.5米以上时，面积就不复增加，其相应水面为23万亩左右，故8.5米水位可视为白洋淀正常水位的高限水位。据1949—1979年31年最高、最低水位及容量资料分析，白洋淀水位在7.3~8.8米之间时，全淀蓄水量波动在1~4.4亿立方米之间。

---

① 本章若无特殊说明，水位均为大沽高程。
② 陈中康：《浅谈白洋淀渔业减产原因和增产措施》，《中国水产》1979年第4期。
③ 河北省地方志编纂委员会编：《河北省志·第19卷·水产志》，天津人民出版社，1996年，第89页。

表 3-1-4　1966—1977 年白洋淀年内水位、水面、水量变化表

年份	水位变化(米)	水面变化(万亩)	蓄水量变化(亿立方米)
1966	8.36~干淀	40.63~0.31	3.14~0.03
1967	8.83~6.48	45.27~10.71	4.5~0.44
1968	8.1~6.54	31.5~10.94	2.5~0.47
1969	8.69~7.08	45.05~14.41	4.07~0.93
1970	6.69~7.76	95.04~26.05	4.07~1.85
1971	6.45~干淀	10.58~干淀	0.4~0.03
1972	8.29~干淀	38.95~6.9	2.98~0.1
1973	7.33~干淀	18.7~6.9	1.06~0.03
1974	8.45~7.14	42.8~15.45	3.42~0.99
1975	8.42~6.4	42.25~10.35	3.33~0.35
1976	8.53~干淀	44.32~6.9	3.64~0.03
1977	10.18~7.2	46.05~16.35	8.55~1.06

数据来源:《安新县志》(2000 年)第 180、181 页。

三、淀区生物特征

20 世纪 60 年代白洋淀天然来水量减少,同时上下游大型坝堰修建,不仅拦蓄了部分入淀水量,而且阻断了洄游性鱼类的通道,加之干淀和水质污染,鱼类品种急剧减少,特别是优质鱼类出现小型化、低龄化趋势。简而言之,尽管江河平原动物区系、河海亚区鱼类等特点没变①,但人类对水系结构的剧烈扰动叠加在气候变化之上,白洋淀水文条件、自然鱼类资源还是发生了较大的变动。

---

① 胡福来、杨新阁:《引黄济淀对白洋淀的生态效益分析》,载潘增辉主编《水生态文明建设研究与实践》,河北科学技术出版社,2013 年,第 53 页。

（一）溯河鱼类和顺河入淀鱼类逐步绝迹

1958年调查到的溯河鱼类和顺河入淀鱼类，在1975年的调查中基本绝迹。① 鱼类是水生态系统稳定的重要标志，白洋淀水环境变化由此可窥一斑。

1966年调查显示洄游鱼类大幅减少，调查到淀内生长的浮游植物142属406种、浮游动物26种、底栖动物38种、鱼类54种、野生鸟类197种，另有莲藕、芡实、菱角、蒲草等水生植物。② 这次调查结果与1958年比较分析，最具标志性的特征是洄游鱼类大幅减少。究其原因在于，20世纪60年代以来上游水库、下游闸坝断绝了白洋淀入海通路，也就是说水利工程切断了鱼类洄游的通道是最主要的原因。

1975年调查显示，溯河鱼类和顺河入淀鱼类基本绝迹。调查到白洋淀内鱼类35种，隶属5目11科33属，仍以鲤科鱼类为主，计21种，占总数的60%；其次是鳅科，计4种，占总数的11.4%；鮈科2种，占总数的5.7%。调查结果揭示：(1) 缺少了溯河性鱼类，如鲻科、鳗鲡科、鳡科等鱼类；(2) 顺河入淀鱼类，如青鱼、鳊鱼、草鱼，或数量大减或消失不见。这次调查所见的鲢鱼、鳙鱼、草鱼和鳊鱼，皆为人工孵化放养。③ 总之，1975年调查淀内鱼类比1958年减少19种，溯河鱼类和顺河入淀鱼类基本绝迹。④

20世纪六七十年代后，由于上下游水利工程的阻截，再加上水质污染的影响，白洋淀的生态系统逐渐恶化，其中最具标志性的就是自然鱼类资源在70年代以后走向衰竭。"十几种洄游鱼类的通道被阻塞，不能入淀，致使淀内鱼类品种减少，一些名贵品种如鳊、鲡、青、银鱼等灭绝。"⑤

---

① 保定市人民政府：《关于我市城市污水综合治理措施落实情况的报告》(1989年)，河北省档案馆藏档案，档案号：1098-1-294-3。
② 任丘市老区建设促进会编：《任丘市革命老区发展史》，河北人民出版社，2019年，第9页。
③ 金相灿等著：《中国湖泊环境》(第二册)，海洋出版社，1995年，第263页。
④ 保定市人民政府：《关于我市城市污水综合治理措施落实情况的报告》(1989年)，河北省档案馆藏档案，档案号：1098-1-294-3。
⑤ 河北省地方志编纂委员会编：《河北省志·第19卷·水产志》，天津人民出版社，1996年，第95页。

（二）白洋淀湿地物种的变化总趋势

在生态环境遭到破坏之前，白洋淀内栖息生活的鸟禽种类丰富、数量繁多，其中鸟类有 192 种，隶属于 16 目 46 科 102 属，有国家级保护鸟类 187 种，包括白鹤、丹顶鹤等国家一级保护鸟类 3 种，大天鹅、鹊鹤等国家二级保护动物 26 种。1970 年以后，随着水域面积减少，个别时段干淀，野生动物生存环境恶化，一些珍贵鸟类逐渐减少，金雕、赤狐等大型猛禽更难见踪迹。① 依据 1975 年调查，除了鱼类外，白洋淀有原生动物 24 种、轮虫 19 种、枝角 23 种、桡足类 7 种，与 1958 年相比，原生动物减少 14 种，轮虫减少 11 种，枝角减少 6 种。② 淀内产量较高的河蟹也一度绝迹。③

总体而言，20 世纪 60 年代以来，受干旱、水体污染和水利工程截拦等影响，白洋淀水域面积、湿地面积都大幅减少，鱼类之外的水生植物、浮游植物、浮游动物、大型底栖动物等种数均呈减少趋势，湿地野生动物的生存环境同步恶化，珍贵鸟类、大型猛禽皆逐渐减少。白洋淀的生物资源逐渐减少，部分物种甚至在此区域绝迹。④

四、淀区主要水灾害

自 20 世纪 60 年代中期以后，白洋淀区各县再未发生特大洪涝灾害。究其原因一是气候暖干，降水量减少，蒸发量增加；二是大规模防洪排涝设施的建设，在很大程度上也决定了洪涝灾害发生频次的减少和灾情等级的降低。但旱灾逐步增多，并开始出现干淀这一极端水灾害。

（一）旱灾成为主要灾害

20 世纪 60 年代中期以后，白洋淀区水资源由此前盈溢逐步转向严重不

---

① 易雨君、林楚翘、唐彩红：《1960s 以来白洋淀水文、环境、生态演变趋势》，《湖泊科学》2020 年第 5 期。
② 安新县地方志编纂委员会编：《安新县志》，新华出版社，2000 年，第 142 页。
③ 同上书，第 222 页。
④ 易雨君、林楚翘、唐彩红：《1960s 以来白洋淀水文、环境、生态演变趋势》，《湖泊科学》2020 年第 5 期。

足,在气候暖干和水利工程截蓄共同作用下,干旱灾害明显增多。1965年山西、河北、山东、河南、内蒙古、辽宁、陕西、北京等北方八省(区、市)出现了严重干旱,当时根据气象预报分析,1966的旱象仍将大部分集中在这里,而且有可能继续干旱两三年。① 后来的发展趋势也表明,海河流域气候自1965年后逐步进入了以干旱为主的时期。受限于农业生产条件,"这几省无一例外都要进口粮食",当时这八省(区、市)的耕地占全国的40%,而粮食产量只占27.5%,粮食生产一直不能自给自足。为此国家不得不长期实行南粮北调,每年调进的粮食约500万吨,1965年由于大范围的干旱增加到了600万吨,相当于国家把这一年全部进口粮食都投放到了"北方八省"。②

同时受白洋淀浅碟状地形特征、汛期降水集中气候特征等影响,也会有某一时段、小范围局部的洪涝灾害。1967年8月19日任丘县普降大雨,任文干渠以北几个公社近3.9万亩庄稼沥水成灾。③ 次年10月安新县马棚淀周围2万多亩小麦被淹,11月安新县水区4个公社大部分洼地麦田被淹。④ 1975年6月5日苟各庄、鄚州、于村等9个公社89个大队普降大暴雨,伴有8级以上大风⑤,造成了较为严重的局部灾害。

(二) 淤积加剧

1966—1977年间是一个很特殊的时期,不仅承受了"大跃进"带来的生态后果,而且"农业学大寨""文化大革命"等运动接连进行。白洋淀因毗邻京津保三座中心城市的地缘位置,必然受到较大影响。淤积显著加剧的原因,主要有以下三方面:

第一,白沟引河建成改变了白洋淀水系分布格局,增加了泥沙来源。1969年河北省掀起农田水利建设高潮,启动新盖房枢纽工程。1970年白沟引河竣工后使大清河南北两支洪水全部泄入白洋淀。⑥ 上游水系中,孝义

---

① 杨学新主编:《起步与拓荒:新中国社会变迁与当代社会史研究》,河北大学出版社,2013年,第320页。

② 金冲及主编:《周恩来传》,中央文献出版社,1998年,第1633页。

③ 河北省任丘市地方志编纂委员会编纂:《任丘市志》,书目文献出版社,1993年,第43页。

④ 安新县地方志编纂委员会编:《安新县志》,新华出版社,2000年,第61页。

⑤ 河北省任丘市地方志编纂委员会编纂:《任丘市志》,书目文献出版社,1993年,第45页。

⑥ 安新县地方志编纂委员会编:《安新县志》,新华出版社,2000年,第226页。

河、府河、漕河、瀑河及萍河携带泥沙较少,潴龙河、唐河及后来筑成的白沟引河泥沙含量较大,特别是在汛期会携带大量泥沙入淀。

第二,上游水土流失持续增多。"大跃进""农业学大寨"等运动中,上游太行山区在"以粮为纲"的方针下,重粮轻林、陡坡开荒、毁林造地成为普遍现象,造成了严重的水土流失。其中潴龙河、白沟引河后果最为严重。据统计,1955—1970年潴龙河向白洋淀泄沙3 067万立方米,1970—1980年白沟引河向白洋淀泄沙550万立方米。①

第三,白洋淀自身特征的变化。20世纪70年代的毁苇种田、围堤造田等"农业学大寨"运动,使白洋淀淀底淤高,加剧了水域面积减少、水位高度降低,使淀容量减少了0.2亿立方米。②

不可否认的是,这一时期拦蓄泥沙的力量也在发挥作用。1958年起在上游修建的大量水库有效拦蓄了汛期洪水,大大减少了白洋淀洪涝灾害和泥沙入淀量。1960年以后,潴龙河、唐河两大河流上游六座大型水库拦蓄泥沙达1.36亿立方米,70年代水量减少,两河入淀泥沙减到57亿立方米,只占50年代的1.5%。③

总之,在上述诸种因素作用下,白洋淀多年平均淤沙量为111.85万立方米。④ 1966年与1924年相比,白洋淀的马棚淀、藻苲淀平均淤高了0.4米,淀水容量缩小了1/3。⑤ 再加上水域面积减少,北端最大淀泊——烧车淀几乎被淤平。⑥

(三) 干淀灾害

由于上游水库截蓄,大清河南支水系入淀河流在1970—1980年的11年

---

① 《河北省建设委员会关于落实李鹏总理批示治理白洋淀污染问题的初步意见》(1988年10月13日),河北省档案馆藏河北省畜牧水产局档案,档案号:984-11-250。

② 马敏立、温淑瑶、孙笑春等:《白洋淀水环境变化对安新县经济发展的影响》,《水资源保护》2004年第3期。

③ 安新县地方志编纂委员会编:《安新县志》,新华出版社,2000年,第228、229页。

④ 李振卿、刘建芝、王卫喜:《白洋淀泥沙淤积成因分析》,《河北水利水电技术》2002年第2期。

⑤ 保定市情调查组编:《百县市经济社会调查·保定卷》,中国大百科全书出版社,1993年,第74页。

⑥ 安新县地方志编纂委员会编:《安新县志》,新华出版社,2000年,第174、175页。

间入淀量共计减少46.09亿立方米,平均每年减少4.19亿方米。① 入淀水量大幅减少,泥沙入淀淤积率却在加速,白洋淀容积势必减少。1924—1966年总容积减少2.25亿立方米。② 从50年代初到70年代末,白洋淀区年均水域面积"由567.6平方公里缩减为366平方公里"。③ 白洋淀处于无水可蓄的境地,面临着走向湮废的危险。

白洋淀地貌整体上呈浅碟形,较高的园田台地的海拔高程也只有8米左右,淀内水村所在的高台地海拔高程8米以上的只占白洋淀总面积的1%左右。当水位下降到海拔高程6.5米时,淀内除了一些较深的淀泊和沟壕尚有蓄水外,80%的面积已经成为陆地。1965年以后淀区气候趋向少雨,同时上游水库截蓄、工农业用水增加,再加上周边地下水过量开采,凡此诸种使淀区由多水转向了缺水。以十方院水位6.5米为干淀标准,1966—1977年间,1966年5、7月出现部分干淀,1972年11、12月干淀,1973年1—6月干淀,1976年4—7月干淀。④ 白洋淀最高水位有六年出现在8月,1968年在1月11日,1971年和1972年两年在3月,1975年在2月,1976年在10月。除去四年有干淀现象,余下七年最低水位出现在5—7月,1968年在10月5日,1975年在12月31日。⑤ 与上述变化相应,1966年大清河下游河道干涸⑥,1970年改为灌溉河道,航线完全中断⑦。

与百草淀、东淀干涸同步,整个白洋淀水域面积持续减少。20世纪50年代初到70年代不到20年间,水域面积减少了36.5%,更出现了13年内5年干淀的严重生态灾害。淀内年平均水位有9年在8米之下,最低为1972年,只有7.1米;最高为1977年,也仅为8.6米。⑧ 为保障淀内生态用水,硬

---

① 安新县地方志编纂委员会编:《安新县志》,新华出版社,2000年,第175页。
② 河北省水利厅水利志编辑办公室编:《河北省水利志》,河北人民出版社,1996年,第311页。
③ 贡景战、李清林:《白洋淀七十年来水域环境的变化及其对策》,《海河水利》1986年第4期。
④ 安新县地方志编纂委员会编:《安新县志》,新华出版社,2000年,第179页。
⑤ 同上书,第184、185页。
⑥ 任丘市交通局史志编写办公室编:《任丘市交通志》,任丘市交通局史志年鉴编写办公室,1987年,第201页。
⑦ 雄县县志编纂委员会编:《雄县志》,中国社会科学出版社,1992年,第68页。
⑧ 贡景战、李清林:《白洋淀七十年来水域环境的变化及其对策》,《海河水利》1986年第4期。

性确定了灌溉引水停用水位为7.5米①,不得不用抽水红线来保障淀区水环境安全。

(四) 水质污染

1967年以前白洋淀"水质纯净,数米清澈见底",因此水产资源相对丰饶,"仅鲜鱼年产500万~850万公斤"。② 1968年后白洋淀水质开始明显恶化,70年代初便到了极为严重的程度。

新中国早期基础工业得到重视,在发展过程中由于缺乏规划,表现出一定无序性。在白洋淀上游地区逐渐形成化工、石油、机械、纺织、造纸等工业聚集区,由于缺乏环保意识,这些企业产生的"三废"基本上直接排放。依据1974年调查,位于白洋淀上游的保定市的生产生活污水沿府河注入,成为白洋淀的主要污染源,其中保定市纸厂、第一造纸厂、综合化工厂、石油化工厂和化纤厂等是主要污染源。市内50多个工厂每天排放的13万吨工业废水,均未经处理便通过府河排入白洋淀,这些工业废水中含有酸、碱、酚、氰、砷、汞等十几种有害物质,使白洋淀三分之二的水域面积被污染,其中三分之一的水域面积达到严重污染程度。③ 1974年白洋淀"30余万亩水面含有多种有毒物质,最严重的污染区约16~17万亩"。④

除了保定市,70年代中后期流域内社队企业也开始发展。据调查,1975—1978年间白洋淀流域有排污企业约500个,其中109个重点排污工矿企业每日排放废水总量达38.89万吨。⑤ 由于缺乏环保意识,这些废水基本上没有经过任何处理便直接沿河道流入白洋淀内。总之,20世纪70年代

---

① 《河北省革命委员会关于府河通航问题的批复》(1978年7月27日),河北省档案馆藏档案,档案号:972-8-269。

② 《关于白洋淀、秦皇岛、北戴河污染情况及解决污染的请示报告》(1974年10月16日),河北省档案馆藏河北省革命委员会档案,档案号:962-4-29。

③ 河北省建设委员会:《白洋淀污染严重急需治理》(1974年),河北省档案馆藏档案,档案号:1098-1-7-5。

④ 《关于白洋淀、秦皇岛、北戴河污染情况及解决污染的请示报告》(1974年10月16日),河北省档案馆藏河北省革命委员会档案,档案号:962-4-29。

⑤ 《白洋淀水污染与控制研究报告(1975—1978)》,白洋淀水源保护科研协作组,1982年,第8页。

以后,由于污染物增加,肉眼可见水质由清澈变为浑浊。

究其原因,除了入淀污染源增加,还有一个重要的人为因素,那就是1970年枣林庄枢纽建成,白洋淀水下泄受到控制,使白洋淀内污染物只进不出,沉积淀内。

五、 淀区人文地理主要特征

依据1975—1978年间的调查,这一时期白洋淀水位10.6米,总面积约366平方公里,水域面积约占50%,余者为苇地66.7平方公里、园田13.3平方公里。淀内纯水区村36个,半水区村62个,周边总人口186万。[①] 这一时期最大的人文特征就是与"文革"十年叠加,生产生活方式皆受此影响。

(一) 根治海河工程在"文革"期间受到特殊保护

1966年5月"无产阶级文化大革命"在容城县开始。[②] 两年后,1967年2月安新县群众组织"白洋淀革命造反联合总部"夺权,全县机关处于瘫痪状态。[③] 同一时间容城县造反组织夺了县、社党政领导权,各级组织处于瘫痪状态。[④]

1967年春河北省根治海河指挥部遭到造反派的冲击,影响到水利工程的正常进行。周恩来总理得知情况后,明确指示根治海河机构是临时单位,不搞"四大",只搞正面教育[⑤],保证了治理海河工程的按时开工。1969年汛期,河北部分地区的武斗人员在大清河堤坝上构筑武斗工事,枪击上堤防汛人员,情况十分危急。1967年7月26日至28日周恩来总理召集有关各方负责人商议,确定调部队担任白洋淀千里堤守护和防汛任务,并决定对龙门、西大洋、王快、安格庄水库实行军管,对岳城、黄壁庄、岗南、城庄水库派

---

① 《白洋淀水污染与控制研究报告(1975—1978)》,白洋淀水源保护科研协作组,1982年,第53页。
② 河北省容城县地方志编纂委员会编:《容城县志》,方志出版社,1999年,第33页。
③ 安新县地方志编纂委员会编:《安新县志》,新华出版社,2000年,第60页。
④ 河北省容城县地方志编纂委员会编:《容城县志》,方志出版社,1999年,第34页。
⑤ 中共河北省委党史研究室编:《热血铸辉煌——海河壮举忆当年》,中共党史出版社,2008年,第114页。

有关部队担任警卫。他还亲自修改了河北省革命委员会有关防汛《布告》①,并向毛泽东主席报告了当时华北处于汛期,而保定地区武斗不息,为确保防汛"对大清河南支千里堤实行军管",得到主席"照办"的批示②。

由于周恩来总理等党和国家领导人的重视和关怀,根治海河工程受到了"特殊的礼遇",即使"两派斗争最凶时",见了根治海河施工人员两派都不为难,"海河照常施工"。③ 此外,根治海河组织机构也相对稳定,这些都保证了根治海河工作的顺利进行。

(二) 淀区人口特征

依据表3-1-5数据,1966年安新、雄县、容城、任丘四县总人口96.81万人,1976年总人口增加到114.72万人;这四县非农业人口占总人口的比例,1966年为2.1%,1976年为2.25%,增长缓慢。四县中安新县非农业人口比例最高。依据1969年的统计,这一年安新县总人口25.57万,从业人口10.73万,其中农林牧渔10.04万,占从业人口的93.6%,工商等业0.69万,占从业人口的6%,占总人口的2.7%。④ 从非农业人口占比可以看到,这一时期白洋淀生产仍以耕作、水产业等农业为主。

表3-1-5　1966—1977年间白洋淀区人口变化简表　　单位:万人

年份	人口				非农业人口			
	安新	雄县	容城	任丘县	安新	雄县	容城	任丘县
1966	23.18	20.67	15.27	37.69	0.61	0.53	0.28	0.57
1967	23.78	21.07	/	38.34	0.44	0.42	/	0.66
1968	24.50	21.54	/	39.20	0.42	0.40	/	0.58
1969	25.57	21.94	/	40.10	0.31	0.60	/	0.61

---

① 曹应旺著:《周恩来与治水》,中央文献出版社,1991年,第153页。
② 同上书,第8页。
③ 《中共河北省根治海河指挥部关于海河工地开展无产阶级文化大革命的建议和政治思想工作安排意见(讨论稿)》,河北省档案馆藏河北省根治海河指挥部档案,档案号:1047-1-19。
④ 河北省容城县地方志编纂委员会编:《容城县志》,方志出版社,1999年,第246页。

(续表)

年份	人口				非农业人口			
	安新	雄县	容城	任丘县	安新	雄县	容城	任丘县
1970	26.60	22.75	/	40.93	0.42	0.42	/	0.56
1971	27.27	23.24	/	41.64	0.40	0.65	/	0.61
1972	27.89	23.30	/	42.02	0.57	0.55	/	0.76
1973	28.49	23.54	/	42.49	0.63	0.55	/	0.77
1974	28.97	23.76	/	42.72	0.71	0.57	/	0.80
1975	29.53	23.98	/	42.84	0.69	0.62	/	0.81
1976	30.13	24.15	17.40	43.04	0.69	0.58	0.46	0.85
1977	30.84	24.48	/	45.70	0.70	0.61	/	0.29

数据来源:《安新县志》(2000年)第234、235页,《雄县志》(1992年)第123页,《容城县志》(1999年)第463页,《任丘市志》(1993年)第137、138页(从1977年开始含华北油田驻本地人口)。

"文革"期间人口结构有一些特殊变化,尽管数量很少,作用却不容小觑。1968年知识青年开始大规模上山下乡,同年11月天津市第一批知识青年到任丘县农村插队[1],随后白洋淀区各县都开始接受城市知青。在白洋淀这个狭小的区域中,集中了来自北京、天津等地500多名插队知青。[2] 他们分散在白洋淀水乡,依据后来的回忆录,主要在赵庄子、寨南、北河庄、李庄子、淀头、邸庄等水乡。[3] 这些知青以芒克、多多、林莽等为核心,在70年代前期形成了后来所谓的"白洋淀诗歌群落",与50年代前期以孙犁为首的"荷花淀"文学流派,共同构成了中国现代文学史上由白洋淀孕育出的两大文学流派。

(三) 水运逐步被陆运替代

大清河干支流水上运输以津保航道水运条件最佳。该航道可分为府

---

[1] 河北省任丘市地方志编纂委员会编纂:《任丘市志》,书目文献出版社,1993年,第43页。
[2] 梁艳著:《暗夜中的潜行者:对"新时期文学起源"的一种探讨》,上海三联书店,2012年,第11页。
[3] 宋海泉:《白洋淀琐忆》,《诗探索》1994年第4期。

河、白洋淀和大清河三段,总长138公里。1968年在河北省航运管理局主管下整修河道,修建了西河船闸,并添置了拖轮,实现了津保通航轮船的夙愿。这一时期白洋淀周边各县及淀内66个自然村生产、生活物资也靠水路运输,这是津保及白洋淀航道的黄金时代。①

1. 1975年府河段水运断航

保定南关大桥至刘守庙为府河起运码头,沿府河下至安州33公里,河槽一般宽15米,常水期水深1~1.5米。清代后期曾建7座河闸拦水通航,1970年利用旧闸合并改建为焦庄、莲花闸、安州3座船闸,并局部截弯取直,使该河道能渠化通行50吨船舶。1965年大旱之后,1968、1972、1975年三年旱情也极为严重,虽然在上游府河内打坝截水运输,在下游大清河开挖任文干渠等渠道运输,但全年货运量也只有14.6吨。② 1975年保定市治污工程按底宽12米深挖河槽,这也使得船闸被废弃,府河航运至此中断。③ 为恢复府河运输,曾于1978年动工修建府河焦庄船闸和安州船闸,工程完工后却因水量不足一直没有投入使用。

2. 淀内水陆运输情况

白洋淀安州码头至枣林庄29公里,为淀内航道。1973年综合治理白洋淀时,结合筑堤清障,在淀内开挖行洪道等工程,按底宽15~20米开挖了淀区航道,主要有三条:(1)宋庄至留通西航道5.9公里,宽15米;(2)建昌至南刘庄航道12.95公里,宽15米;(3)安新经王家寨至枣林庄航道15公里,宽15米④,并在枣林庄建了船闸⑤。1974年7月1日白洋淀大桥通车,大桥全长1 183.5米,宽9米,时为全省最长的公路桥。大桥位于安新县城南,北连县城南大街,南接四门堤,通向保定和淀南。大桥旨在提高白洋淀的防洪能力,发展淀内生产,它是保定地区根治海河工程的重要

---

① 杨建新:《一张旧船票背后的故事,忆津保航运枢纽王家寨》,《莲池周刊》2018年第16期。
② 杨建新:《昔日保定府河与津保航运》,《保定晚报》2023年1月7日第6版。
③ 河北省交通厅史志编纂委员会编:《当代河北的交通运输》,河北科学技术出版社,1986年,第77页。
④ 安新县地方志编纂委员会编:《安新县志》,新华出版社,2000年,第227页。
⑤ 河北省交通厅史志编纂委员会编:《当代河北的交通运输》,河北科学技术出版社,1986年,第78页。

组成。

这一时期白洋淀区水陆交通消长变化,可以从安新县的变化中窥见一斑。从表3-1-6可以看出,水运里程在波动中减少,陆运在缓慢增加,之所以缓慢,主要受限于社会经济能力。

表3-1-6　1966—1977年安新县水陆里程概况　　　单位:公里

年度	公路车里程	内河船里程	年度	公路车里程	内河船里程	年度	公路车里程	内河船里程
1966	114.1	72	1970	114.9	44	1974	111.9	114
1967	114.9	72	1971	114.9	44	1975	122	64
1968	114.9	44	1972	114.9	44	1976	122	64
1969	114.9	44	1973	111.9	114	1977	122	64

数据来源:《安新县志》(2000年)第471页。

3. 1970年白洋淀至天津水运滞断

清代至民国时期,由白洋淀下行流经赵王河、大清河东达天津,航道长约57公里,安新县的赵北口、新安、安州、端村、同口、下闸等码头,任丘县的苟各庄、十方院、七间房等码头,这些都是淀内最繁忙的码头。自20世纪60年代以来,上游水库、下游闸坝开始截蓄径流,再加上河道淤塞等原因,雄县境内大清河逐渐成为季节性河流,水运时断时续。特别是1970年,白沟引河使大清河北支入淀,新盖房枢纽以下大清河改为灌溉河道,航线完全中断。① 同时,1965—1970年间白洋淀下口枣林庄大闸、赵北口溢流堰建成,白洋淀呈半封闭状态,也使著名的津保航线滞断。②

20世纪70年代以前,行驶在白洋淀上下游运输网上的大型船只有对艚、艘、舿等。对艚船体较大,一般长度在20~45米之间,载重量在45~100吨之间,对艚不仅适合淀区物质运输,且是津保航道上运输大宗物资的主要工具。20世纪70年代,对艚大船在白洋淀的航运历史逐步结束。③ 在1970年大清河治理工程中,新开挖了一条行洪河道,即由枣林庄至安里屯的大清

---

① 雄县县志编纂委员会编:《雄县志》,中国社会科学出版社,1992年,第68页。
② 安新县地方志编纂委员会编:《安新县志》,新华出版社,2000年,第174页。
③ 彭艳芬著:《白洋淀历史与文化》,河北大学出版社,2012年,第169页。

新河,长55公里。1973年修建了枣林庄船闸,在行洪河槽中另挖一条底宽15米的航槽维持通航。但由于航槽很快淤积,西码头等地年年拦河打坝截水等影响,水运一直不畅通。①

4.陆路交通里程、工具的发展

1966年后,由于流域径流量逐步减少、白洋淀水位不断下降,以白洋淀为中心上至保定、下达天津的津保水运受到严重影响。与此同时,公路、铁路作为水运的替代设施建设提速,马车等传统交通工具逐步被拖拉机、汽车替代。总之,现代陆路交通对水运替代作用加大。

陆路交通发展主要在三方面:(1)公路建设提速。1972年保新公路建成通车,1977年新安直达天津班车开通。②(2)公路现代交通工具增加。1964年容城县运输工具开始更新换代,1970年容城县汽车站建成,这是保定地区运输公司驻县经营客运的国营企业,到1976年共有8台拖拉机,在很大程度上替代了马车。③ 安新县由1970年的1辆载货汽车,到1978年发展为38辆载货汽车、13辆拖拉机,增长速度较快,长途货运全部由汽车和拖拉机等机动车来承担,畜力马车运输转向农村生产队,在专业性运输业中基本被淘汰。(3)交通管理加强。大批货物仰赖公路运输,1970年成立联运办公室后,加强对运输单位群体运输组织的统一管理,公路货运市场混乱状况好转。④

总之,以白洋淀为核心,津保之间传统内河航运在20世纪六七十年代,逐步完成了被陆路交通替代的过程。这一方面反映了新中国现代交通的发展,也是以白洋淀为中枢的大清河流域水环境变化的必然结果。

(四) 水利管理机构与"根治海河指挥部"

1967年"文革"进入高潮,各地水利局大多名存实亡。以保定地区为

---

① 河北省交通厅史志编纂委员会编:《当代河北的交通运输》,河北科学技术出版社,1986年,第78页。
② 安新县地方志编纂委员会编:《安新县志》,新华出版社,2000年,第469页。
③ 河北省容城县地方志编纂委员会编:《容城县志》,方志出版社,1999年,第219页。
④ 安新县地方志编纂委员会编:《安新县志》,新华出版社,2000年,第469页。

例,1968年保定地区革命委员会生产组分管水利①。淀区各县革命委员会成立后,先后成立水电站、水电组等,1973年各县先后将站、组改组为水利科,而后又改为水利局、水电局等。这一时期各县水利、电力两部门经历了多次合并与分离,尽管名称屡次变更,但是管理机构职责保持了高度的延续性,本质上没有区别。以安新县为例,1972年撤站建水电局,1973年水、电分开,再建水利局,至1976年水利局下设水利组、工程组、堤防办事处、打井队和办公室。②

重大变化是淀区各县相继成立根治海河指挥部。1965年5月,水利电力部成立了水利电力部海河勘测设计院,部署了海河流域防洪专业规划工作。随后海河流域内各省、地、县相继成立根治海河指挥部,统一组织各地根治海河工作。1966年安新县成立根治海河指挥部,负责组织民工参加根治海河会战工程,实施军事化编制——生产大队为连、公社为营、县为团,团长、政委由县革委会任命。③ 1966年秋至1978年春,安新县先后13次总计组织民工3.42万人,开赴河间、安平、献县、天津东郊、武清、宝坻等参加会战(详见表3-1-7)。1981年河北省根治海河指挥部与省水利局合并组成省水利厅,保定地区与淀区各县的根治海河指挥部同步撤并。

表3-1-7 安新县历年根治海河县外施工情况简表

时间		项目	地点	人数	时间		项目	地点	人数
1966	秋	子牙新河开挖	河间	2 500	1970	春	白沟引河开挖	容城	3 700
1967	春	子牙新河开挖	河间	4 000		秋	北京排污沟	武清	3 145
	秋	滹沱河复堤	安平	3 600	1971	春	北京排污沟	武清	3 500
1968	春	滹沱河复堤	献县	/		秋	青龙湾减河	宝坻	2 000
	秋	独流减河	天津东郊	2 248	1972	秋	青龙湾减河	宝坻	2 000
1969	春	独流减河	天津东郊	3 425	1978	春	南拒马河复堤	容城	1 400
	秋	新盖房分洪道	雄县	2 700					

数据来源:《安新县志》(2000年)第445页。

---

① 保定地区水利志编纂委员会编:《保定地区水利志》,中国社会出版社,1994年,第544页。
② 安新县地方志编纂委员会编:《安新县志》,新华出版社,2000年,第442页。
③ 同上。

"文革"期间白洋淀周边各县根治海河指挥部和其他地区一样,从临时性机构变为常设机构,负责海河工程的具体组织、施工及后勤保障。这一时期水利机构虽几经变迁,但多数与行政区域变动相关,没有实质性的变革。

(五)白洋淀管理领导小组等治理污染机构建立

20世纪60年代河北省工业废水的污染已经比较严重,一些较大的河流、水库等地表水,以及一些大中城市的地下水,开始不同程度地受到污染。依据1963年保定市建设局调查,保定市西郊化工企业排出废水,含有银、铅、锌等化合物和酸碱等有毒有害物质,"直接污染了附近的地下水",且随着企业发展污染范围逐渐扩大,"已经污染了附近的民用井水"。[①] 20世纪70年代初河北省工业"三废"污染愈发严重,特别是官厅水库污染事件,直接给北京市带来了食品安全问题,由此引起了对河北省污染状况的关注。1972年7月河北省成立了"三废"管理办公室,开始对全省的污染状况进行调查。随后,1973年3月保定市成立"三废"管理办公室,1974年1月改为保定市革命委员会环境保护办公室,从"三废"管理改为环境保护,反映了人们对环境问题的重视和观念的改变。1980年3月成立了保定市环境保护局。[②]

根据1972年11月国务院召开的白洋淀座谈会会议精神,1973年4月河北省决定成立白洋淀管理领导小组,由省水利局副局长任组长,大清河管理处、保定地区水利处、沧州地区水利处负责同志任副组长。同年5月该领导小组召开第一次会议,要求相关部门"密切注意白洋淀上游和周边的水源污染",一旦发现有害工业污水随意排放要及时向省、地、县领导汇报,要组织有关部门进行无害化处理,要采取有力措施"防止污水入淀"。[③]

[①] 《保定市建设局关于补查鉴定给水水源和防止工业污水对地下水污染的请示》(1963年),河北省档案馆藏河北省建筑业管理局档案,档案号:953-2-683。

[②] 河北省地方志编纂委员会编:《河北省志·第11卷·环境保护志》,方志出版社,1997年,第288页。

[③] 《白洋淀领导小组关于处理白洋淀有关工程问题的几项规定》(1973年5月15日),河北省档案馆藏河北省革命委员会档案,档案号:919-13-114。

第二节 "向淀底要粮"与
白洋淀区水环境相互作用

从1967年到1977年的11年中,白洋淀地区工农业总产值有5年是下降的,粮食产量7年下降,人均占有粮食从400斤下降到229斤①,人民生活受到严重影响,直到70年代后期农业收成才开始提升。生产衰退原因众多。大量拦洪蓄水工程"减少了白洋淀的来水量","改变了水的时空分布",如白沟引河的修建,虽"增加了白洋淀的汛期来水量,但也增加了白洋淀的淤积"。总之,闸坝等拦河水利工程"改变了原有的生态环境,影响了水生物的生长",以致蓄水量不能满足淀内渔苇生产,淀区"周边提水、引水、围淀造田、农渔争水争地等"人水矛盾加剧,也带来了淀区水环境的剧烈变化。②

一、白洋淀堤埝与淀内生产

20世纪70年代初,随着赵北口溢流堰等工程建成,白洋淀入海通道被截断,同时四周堤防不断加固、增筑,原本存在的闭环更加封闭了,形同一座人工水库。水环境的这些变化,给淀区生产带来了显著影响。

(一) 白洋淀四周堤埝概况及整治

新中国成立以来的白洋淀四周堤埝大规模增筑在这一阶段基本完成,由于各种堤埝的等级、所有权隶属等方面存在差异,所以堤埝长度统计从188公里到436公里不等。1996年出版的《白洋淀志》记述了新中国成立后白洋淀周边堤堰不断增筑的情况:"小堤加固为淀南新堤,并新建唐河新道南、北堤",最终形成了"东有千里堤,南有淀南新堤,西有障水埝,北有新安

---

① 张泽、薄恒秀、贾锡信等主编:《白洋淀人民斗争史》,南开大学出版社,1991年,第137页。
② 《白洋淀国土经济初步研究(初稿)》,白洋淀国土经济研究会,1984年,第63—65页。

北堤,西南有四门堤、唐河新道南北堤,围绕白洋淀总长436公里的堤防系统"。① 同年代成书的《海河志》《河北省志·水利志》等,统计了外区堤段,但未统计唐河新道南北堤,提出"总长230公里"②。2000年出版的《安新县志》统计的主要堤埝与前面两书一致,得出"淀周边堤埝总长283公里,其中安新县境内169.2公里"③。相差53公里,分歧应是计入了一些小埝。1992年出版的《河北文史集粹》统计长度与《安新县志》一致。还有一些不同统计,或曰周边有188公里长堤环绕④,或曰淀周堤长215公里⑤,或曰堤防总长202.62公里⑥,分歧主要出在统计标准和白洋淀水域变化引致的统计范围变化上。关乎白洋淀水环境安全的主要堤埝统计,详见表3-2-1。

表3-2-1 白洋淀主要堤埝及长度简表　　　　单位:公里

位置	堤堰名称	起始	长度	备注
淀东部	千里堤	南起淀南新堤,北至十方院溢流堰	45.2	
	次堤		20.45	高程低于主堤1米
	梁庄小堤	东起千里堤,西接淀南堤	11	1978年修建
淀北部	新安北堤,俗称六郎亘	西起山西村,经容城止于雄县十里铺	46.2	
淀西部	障水埝,旧称苞河堰	自瀑河北堤北头村道口起,经杨孟庄、三合村、王庄至黑龙口接萍河右堤	7.4	南至藻苲淀西岸
	马村小埝,或称马村堤			
	四门堤,旧称南堤	由淀边堤、孝义河左堤、唐府河右堤联成,历安新、清苑、蠡县三县	115.9	

---

① 安新县地方志办公室编纂:《白洋淀志》,中国书店,1996年,第240—248页。
② 海河志编纂委员会编:《海河志》(第二卷),中国水利水电出版社,1998年,第86页。
③ 安新县地方志编纂委员会编:《安新县志》,新华出版社,2000年,第433页。
④ 徐世钧:《白洋淀的今昔与治理》,《中国水利》1988年第11期。
⑤ 顾恒敬、黄秋华:《白洋淀的变迁》,载政协任丘市文史资料研究委员会编《任丘文史资料》(第三辑),中国人民政治协商会议任丘市委员会,1990年,第23页。
⑥ 程伟:《影响白洋淀防洪能力因素分析》,《河北水利》2014年第3期。

(续表)

位 置	堤堰名称	起　　始	长度	备　注
淀南部	淀南堤	自安新南冯村南始,经北冯、辛庄等,与高阳县龙化小埝相接	18.5	1954 年成固定淀堤
	龙化小埝			

数据来源:《安新县志》(2000 年)第 433—435 页。

淀东部主要是千里堤,堤防标准为国家一级,始筑于宋代,明清大规模扩建[1],也叫白洋淀长堤[2]。千里堤除护卫白洋淀之外,汛期兼具"四保"任务,即保北京、保天津、保京九和京沪铁路,保华北和大港油田[3]。淀北部主要是新安北堤,属国家二级堤防,在燕长城基础上修建。淀南新堤始筑于1942 年,是当地农民为防白洋淀水南溢筑起的护麦埝。四门堤旧称南堤,属国家二级堤防,始建于清代,19 世纪后期基本形成。障水埝旧称苞河堰,属三级堤防,新中国成立后,1954 年漏决 1 次,1963 年分洪 7 次。[4]

(二) 白洋淀堤埝与淀区生产

与白洋淀地形地貌一致,用堤埝将淀泊水域围起来,一方面保证堤埝内水产业所需要的基本水资源,另一方面汛期又将洪水拦在堤内,保护堤外农耕安全。淀周边堤埝内保护的淀泊、水域范围,以及外部保护的耕地、城市、油田和交通动脉等情况,详见表 3-2-2。

表 3-2-2　白洋淀主要堤埝与保护范围简表

位　置	堤埝名称	堤埝内保护范围	堤埝外保护范围
淀东部	千里堤,或白洋淀长堤	白洋淀	保护下游京津城市,京九、京沪铁路及华北、大港油田安全
	次堤	白洋淀	
	梁庄小堤	白洋淀	保护堤外华北油田 10 口油井及安新县、任丘市部分土地安全

---

[1]　文安县地方志编纂委员会编:《文安县志》,中国社会出版社,1994 年,第 190 页。
[2]　任丘市老区建设促进会编:《任丘市革命老区发展史》,河北人民出版社,2019 年,第 9 页。
[3]　王建中主编:《古鄚风情》,河北人民出版社,2017 年,第 12 页。
[4]　安新县地方志编纂委员会编:《安新县志》,新华出版社,2000 年,第 433—435 页。

（续表）

位置	堤埝名称	堤埝内保护范围	堤埝外保护范围
淀北部	新安北堤	大王淀面积6.82万亩,营家淀面积2万亩	防护安新、雄县、容城耕地30多万亩,保护着安新境内三台、大王、安新3个镇37个自然村,7.39万人口,11.3万亩耕地
淀西部	障水埝	石白洼面积2万亩	保护着寨里乡9个自然村,2.9万人口,4.6万亩耕地,以及徐水、容城部分土地
淀西部	马村小埝		
淀西部	四门堤	垒头洼6.5万亩,磁白洼6.6万亩,边吴洼13.3万亩	保护安新县11个乡镇111个村,面积54万亩,人口15.47万,耕地31万亩
淀南部	淀南堤	淀南洼地1.2万亩	保护着南冯、刘李庄等13个自然村,3.44万人口,3.07万亩耕地,以及淀南洼地1.2万亩
淀南部	龙化小埝		

数据来源:《安新县志》(2000年)第117、118、433、435页。

  白洋淀周边堤埝在安新县境内169.2公里,这些堤埝将安新县分割成5个较大的封闭区,形成了7个较大洼地:新安北堤封闭区,包容大王淀、营家淀;障水埝封闭区,内有石白洼;唐河南四门堤封闭区,包容磁白洼、边吴洼;唐河北四门堤封闭区,内有垒头洼地;淀南新堤封闭区,内有淀南洼地。以上5个较大堤埝封闭区的洼地,一般年景种植作物与周边冀中大平原相似,四门堤东部则以种水稻为主。这些堤内洼地地下水位埋深一般1～2米,汛期暴雨集中时易沥涝积水,盐碱地较多。当白洋淀水位超过10.5米,分洪后变为滞洪区。一般年份可为耕地。① 1965年之后,淀内水资源减少,农耕范围扩大,这就需要相应的排涝设施,如新安北堤内为排涝开挖了大张庄等4条排干渠、15条修排干支渠②,淀南新堤内开挖潴龙河、齐道等5条干渠③,四门堤内逐步建成8处扬水站、12个引水闸、8处排水闸,障水埝内有2条排干渠、2条灌干支渠④。

---

① 安新县地方志编纂委员会编:《安新县志》,新华出版社,2000年,第117页。
② 同上书,第433页。
③ 同上书,第118页。
④ 同上书,第434页。

二、淀区水产业与水环境

20世纪70年代白洋淀面积312平方公里,其中86%在安新县境内。淀内纯水村5.6万人,淀边半水村约13万人,生活来源主要靠水产和船运。鲤、鲫、鳜、青虾、元鱼、螺丝等水产品主要销售京津。1965年以前鱼虾水产年产量最高达1 700余万斤,一般年份在1 000万斤以上;1965年以后逐渐下降,1973年只有108万斤,至1978年只恢复到354万斤。[①] 后随着干淀频繁出现,鱼类资源大大减少,捕捞量随之大幅降低,这种状态一直持续到1988年汛期暴雨之前。

(一) 白洋淀渔业产量及主要影响因素

通过前文分析可知,白洋淀捕捞量与淀区水位成正相关,水位受淀区降水量及入淀径流量叠加影响。适宜的降水量、维持一定的淀内水位是维持渔业正常生产的基本保证。1965年以后,气候暖干,水位降低,淀区捕捞量较之前明显减少。"兴修水利没有采取救鱼措施"是1965年之后白洋淀渔业减产的主要人为原因,包括上游水库、下游闸坝切断了鱼蟹洄游通道,大清河北支水系入淀加速了淀底淤高,围淀造田缩小了水域、破坏了鱼虾产卵场所。

1. 水位和渔业捕捞量大幅波动,总体趋少

1966年河北平原遭遇干旱,白洋淀湖群水量急遽减少,以致1967年趋于干涸,鱼类资源大大减少,捕捞量同步减少,这种状态一直持续至1988年汛期前。受限于人工培育鱼苗技术等影响,这一时期白洋淀的渔业仍以捕捞为主。依照前面数据计算,60年代白洋淀鱼类年平均捕捞量可逾500万公斤,70年代年平均捕捞量不足180万公斤。1977年3月安新县在圈头公社召开水区学大寨会议,养殖面积高达15 520亩[②],产量也没有上来。

---

① 陈中康:《浅谈白洋淀渔业减产原因和增产措施》,《中国水产》1979年第4期。
② 白洋淀国土经济研究会等编:《白洋淀综合治理与开发研究》,河北人民出版社,1987年,第179页。

从表3-2-3可以看出,白洋淀渔业生产水平与白洋淀的水环境质量直接相关。出现干淀之年,渔业产量都会大幅减少,特别是连续几年出现干淀,生态系统持续受到损害,难以恢复。其间1973、1974年是渔业产量最低的两年,1971—1973年连续三年出现干淀是直接原因。1966—1977年短短12年间,可以明显地感受水环境问题开始显现。

表3-2-3　1966—1977年白洋淀安新县部分水情、水位与鱼产变化统计表

年度	鱼产量（吨）	最高			最低			年降水量（毫米）
		水位（米）	水面（万亩）	蓄水量（亿立方米）	水位（米）	水面（万亩）	蓄水量（亿立方米）	
1966	950	8.36	40.63	3.14	干淀	0.31	0.025	603
1967	2 250	8.83	45.27	4.5	6.48	10.71	0.44	624
1968	750	8.1	31.5	2.5	6.54	10.96	0.47	442
1969	500	8.69	45.05	4.07	7.08	14.41	0.93	618
1970	1 030	8.69	45.04	4.07	7.76	26.05	1.85	502
1971	1 750	6.45	10.58	0.4	干淀	/	0.025	450
1972	1 060	8.92	38.95	2.98	干淀	6.9	0.1	332
1973	540	7.33	18.7	1.06	干淀	6.9	0.025	289
1974	540	8.45	42.8	3.42	7.14	15.45	0.99	481
1975	1 300	8.42	42.25	3.33	6.4	10.35	0.38	353
1976	830	8.53	44.32	3.64	干淀	6.9	0.025	598
1977	1 000	10.18	46.05	8.55	7.2	16.35	1.05	722

数据来源:《河北省志·第19卷·水产志》(1996年)第92页。

据统计,1968—1973年淀区天然水产降到年均199万斤,不足此前五六十年代的18%。其中河蟹在1957年产15万斤,到1965年已经绝产;青虾1960年供应北京433万斤,20世纪末无货可供。[①] 于是20世纪70年代渔

---

① 安新县地方志编纂委员会编:《安新县志》,新华出版社,2000年,第220页。

业只得转向"以养为主",各县都建立起了鱼种场,开始育种试验。

2. "养捕并举""农业学大寨"等政策因素对渔业的影响

自20世纪60年代开始,在全国范围内渔业自然捕捞量减少;同时国家把加强水产业作为解决吃饭问题的一个重要途径,定位水产业是国民经济的一个重要部门。在这一背景下,渔业人工养殖生产受到自上而下的关注,但受技术条件等制约,养殖产量难以在短期内有较大突破,于是"养捕并举"成为共识。但从各地产量构成分析,这一时期全国渔业捕捞产量依然占据优势地位。20世纪60年代中后期白洋淀水环境变化带来自然鱼类资源下降,安新县水产服务站开始组织白洋淀人工养殖鱼苗的培育,1972年选定白洋淀王家寨附近的300亩沟壕作为蟹苗养殖场所,但蟹苗养殖试验效果并不理想。① 1974年还曾首次将中华鲟鱼种从长江流域引种到白洋淀②,效果也不理想。

1974年4月安新县就白洋淀水产资源减少问题向国务院报告。③ 1974年11月,为解决大城市及工矿区鱼货供应,农林部水产局决定在江苏吴县、湖南沅江、河北安新等地试建淡水商品鱼基地。④ 同年在容城县建沓村苗圃,到1976年面积扩至557亩,增加117%。⑤ 1977年3月全国水产方针进行重大调整,确定"以养为主"。1977年冬国家水产总局确定在白洋淀建商品鱼基地⑥,但受限于技术水平,产量低而不稳。1974—1977年间,为增补水利建设中的渔业设施,海河设计院曾进行枣林庄大闸鱼道和闸前拦鱼设施设计和试验,由于多种原因未能施工。⑦ 河蟹是白洋淀的传统产品,自下游建起水闸起,淀内河蟹逐步绝迹。1976—1982年间连续放流五六年,取得了一定的增殖效果。1989年池塘养蟹9.1亩,平均亩产达206公斤,创当时

---

① 河北省水产研究所:《河蟹苗放养生长状况的观察》,《淡水渔业科技动态》1973年第10期。
② 《尼龙袋充氧空运中华鲟鱼种初获成功》,《淡水渔业》1974年第11期。
③ 安新县地方志办公室编纂:《白洋淀志》,中国书店,1996年,第134页。
④ 刘广东等编著:《现代渔业公共政策理论与实践》,东南大学出版社,2017年,第124页。
⑤ 河北省容城县地方志编纂委员会编:《容城县志》,方志出版社,1999年,第36页。
⑥ 任丘市政协:《"北国江南"白洋淀》,载河北省政协文史资料委员会编《河北文史集粹·风物卷》,河北人民出版社,1992年,第42—43页。
⑦ 陈中康:《浅谈白洋淀渔业减产原因和增产措施》,《中国水产》1979年第4期。

国内先进水平。①

（二）苇田、苇产品及其他水产业出现亩产下降的势头

适宜的生长条件使白洋淀芦苇以皮白质优著称，在军需、民用、基建、商业、运输等方面需求量很大，一直是淀区主要经济作物。随着新中国工业化启动，对芦苇及其制品的需求量增加。20世纪60年代，各级政府为增加淀内芦苇产量，发动村村搞台田，淀内台田面积扩大2.29万亩，苇田台地总面积达到11.42万亩。这一时期，白洋淀作为我国芦苇的重要产地，年产芦苇7 500万公斤，占全国的40%左右。从1971年开始，白洋淀向日本、东南亚、欧美等国出口苇箔等加工品，1974年白洋淀苇席远销日本、新加坡、加拿大等。② 1966—1977年12年间，白洋淀芦苇种植、产量及苇产品情况见表3-2-4。

表3-2-4　1966—1977年白洋淀芦苇面积、产量及苇制品产量

年份	芦苇面积（万亩）	芦苇产量（吨）	席苇（吨）	柴苇（吨）	苇席（百片）	苇箔（百块）
1966	5.03	15 350	6 045	/	32 094	/
1967	4.60	15 795	2 705	/	37 133	1 266
1968	4.60	16 500	3 830	/	32 215	174
1969	4.90	17 500	3 505	/	33 879	375
1970	4.90	17 500	3 760	/	42 681	1 068
1971	5.00	18 500	4 570	/	45 163	1 707
1972	5.09	2 000	3 250	/	47 678	1 946
1973	5.45	29 320	3 385	/	41 897	1 799
1974	5.85	30 130	3 975	/	39 687	1 571
1975	6.30	21 905	1 710	/	49 409	2 568

---

① 杨立邦、朱松泉、黄祥祺：《白洋淀考察报告》，载农业部水产司编《渔业经济政策调研文稿选编》（第三辑），农业部水产司，1992年，第42页。

② 安新县地方志编纂委员会编：《安新县志》，新华出版社，2000年，第220、221页。

（续表）

年份	芦苇面积 （万亩）	芦苇产量 （吨）	席苇 （吨）	柴苇 （吨）	苇席 （百片）	苇箔 （百块）
1976	6.30	27 900	750	/	35 956	2 786
1977	6.53	25 940	1 250	255	14 488	1 546

数据来源：《安新县志》(2000年)第224、225、542、543页。

1967—1977年间，白洋淀芦苇种植面积呈现持续增加态势，扩大芦苇种植、增加苇制品是符合淀区生产环境的。单位产量在20世纪70年代中后期开始逐步下降；与之同步是淀内莲藕、青麻等其他水产量的减少，如1971年容城县莲藕亩产量是950斤，70年代中后期基本维持在800斤①。1970年提出了"向淀要粮，向淀底要地"的口号，开始"围堤造田""毁苇种田"②，先后围淀24处，总面积2.2万亩，占用淀容量0.2亿立方米。但在周恩来总理指示下，1973年安新县落实"十六字治淀方针"，拆除淀内阻水堤埝3段计4 500米，拆除截堵壕沟13条、围埝33处，约2万亩。③ 加减基本持平。

三、"农业学大寨"运动与白洋淀地区粮食种植面积扩大

白洋淀6月至9月积温占全年积温的67%，同期降水占全年的84.3%，这种良好的水热条件对生物生长极为有利。④ 1966年春北方八省（市、区）发生严重旱情，河北尤为严重，"中央支援的重点是在北方"，"北方的重点又是河北"。⑤ 1966年3月中共中央和国务院决定成立中央北方八省（市、区）农业小组，周恩来总理任组长，并兼任河北、北京组组长。通过大规模海河治理，加上化肥工业的发展，河北省的粮食生产连续丰收，粮食生产实现了基本自给，1974年达到自给有余并调出3.5亿斤⑥，从根本上扭转了南粮北

---

① 安新县地方志编纂委员会编：《安新县志》，新华出版社，2000年，第542、543页。
② 同上书，第219页。
③ 安新县老区建设促进会编：《安新县革命老区发展史》，河北人民出版社，2019年，第207页。
④ 童文辉：《白洋淀渔业自然条件分析》，《华北农学报》1984年第1期。
⑤ 金冲及主编：《周恩来传》，中央文献出版社，1998年，第1811页。
⑥ 杨学新主编：《起步与拓荒：新中国社会变迁与当代社会史研究》，河北大学出版社，2013年，第324页。

调的局面。

（一）安新县"农业学大寨"运动和洼地改造

1964年2月10日《人民日报》发表《大寨之路》通讯报道,号召全国农业战线学习大寨人的革命精神。"文革"期间又出现"大寨经验",忽视地区差别,在全国各地开展"让荒山变良田"运动和填湖造田运动。① 安新县的"农业学大寨"运动自1965年始至1978年持续了13年。

1965年安新县开始"农业学大寨"运动。经过1963年特大洪水和主动分洪,淀区各县农田水利设施毁坏殆尽。1965年11月"农业学大寨"运动开始后,确定的方向是与根治海河相结合,有重点地加固修复堤防,整治大洼地,兴修农田水利设施,增强抵御水灾害的能力,实现粮食稳产高产。1966年10月安新县兴建大张庄(一期)、杨孟庄、同口、杨庄四座扬水机站,整修台田7 600亩,开挖大小渠道31条,打各种井3 207眼,抗洪、排涝、抗旱能力有所增强。后因"文化大革命",在一定程度上冲淡了学大寨运动。1971年,利用唐河改道的便利,在唐河南堤建成庄子扬水站,设计排涝面积6.6万亩、灌溉面积2.5万亩;在唐河北堤建成董庄扬水站,设计排涝面积1万亩、灌溉面积1 500亩;在淀南新堤建成齐道扬水站,设计排涝面积1.5万亩、灌溉面积2万亩,并修建与扬水站配套的干渠和支渠。同时打农灌井2 516眼,其中机井661眼。②

在"农业学大寨"和"以粮为纲"的思想指导下,1970年在淀区错误地提出"向洼淀要粮,向淀底要地"的口号,大力发展"为堤造田""毁苇种田",先后围淀垦耕24处,总面积约2.2万亩。③ 1975年11月初安新县传达学习全国第一次农业学大寨会议精神,提出"大办农业、苦干三年,为建成大寨县而奋斗"的口号④,继续强调粮食生产。在"农业学大寨"热潮中,安新县杨庄

---

① 孙涛著:《中国近现代政治社会变革与生态环境演化》,知识产权出版社,2018年,第126页。
② 安新县老区建设促进会编:《安新县革命老区发展史》,河北人民出版社,2019年,第205、206页。
③ 安新县地方志编纂委员会编:《安新县志》,新华出版社,2000年,第219页。
④ 安新县老区建设促进会编:《安新县革命老区发展史》,河北人民出版社,2019年,第207页。

子、李庄子、刘庄子、郭里口、王家寨、大田庄、采蒲台等水村在淀内又修筑了一些土埝,除杨庄子一般年份能种植外,其余土埝大多只能用来养鱼。① 简而言之,"文革"期间白洋淀周边县提出"向洼淀进军,向洼底要粮,向水中要粮"的口号,在白洋淀内共"围埝造田"40块,总面积12.59万亩(约合83.9平方公里),围埝的高程多在7.6~8.1米。淀内围埝造田,必然缩减白洋淀容积。这一时期上游保定城市工业发展,工业污水基本排入淀内,污染严重,开始影响水产资源的发展。② 白洋淀内渔苇资源大量减少,对白洋淀水生态造成了新的威胁。

1977年1、2月间安新县召开1 100余人参加的农业学大寨会议,提出《全党全民总动员,大学、大批促大干,苦战三年建成大寨县》的意见,要求以大王淀、垒头洼、边吴洼为整治重点,整修渠道、改变耕作方式,以提高粮食产量。同年3月在圈头公社召开水区学大寨会议,制定《白洋淀发展规划和措施》,提出干部要解放思想,增强整治大洼地的信心。10月县委组织41个洼地大队党支部书记和水利局等负责人到山东省鱼台县参观学习深沟河网化的水利建设、机电排灌工程和稻麦连作的耕作方法,积极寻求低洼地增产的路径。1977年初改造大王淀的骨干工程大张庄排干渠开工,动员7个公社1 100余名民工参加。同时为学习推广鱼台县稻麦连作经验,以东杨庄为重点,整治垒头洼工程全面展开。③

(二) 白洋淀区农田水利工程

"文革"开始后,全国各地抗旱打井工程都受到影响,根据周恩来总理的指示,河北省为尽快解决粮食自给问题,继续在全省开展群众性的机井建设运动,成效显著。④ 以安新县为例,机井数量从1965年65个增加到1976年

---

① 安新县地方志编纂委员会编:《安新县志》,新华出版社,2000年,第118页。

② 河北省水利厅水利志编辑办公室编:《河北省水利志》,河北人民出版社,1996年,第311页。

③ 安新县老区建设促进会编:《安新县革命老区发展史》,河北人民出版社,2019年,第207、208页。

④ 《丁廷馨同志在全省平原地区农田基本建设会议上的讲话》(1975年),河北省档案馆藏河北省根治海河指挥部档案,档案号:1047-1-289。

的 2 426 个,增加了 36.32 倍。① 这一时期由于水源、水质的一些变化,安新县努力改变水区群众饮河水的状况,1965 年基本实现了饮水水井化。②

1. 各县灌溉加大了对地下水源的开采

由于地表径流减少,加上人民公社可以很快组织起大规模的人力,以及农业技术的进步,这一时期灌溉工程逐步转向了地下水开采为主。以安新县为例,1971 年利用唐河改道的便利,在南北堤建成扬水站,灌溉面积分别是 2.5 万亩和 0.15 万亩,在淀南新堤建成扬水站,灌溉面积 2 万亩,并修建与扬水站配套的干渠和支渠,打农灌井 2 516 眼,包括机井 661 眼。1974 年继续掀起兴修水利的高潮,到 6 月完成各种渠道 488 条,总长计 40.4 万米,打机井 2 137 眼,包括深水井 44 眼,再加上推广科学种田,1974 年粮食总产同比增长 0.79%,鱼虾总产同比增长 66.7%,财政收入同比增长 8.3%,遏制了经济一直下滑的势头。1975 年继续打机井 2 310 眼③,通过汲取地下水来满足地表水资源日趋不足的问题。1975 年 1 月水利电力部以《容城县更新老井的经验》印发了水利简报④,可窥当时汲取地下水的规模。1978 年容城县成立打井配套指挥部,5 万余劳力投入冬季打井等农田基本建设。⑤ 地下水过量开采对淀区整个生态系统影响深远。

2. 洼碱地、洼地治理和排涝工程

20 世纪 60 年代初白洋淀周边盐碱地多达 1.85 万公顷,占总耕地的 37.2%,因作物产量极低,治理盐碱地成为增加农业生产的一大课题。采取的主要措施包括兴修排水沟、排水站,疏通河道,修台田平整土地,增施有机肥,以及播种抗盐碱的水稻、高粱等作物,逐步将盐碱地面积降到 0.98 万公顷⑥,降幅超过 47%。以任丘县为例,仅 1971 年冬通过开挖扩建小白河任文

---

① 安新县地方志编纂委员会编:《安新县志》,新华出版社,2000 年,第 440 页。
② 同上书,第 59 页。
③ 安新县老区建设促进会编:《安新县革命老区发展史》,河北人民出版社,2019 年,第 207 页。
④ 河北省容城县地方志编纂委员会编:《容城县志》,方志出版社,1999 年,第 36 页。
⑤ 同上书,第 125 页。
⑥ 刘兆亮:《河北省保定市白洋淀周边县三十年农业持续发展的回顾与展望》,载河北农业大学编《白洋淀周边地区农业持续发展道路》,农业出版社,1993 年,第 4 页。

干渠、千里堤排碱沟等,治理洼碱台地、条田2.8万亩。① 从60年代初至70年代中期,由于雄县境内大清河、新盖房分洪道、安新北堤等堤防交错分布,全县形成了三个低洼封闭区,这三个区内沥涝成为影响农业发展的主要因素。于是在对除涝工程进行全面规划的基础上,一方面在县境北部自排区修建了友谊河,另一方面在三个低洼封闭区下游修建了扬水电站,使全县形成了较为完整的排水体系,沥涝灾害得到一定程度的减轻。② 1971年9月25日雄县通过《全县水利建设规划》,决定开挖新渠道7条,全长1.6万米,并分散建设小型扬水点。③ 1977年2月雄县提出县全年农田水利建设的主要工程包括:打深层机井,修复改造旧井,平整深翻土地,改田治碱,完成新盖房溢流堰引水闸,维修高庄闸,等等。④ 容城县有十大洼碱地,总面积12万亩,约占总耕地面积的三分之一,每遇丰水年即沥涝成灾。从60年代开始治理沥涝,根据原有的排水流向,开挖了大碱厂、龙王跑、天沟河、留通西、李郎等排干渠⑤,通过排沥涝工程,一些洼地开始变为耕地。

(三) 安新县郭里村"围淀造田"典型个案

安新县郭里口村位于白洋淀东北部,西、北、南三面环水,东面与雄县相连,为白洋淀水村。郭里口行宫位于郭里口村东,始建于清康熙四十四年(1705),康熙皇帝曾御笔亲题"溪光映带"牌匾。作为水村,新中国成立前这里基本是粮贵鱼贱。1971年通过"围淀造田",郭里口大队不仅粮食自给自足,还向国家交售了10.1万斤粮食。

随着根治海河工程的逐步完成,白洋淀水位稳定,洪水的威胁基本消除。郭里口大队在传统水产的基础上,决定"向水中要地,向淀里要粮",在淀边浅水区筑起一道长堤,把堤岸里边的积水抽干,变成种庄稼的耕地。"围淀造田"开始后,村民首先在白洋淀里挖掘泥垡,用船把泥垡运来,在浅水区边垒成了一条高3米、长18里的大堤,堤内造田2 300多亩。然后修建

---

① 河北省任丘市地方志编纂委员会编纂:《任丘市志》,书目文献出版社,1993年,第44页。
② 刘权:《安新县兴办家庭农场开发洼荒地发展粮食生产》,《中国农村经济》1990年第1期。
③ 雄县县志编纂委员会编:《雄县志》,中国社会科学出版社,1992年,第163页。
④ 同上书,第208页。
⑤ 河北省容城县地方志编纂委员会编:《容城县志》,方志出版社,1999年,第210页。

扬水站,把堤内积水抽出,在其中1 300多亩插上了水稻。尽管堤外白洋淀水比堤内的土地高出一二尺,但堤内庄稼长势尚可。

郭里口还实行"捕养并举",队队修鱼塘发展养殖渔业,当时一年可以上缴给国家10万余斤鲜鱼。大队公共积累增加后,又买来农业机械进一步扩大生产,如1971年新添电动机8台、柴油机16台,各种机具共30多台,机电灌溉面积增加到1 600多亩。此外,磨面、碾米、脱粒也基本实现了机械化。截至1972年,郭里村打了机井,修了自来水塔,保证了村民的饮水健康。①

淀内渔民在上级号召下,开始"向洼地要口粮"。郭里口等水村在淀内掀起了围湖造田的高潮,除了修筑长堤与白洋淀水隔开,为保证造田的效果,还得"给本来就像碟子一样的白洋淀填土",把自然洼地填平。这显然是"违背生态规律而肆意妄为的行为",所以数年之后白洋淀群众就受到大自然的惩罚,"先是出现干淀现象,然后又遭遇了涝灾",新垦的淀地被淹,"不但没有向白洋淀'要了口粮',结果指着白洋淀水吃饭的渔民尝到了违背自然规律的苦头"。② 旱涝无常,最严重的生态后果是干淀持续出现。21世纪初在郭里口村北建起白洋淀湿地保护中心,处于白洋淀东北部,核心保护区以水、沼泽、芦苇、荷花、香蒲为主要景观,逐步恢复了我国北方典型的草本沼泽型湿地自然风光。

(四) 水环境变化与农作物结构调整

20世纪70年代河北省重点发展了化肥、农药等支农化工产业③,淀区几个县级化肥厂开始建立投产。1972—1973年容城县化工厂在天津支援下建成投产④,1974年雄县筹建化肥厂。与此同时,农田灌溉排涝也逐步开始机械化。以雄县为例,1957年开始实行农田排灌机械化,60年代中期引进柴油机,到1970年有柴油机230台、电动机1 000台,机灌面积达15.4万亩。⑤

---

① 《白洋淀的喜讯》,《人民日报》1972年2月11日第7版。
② 欧阳刚:《谁喝干了白洋淀》,《凤凰周刊》2003年第17期。
③ 河北省地方志编纂委员会编:《河北省志·第24卷·化学工业志》,方志出版社,1996年,第5页。
④ 河北省容城县地方志编纂委员会编:《容城县志》,方志出版社,1999年,第35、36页。
⑤ 雄县县志编纂委员会编:《雄县志》,中国社会科学出版社,1992年,第289页。

白洋淀主要作物有小麦、玉米、棉花等。冬小麦全生育期需水量在400~500毫米,夏玉米全生育期需水量在230~400毫米,棉花全生育期需水量在500~600毫米,棉花需水量最高。① 另据调查,高粱在成熟期间泡水3~4天并不减产,过一星期则减产15%左右;而玉米极不耐涝,泡水2~3天即可减产50%,过一星期则减产80%或无收。② 因此从棉花和玉米种植比例调整上,也可以得出水环境多雨或少雨的变化概况。

1970年容城县粮食总产量4 747万公斤,棉花总产量98.7万公斤,平均亩产皮棉30公斤,超过历史最高水平。③ 1975年容城县粮食总产量5 036.5万公斤,棉花总产量61.7万公斤。这一时期皮棉亩产量有明显提升,如1977年东牛大队第13生产队皮棉亩产超过60公斤,被评为地区棉花生产先进单位。④ 在亩产近乎翻番的情形下,棉花总产量降低,原因只能是种植面积减少。

为适应新开垦的土地,1971年10月雄县还派人赴海南岛学习玉米繁育、高粱杂交等技术。⑤ 1972年雄县开始成立农业学大寨指挥部,要求"拼死拼活大办农业"⑥,4月雄县政府通过《1972年国民经济计划》和关于养猪、造林的两个报告⑦。1974年10月建昝村苗圃,初建面积257亩,到1976年扩建为557亩。⑧ 有研究提出,农田是白洋淀流域平原区最主要的土地利用类型,农业灌溉是浅层地下水最主要的使用去向。白洋淀一带农业生产主要是冬小麦和夏玉米轮作,其中冬小麦消耗了大部分用于灌溉的浅层地下水。因此,如将当地农业生产改为仅种植夏玉米,就可以大幅削减浅层地下水的开采量,利于浅层地下水更新能力的恢复。⑨

---

① 李聪:《引黄入冀补淀工程水量供需耦合分析》,硕士学位论文,河北农业大学,2020年。
② 中国科学院石家庄农业现代化研究所编:《农业现代化参考资料选编·黑龙港地区综合治理专辑》,中国科学院石家庄农业现代化研究所,1982年,第27页。
③ 河北省容城县地方志编纂委员会编:《容城县志》,方志出版社,1999年,第35页。
④ 同上书,第37页。
⑤ 雄县县志编纂委员会编:《雄县志》,中国社会科学出版社,1992年,第208页。
⑥ 同上书,第163页。
⑦ 同上书,第208页。
⑧ 河北省容城县地方志编纂委员会编:《容城县志》,方志出版社,1999年,第36页。
⑨ 袁瑞强、龙西亭、王鹏等:《白洋淀流域地下水更新速率》,《地理科学进展》2015年第3期。

四、社队企业发展和任丘油田建设

1963年粮油集市市场政策有所放宽,允许个体缺粮户上市购买。1972年后每年征购期间,关闭粮油市场。1975年白洋淀区粮油市场完全关闭。但农民出于生产生活之需,在乐善庄、八洋庄、王祥、十里铺、张青口等边界村庄搞起粮食"黑市",直到1979年集市贸易成为粮油商品流通的重要渠道。① 其间还有北京郊区的农民"去白洋淀买鱼、蟹带到集市上卖",来补充副食供给的不足。② 改革开放之前,农村城镇工业生产功能、吸纳农业剩余劳动力功能都很微弱,城镇化依附于工业化进程。

(一)社队企业发展

为满足农村生产生活对非农部分的必要需要,以及解决农村剩余劳动力,社队企业一直存在,只是受到很多限制和制约。1966年5月7日毛泽东主席提出:农民以农为主(包括林、牧、副、渔),也要兼学军事、政治、文化,在有条件的时候也要由集体办些小工厂。在"文革"时期,有些农村悄悄发展社队企业,主要理论和政策依据就是1966年《五七指示》。

"文革"期间,尽管白洋淀一些社队企业生产受到不同程度冲击,1966年造船数量、产值分别是1962年的25.1%和30%,但社队企业也一直存在并寻找机会发展。1971年为解决造船木料短缺问题,安新县造船厂派技术员赴无锡学习水泥船制作方法,县政府两次拨款9万元,划拨盐碱地26亩,筹建水泥船厂。因水泥船体不适应北方环境,1973年停产。③ 1970年国务院提出农村要发展"五小工业",等同于认可了社队企业合法性,随后出现了一次发展高潮。④ 但为避免与城市工业竞争,随后提出"三就地""四为"等要求,即必须就地取材、加工、销售,生产目的是为农业和农民、城市工业、出

---

① 雄县县志编纂委员会编:《雄县志》,中国社会科学出版社,1992年,第427页。
② 于占学、田侠:《20世纪60年代北京商业调整琐忆》,载中共北京市委党史研究室编《溯史采英——中共北京历史口述文集(2011—2016)》,中央文献出版社,2017年,第106页。
③ 安新县老区建设促进会编:《安新县革命老区发展史》,河北人民出版社,2019年,第205页。
④ 许振彪主编:《河北省改革志》,河北人民出版社,2003年,第113页。

口服务。从1971年开始,淀区苇箔等远销日本、新加坡等国。① 为增加产量,在政府号召下安新县妇女也学会了织席。水量减少,特别是干淀等极端灾害,会严重影响鱼类的繁衍生息,所以1966年干淀之后,鱼种恢复缓慢,以捕捞为主的渔业持续下降,1976年较1963年渔业占比下降了90%多。苇编业也要受水环境的制约,但芦苇生长恢复较快,且在水量较浅的水域也能生长。在国内外需求刺激下,其间副业发展相对平稳。

表3-2-5　20世纪六七十年代安新县农业内部结构简表

年份	农业内部诸业占比情况					备注
	农	林	牧	副	渔	
1963	30.4%	0%	0.7%	52.6%	16.3%	"63·8"水灾
1966	58.1%	0.1%	1.5%	38%	2.3%	干淀
1976	56%	0.1%	2%	40.3%	1.6%	

数据来源:《安新县志》(2000年)第271页。

1970年10月容城县设工业服务站,负责管理全县工业。1970年建立农机修造厂,1971年灯泡厂、玻璃仪器厂正式投产,1972—1973年在天津硅酸盐厂支援下化工厂建成投产,1974—1978年化肥厂建成投产,主要生产氨水、碳酸氢氨等农用肥料,1975年建成无线电厂,1977年建成塑料制品厂,等等。② 总之,都是一些规模较小的小型民用企业。再以雄县为例,1974年12月决定筹建县化肥厂,同时批准新建和改建农机维修、水泥制管、磷肥、造纸、化工、棉织等一批小型民用企业。③

(二) 任丘油田开采

华北油田包括冀中和内蒙古自治区的东中部地区等多个省市县,其中冀中采区位于保定、沧州、衡水、廊坊四市交界处,总面积9789平方公里,白

---

① 安新县地方志办公室编纂:《白洋淀志》,中国书店,1996年,第160页。
② 河北省容城县地方志编纂委员会编:《容城县志》,方志出版社,1999年,第262页。
③ 雄县县志编纂委员会编:《雄县志》,中国社会科学出版社,1992年,第163页。

洋淀区被囊括在内，也即通常所谓的任丘油田。华北油田始建于1976年，1977年11月在白洋淀东畔白庄村打出第一口高产油田，日产原油1 200吨。① 1977年5月在任丘、安新交界处的白洋淀边发现古潜山油田，1977年11月在安新县境发现刘李庄油田，合称雁翎油田。② 1978年产量跃居全国第三位，这一指标一直保持了十年之久。

任丘油田开采对所在区域生态环境的影响主要包括四方面：（1）景观破碎化。景观破碎化通常被定义为一大片栖息地逐步演变成一些较小斑块的过程，这是油气开采对生态环境最显著的影响，也是生物多样性减少的重要原因。（2）土壤盐渍化。土壤盐渍化是指土壤表层盐分在人为或自然因素干预下超出某一限度的现象，这是石油污染形成的一个重要环境问题，它使土壤肥力下降、农作物减产。（3）空气质量指数增高。石油开采中的主要大气污染物包括CO、SO_2、氮氧化物、粉尘等，这些皆是空气质量指数计算中的主要污染物。（4）水资源消耗。石油开采中注水采油等工艺对水资源需求较大，由于任丘油田地处气候脆弱带，年均降水量少，水资源匮乏，加之工农业、生活用水需求量不断增大，不合理地利用和开采地下水资源导致地下水位下降，逐渐形成地下水降落漏斗。由于近年的干旱为石油开采提供了便利条件，淀区的油井以前所未有的速度增加。到21世纪初，在淀区和淀周围分布有华北油田的数百眼油井。大概每抽出1吨油就需要2.5吨水回灌，加速了白洋淀水资源的减少。③ 这也是油田开采对白洋淀水环境最大的影响。

第三节　综合治理白洋淀的十六字方针与流域水利工程

"文革"期间国内各级水利机构多陷入瘫痪，一些水利工程被迫停止，设施遭到破坏。但白洋淀区堤堰及上游水库一度实施了军管，保护了水利设施，保障了水利建设的有序推进，有效避免了洪水对交通和京津等城市的威

---

① 安新县地方志编纂委员会编：《安新县志》，新华出版社，2000年，第63页。
② 同上书，第146页。
③ 马敏立、温淑瑶、孙笑春等：《白洋淀水环境变化对安新县经济发展的影响》，《水资源保护》2004年第3期。

胁。其间流域水环境治理遵循"上蓄、中疏、下排"的方针,淀区治理坚持"巩固堤防,疏通尾闾"的原则。1970年白沟引河开挖,平水年份大清河北支改注白洋淀,这是白洋淀水系布局上的重大变化。此外,1972年周恩来总理亲自召集座谈会,制定了白洋淀区开发整治工作的基本指导方针,即"缓洪滞沥,蓄水灌溉,渔苇生产,综合利用"十六字①。

一、"上蓄、中疏、下排、适当地滞"的防洪治理方针

基于对1963年大洪水运行规律、应对策略的总结反思,国家对以白洋淀为中心的流域治水方针开始发生变化,群众借用"上山""下山"形象概括了1963年前后的变化——此前在"以蓄为主"方针指导下,在上游山区大量兴建水库,被概括为"上山";此后在"中疏、下排"方针引领下,在中下游平原区进行了重在分泄洪水入海的工程建设,被比喻为"下山"。这一阶段海河水系水利建设重点放在"中疏"和"下排"上。②

(一) 1966年发布《海河流域防洪规划(草案)》

通过对1963年海河流域大洪水发生、发展的影响因素和变化规律,以及新中国成立以来水利工程特征和作用等分析总结,认识到:(1)防洪规划必须全面实施,由于暴雨中心多出现在水库下游,所以有三分之二的洪水进入中下游平原地区,不能只靠水库的拦蓄;(2)要加强对海河流域降水及洪水自然规律的把握,认识到汛期大洪水、特大洪水突发性很强,同时山区洪水入海距离较短,因此必须解决中下游河道不畅和尾闾集中入海的局面;(3)要积极发挥洼淀的滞洪作用,1963年大洪水中三分之一的洪流靠洼淀滞蓄。③

基于上述分析认识,1966年11月国家发布《海河流域防洪规划(草案)》,这也是第二次针对海河流域进行综合规划,首次提出"上蓄、中疏、下排、适当地滞"的防洪治理方针,防洪建设上既要在山区修建水库,又要在平

---

① 白洋淀国土规划组:《白洋淀地区国土综合整治开发规划(讨论修改稿)》(1993年5月25日),河北省档案馆藏河北省畜牧水产局档案,档案号:984-12-433。
② 海河志编纂委员会编:《海河志》(第一卷),中国水利水电出版社,1997年,第436页。
③ 同上书,第436、437页。

原开辟蓄滞洪区和开挖、扩大减河。提出近期以排为主,洪涝兼治,集中力量扩挖中下游河道,疏通尾闾,着力解决海河各水系集中于天津入海的局面。同时,对上游山区水库继续扩建、加固,并开展山区水土保持工作。①1966年的规划纠正了此前在"以蓄为主"方针下,过度强调水库拦蓄作用的片面性,开始兼顾蓄泄关系,努力使各河单独入海。②如大清河洪水,在经过白洋淀、东淀、文安洼、贾口洼调蓄后,经扩挖的独流减河直接入海。"海河干流"之称首次出现在这一规划中。③

根据1966年完成的《海河流域防洪规划(草案)》,20世纪60年代末至70年代初,进行了第二次大规模的防洪治理。这次规划明确提出了"上蓄、中疏、下排、适当地滞"的防洪方针,通过一系列的河道整治和蓄滞洪区治理,至70年代末,海河流域初步形成了"分区防守、分流入海"的防洪格局,改变了"上大下小,集中到天津入海"的不利局面,基本形成了流域防洪工程体系。

(二) 白洋淀防洪防汛工作的逐步调整

1969年夏汛前,保定地区的武斗延伸到了白洋淀千里堤上,在周恩来总理亲自过问、毛泽东主席批示下④,调部队担任了白洋淀千里堤的守护防汛工作,并对上游龙门水库、西大洋水库、王快水库、安格庄水库等进行了军管,军管范围包括大清河南、北两支和白洋淀全部。"文革"期间中央明确指示在海河工地不开展"四大"⑤,这些举措确保了白洋淀区各项水利工程的顺利进行⑥,也保障了京津城市的洪水安全。

与此同时,20世纪60年代中期以降气候趋于干旱,大清河流域水量逐步由多变少,白洋淀入淀径流量逐步减少。以十方院水位6.5米为干淀标准,1966年5月、7月出现部分干淀,1972年、1973年、1976年三年均有部分时间出现干淀。与上述变化相应,1966年大清河下游河道干涸。于是以白

---

① 海河志编纂委员会编:《海河志》(第一卷),中国水利水电出版社,1997年,第424页。
② 同上书,第622页。
③ 冯焱主编:《中国江河防洪丛书·海河卷》,水利电力出版社,1993年,第167页。
④ 曹应旺著:《周恩来与治水》,中央文献出版社,1991年,第8页。
⑤ "四大"指"充分运用大字报、大辩论这些形式,进行大鸣大放"。
⑥ 海河志编纂委员会编:《海河志》(第一卷),中国水利水电出版社,1997年,第436、437页。

洋淀为核心的水利工程开始由单一的防洪,转向防洪防旱综合开发利用。白洋淀不仅水量在减少,水质污染问题也日益突出。1972年11月在周恩来总理亲自参与下,制定了白洋淀区综合治理的十六字方针——"缓洪滞沥,蓄水灌溉,渔苇生产,综合利用"。①

二、对白洋淀上游水资源的利用、水系布局的调整

1958年3月在《对成都会议关于三峡水利枢纽和长江流域规划意见稿的修改》上,毛泽东主席肯定了要正确处理"远景和近景,干流与支流,上、中、下游,大、中、小型,防洪、发电、灌溉与航运,水电与火电"等六种关系,还增加了"发电与用电"一种关系,并列为七种关系。② 处理好这七种对立统一关系成为中国河流水利建设的基本原则。这一时期,大清河流域主要水利工程以白洋淀为中心,遵循"中疏、下排"方针,扩建了新盖房、枣林庄两分洪道及赵王新渠、独流减河,疏浚了赵王河,加固了千里堤和东淀周边堤基,还建成了新盖房、枣林庄两大枢纽工程,控制了白洋淀北支水系入淀和整个淀水下泄出口。

(一)"上蓄"与王快水库等水电诸功能的开发

依据中央治水方针,这一阶段大清河上游新建水利设施较少,主要是对原有设施加固增筑,特别是针对1963年特大洪水反映出前期水库工程建设中的问题,进行了续建、扩建。

王快水库是大清河流域内容积最大、防洪标准最低的③,1968年河北省海河指挥部将王快水库续建工程纳入海河治理项目,提出要提高防洪标准安全性,提高灌溉效益,要按年平均可发电能5 700万度的标准建设水电站。1969年9月动员了曲阳、唐县等六县2.2万人开始施工④,1973年总容量

---

① 白洋淀国土规划组:《白洋淀地区国土综合整治开发规划(讨论修改稿)》(1993年5月25日),河北省档案馆藏河北省畜牧水产局档案,档案号:984-12-433。
② 《建国以来毛泽东文稿》(第七册),中央文献出版社,1992年版,第163页。
③ 《关于根治海河今冬明春实施安排意见的报告(草稿)》(1968年),河北省档案馆藏档案,档案号:1047-1-213。
④ 河北省水利厅水利志编辑办公室编:《河北省水利志》,河北人民出版社,1996年,第154、155页。

2.15万千瓦的王快水电厂建成,行洪标准也从500年一遇提升至1 000年一遇①,成为一座以防洪为主兼及灌溉的大型水电水利工程。此后还实施了水库坝基、堤坡加固工程,至1981年王快水库大型施工告一段落。同时沙河灌区进行了相应的扩建工程,1972年设计灌溉面积为208万亩,1979年实际灌溉面积98.2万亩,为历史最高值。② 这也佐证了70年代流域上游径流量呈持续减少态势。

西大洋水库续建工程也是根治海河重点工程项目。1970—1972年间进行续建,由完县、唐县等六县民工参加施工,高峰期施工人员达2.4万人。③ 成为一座以防洪为主,灌溉、发电并重的综合利用的水利枢纽,并可供下游航运和城市工农业部分用水。④ 其他水库续建、功能扩展等信息见表3-3-1。

表3-3-1 20世纪白洋淀上游大型水库扩建概况

水库	续建时间	功能	主要设计数据
口头水库	1970—1973	灌溉、养鱼、发电综合利用	灌溉23万亩,养鱼0.55万亩,年发电量55.7万度
横山岭水库	1970—1972	以防洪、灌溉为主,发电、养鱼为辅	灌溉36万亩,养鱼1.05万亩,年发电量400万度
西大洋水库	1970—1972	以防洪为主,灌溉、发电并重	灌溉97万亩,养鱼2.71万亩,年发电量3 182.6万度
安格庄水库	1970	以防洪、灌溉为主,结合发电、养殖	灌溉71万亩,养鱼12 400亩,年均发电量874万度
龙门水库	1970、1972、1975	以防洪、灌溉为主,兼有发电之利	灌溉11.5万亩,养鱼3 450亩,水电站装机容量125千瓦
横山岭水库	1970—1973	以防洪、灌溉为主	灌溉39万亩,水电站装机容量1 500千瓦

数据来源:《河北省地名词典》(1991年)第1065—1969页,《海河志·大事记》(1995年)第111、112页。

---

① 保定地区水利志编纂委员会编:《保定地区水利志》,中国社会出版社,1994年,第33页。
② 朱道清编纂:《中国水系辞典》,青岛出版社,2007年,第105页。
③ 河北省水利厅水利志编辑办公室编:《河北省水利志》,河北人民出版社,1996年,第166页。
④ 朱道清编纂:《中国水系辞典》,青岛出版社,2007年,第104页。

传统农耕时代,人类治水和用水主要是趋利避害,水力发电的大规模使用标志着人类进入工业社会,开始运用现代工程技术手段改造利用水资源为生产服务,一方面增强了人水关系中人的能动性,同时新的水环境问题也开始显现。1958年底《人民日报》发表《能发电的水利工程都要发电》评论,指出要坚决贯彻中央指示,水利工程要兼具发电功能。此后白洋淀流域上游西大洋、王快、安格庄等水库建成水电站,确立了"以防洪为主,结合灌溉、发电又服从灌溉"的用水原则。① 其中西大洋、安格庄水电站发电率相对较高,到1990年以后还能达到6 000千瓦时以上。②

(二) 上游灌溉用水增加与入淀径流量减少

白洋淀流域在上游山区大规模建设水库的同时,配套的农田水利工程在提速发展,先后在南支水系修建了沙河、唐河大型灌区,北支水系修建了易水灌区,扩建了南、北拒马河的房涞涿灌区和从淀区引水的白洋淀灌区等。到60年代末期,新建灌区总面积达到438.8万亩,约占流域农田总面积的30%,有效灌溉面积达到了268.2万亩。大清河流域内龙门、安格庄等大中型水库的续建施工与王快、西大洋水库类似,水库的功能也从单一的防洪转向综合利用,通过蓄水解决山区的农田灌溉,库区进行农、林、牧、副、渔业多种经营。此后大清河水系流量锐减,重大洪水灾害鲜有发生。

灌区增加就意味着引水量不断增加。白洋淀流域内农业引用地表水,1956—1988年间平均年引用水量6.1亿立方米,其中70年代以后年均引水量达8.24亿立方米。以南支赵王河为例,1956—1969年平均年引用水量2.77亿立方米,1970—1988年增加到5.78亿立方米,增长两倍多。灌区增加在很大程度上保障了农业用水,使流域内土地生产力迅速提高,粮食产量由灌溉前的亩年产150公斤增加到480公斤。与此同时,农田蒸腾蒸发量也增加到700毫米以上,比平均降水量增加130毫米以上。③ 农田蒸发量大

---

① 河北省水利厅水利志编辑办公室编:《河北省水利志》,河北人民出版社,1996年,第503页。

② 河北省地方志编纂委员会编:《河北省志·第30卷·电力工业志》,河北人民出版社,1996年,第83页。

③ 王立明、张辉:《白洋淀流域生态水文过程演变与生态保护对策研究》,载中国环境科学学会编《中国环境科学学会学术年会论文集》(2009),北京航空航天大学出版社,2009年,第354页。

于降水量,就意味着有其他水源的补充。因而在 1970—1980 年的 11 年间,大清河南支水系入淀量减少 46.09 亿立方米,年平均减少 4.19 亿立方米。①

(三) 大清河南支: 唐河由新道改入马棚淀

1963 年大洪水后,大清河各水系进行了修险复堤、河道疏浚等工程。随着 60 年代中期以后大清河南北支及干流水量明显减少,河道及两侧堤堰以常规维护为主,其间较大的工程是新辟河道改变入淀口,确保水系入淀一段的畅通。

受上游自然条件影响,唐河降水量年际差较大,多年平均径流量 5.9 亿立方米,1956 年为 8.95 亿立方米,且汛期洪水多为集中过峰,1963 年 8 月最大洪峰流量 7 940 立方米/秒,洪水总量达 9.02 亿立方米。② 1960 年西大洋水库建成后,唐河流量从 2 480 立方米/秒减为 310 立方米/秒,与王快水库一起基本控制了南支的洪水。

这一时期,一方面为解决唐、府、瀑、萍四河一同注入藻苲淀,入淀口一段洪水壅阻问题,另一方面也为了减轻藻苲淀洪水压力,1966 年开辟唐河新道取代了旧道。新道始自安新县牛角村,将清河小水系纳入唐河,穿过四门堤,在同口村北改入马棚淀。唐河河道长 24 公里,宽 1 200 米。③ 新道的建成,有效改善了唐河的泄洪能力,通过后续在河堤左岸建六孔闸、提闸放水以济府河,以及入淀口水库闸桥枢纽工程等④,进一步提升水系间连通性,提高了防洪标准,增强了防洪能力。

(四) 大清河北支: 1970 年由白沟引河入白洋淀

大清河北支是河北省暴雨频繁发生的地区之一,是全国防汛重点之一。1963 年特大洪水时,新盖房最大流量达到 3 540 立方米/秒⑤,且洪水含沙量较大,据白沟站统计,多年平均输沙量约 450 万立方米。新盖房分洪道经

---

① 安新县地方志编纂委员会编:《安新县志》,新华出版社,2000 年,第 175 页。
② 同上书,第 176 页。
③ 同上书,第 226 页。
④ 同上书,第 176 页。
⑤ 河北省水文水资源勘测局著:《河北雨洪模型》,河北科学技术出版社,2017 年,第 67 页。

1951—1965 年 15 年的运用,分洪口门以下 30 公里范围内,测算淤积量达 3 260 万立方米,一般淤高 1~2 米,降低了过流能力。因此,1969—1970 年对新盖房分洪道进行扩建,设计流量扩大至 5 000 立方米/秒。在全长 32 公里的河道上加筑河堤,左堤为主堤,属国家二级堤防;右堤为次堤,属省一级堤防。① 1969—1970 年间还建成了溢流堰和分洪闸下泄,控制了大清河北支洪水的下泄。②

1970 年开挖白沟引河,将北支非汛期及中小水年小于 500 立方米/秒的来水,留下灌溉用水后,皆引入白洋淀沉积泥沙后下泄。③ 北支来水大于 500 立方米/秒时,由分洪闸和溢流堰通过新盖房分洪道向东淀泄洪。④ 新盖房枢纽落成后,大清河北支超量洪水通过溢流注直入东淀,按规划新盖房以下大清河一般不承担行洪任务,只做下游灌溉输水之用。⑤

新盖房枢纽工程由溢流堰和分洪闸、灌溉闸、白沟引河闸、白沟引河、白沟大桥五部分组成。⑥ 各部分的主要功能是:分洪闸堰分泄洪水入东淀,灌溉闸根据大清河灌溉要求引水,白沟引河闸、白沟引河分泄洪水入白洋淀。⑦ 开挖白沟引河是新盖房枢纽的关键,随着白沟引河将大清河北支一部分水量分流至白洋淀,有效降低了北支发生特大洪灾的概率。但河道整治也引发新的环境问题,主要有二:一方面是东淀干涸,东淀原是大清河水系最主要的分泄口,受灌溉、分洪等因素影响,水源减少,20 世纪 80 年代以后东淀水源枯竭,大部分已经干涸,"樯橹桅帆,鸥阵渔樵"的场景不复存在;另一方面就是白洋淀淤积,大清河北支洪水含沙量较大,据白沟站统计,多年平均输沙量约 450 万立方米。⑧ 白沟引河投入使用意味着大清河水系布局的改变,对白洋淀及整个水系影响深远。

---

① 雄县地方志编纂委员会编:《雄县志(1990—2012)》,河北人民出版社,2018 年,第 71 页。
② 海河志编纂委员会编:《海河志》(第四卷),中国水利水电出版社,2001 年,第 84 页。
③ 同上。
④ 刘克岩:《"63·8"暴雨在近期重演后大清河流域江洪沥水组成的变化及洪水调度》,《河北水利水电技术》1998 年第 3 期。
⑤ 雄县地方志编纂委员会编:《雄县志(1990—2012)》,河北人民出版社,2018 年,第 72 页。
⑥ 河北省水利厅水利志编辑办公室编:《河北省水利志》,河北人民出版社,1996 年,第 303 页。
⑦ 杨学新主编:《根治海河运动编年史》,河北大学出版社,2015 年,第 151 页。
⑧ 海河志编纂委员会编:《海河志》(第一卷),中国水利水电出版社,1997 年,第 425 页。

三、落实治淀十六字方针与白洋淀综合治理

20世纪70年代以来,淀区内居民生产生活用水大增,特别是随着农村开始推行生产责任制,淀区旱田、台地苇田、水田等逐步落实到具体民户负责,大家想尽一切办法以增加渔苇等水产品产量,提高经济效益。离淀泊较近的地方多直接筑渠引淀水灌溉,提水、引水量大增,甚至大量围淀造田、种植水稻;离水域较远的地方,大量打井开采,扩大灌溉面积,改变靠天吃饭的旱作方式。①

(一)白洋淀区堤埝的治理与洪水安全

地理位置决定了白洋淀周边堤埝在保护铁路交通、京津城市安全中所处的重要地位,同时"向淀底要粮"、保护油田安全等新生产目标也给堤埝提出了新的要求。服务上述目标,白洋淀周遭数百公里不同等级堤埝的治理原则也各有不同,如容城县留通一带的白洋淀北堤,堤段长4.935公里,在1978年前为了确保淀南千里堤安全,北堤只能看守,不准加高,致使容城县东南部的大片低洼地成了滞洪区。②

1966年2月,安新县发出《唐河改道、白洋淀开卡、四座机站施工准备的通知》,组织民工开始施工,同年10月完成唐河改道和白洋淀枣林庄一段的开卡工程。③ 1966年3至5月保定行署发动14个县市约3万人,在1965年新辟的唐河新道两岸筑起唐河新道南、北堤系。唐河南堤保护县内同口、芦庄及高阳、清苑两县部分土地,唐河北堤安新县内六个乡镇,两堤全部绿化。④

1969年9月,为提高防汛能力,安新县加固唐河两岸、四门堤险工段,用工13.53万个,动土11.54万立方米,堤防植树16.63万棵。⑤ 这一时期主

---

① 彭艳芬著:《白洋淀历史与文化》,河北大学出版社,2012年,第71页。
② 河北省容城县地方志编纂委员会编:《容城县志》,方志出版社,1999年,第210页。
③ 安新县老区建设促进会编:《安新县革命老区发展史》,河北人民出版社,2019年,第206页。
④ 安新县地方志编纂委员会编:《安新县志》,新华出版社,2000年,第434页。
⑤ 安新县老区建设促进会编:《安新县革命老区发展史》,河北人民出版社,2019年,第206页。

要修复工程是千里堤。1969年冬至1970年春,完成千里堤自小关至枣林庄长25.8公里的培修加固工程。① 1970年3月任丘县发布《关于加强千里堤管理的几项规定(草案)》,规定临河坡堤脚以外50米、背河坡戗台堤脚以外10米随意使用,芦苇和护坡草不准放牧、采打,严禁拆动堤上砖石坝和闸涵建筑物,沿堤大队一律不准在堤上增加住户和增盖新房等。② 1971年10月任丘县组织全县29个公社,在南起十二孔闸北至苟各庄段,开挖了千里堤外隔渗沟,全长33公里。③

(二) 提出白洋淀综合治理的十六字方针

依据国家关于海河流域"上蓄、中疏、下排"的治水方针,在白洋淀流域上游地区兴建水库,下游疏通尾闾。20世纪60年代后期白洋淀水资源短缺问题的出现,既是气候干旱的直接结果,也反映了上游水库的控制及沿岸灌溉用水的抽取日益增加。新中国成立后,白洋淀区及其所在流域人口也有了明显增长,这样必然带来资源消耗的不断加大。同时主要采取粗放式的经济增长方式,资源消耗增加,"三废"排放扩大,对河道淀泊水环境污染增加。到20世纪70年代初,白洋淀水环境已经非常恶劣,引起党中央和国务院的关注,由此开启了白洋淀生态环境综合治理。

1972年11月初新华社河北分社的两名记者通过国务院《内部参考》刊发《河北省治理海河处理白洋淀措施不当,水产资源遭到破坏》的报道,反映河北省在根治海河中由于"堵、淹、涸、填"等不当措施,造成白洋淀水位不稳、淀面逐渐缩小、水产资源遭到严重破坏的情况。周恩来总理看后要求水电部立即召集河北省、天津市及保定、沧州地区和安新、任丘两县负责同志讨论解决。④ 1972年11月23日,召开白洋淀问题座谈会。周恩来总理亲自

---

① 河北省水利厅水利志编辑办公室编:《河北省水利志》,河北人民出版社,1996年,第309页。
② 河北省任丘市地方志编纂委员会编纂:《任丘市志》,书目文献出版社,1993年,第307、308页。
③ 河北省水利厅水利志编辑办公室编:《河北省水利志》,河北人民出版社,1996年,第309页。
④ 董一林、王克非:《根治海河十四春》,载中国人民政治协商会议天津市委员会文史资料研究委员会《天津文史资料选辑》(第五十辑),天津人民出版社,1990年,第39页。

听取了保定、沧州、安新、任丘等地县负责人关于白洋淀水资源及生物资源情况的汇报,发出"综合治理白洋淀"的指示。针对当时白洋淀治理中的不当措施及其带来的生态危害,水利电力部制定了"缓洪滞沥,蓄水灌溉,渔苇生产,综合利用"十六字治淀方针,标志着白洋淀进入综合治理阶段。①

(三) 编制实施《白洋淀综合治理规划》

1973年2月河北省根治海河指挥部贯彻"缓洪滞沥,蓄水灌溉,渔苇生产,综合利用"十六字治淀方针,组织编制了《白洋淀综合治理规划》,从防洪、排水、航运、生产等方面对白洋淀进行了综合治理与开发。旨在提高白洋淀防洪能力,稳定和发展淀内生产,充分发挥白洋淀综合利用效益。规划中主要工程由保定、沧州两地区分期实施,主要完成千里堤复堤、新安北堤加高培厚、枣林庄二十五孔闸前除茬、唐河入淀除茬清障、淀内园田抬高、开挖航道、堤外开挖截流沟、兴建小型建筑等工程,分批次发动民工计8.95万。②

新安北堤培厚、增高后达到12.6~13米,远超白洋淀保证水位10.5米,堤上植树9.73万株,植被覆盖率80%。四门堤顶宽增至8米,高程达12~13.9米,亦全部绿化。淀南堤堤防加固27公里,高程达11~11.31米,尚未达三级标准。障水埝加固17.3公里,高程达12.4~12.59米,林木覆盖率为60%。③ 1975年冬至1977年6月,保定地区安新、高阳两县发动民工3700多人,对白洋淀障水埝和淀南新堤进行加固。④

1973年8月安新县拆除淀内阻水堤埝3段计4500米,拆除截堵壕沟13条、围埝33处,约2万亩。⑤ 1974年春任丘县出动民工2596人,在枣林庄

---

① 安新县地方志编纂委员会编:《安新县志》,新华出版社,2000年,第61、62页。
② 河北省水利厅水利志编辑办公室编:《河北省水利志》,河北人民出版社,1996年,第310页。
③ 安新县地方志编纂委员会编:《安新县志》,新华出版社,2000年,第433—435页。
④ 河北省地方志编纂委员会编:《河北省志·第20卷·水利志》,河北人民出版社,1995年,第132页。
⑤ 安新县老区建设促进会编:《安新县革命老区发展史》,河北人民出版社,2019年,第207页。

闸前除挈1公里,宽400米。① 1974年建成规划中的重要项目——白洋淀大桥,旨在解决保定至安新公路越淀路基阻水问题,综合考虑了通车、通航、跨淀、泄洪等多方面职能,桥的高度10.5米是汛期分洪水位,利用常水位可在中孔通航。白洋淀大桥是第一座跨淀大桥,对增加淀区泄洪能力、提高运输效益都有重要意义。② 1975年河北省根治海河指挥部工程局疏浚队用挖泥船开挖了安新经王家寨至枣林庄闸前的津保河道,全长15公里,底宽15米。③

1975—1977年根治海河指挥部先后开展对保新公路进行改道、兴建白洋淀超洪大桥、疏通津保航道、加固白洋淀障水埝和淀南新堤及各种小型工程,白洋淀暂时摆脱了洪水侵袭。从白洋淀治理的历程来看,防洪的重要性已经逐步降低,民众生产生活的领域得到了重点关注,淀泊治理进入新的综合阶段,更加注重经济效益与生态效益。

四、"下排"与白洋淀出水口和下游治理

1956年开挖赵王新渠是白洋淀开辟引河的开端,旨在分淀内洪水至东淀。1960—1962年疏浚、加深后,称为赵王新河。1965年开挖枣林庄新道,破千里堤,东穿百草洼注入赵王新河。1968—1970年扩建构成枣林庄枢纽④,白洋淀水被拦蓄在闸堰内,不能自主下流,从开放型的自然湖泊变为相对封闭的人工水库。同时赵王新河穿过,使百草洼60平方公里过洪功能基本消失⑤,东淀接受洪水后,很快淤高变为了沙丘,反过来减少了蓄洪区面积。

(一) 白洋淀出水口:枣林庄枢纽工程建成

1963年特大洪水以后,为增加白洋淀的调洪能力,1965—1970年间在

---

① 河北省任丘市地方志编纂委员会编纂:《任丘市志》,书目文献出版社,1993年,第298页。
② 保定地区交通局史志编纂委员会编:《保定地区公路史》,河北人民出版社,1992年,第295、296页。
③ 河北省水利厅水利志编辑办公室编:《河北省水利志》,河北人民出版社,1996年,第310页。
④ 保定地区水利志编纂委员会编:《保定地区水利志》,中国社会出版社,1994年,第171页。
⑤ 文安县地方志编纂委员会编:《文安县志》,中国社会出版社,1994年,第196页。

原枣林庄四孔闸基础上,建成白洋淀淀水出口控制工程——枣林庄水利枢纽工程。主要包括五部分:四孔闸、二十五孔闸、船闸、溢流堰(也叫赵北口溢流堰或十方院溢流堰)、行洪道。枣林庄枢纽工程是白洋淀出口调蓄洪水和发展综合利用的控制性工程,低水位时,由四孔闸下泄;中水位时,与二十五孔闸同时泄洪;高水位时,除船闸外,均可泄洪。① 兼顾了淀内水位与下泄速度。

1965年4月至7月间建成四孔闸。从枣林庄村南破千里堤开新河——枣林庄新道,在苟各庄村北复破千里堤入百草洼,全长8.2公里,新道上口建四孔泄洪闸。由河北省白洋淀开卡指挥部组织,徐水、安新两县民工承担施工。四孔闸每孔净宽12米,设计上游水位9.1米,下游水位8.95米,设计流量460立方米/秒。②

1968年冬至1970年春建成二十五孔闸、船闸。1965年枣林庄新道设计泄洪能力2 000立方米/秒,四孔泄洪闸设计泄量460立方米/秒,明显存在河与闸泄量不相适应的问题。为此1968年冬开始枣林庄新道工程进行扩建,疏浚了河槽,在主槽左侧挖了底宽15米的航道槽,在原四孔闸以南又修建二十五孔新闸,船闸可过船100吨级。③ 提高了白洋淀水下泄速度。

1968年10月至1970年建成赵北口溢洪堰。溢流堰是枣林庄枢纽工程的一部分,在赵王河上口,即古十二座连桥旧址上,南至闸区约2.2公里④,堰长1.2公里,宽20米⑤。当白洋淀水位9.1米时,由溢流堰排出;若遇超标准洪水,当淀水位9.95米时,可由枣林庄分洪道王村闸分洪至文安洼。⑥ 这座枢纽能使白洋淀发挥缓洪滞沥、蓄水灌溉、渔苇生产等综合效益。赵北口溢流堰建成,百草洼遂隔离于白洋淀外。

自1965年建成白洋淀下口枣林庄大闸、1970年筑成赵北口溢流堰后,对淀区和流域水环境主要影响可概括如下:(1)白洋淀呈半封闭状态,枣林

---

① 河北省水利厅水利志编辑办公室编:《河北省水利志》,河北人民出版社,1996年,第309页。

② 同上书,第299页。

③ 安新县地方志编纂委员会编:《安新县志》,新华出版社,2000年,第226页。

④ 河北省水利厅水利志编辑办公室编:《河北省水利志》,河北人民出版社,1996年,第299页。

⑤ 安新县地方志编纂委员会编:《安新县志》,新华出版社,2000年,第98页。

⑥ 海河志编纂委员会编:《海河志》(第一卷),中国水利水电出版社,1997年,第426页。

庄枢纽工程形成了完整的白洋淀防洪工程体系,结束了千百年来白洋淀洪水自由下泄的历史①;(2)因割去了原属白洋淀区的百草洼,使白洋淀面积减少了60平方公里;(3)闸堰建成截蓄淀水,使历史上同白洋淀并存的东淀逐步干涸,荒废变为沙丘;(4)著名的津保航线彻底滞断②。

(二) 淀水泄入大清河干流段水道治理

1949年以前,赵王河是白洋淀水下泄的唯一通道。1956年开挖赵王新渠作为赵王河分流泄洪工程。1962年,在赵王新渠基础上,在百草洼内开挖了赵王新河加大泄洪量。1956年和1963年两次特大洪水时,曾挖开赵王新渠南堤向文安洼分洪。

1966年春开辟枣林庄分洪道后,赵王河上段汇入赵王新河。1969年冬至1970年春治理白洋淀出水口河道,赵王新河穿赵王河与赵王新渠相接。③ 至此赵王河被截为上、中、下三段。上段起自赵北口溢流堰到苟各庄村北枣林庄分洪道左河槽止,长9.3公里,是赵北口溢流堰泄水的行洪河道。中段自苟各庄村北枣林庄分洪道右河槽起,沿千里堤东行到史各庄大桥以上750米处汇入赵王新河止,长12.2公里,1970年春疏浚后作为灌溉输水渠。下段自史各庄大桥以上750米处到舍兴堵闭。④

1969年冬至1970春河北省根治海河大军转战文安县,扩挖疏浚了赵王新河和赵王新渠,还做了牛角洼开卡等工程。⑤ 赵王新河按10年一遇防洪标准扩挖,设计水位是10.5米,通过流量2700立方米/秒,由沧州、石家庄、天津三个专区施工。⑥ 扩挖工程西起任丘县苟各庄村北,东至文安县史各庄大桥以上750米处,分为上、下两段。上段自苟各庄村北扩挖,下段改道向北而东至史各庄大桥以上,与改道的赵王新渠对接,形成一体,河水不再流经王村闸。疏通后的赵王新河全长11公里,为复式河床,主河槽内有航道

---

① 王文林:《白洋淀开卡除垫及其防洪作用》,《黑龙江水利科技》2012年第1期。
② 安新县地方志编纂委员会编:《安新县志》,新华出版社,2000年,第174页。
③ 《文安县水利志》编纂委员会编:《文安县水利志》,水利电力出版社,1994年,第60页。
④ 同上书,第61页。
⑤ 文安县档案馆编:《文安县大事记1949—1984》,文安县档案馆,1985年,第62页。
⑥ 《文安县水利志》编纂委员会编:《文安县水利志》,水利电力出版社,1994年,第58页。

沟,河水正常通过时,可开展自白洋淀至天津的内河运输业。①

1969年冬至1970年春,在上游枣林庄新道、赵王新河扩建的同时,由省统一组织根治海河大军对赵王新渠进行了扩挖。赵王新渠上口随着赵王新河的改道由王村闸处北移至史各庄大桥以上750米处,改道长约4公里,与赵王新河对接为一河;赵王新渠下口至崔家坊村东,与大清河北支汇流东去,全长20.9公里。赵王新渠的设计流量扩大为2 700立方米/秒,与上游的枣林庄分洪道相匹配,同时由上游的枣林庄闸控制进入赵王新渠的流量。改道后主河槽底宽530~1 000米,并在河底右侧挖航道沟,以利内河航运。②

王村闸坐落于文安县境内史各庄镇王村东北,是河北省第一座自行设计与施工的大型水闸,自1955年建成至1970年大清河中下游治理以前称"赵王新渠泄洪闸"。1955年建闸宗旨是控制白洋淀出水量,减轻大清河中下游水患。在1970年大清河中下游治理时,赵王新渠渠首改到王村闸北,与赵王新河衔接,由此将赵王新渠泄洪闸改为专用于白洋淀水位超标时向文安洼分洪放水,称为"王村分洪闸"。王村分洪闸建成后,直到1985年未使用分洪。③

(三) 大清河下游治理

与"中疏"同步的是"下排",继续实施海河水系尾闾分开单独入海工程。1967年建成子牙新河后,遂与独流减河分离,单独入海。1968—1969年间扩建了独流减河,设计入海泄量3 200立方米/秒。④ 同期对千里堤小关至枣林庄枢纽段再次进行复堤加固,白洋淀千里堤的设计防洪能力达到了10~20年一遇,校核能力为50年一遇。逐步形成了大清河流域上、中、下较完整的防洪体系,大大提高了抗洪灾能力。与此同时,大清河也逐渐成为季节性河流,雨季河水猛涨,旱季河道干涸,水上交通时断时续。1970年改

---

① 文安县土地志编纂委员会著:《文安县土地志》,中国大地出版社,2001年,第23页。
② 同上书,第24页。
③ 河北省水利厅水利志编辑办公室编:《河北省水利志》,河北人民出版社,1996年,第305、306页。
④ 海河志编纂委员会编:《海河志》(第一卷),中国水利水电出版社,1997年,第426页。

为灌溉河道,航线完全中断。①

1. 大清河下游堤坝增固

1969年冬至1970年春,对大清河中下游进行扩大治理,由天津、邯郸、邢台、沧州、衡水、石家庄、唐山等七个地区施工。其中在文安县境内主要有三项工程,即任庄子展堤工程、胜芳开卡工程、牛角洼开卡工程,修筑开卡新堤替代大清河千里堤旧堤。② 在任丘县主要是千里堤修护,自小关至枣林庄长25.8公里段进行培修加固。随后,1973年汛前,千里堤李广村至十二孔闸长15公里段,修筑了干砌块石护脚。1973年冬季对任丘、高阳县界至淀南新堤接头处长14.6公里的千里堤进行复堤。其间按照"临河防浪,背河取材,乔灌结合,美化环境"的堤防绿化原则,在千里堤内外栽植了杨、柳、刺槐、榆树等8~16行不等,较宽的弃土带栽果树,内坡脚外种植了芦苇。③

2. 东淀等分蓄洪水洼地治理

东淀东接子牙河右堤,西以溢流洼与新盖房分洪道相接,南有千里堤,北有中亭堤,堤防总长129公里。东西长约40公里,南北宽约7公里,面积345平方公里,包括溢流洼面积85平方公里,淀内高程一般在3.1~3.6米,东部最低处2.2米。大清河在东淀内,行洪泄量可达600~800立方米/秒。在1969年冬至1970年春治理中,对东淀的规划原则是近期一水一麦,逐步过渡到蓄水灌溉、渔苇生产,实现综合利用。④ 这次治理后到1985年,仅1977年、1979年部分地区进水,其间无大洪水。

清代东淀的范围要大于西淀(现代称为白洋淀),"西淀之大,周三百余里,概州一县四;东淀尤大,周四百里而赢,概州县七,其为薮泽也"⑤。至新中国初,十方院水位高程10.5米时,西淀水域面积425平方公里,容积12.1亿立方米,东淀面积345平方公里。1963年最高水位8.5米时,东淀容积

---

① 雄县县志编纂委员会编:《雄县志》,中国社会科学出版社,1992年,第68页。
② 《文安县水利志》编纂委员会编:《文安县水利志》,水利电力出版社,1994年,第62、63页。
③ 河北省任丘市地方志编纂委员会编纂:《任丘市志》,书目文献出版社,1993年,第299页。
④ 河北省水利厅水利志编辑办公室编:《河北省水利志》,河北人民出版社,1996年,第311页。
⑤ 《清高宗御制文集》二集卷二七《淀神庙碑记》,台湾商务印书馆,1986年,影印本,第447页。

11.2亿立方米。① 计算可知,清初东淀约大于西淀47.2%,新中国初西淀反大于东淀约23.2%,在不足200年的时间内,西淀水域平均以约20.9%的速度递减,东淀平均以约32.2%的速度递减。可见位于白洋淀下游的东淀淤抬更快。②

第四节　重视工业污染与第一次综合治理白洋淀水环境

　　1972年11月14日周恩来总理接见参加白洋淀问题座谈会的河北省及沧州、保定地区代表时,提出了具有战略意义的"公害"问题,即后来所讲的环境保护问题。他提出:"公害不是件小事,为什么不早治理?"③要求以美国、苏联、日本等为前车之鉴,不能污染了再治理。白洋淀污染发端较早,危害也较为严重,治理起步在国内也相对较早。

一、河北省积极贯彻第一次全国环境保护会议精神

　　1972年6月联合国人类环境会议召开,会议通过专门的决议,呼吁各国政府和人民为改善人类环境而努力。随后西方发达国家纷纷制定环境保护基本法,明确规定环境保护的相关内容。1972年联合国召开第一次人类环境大会,中国派出代表团参会并提出32字环保方针,受到与会各国的关注。

(一) 1973年第一次全国环境保护会议召开

　　新中国成立后,虽然还没有正式的"环境保护"的概念,但广泛开展了群众性爱国卫生运动和植树造林、绿化祖国活动,并在防止水土流失、加强土壤改造、兴修水利,以及积极搞好旧城市改造等方面做了大量工作,这些工

---

　　① 徐正编著:《海河今昔纪要》,河北省水利志编辑办公室,1985年,第161—163页。
　　② 彭艳芬著:《白洋淀历史与文化》,河北大学出版社,2012年,第50页。
　　③ 邱茂林:《从周总理接见看领袖风范》,载政协任丘市文史资料研究委员会编《任丘文史资料》(第五辑),中国人民政治协商会议任丘市委员会,1997年,第5页。

作都具有环境保护的意义。1973年8月我国第一次全国环境保护会议召开,审议通过了中国第一个环境保护法规——《关于保护和改善环境的若干规定》。这是我国第一部环境保护的综合性法规,将环境保护工作纳入各级政府的职能范围,并审议通过制定了新中国第一个环保工作的32字方针,即"全面规划,合理布局,综合利用,化害为利,依靠群众,大家动手,保护环境,造福人民"的基本方针。会后在周恩来总理的主持下,我国开始建立环保机构,为防治工业废水、废气和废渣制定环境规划。

第一次全国环境保护会议在我国环境保护事业进程中具有里程碑意义。周恩来总理在会议发言中指出,我国工业发展暴露出的污染问题已经十分严重,必须重视自然资源的综合利用,这样既能充分利用资源,又能减轻环境污染。他要求各级领导干部、各个城市、所有工业企业都要把生态环境保护工作牢记于心。他还高瞻远瞩地指出,做好"三废"治理不仅是这一代人的事,因为资源消耗污染还关系到子孙后代的发展,"不能叫子孙后代骂我们"。[1] 这已经蕴含了可持续发展的思想认识。

鉴于当时环境保护问题还没有引起国人重视,时任国务院副总理的李先念在会议讲话中提出,把消除污染、保护环境提高到政治路线高度。他提出"环境问题是个重大问题,全世界都在讨论",中国召开环保大会"就是要造个声势,把它摆到议事日程上来"。[2] 从当时国内生产实际出发,他进一步明确提出了三个解决办法:首先,企业要自力更生,挖掘内部潜力,对工业"三废"进行综合治理;其次,新建企业要提前筹谋"三废"治理工作,"三废"治理要和主体工程同时设计,同时施工,同时投产;最后,他还关注到了当时优先发展重工业背景下,工业"随意圈占农村土地和耕地"的问题[3],前瞻性地关注到了农业耕地资源的保护问题。

(二) 拉开了河北省治理工业污染的序幕

从国际情况分析,20世纪50年代在技术加持下,世界范围内工业化进

---

[1] 曲格平、彭近新编:《环境觉醒:人类环境会议和中国第一次环境保护会议》,中国环境科学出版社,2010年,第245页。

[2] 《李先念传》编写组、鄂豫边区革命史编辑部编写:《李先念年谱》(第五卷),中央文献出版社,2011年,第313页。

[3] 曲格平、彭近新编:《环境觉醒:人类环境会议和中国第一次环境保护会议》,中国环境科学出版社,2010年,第244页。

程持续加快,工业带来的污染问题已经凸显。到20世纪60年代,一些发达国家环境不断恶化,于是环境问题受到重视,环境保护意识、保护理念开始萌生和发展。从国内情况来看,20世纪50年代新中国工业发展刚刚起步,工业企业数量较少,机械化程度、生产规模都相对较小,由于大自然具备一定的净化能力,所以整体环境污染并不明显。但随着工业生产"大跃进",局部环境问题也开始显现,由于全社会环境保护意识淡薄,特别是很多人认为污染问题是资本主义特有的现象,社会主义制度不会产生污染问题,因此没有采取相应的环保措施。70年代初期开始,我国卫生、环境保护等部门展开了水源监测工作,结果表明大部分江河、湖海等地面水和部分城市或工矿区的地下水受到工业废水的污染。1973年全国第一次环境保护会议审议通过《关于保护和改善环境的若干规定》,拉开了我国治理工业污染的序幕,推动了中国环境保护工作的开展。

从1953年起河北省开始执行国家建设的"一五"计划,经济建设工作在整个国民生活中开始居于首要地位,特别是集中主要力量发展重工业。"二五"计划期间,继续进行以重工业为中心的工业建设。"三五"计划期间开始略有调整,基本任务按照轻重顺序进行安排,大力发展农业,解决人民基本生活问题,同时加强基础工业建设。以上各个阶段工作的重点不同,由于处于经济发展的初期,保卫新生的政权、保障人民生活水平是政府工作的核心所在。因此,对环境管理不仅处在初期,甚至还未提上政府的工作日程。1973年以后,为全面落实第一次全国环保会议精神,河北省环境保护管理机构开始编制部门内部的环保工作计划,开始探讨省内环保计划的编制工作。提出编制环保计划的目的主要是协调部门内部的工作关系,确定各工作岗位的基本职责,进而对全省社会经济的发展起到资源配置、发展方向的指导作用。编制计划工作的开展切实推动了河北省环境保护工作发展,环境保护工作开始和其他政府管理部门的工作衔接,环境规划工作开始列入政府的工作日程。①

1979年河北省环境保护局成立,标志着河北省环境保护事业进入了一个新的时期。随后法律法规、管理制度、环境保护规划等全面启动,环境保护计划与社会经济发展计划同步推进并不断完善。

---

① 《河北环境保护丛书》编委会编著:《河北环境发展规划》,中国环境科学出版社,2011年,第1—3页。

二、1975年拉开第一次大规模治理白洋淀水污染的序幕

1973年8月第一次全国环境保护会议之后,国务院在批转国家计委《关于全国环境保护会议情况的报告》和《关于保护和改善环境的若干规定》时要求:对所有的城市、河流、港口、工矿企业、事业单位的污染,要迅速做出治理规划,分期分批解决。确定了保护水源,抓好北京、天津等城市的环境保护等工作重点。1977年国务院发布了《关于治理工业"三废"开展综合利用的几项规定》,标志着我国以"三废"治理和综合利用为特征的生态建设探索进入新阶段。1975年1月国务院发布《关于迅速解决白洋淀污染问题的批复》,正式拉开了白洋淀污水治理工作的序幕。

(一) 白洋淀污染对人体健康影响的初步调查

截至1972年10月,府河、石津运河等16条河流,西大洋、王快、横山岭、岗南、岳城、白洋淀等11个库湖,均有不同程度的污染,从中检出酚类、砷、氰化物、汞、铬等有毒物质。西大洋、王快、横山岭、黄壁庄等水库检出了酚、氢化物、砷等毒物,其中酚的含量为0.025毫克/升,超过国家规定标准1.5倍。白洋淀检出了"酚、汞、硫化物、锌等4种毒物",超过国家标准20余倍,其中硫化物含量国家标准为0,白洋淀高达2.78毫克/升。[①]

1975—1976年在河北省科委领导下,白洋淀水源保护科研协作组对白洋淀污染状况,工业污染来源,污水灌溉情况,污染对水生生物、人体健康的影响,以及水质监测技术和工业废水控制途径,进行了较为全面的专题调研。1976年河北医学院课题组完成的《白洋淀污染对人体健康影响的初步调查研究报告》表明,污染点居民发汞平均值为6.29微克/克,显著高于非污染区[②],白洋淀水质污染以局部性耗氧有机污染为主要特征,污染源头主要是工业"三废"。

据调查,1975—1978年白洋淀流域有排污企业约500个,其中109个重

---

① 《化工局郑宇同志在全省环境保护会议上的发言》(1973年12月26日),河北省档案馆藏河北省化学石油工业厅档案,档案号:964-6-10。

② 张妥主编:《河北科学技术志:前5300—1988》,中国科学技术出版社,1993年,第727页。

点排污工矿企业每日排放废水总量38.9万吨,排污大户主要集中在保定境内。① 1976年入淀的府河水,经化验,溶解氧出现了四年来的最低值3.5毫克/升,低于渔业用水标准不得低于4毫克/升的标准,砷含量超过渔业用水标准0.04毫克/升的16倍,石油超过标准0.06毫克/升的200倍。淀区西部为重污区,北部为轻污区。由于府河污染严重,府河入口处的藻苲淀过去历来是青虾的繁殖索饵场,现青虾已绝迹,大部分鱼虾在这里一小时内即可死亡。②

(二) 1975年国务院《关于迅速解决白洋淀污染问题的批复》

白洋淀区工业污染源头是保定市。20世纪50年代末60年代初仅府河源头一亩泉附近就建立起了高耗水、重污染的"西郊八大厂"③,全市"20多个工厂"排放的生产和生活污水"均未经过处理经过府河排入白洋淀"④。60年代末一亩泉已趋干涸,府河逐步成了一条地道的排污河。⑤ 同时,尽管干部群众环境意识缺乏,也采取了一些简易的治污措施,如1958年在保定市西部建起了生化氧化塘,对西北工业区的污水进行简易处理;1962年保定市化纤厂、惠阳机械厂的污水处理厂也开始运行,但成效甚微。

1974年国家建委刊发《白洋淀污染严重急需治理》。白洋淀历史上水质一直很好,水下数米清澈见底,适于饮用。从1965年到1973年间曾三次干淀,使水产受到破坏。70年代以来,受工业污染影响,水产一直得不到恢复。1973年河北省卫生防疫站等对白洋淀水质、底质、鱼、贝、水禽等样品进行监测,结果表明白洋淀受到有机物、酚、汞严重污染。⑥ 1974年10月23日国家建委基本建设简报刊发了《白洋淀污染严重急需治理》的消息。27日

---

① 《白洋淀水污染与控制研究报告(1975—1978)》,白洋淀水源保护科研协作组,1982年,第8页。

② 安新县水产局:《白洋淀水产减产的原因及其发展途径的探讨》,《河北水产科技》1981年第2期。

③ 张进、王以超编:《危机中国》,中国友谊出版公司,2009年,第214页。

④ 河北省建设委员会:《白洋淀污染严重急需治理》(1974年),河北省档案馆藏档案,档案号:1098-1-7-5。

⑤ 张进、王以超编:《危机中国》,中国友谊出版公司,2009年,第214页。

⑥ 张妥主编:《河北科学技术志:前5300—1988》,中国科学技术出版社,1993年,第727页。

李先念副总理在简报上作了批示:"这个问题必须迅速解决,否则工厂应停","这是关系到人民生活的大事,决不能小看"。并建议国家建委派工作组去协助河北、保定限期解决这个问题。① 1974年11月,由国务院38个部委、河北省8个委办局,以及保定地区、保定市环境监测站等单位参加的综合调查组,对白洋淀水质污染状况及保定地区、保定市的污染源等进行了详细调查。调查结果表明,主要污染源是来自保定市的工业废水,这些含有化学需氧量、酚、氰等有毒物质的污水经府河进入白洋淀。因此,白洋淀内府河注入的西部为重度污染区,淀北部为轻度污染区,淀东部为清洁区。基于这次调查数据,国家确定了治理白洋淀污染问题的十六字方针——"工厂根治,淀污分隔,截蓄灌溉,化害为利"。②

1974年12月4日中共保定地委、市委联合起草《紧急请示报告》,以求"迅速解决白洋淀"污染问题。③ 1975年1月国务院作出《关于迅速解决白洋淀污染问题的批复》,批准了白洋淀治理的十六字解决方案,正式拉开了白洋淀污水治理工作的序幕。国务院指示"白洋淀污染严重,必须迅速治理",治理费用"分期分批纳入有关部门和河北省1975年计划和长远规划"④,同时国家也有专项拨款⑤。根据"工厂根治,淀污分隔,截蓄灌溉,化害为利"十六字的方针,污染治理工程共分三部分:

(1)建设截畜灌溉工程。制定了厂外、市外截蓄灌溉工程,将保定市污水纳入排污管网,建设24公里长的排污管道。"1976年达农灌标准,1979年达地面水标准。"⑥

(2)治理重点工业污染源。国家专项投资2000万元,治理保定市的25

---

① 保定市环境保护办公室:《关于白洋淀污染与治理情况的汇报》(1988年10月),河北省档案馆藏河北省畜牧水产局档案,档案号:984-11-250。
② 《1976年白洋淀污染治理工程计划说明》(1975年7月17日),河北省档案馆藏河北省革命委员会档案,档案号:919-3-369。
③ 安新县地方志编纂委员会编:《安新县志》,新华出版社,2000年,第229页。
④ 《1976年白洋淀污染治理工程计划说明》(1975年7月17日),河北省档案馆藏河北省革命委员会档案,档案号:919-3-369。
⑤ 《河北省建设委员会关于落实李鹏总理批示治理白洋淀污染问题的初步意见》(1988年10月13日),河北省档案馆藏河北省畜牧水产局档案,档案号:984-11-250。
⑥ 河北省革命委员会基本建设委员会、河北省革命委员会计划委员会:《关于白洋淀、官厅水库污染治理工程急需解决设备、材料的报告》(1975年),河北省档案馆藏档案,档案号:1098-1-11-7。

个重点工业污染源。这一时期"国家重点保证的环境保护项目,就是一个白洋淀"①。

（3）唐河新道污水库、开辟引污干渠纳入国家基建项目。引污干渠从保定西郊氧化塘起,进入唐河南库。唐河污水库利用唐河行洪道内两侧,形成三河四堤狭长的两个污水库,南北库总库容达1350万立方米。②

唐河污水库、引污干渠两个重要工程,因设计标准低下,污水远远超过了库容量③,对污水进淀只起到了一定的缓冲作用,远不能从根本上解决白洋淀水质污染化、营养化问题④。上述目标限期三年完成,这被称为白洋淀环境污染治理的第一个阶段。

（三）对保定市工业废水污染白洋淀问题的治理

20世纪70年代以来,保定市工业废水和生活污水大量进入白洋淀,同时上游河道入淀径流减少,逐渐加大了白洋淀的污染程度。据调查,1974年保定市50多个工厂每天排放含有十几种有害物质的废水13万吨,均未经处理便由府河排入白洋淀,使淀内三分之二的水域面积被轻度污染,三分之一的水域面积达到严重污染程度。⑤

1975年以来,河北省、保定市、保定地区行署做了大量工作,白洋淀污染治理工作取得了一定的进展。到1978年,保定市每天排放的约13万吨工业污水不再流入淀内,一定程度上改善了淀区水质。⑥ 但是与1975年国务院批准的"工厂根治、淀污分隔、截蓄灌溉、化害为利"方针的要求还有较大差距。当时正处于"文革"期间,白洋淀污染治理工程受到严重的影响,一方

---

① 《河北省革命委员会环境保护办公室情况报告》(1975年),河北省档案馆藏档案,档案号:1098-1-22-1。

② 安新县地方志编纂委员会编:《安新县志》,新华出版社,2000年,第230页。

③ 保定地区水利志编纂委员会编:《保定地区水利志》,中国社会出版社,1994年,第141页。

④ 张素珍、马静、李贵宝:《白洋淀湿地面临的生态问题及可持续发展对策》,《南水北调与水利科技》2007年第4期。

⑤ 河北省建设委员会:《白洋淀污染严重急需治理》(1974年),河北省档案馆藏档案,档案号:1098-1-7-5。

⑥ 河北省革命委员会环境保护办公室:《关于请示转请财政部支持保定市继续征收污水管理费的报告》,河北省档案馆藏档案,档案号:1098-1-29-5。

面管理水平低且混乱,另一方面工程设计不配套,因此工程投入运行后白洋淀仍不断发生污染事故。到 1977 年,由于国营保定造纸厂、保定化纤厂等几个大厂预计的治污工程没有建成,同时污水管网也不能正常运行,"全市还有 1/3—1/2 的污水"①,即每天依旧有约 10 万吨工业废水,继续注入白洋淀。到 1983 年,仍有"30%的设备时开时停或未使用",特别是这一时期上游治污工程没有和入淀水源补给等措施相结合,"使白洋淀问题一直没解决"。②

唐河污水库是实施"淀污分离"的重要项目。依据 1974 年 10 月李先念副总理在《白洋淀污染严重急需治理》的报告上的批示,由国家拨款、保定地区组织施工,在唐河新道南北建两座污水库。唐河中上游流经丘陵山区,下游白洋淀四门堤以西一带地势低洼,雨季水深达 1~2 米,被称为唐河泛区。唐河污水库位于安新县西南部,在唐河行洪主河道内距南、北两堤约 150 米分别加筑小堤,形成"三河四堤"狭长的南北两个新建污水库,南北污水库末端各建一座十孔拦污闸,并建公路桥一座,长约 800 米③,以容纳保定市工业污水。1975 年 10 月至 1977 年 11 月唐河污水库北库建成投入使用,库长 17.5 公里,日接纳高浓度工业废水 8 万吨。④

保定市实行清污分流后,高浓度的工业污水大部分引入唐河污水库。这一时期白洋淀内蓄水量略有增大,淀内水体污染状况有所缓解。但唐河污水库设计使用年限是三年,也就是一种权宜之计,最终必须建设污水处理厂,从源头处理污水问题。唐河污水库原计划 1979 年停用,但是直至 2017 年 6 月底才实现彻底截污,超期运行近 40 年。大量的生活、工业污水由府河进入白洋淀湖群,经引污干渠至唐河污水库,二者组成了一条污水储蓄线。利用污水库蓄水,但污水既没有他水稀释,也未经过净化处理,最终还是污染了白洋淀及流域的地下水,加重了白洋淀生态环境危机。

---

① 河北省革命委员会基本建设委员会:《关于治理白洋淀污染工作中几个问题的请示报告》(1977 年 12 月 11 日),河北省档案馆藏河北省革命委员会档案,档案号:919-13-272。

② 余清、白英:《白洋淀污染问题急需治理》(1988 年 9 月 27 日),河北省档案馆藏河北省畜牧水产局档案,档案号:984-11-250。

③ 河北省水利厅水利志编辑办公室编:《河北省水利志》,河北人民出版社,1996 年,第 310 页。

④ 河北省白洋淀饮水卫生状况调查组:《白洋淀上游蓄污工程沿岸地下水污染状况及对居民健康影响的调查》,《环境与健康杂志》1994 年第 1 期。

（四）淀区各县治理污染和化害为利

20世纪70年代淀区各县开始建立化肥、造纸、化工等高耗水、高污染的工厂。1973年容城县化工厂建成投产①，1974年雄县筹建化肥厂，这一时期，淀区各县批准新建的有水泥制管、磷肥、造纸、化工、棉织等一批新的工业企业。② 由于缺乏环境污染意识，这些企业的污水基本上直接排进白洋淀。

1975年获批的河北省白洋淀污染治理方案提出了点源分散治理与厂外集中调蓄相结合、人工净化与自然净化相结合、处理与利用相结合等基本原则，要求到1976年对重点污染源治理要达到农田灌溉水质标准，到1979年达到国家地面水标准。③ 这些污染治理工程建设对改善白洋淀水质污染、缓解白洋淀水资源不足等发挥了重大作用。

1975年5至11月间，在唐河入淀口处建成安新县同口唐河新道大桥，这是一座水利、交通两用的闸桥。作为治理白洋淀污染"淀污分离"的主要工程之一，大桥一方面使淀污分割，另一方面引污水灌溉农田约10万亩，达到化害为利的目的。④ 此外，府河清淤疏浚工程也是治理白洋淀污染工程的重要组成。分析1975年5月9日保定地区治理白洋淀污染工程指挥部发布的《关于府河清淤疏浚工程竣工验收的通知》⑤可以看到，当时望都、雄县、清苑、蠡县、新城、安新等县都有治污施工指挥部，这些县有的是白洋淀所在的县，有的则是污染入淀水系的县，反映出对污染源头治理的重视。

1956年毛泽东主席发出了"绿化祖国""实现大地园林化"的号召，提出"一切能够植树造林的地方都要努力植树造林"，要绿化祖国、美化人民工作

---

① 河北省容城县地方志编纂委员会编：《容城县志》，方志出版社，1999年，第35、36页。
② 雄县县志编纂委员会编：《雄县志》，中国社会科学出版社，1992年，第163页。
③ 保定地区水利志编纂委员会编：《保定地区水利志》，中国社会出版社，1994年，第140页。
④ 保定地区交通局史志编纂委员会编：《保定地区公路史》，河北人民出版社，1992年，第293页。
⑤ 《保定地区治理白洋淀污染工程指挥部关于府河清淤疏浚工程竣工验收的通知》（1975年），保定市档案馆藏档案，档案号：45-21-62。

和生活的环境。① 1958年春白洋淀各县掀起了植树造林、绿化淀区的运动高潮，到5月14日仅容城县就投入7.84万人，完成宅旁、村旁、路旁、水旁四旁植树近455万棵。② 植树造林是涵养白洋淀区水源、洁净水质重要的生态工程。

三、环境卫生制度化和以游泳为起点的群众水文化

白洋淀处于津保航线上，近代以来是冀中地区和天津港口的枢纽，为满足商旅需要，在其周边兴起了一系列驻泊码头，如端村、安州、同口、北马庄、新安镇、北六陈家湾等码头。其中端村码头位于府河入白洋淀口处，为白洋淀和大清河水运的一个重要中转站，直至20世纪60年代初仍然繁忙，前后兴盛了数百年。20世纪70年代以后，随着府河、大清河水量减少，乃至成为季节性河流，白洋淀各码头逐步失去了商贸职能。其间也曾为恢复水运做过努力，都未能见效。直到1988年重新蓄水后，其中一些恢复为旅游码头。

（一）"两管五改"卫生运动

新中国成立后，我国环境与健康工作发展较快，也历经曲折。三年自然灾害期间，初建起来的卫生防疫系统经受了第一次曲折，在许多地方的机构撤并中卫生防疫机构首当其冲，大批防疫机构工作停顿、人员流失，传染病发病率有所回升。直到1964年卫生部颁发了《卫生防疫站工作试行条例》并在全国贯彻实施，卫生防疫体系才又恢复到正常的发展轨道。

60年代中期以后白洋淀水乡卫生运动基本制度化。1966年漾堤口、郭里口村首先建起了自来水塔，改变了白洋淀有史以来没有水井、人们饮食淀水的传统，提高了饮水卫生。同时村里成立了卫生室，每当疫病流行季节，就提前打防疫针，有效控制了疾病发生。③

1973年全国第一次环境保护会议提出了"依靠群众、大家动手、保护环

---

① 中共中央文献研究室、国家林业局编：《毛泽东论林业》，中央文献出版社，2003年，第77页。
② 河北省容城县地方志编纂委员会编：《容城县志》，方志出版社，1999年，第29页。
③ 《白洋淀的喜讯》，《人民日报》1972年2月11日第7版。

境、造福人民"的环境工作方针。在开展以除害灭病为中心的群众性卫生运动的基础上,1974年淀区开展"两管五改",即管水、管粪和改厕所、改猪圈、改水、改灶、改环境①,继续改造农村环境,解决水乡卫生问题。这一时期还制定了许多环境卫生管理条例和标准。经过上述群众卫生运动,使淀区卫生面貌发生根本改变,水乡传染病基本得到了控制。

(二) 以游泳为起点的群众水文化运动

水乡人善游者多,游泳也是生产生活和适应环境必须掌握的技能,白洋淀内居民大部分擅长游泳。而白洋淀水位合适,地处内陆,波平如镜,还是条件适宜的天然游泳场,20世纪50年代保定地区就在白洋淀举办了第一次游泳比赛。② 1959年春国务院文化部领导来白洋淀视察,提出应建造水上文化宫③,丰富水乡群众文化生活,百姓称之为"大花船"。

1965年"八一"建军节安新县组织全县民兵200余人举行了"武装泅渡"水上大比武,进一步推动了水乡游泳活动的开展。同年被称为中国"当代游泳之父"的穆成宽教练亲赴白洋淀考察,组织成立了游泳学校。白洋淀水文化在国内知名度进一步提升,游泳文化水文化也得到了一定普及。

1972年安新组建游泳队,1973年安新建造游泳池,加快了游泳训练的科学化进程。1975年在安新建立了河北省重点游泳业余体校,并举办了两次全国业余体校游泳比赛,这些都提升了白洋淀的知名度并带动了当地游泳运动的开展。从白洋淀培训出的运动员被输送到各级游泳队,在国家和国际比赛中取得了较好成绩。1977年8月为纪念毛泽东畅游长江11周年,河北省游泳比赛在白洋淀举行④,进一步带动了淀区水上运动。

---

① 安新县地方志编纂委员会编:《安新县志》,新华出版社,2000年,第940页。
② 安新县老区建设促进会编:《安新县革命老区发展史》,河北人民出版社,2019年,第318页。
③ 安新县地方志编纂委员会编:《安新县志》,新华出版社,2000年,第57页。
④ 安新县老区建设促进会编:《安新县革命老区发展史》,河北人民出版社,2019年,第319页。

本 章 小 结

大致以1965年为分界线,大清河流域转向干旱,地表径流减少,再加上防洪工程建设,白洋淀洪涝灾害大大减少,基本消灭了特大型洪水灾害。与此同时,水量不足、水质污染等新问题开始显现。淀内水生生物多样性明显降低,经济植物面积大量减少,鱼类种类、数量减少,并趋于小型化和低龄化,白洋淀自然的生态系统向以人工生态系统为主的方向转变,生态功能减弱。[1]

1966—1977年间,大清河流域治理进入了第三个阶段,随着水库、引河、闸门、溢流堰等投入使用,防洪涝工程体系初步形成,且各水系分流下泄,集中于天津入海的布局已根本改变。[2] 同时通过新盖房、枣林庄两个枢纽工程,借助现代技术手段,基本控制了白洋淀进水和出水,也使其自然属性基本消失,成了一座类似人工水库的封闭水域。

1972年11月周恩来总理亲自参加白洋淀问题座谈会,制定了"缓洪滞沥,蓄水灌溉,渔苇生产,综合利用"十六字治淀方针。针对白洋淀已经较为严重的污染问题,他提出"公害不是件小事"要及早治理。1973年第一次全国环境保护会议召开,1975年初国务院《关于迅速解决白洋淀污染问题的批复》开启了白洋淀水环境第一次综合治理。"白洋淀治理非同寻常,在全国独一无二。"[3]这句话反映了当时国家层面对白洋淀水生态价值的认识和重视。

"文革"期间忽视地域差别推广"大寨经验",在全国开展让荒山变良田和填湖造田的运动[4],白洋淀也出现了重农轻渔的倾向,"围淀造田,向淀底要粮",围埝垦植、苇田变粮等举措,只能以破坏水产业资源为代价。这一时

---

[1] 刘春兰:《白洋淀湿地退化与生态恢复研究》,硕士学位论文,河北师范大学,2004年。
[2] 海河志编纂委员会编:《海河志》(第四卷),中国水利水电出版社,2001年,第622页。
[3] 保定市革命委员会环境保护办公室:《宋养初、曲格平二同志对保定市污水治理工作的指导意见》(1975年),河北省档案馆藏档案,档案号:1098-1-22-2。
[4] 魏宏运主编:《国史纪事本末·第四卷·社会主义探索时期》(下),辽宁人民出版社,2003年,第317页。

期的极"左"思潮在很大程度上也影响着人水关系,一方面认识到自然环境的客观性,应该"用唯物辩证法治水";另一方面又延续着"大跃进"时期人定胜天的思想,盲目追求治水工程数量和战绩。[1]

---

[1] 《治水史上谱新篇——记河北省人民治理海河的伟大斗争》,《人民日报》1970年11月18日第3版。

下篇　面向世界

改革开放以来科学语境下人水关系调整（1978—2016）

1978年中国开始实行改革开放政策,随着土地的使用权与所有权分离,政社合一的人民公社基层组织解散,为白洋淀社会经济的发展提供了有利的体制环境。1985—1993年间农村改革进一步深化,农副产品转向收购制,在农村集市恢复发展的基础上,开始组建城乡农贸专业市场,乡镇企业同期得到发展,这一切皆推进了白洋淀区经济由单纯生产型向综合效益型发展。与此同时,淀区迅速活跃起来的生产力加大了对水资源、水环境的利用和干扰幅度,叠加在持续暖干的气候条件上,白洋淀出现了1983—1988年连续多年的干淀,不得不跨水系、跨流域引水补淀。

1978—2016年近40年间,白洋淀地区人水关系大致可以分为三个阶段:

(1)1978—1987年。淀区乡镇企业发展迅速,带来了白洋淀水资源、水环境的同步变化。加之气候持续暖干,白洋淀频繁干涸,特别是1983—1988年汛前持续干淀,白洋淀的兴衰存废问题再次得到国家层面的关注,引水济淀、解决水源渐成共识。尽管第一次综合治理白洋淀污染工程通过了验收,但流域排污企业持续增加,农业面源污染也开始显现。1979年7月河北省环境保护局成立,随后白洋淀各县也成立环保部门,开始了对环境污染重大突发事件的治理。

(2)1988—2000年。1988年中国首次提出了水文化概念,1992年中国开始实施可持续发展战略。白洋淀持续多年干淀之后,1988年汛期重新蓄水,生态系统开始逐步恢复。同时以工业污染为主的污染又引发了更为严重的环境问题,李鹏总理等为此作出专门批示,并于1988年、1992年启动对污染问题的第二次、第三次集中治理。这一时期跨水系、跨流域引水,维持白洋淀生态需水量成为常态。而1998年特大洪涝灾害及2003年非典疫情的暴发,使人与自然和谐相处的观念逐步为社会各界认同。

(3)2001—2016年。白洋淀区城镇化提速,生产工业化、人口聚集也带来了白洋淀新的水环境问题,而社会经济发展与水环境保护意识、保护能力也成正相关。2002年河北省批准设立白洋淀湿地自然保护区。2005年河北省和保定市共同制定《白洋淀及上游地区生态环境建设总体规划》,启动对白洋淀污染问题的第四次综合治理,关注了水环境生态问题的源头,着力治本。2014年京津冀协同发展上升为国家战略,白洋淀作为京津冀三地生态腹地受到前所未有的重视,建立更高一级的行政区划,改变白洋淀"多龙治水"的条块分割也就提上了日程。

第四章

1978—1987 年乡镇企业的迅速发展与白洋淀水环境

改革开放前十年,原本就耕地资源不足、人地矛盾较为突出的白洋淀区,利用毗邻京津保的地缘位置优势及形成于历史时期的市场基础,社队企业转向乡镇企业,并得到了迅速发展。随着产业结构调整,工业产值增加,对白洋淀水资源利用也同步变化,随之也带来了淀区水环境的变化。

第一节 20世纪七八十年代白洋淀主要地理特征

基于人类活动和气候变化对流域上游山区径流量作用的分析,有研究认为以大规模人类活动对白洋淀全流域的影响超过气候变化之影响为分界点,白洋淀流域"年降水量—径流量"之间的关系可以划分为前后两个不同时期,1979年之前"可看作是不受大规模人类活动影响或径流过程仍然以自然特征为主的系列"。[1]

一、自然地理特征

20世纪七八十年代,大部分年份淀内水资源需求大于供给,但白洋淀四周堤埝包围、淀内壕沟纵横的地貌依旧。由于干淀,白洋淀总面积一度缩小到306.7平方公里,其中淀泊约占总面积的41.7%,苇田占36.6%,田地村庄占14.3%,沟壕占7.4%。在正常水位7.5~8米时[2],一般水深2米左右[3]。

---

[1] 刘克岩、张橹、张光辉等:《人类活动对华北白洋淀流域径流影响的识别研究》,《水文》2007年第6期。

[2] 本章若无特殊说明,水位均为大沽高程。

[3] 童文辉:《白洋淀渔业自然条件分析》,《华北农学报》1984年第1期。

(一) 气温、降水量继续呈暖干态势

20世纪七八十年代白洋淀区气温继续暖干态势。以雄县为例,在60年代,最高年平均气温发生在1961年,是12.7℃,最低年平均气温发生在1964年,是11℃;1978—1987年年平均气温情况如表4-1-1,其间最高年平均气温在1983年,是12.9℃,最低年平均气温在1985年,是11.3℃。气温略有升高的同时降水量减少。1950—1980年间雄县年平均降水量535.4毫米,而在1981—1990年间全县年平均降水量只有471.3毫米,后者较前者偏少11.98%。① 在二者共同作用下,淀区各县进入干旱周期。

表4-1-1 1978—1987年雄县年平均气温统计表　　单位:℃

年份	年平均	年份	年平均	年份	年平均	年份	年平均
1978	12.2	1981	11.9	1984	11.6	1987	12.2
1979	11.7	1982	12.5	1985	11.3		
1980	11.7	1983	12.9	1986	11.9		

数据来源:《雄县志》(1992年)第62页。

关于白洋淀降水量的变化,再以安新县为例说明。20世纪80年代后,降水量减少的趋势十分明显,最少的1986年只有321.8毫米。(详见表4-1-2)

表4-1-2 1978—1987年间安新县降水量统计表　　单位:毫米

年份	降水量	年份	降水量	年份	降水量	年份	降水量
1978	531.8	1981	326.2	1984	338.4	1987	417.0
1979	583.6	1982	429.2	1985	543.6		
1980	427.0	1983	363.3	1986	321.8		

数据来源:《安新县志》(2000年)第124页。

白洋淀来水包括两部分:一是淀区降水注入,二是上游水系径流入淀。

---

① 雄县水利局:《雄县水利建设十年》,载河北农业大学编《白洋淀周边地区农业持续发展道路》,农业出版社,1993年,第159页。

1965 年之后流域气候进入干期,从表 4-1-3 可以看出,1956—1988 年间白洋淀流域年降水量、年径流量、年入淀水量皆呈现出明显的递减趋势。流域年降水量 80 年代大约只有 50 年代后期的 72.9%;流域年入淀水量更是断崖式减少,80 年代大约只有 50 年代后期的 9.9%;年入淀水量减少逾 90%,必然带来淀内水位、水域面积的变化。

表 4-1-3 白洋淀流域年降水量、径流量及入淀水量

时间	年降水量（毫米）	年径流量（亿立方米）	年入淀水量（亿立方米）
1956—1959	694.7	69.33	23.96
1960—1969	582.2	37.52	17.31
1970—1979	545.0	30.74	11.43
1980—1988	506.6	20.53	2.37
湿期(1956—1964)	672.0	57.36	24.71
干期(1965—1988)	523.4	26.19	7.59
1956—1988	563.9	34.69	12.26

数据来源:《安新县志》(2000 年)第 186 页。

(二) 水位、水面及蓄水量变化

这一时期入淀水量大幅减少,而用水量却在大幅增加,二者之间的矛盾就使白洋淀水资源短缺的矛盾尖锐起来。此外,气候暖干也带来白洋淀水域蒸发量的大幅增加。自然、人文诸多因素叠加在一起,它们共同作用下的后果就是白洋淀水位降低,水域面积减少,水位低于 6.5 米的情形不时出现,或曰干淀频次增加,白洋淀生态系统难以为继。(详见表 4-1-4)

表 4-1-4 1978—1987 年白洋淀年内水位、水面、蓄水量变化表

年 份	水位变化(米)	水面变化(万亩)	蓄水量变化(亿立方米)
1978	9.12~7.23	45.6~16.4	5.4~1.06
1979	10.26~7.87	46.05~27.2	8.8~2.06

(续表)

年　份	水位变化(米)	水面变化(万亩)	蓄水量变化(亿立方米)
1980	8.72~7.06	45.05~？	7.06~？
1981	7.26~5.9	/	/
1982	7.47~5.5	21~干淀	0.15~0.03
1983—1987	连续五年旱灾,彻底干淀		

数据来源:《安新县志》(2000 年)第 180、181 页。

受大陆性季风气候和浅碟形地貌特征影响,白洋淀水位过低不行,水位在 5~5.5 米时全淀干涸;但过高就会引发洪涝灾害,淹没田园房屋并危及下游。1977—1979 年三年间水位偏高,最高水位分别是 10.18 米、9.12 米、10.25 米,淀内鱼塘全部被淹,影响到渔业产量。只有水位在 7.5~8.5 米时,既适合水生动植物的生长和繁殖,又不会成灾。①

此外,白洋淀水位和蓄水量还受到淀底淤积的影响。20 世纪 50 年代淀区水位 7.5 米时,水域面积为 306.7 平方公里,蓄水量达到 1.2 亿立方米;80 年代处于同样水位时,水域面积已经缩小到了 150 平方公里,蓄水量仅为 0.8 亿立方米。② 主要原因就是淀内淤积,容积减少。与此同时,白洋淀区的面积也在减少,由 20 世纪 50 年代的 516.6 平方公里,下降到 80 年代末的 362.8 平方公里。③

(三) 入淀水量、出淀水量

20 世纪 50 年代、60 年代、70 年代、80 年代四个阶段,年平均入淀水量分别为 19.6 亿立方米、17.3 亿立方米、11.4 亿立方米和 2.15 亿立方米,依次递减,70 年代只有 50 年代的 56.3%,80 年代更减少到 11%。1980—1987 年 8 年间入淀水量总计 3.7124 亿立方米④,只有 1978、1979 年两年的

---

① 安新县水产局:《白洋淀水产减产的原因及其发展途径的探讨》,《河北水产科技》1981 年第 2 期。

② 海河志编纂委员会编:《海河志》(第二卷),中国水利水电出版社,1998 年,第 476 页。

③ 保定市人民政府:《关于我市城市污水综合治理措施落实情况的报告》(1989 年),河北省档案馆藏档案,档案号:1098-1-294-3。

④ 《河北省白洋淀生态修复与环境治理历程》,载《改革开放实录》编写组编写《改革开放实录》(第四辑),中共党史出版社,2018 年,第 230 页。

10.05%,其中1984—1987年间更是滴水未进。(详见表4-1-5)

表4-1-5 1978—1988年间白洋淀入淀、出淀水量推算成果表

单位:亿立方米

年 份	入淀水量	出淀水量	年 份	入淀水量	出淀水量
1978	13.427 9	10.9	1984	0	0
1979	23.507 5	20.7	1985	0	0
1980	1.748 8	1.29	1986	0	0
1981	0	0	1987	0	0
1982	1.65	0	1988	11.4	5.37
1983	0.313 6	0			

数据来源:《安新县志》(2000年)第182、182页。

入淀水量减少的主要原因一方面是气候干旱,天然降水量减少;另一方面是流域内工农业生产、居民生活用水增加,再加上上游水利工程的拦蓄。人为因素在干淀中起了很大作用。由于上游水库截留,大清河南支入淀河流在1970—1980年的11年间入淀量共减少46.09亿立方米,平均每年减少4.19亿立方米。白洋淀70年代比60年代入淀量减少35%,80年代中期比70年代减少85%。与此同时,人口增加,工农业发展,流域用水量也大幅增加。保定市1985年采水量1.53亿立方米,比1956年增加了15倍,市辖各县工业用水也在2 000亿立方米以上。[1]

(四) 生物种类和数量的变化

干淀频次增加、水质污染加剧等给白洋淀湿地生物资源带来致命损害,1988年重新蓄水,人工养殖发展也给白洋淀生物结构带来了影响。

首先是鱼类的变化。一则因闸坝阻断,溯洄型鱼类大部分绝迹;与干淀同步,淀内繁衍生息的鱼类也明显减少,尤其是经济鱼类种数大幅下降。[2]

---

[1] 安新县地方志编纂委员会编:《安新县志》,新华出版社,2000年,第175页。

[2] 金相灿等著:《中国湖泊环境》(第二册),海洋出版社,1995年,第263页。

二则随着白洋淀水质污染,水生生物结构也在发生变化。淀内鱼类以耐低氧种类的鲤、鲫、鲶等占多数,其中鲤科占62.5%,余者与华北地区湖泊鱼类组成基本相似。① 耐污能力强的鱼类不仅生存下来,且因失去生存竞争者,得以大量繁殖,扩大了种群。1980年调查发现鱼类40种,隶属8目14科37属,其中鲤科计25种,占总数的62.5%;鳅科2种,占总数的5%。② 此外,1988年重新蓄水后,人工养殖迅速发展,也带来了鱼类变化。1980年白洋淀内鱼类较70年代后期稍有增加,主要原因是人工养殖。

其次,白洋淀水生植物变化。淀内水生植物包括沉水植物、浮叶植物、漂浮植物和挺水植物等四类,对比不同时期的调查可以发现,水生植物科、种稍有变化。1958年有15科30种,1975年有16科34种,1982年有15科32种,1991年增为19科46种。③ 但芦苇一直是淀内优势种类。1978—1987年与其前、后两个时期相比,淀内水生植物种类总体上皆呈减少态势,原因主要是水域面积减少,特别是干淀,导致生态系统受损。

再看一下白洋淀湿地动物种类的变化。1970年以后水量少、水质污染等问题日益严重,湿地动物的生存环境也在恶化,一些大型猛禽如金雕、赤狐等已难觅踪影,珍稀鸟类逐渐减少。1983—1987年白洋淀连续5年干淀,淀区水环境更是发生了根本性变化,由原水生生态系统逐渐向陆生生态系统转变,一些珍贵的湿地鸟类濒于绝迹。④

二、 主要水灾害

改革开放以后,各行业发展提速,规模扩大,对水资源的消耗量随之增加。白洋淀周边农业用水由新中国初期的0.2~0.3亿立方米,增加到20世纪末的2亿立方米⑤。用水的增加使入淀水量减少,加之气候持续暖干少雨,白洋淀遂出现了多年干涸。

---

① 王庄静:《工业废水对白洋淀水生生物的影响》,《环境保护》1984年第5期。
② 胡福来、杨新阁:《引黄济淀对白洋淀的生态效益分析》,载潘增辉主编《水生态文明建设研究与实践》,河北科学技术出版社,2013年,第53页。
③ 同上。
④ 安新县地方志办公室编纂:《白洋淀志》,中国书店,1996年,第54页。
⑤ 安新县地方志编纂委员会编:《安新县志》,新华出版社,2000年,第175页。

（一）淤积、干淀

20世纪60年代前,大清河南支潴龙河、唐河入淀口附近是白洋淀内淤积严重的区域。两河上游水库开始截蓄洪水后,入淀泥沙量大大减少。以潴龙河为例,1966—1983年在白洋淀的淤积量减到134万立方米。再看大清河北支,1970年白沟引河启用,将此前注入东淀的北支水系引入了白洋淀,并成为淀区淤积的主要来源。据实测计算,1970—1980年11年间,经由白沟引河的总淤积量为320万立方米,其中进入淀内105万立方米,在淀内淤积出一块长1.2公里、宽0.5~1.5公里、面积约1.4平方公里、最高淤积达2.5米的地方,直接加速了烧车淀被淤平的风险。[①] 与此同时,白洋淀出水口枣林庄枢纽建成,又使白洋淀丧失了排沙能力,泥沙在淀内只进不出,淀底不断升高。[②] 白沟引河和枣林庄枢纽,前者增加了泥沙入淀,后者阻塞了泥沙出淀,这两项工程使白洋淀湖泊淤积加速。

白洋淀干淀标准以十方院水位6.5米为依据,低于此水位即视为干淀。1978—1987年干淀的时间段包括:1982年7月、1984年2—5月及10—12月总计7个月、1985—1987年全年。除了干淀,水位较低的时段还有:1979年6月19日、1980年8月25日、1981年11月、1983年11月。其间白洋淀高水位除了7、8月汛期,还有1980年2月29日、1981年3月7日、1983年3月15日、1984年6月17日。[③] 从这一组统计数据可以看出两点主要信息:一是这10年间干淀几成常态,二是水位高低变化无序性增加。1983—1987年更是连续5年出现干淀,河底变成车道,具有一定耐旱能力的芦苇枯萎,鱼、虾皆无,所有水资源灭绝,生态系统几近毁灭。[④] 干淀原因主要在于气候干旱、自然来水量减少,但上游水库拦蓄、工农业生产、城镇发展用水等也是重要的人为因素,诸种因素叠加在一起使入淀水量得不到保证。

[①] 河北省水利厅水利志编辑办公室编:《河北省水利志》,河北人民出版社,1996年,第311页。

[②] 《河省省建设委员会情况报告》,河北省档案馆藏档案,档案号:1098-1-52-1。

[③] 安新县地方志编纂委员会编:《安新县志》,新华出版社,2000年,第185页。

[④] 河北省地方志编纂委员会编:《河北省志·第19卷·水产志》,天津人民出版社,1996年,第89页。

(二) 旱灾和地下水位下降

降水偏少最直接的后果就是旱灾增加,同时白洋淀区洪涝灾害的发生频率和灾情等级显著降低。据统计,1959—1989 年的 31 年中,雄县有 11 年遭受不同程度的旱灾,平均三年出现一次;仅 1980—1989 年十年时间就发生了六次旱灾,其中有两年遭受特大旱灾、一年大旱、三年中旱,平均 1.7 年就出现一次旱灾。① 1987 年 8 月 12 日容城县遇到了罕见的伏旱,6 月至 8 月的三个多月中未降一场透雨,7 月 10 日至 8 月 14 日降水量仅为 11 毫米,地下水位下降 1.5 米,全县 34.61 万亩秋季作物受灾。②

为解决水资源的供需矛盾,地下水资源又被过度开采。以雄县为例,20 世纪八九十年代,境内河道除了汛期有雨洪水汇入外,其他季节断流,全县浅层水资源量仅 5 191 万立方米,干旱年份全县 4.5~7.5 万亩农田因缺水减产。于是地下水连年超采。1979 年全县地下水开采量为 2 020 万立方米,到 1986 年已达到 8 360 万立方米,1979—1987 年间全县共超采地下水 1 778 万立方米。地下水位持续下降又造成了一系列不良后果。1979 年雄县地下水埋深 2.5 米,到 1987 年已达到 10.78 米,平均每年下降 1 米。因水位下降,全县有 1 700 余眼浅层机井干涸。③

淀区各县大致如此。容城县由于地下水位急剧下降,1984 年 362 眼机井水位平均下降 3 米左右。④ 任丘县青塔村紧依赵王河,古称赵渡口,20 世纪 80 年代以前地下水位较高,村民用扁担系水桶就可以从井内取水,从 80 年代初水位开始下降,饮水就需要打深机井。⑤ 依据 1980 年 7 月检测,白洋淀区一般地下水埋深平均 2.71 米,到 1988 年再检测,地下水埋深已达 8.7 米。再加上受高阳、蠡县、清苑一带地下水漏斗影响,在白洋淀南部及寨里乡、

---

① 雄县水利局:《雄县水利建设十年》,载河北农业大学编《白洋淀周边地区农业持续发展道路》,农业出版社,1993 年,第 160 页。
② 河北省容城县地方志编纂委员会编:《容城县志》,方志出版社,1999 年,第 43 页。
③ 雄县水利局:《雄县水利建设十年》,载河北农业大学编《白洋淀周边地区农业持续发展道路》,农业出版社,1993 年,第 160 页。
④ 河北省容城县地方志编纂委员会编:《容城县志》,方志出版社,1999 年,第 41 页。
⑤ 彭治平:《青塔村历史资料》,载政协任丘市文史资料研究委员会编《任丘文史资料》(第六辑),中国人民政治协商会议任丘市委员会,2002 年,第 20 页。

三台镇一带形成地下水漏斗。1988年重新蓄水后,淀周边地下水位明显上升,但由于淀南雁翎油田对深层地下水的大量开采,地下水位又有一定下降。[1]

(三) 污染和死鱼事件

白洋淀的主要污染物依然是工业污水和耗氧有机物,且随温度升高而毒性加大,因此死鱼事件都发生在夏季。污水进入白洋淀后,如同进入了一座被人工堤闸封闭的水库,污染成分几乎只进不出,长期沉积,再加上淀内水域减少,污染物浓度必然不断升高。1983年白洋淀的入淀水量锐减至0.281亿立方米,1983年汛后至1988年汛前又出现连续干淀,在入淀水量减少、入淀污水量增多的双重作用下,污染物既不能稀释又不能下泄,淀内水质污染只能日益严重。[2]

白洋淀污染源依然主要来自上游保定城市工业,所以府河入淀口一带污染最为严重。1980年春节,由府河漏入四门堤内排碱沟的污水,经检测硫化物含量超过标准一倍,致使马村、南刘庄大队在排碱沟塘内的鱼全部被毒死。经检测,白洋淀内水生生物体内残留的有毒物质含量竟然比官厅水库高出28倍[3],仅从这点即可窥淀水污染程度。再如1981年在府河污水入淀的河口造成鱼、虾、蟹等死亡事件四起,在杨家淀发生死鱼事件两起,很多田螺、河蚌被毒死后浮于水面。[4] 除了白洋淀上游城市工业排污,改革开放以后淀区高污染的乡镇企业也发展迅速,从检测结果分析,80年代淀水质量每况愈下。[5]

三、 行政区划、人口等人文地理特征

1979年起国家开始加强小城镇发展,1984年社队企业改为乡镇企业,经

---

[1] 李晓粤、张素珍:《白洋淀水资源承载力计算及保护对策》,载中国环境科学学会编《第十三届世界湖泊大会论文集》(中卷),中国农业大学出版社,2010年,第1619页。

[2] 张妥主编:《河北科学技术志:前5300—1988》,中国科学技术出版社,1993年,第727页。

[3] 安新县水产局:《白洋淀水产减产的原因及其发展途径的探讨》,《河北水产科技》1981年第2期。

[4] 河北省地方志编纂委员会编:《河北省志·第19卷·水产志》,天津人民出版社,1996年,第96页。

[5] 丁中原编著:《水与生物》,水利电力出版社,1991年,第106页。

营范围扩大,形式也更为灵活。这些国策对白洋淀区影响较大。鄚州、出岸、石门桥等镇分别成为以工副业和集市贸易为主、农业为辅的"新型农村集镇"。①

(一) 淀区各县公社全部改为乡镇

在改革开放不断深化的社会背景下,1984年国家颁布《关于调整建制镇标准的报告》《关于农民进入集镇落户问题的通知》等文件,解除了制约城镇发展的体制因素,规定所有县级机关所在地皆可设镇,乡政府驻地则有两种情况可以设镇:其一是乡总人口在2万以下,政府驻地非农业人口超过2千人;其二是乡总人口在2万以上,政府驻地非农业人口占全乡人口10%以上,并实行镇管村的体制。

受淀区经济积累过程和国家政策制约,这一时期淀区建制镇的设置集中在1984年和1985年两年,恢复新中国初期建制镇5个,新置9个,年均设置7个。1984年淀区容城、安新等县开始撤销人民公社、生产大队、生产队组织形式,改设乡(乡镇)、村,县和乡镇建立人民政府,村设立村民委员会,设置建制镇的辖区不变,由镇管村。② 1985年任丘县吕公堡、出岸、长丰、石门桥四个乡改镇,辖区不变③;雄县昝岗镇恢复为建制镇④。值得关注的是,容城、任丘两县突破了建制镇为零的历史,任丘还于1986年撤县设市。截至1987年,环淀四县一市辖建制镇15个(详见表4-1-6)。

表4-1-6 截至1987年白洋淀区建制镇(市)设置情况

时间	县	镇名称	设 置 情 况	备 注
1984	容城县	城关镇⑤	新置,县政府驻地	新置1
1984	安新县	新安镇	复建,县政府驻地	复建3,新置1

---

① 河北省建设委员会、河北省社会科学院合编:《河北五百镇》,农村读物出版社,1987年,第543—546页。
② 参见河北省容城县地方志编纂委员会编:《容城县志》,方志出版社,1999年,第41页;安新县地方志编纂委员会编:《安新县志》,新华出版社,2000年,第88页。
③ 河北省任丘市地方志编纂委员会编纂:《任丘市志》,书目文献出版社,1993年,第50页。
④ 雄县县志编纂委员会编:《雄县志》,中国社会科学出版社,1992年,第27页。
⑤ 1994年更名容城镇。

(续表)

时间	县	镇名称	设置情况	备注
1984	安新县	端村镇	半水区,复建	复建3,新置1
1984		同口镇	半水区,新置	
1984		安州镇	半水区,复建	
1984	高阳县	西演镇	新置	原有1,新置1,未复建1(旧城镇)
1984		高阳镇	原有	
1984	雄县	雄州镇	半水区,复建(原城关镇)	复建2,未复建1(龙湾镇)
1985		昝岗镇	复建	
1984	任丘县	城关镇	新置,任丘县政府驻地	设置6
1985		吕公堡镇	新置	
1985		长丰镇	新置	
1985		石门桥镇	新置	
1985		出岸镇	新置,与高阳县相邻	
1985		鄚州镇	半水区,新置,与安新县接壤	
1986	任丘市	1986年3月5日任丘撤县建市		下辖建制镇6

资料来源:依据20世纪90年代以来各县市新志统计。

(二) 非农业人口、淀内人口增长较快

受限于同一标准下数据获取的限制,表4-1-7统计了1978—1987年间安新、雄县、任丘三县市人口的主要信息。这十年间非农业人口占全部人口的比例从4.94%上升到了9.88%,尽管到1987年不足10%的非农业人口相对国内、省内都偏低,但就其自身发展速度而言却是翻了一番。1982年7月第三次人口普查,容城县共有186 208人,其中非农业人口4 425人[1],占比2.37%,同一年安新、雄县、任丘三县非农业人口占比分别是2.78%、3.59%、5.94%,可以看到容城县非农业人口占比要更低一些。

---

[1] 河北省容城县地方志编纂委员会编:《容城县志》,方志出版社,1999年,第40页。

表 4-1-7 1978—1987 年间安新、雄县、任丘三县市人口 单位:万人

年份	人口				非农业人口			
	安新	雄县	任丘	小计	安新	雄县	任丘	小计
1978	31.33	24.78	47.08	103.19	0.74	0.64	3.72	5.10
1979	31.61	25.13	48.19	103.93	0.79	0.77	4.75	6.31
1980	31.94	25.58	49.55	107.07	0.82	0.75	5.23	6.80
1981	32.54	26.18	51.04	109.76	0.83	0.89	5.59	7.31
1982	32.76	26.46	53.34	112.56	0.91	0.95	6.96	8.82
1983	33.55	26.88	54.44	114.87	0.99	0.99	7.46	9.44
1984	33.99	27.23	56.47	117.69	1.04	1.08	8.02	10.14
1985	34.41	27.55	57.73	119.69	1.13	1.14	8.72	10.99
1986	34.78	27.89	59.14	121.81	1.17	1.24①	9.23	11.64
1987	35.23	28.29	60.72	124.24	1.20	1.25	9.83	12.28

数据来源:《安新县志》(2000 年)第 235 页,《雄县志》(1992 年)第 123 页,《任丘市志》(1993 年)第 137 页(从 1977 年开始含华北油田驻本地人口)。

改革开放初,白洋淀内有纯水村 34 个,人口共 5.6 万,淀边半水村 50 个,人口约 9.4 万,淀内人口总计约 15 万。② 据 1996 年出版的《河北省志·水产志》记载,80 年代、90 年代之交,淀内有纯水村 36 个,7 万多人,半水村 62 个,11.5 万多人,淀内人口总计 18 万多。③ 可见改革开放以后淀内人口增加速度较快。

(三) 干淀使水运近乎全部被陆路交通替代

20 世纪 70 年代以降,保定至白洋淀水运逐渐成为历史。随着 20 世纪

---

① 1986 年雄县农业人口,县志记 20.65 万人,应为 26.65 万人。
② 安新县水产局:《白洋淀水产减产的原因及其发展途径的探讨》,《河北水产科技》1981 年第 2 期。
③ 河北省地方志编纂委员会编:《河北省志·第 19 卷·水产志》,天津人民出版社,1996 年,第 88 页。

60年代末保定市一亩泉干涸,府河失去主要水源,通航能力持续下降。为恢复保定南关府河码头至安州航线,1975年保定治污工程中把安州镇建昌村以上至焦庄段河槽全部挖深,部分船闸改建,并修筑了七座跨河桥。这些工程有的不符合通航条件,有的遗留大量土方,分洪时带入府河河道造成深层淤积,因此未能恢复府河航运。1979年将焦庄船闸改为双室,改建了安州节制闸,1980年再次清除淤积,但因水源不足,仍不能通航。① 80年代初津保航运终于彻底退出了历史舞台。②

1978年淀内水运量4.3万吨,1979年降为2.1万吨。③ 进入80年代以后水位继续降低,淀内主河道大货船已不能通行,水面上只有小渔船往来,有些地方水太浅,只能撑篙前行。1983年干淀后,白洋淀内水运完全停止。1984年12月白洋淀全部干淀,水村之间车辆通行,有些低洼河道变为沼泽,既不可行舟,又不可徒步,交通十分困难(详见表4-1-8)。④

表4-1-8 1978—1987年安新县水陆里程概况　　单位:公里

年度	公路车里程	内河船里程	年度	公路车里程	内河船里程	年度	公路车里程	内河船里程
1978	80	/	1982	166	/	1986	138	/
1979	99	/	1983	171	/	1987	162	/
1980	162	/	1984	171	/			
1981	162	/	1985	147	/			

数据来源:《安新县志》(2000年)第471页。

与此同时,汽车运输不断扩展。农村工商业经济迅速发展,物流不断增加,在水运停止情况下,公路运输日益繁荣。1978年容城县搬运站发展成交通局运输二队,1981—1984年间购进大型运输汽车,运输能力增加。同时私人运输业发展也较快。⑤ 1985年7月开始修筑容城镇至小里乡等乡

---

① 河北省交通厅史志编纂委员会编:《当代河北的交通运输》,河北科学技术出版社,1986年,第78页。

② 王树才主编:《河北省航运史》,人民交通出版社,1988年,第338页。

③ 安新县地方志编纂委员会编:《安新县志》,新华出版社,2000年,第468页。

④ 同上书,第66页。

⑤ 河北省容城县地方志编纂委员会编:《容城县志》,方志出版社,1999年,第219页。

镇公路。① 再看安新县,1979年直达北京的班车两地对开②,1981年初县汽车站投入使用,同年11月新安镇环城公路车开通③。截至1985年安新县境内运行5条主要线路和6条支线,到1987年全县已有各类货运汽车266辆,其中个体有72辆。④ 此外,1979年雁翎油田在淀区修专用路20条,全长21.9公里,总称雁翎路。⑤

白洋淀区与津保公路之间的连接路线也在修筑,如1981年雄县县城至大营镇北连接津保公路的乡级新柏油公路建成⑥。千里堤上明清时期的"官马大道"也发展为柏油路,可通行汽车等现代运输工具⑦,与津保运河水运并列,成为现代天津通往保定的中线。1987—1990年间任丘市在千里堤古道上修成柏油路35公里,北与北京至大名的京大路相交,中与任丘至雄县的任雄路交叉,南与津保南线路相连,地处京、津、石、保、沧五个大中城市之间,成为环绕白洋淀旅游的主要道路。⑧

四、 与白洋淀相关的组织管理

1980年4月水利部海河委员会成立,针对此前重建轻管的思想,着手建立各项规章制度,加大了对流域范围内的水库、闸坝、河道等工程检查管理,并打破行政区划,建立起按流域治理的水利工程管理体系;同时加强了对水资源的统一规划管理,由流域机构负责水资源的统一规划、综合治理和调度管理。⑨ 在这一指导思想下,大清河流域管理规划工作明显加强。1981年初河北省水利局与省根治海河指挥部合并组成省水利厅,省根治海河指挥部设计院同步更名为河北省水利水电勘测设计研究院。⑩

---

① 河北省容城县地方志编纂委员会编:《容城县志》,方志出版社,1999年,第42页。
② 安新县地方志编纂委员会编:《安新县志》,新华出版社,2000年,第469页。
③ 同上书,第65页。
④ 同上书,第469页。
⑤ 同上书,第64页。
⑥ 雄县县志编纂委员会编:《雄县志》,中国社会科学出版社,1992年,第209页。
⑦ 文安县地方志编纂委员会编:《文安志》,中国社会出版社,1994年,第265页。
⑧ 许明辉主编:《新方志编纂研究》(续一),河北科学技术出版社,1993年,第540页。
⑨ 海河志编纂委员会编:《海河志》(第一卷),中国水利水电出版社,1997年,第438页。
⑩ 海河志编纂委员会编:《海河志》(第四卷),中国水利水电出版社,2001年,第10页。

（一）水利管理机构改革

1978 年以后淀区各县开始水利管理机构改革。1978 年安新县增设了管排灌总站，1985 年改为扬水站管理处，1986 年改为水资源综合管理办公室，1988 年改为水政水资源管理委员会，负责水资源开发管理工作。① 这一时期容城县水电分家，恢复水利局，并于 1981 年将海河指挥部合并到水利局，下设河防办事处、留通扬水机站、小里扬水机站、渠道管理委员会和打井队 5 个单位。② 1983 年雄县水利局把扬水站、堤防管理所等 9 个水利管理单位和驻全县 17 个乡政府的水利员进行组合，建立了 5 个综合型水利工程管理站，改革了以前的松散型体制。③

1979 年，为切实落实国务院《保护水利工程通令》及水利部发布的河道堤防、水库、水闸工程管理通则，河北省大清河河务局改为河北省大清河河务管理处。④ 同年河北省水利局印发水库、河道堤防、闸涵、农业排灌扬水站 4 个单项工程管理办法，这是"文革"结束后第一批水利工程管理的规范性文件。⑤ 大清河河务管理处作为省水利厅派出单位，负责管理协调大清河水系内各市县主要行洪河道、白洋淀防洪等有关水事任务，并直接管理流域内的水利枢纽、大型分洪闸，包括白洋淀周边引水闸涵工程。此外，还统筹负责白洋淀水资源管理。此后大清河水系发生较大洪涝灾害的年份，河务管理处皆发挥了较大的组织管理作用。

1988 年成立河北省白洋淀管理处。汛期白洋淀重新蓄水后，为强化对白洋淀水资源的管理，河北省政府迅速成立白洋淀管理处，主要目的就是保护水资源、力保不干淀。把白洋淀周边 30 座引水闸涵的管辖权从各县统一收归到白洋淀管理处，这是为白洋淀不干淀采取的一项有力措施。⑥ 河北省

---

① 安新县地方志编纂委员会编：《安新县志》，新华出版社，2000 年，第 441、442 页。
② 河北省容城县地方志编纂委员会编：《容城县志》，方志出版社，1999 年，第 215 页。
③ 刘富亭：《雄县改革松散型区乡水利管理机构》，《中国水利》1986 年第 8 期。
④ 保定地区水利志编纂委员会编：《保定地区水利志》，中国社会出版社，1994 年，第 544 页。
⑤ 河北省地方志编纂委员会编：《河北省志·水利志(1979—2005)》，河北人民出版社，2018 年，第 214 页。
⑥ 边志勇、贾绍凤：《"蓄水灌溉"已不宜作为白洋淀的管理利用原则》，《科技导报》2008 年第 6 期。

白洋淀管理处与河北省大清河河务管理处,两个牌子,一套人马,同属河北省水利厅派出的河系管理机构。

(二) 水利工程管理改革

改革开放之初,水利工程整治延续了此前跨地区、大范围作战模式,如1978年春安新县组织1 400人参加了容城县南拒马河复堤工程,1979年秋、1980年春各组织2 800人参加了武邑县滏东排河扩挖工程。① 家庭联产承包责任制实施后就很难组织民工进行大规模、跨地区水利建设了,水利工程施工建设也逐步开始实行政府与市场结合的模式。

1985年3月成立安新县治理白洋淀指挥部②,以便对辖区内白洋淀展开综合开发利用和保护治理。同年安新县将堤防办事处改为堤防管理处,对堤防管理进行了改革,由原业堤村管理改为由国家组织专业队管理,业堤村仍担负业堤段的防汛任务。每2.5公里建护堤房一处,设护堤员一人,负责检查堤防、堤顶冲沟、维修狼窝,以及植树、护树等维护任务。1986年安新县堤防管理处将堤防划为四片管理,四片各设片长,片下设组。1987年11月安新县成立堤防派出所,设民警5人。③ 白洋淀堤防管理逐步走上专业化、法制化的轨道。

(三) 河北省环保局和白洋淀国土经济研究会成立

1973年12月河北省召开了第一次环境保护会议,开始组织各地、市展开环境保护宣传,学习讨论国务院转发的《关于保护和改善环境的若干规定(试行草案)》。1979年7月河北省环境保护局成立,各级市、县也相应地建立了环保部门,由此开始了对环境污染重大突发事件的主动应对。

白洋淀经年干涸,引起了党中央、国务院和河北省各级政府的高度关注。1983年国家计划委员会把《白洋淀的兴衰存废问题值得重视》一文上报国务院有关部门,水利电力部作了《关于从根本上综合治理白洋淀提案的

---

① 安新县地方志编纂委员会编:《安新县志》,新华出版社,2000年,第445页。
② 同上书,第66页。
③ 同上书,第442、443页。

复函》。1984年3月保定地委、行署针对白洋淀兴废之利弊组织专家展开调查论证,鉴于白洋淀所处地缘位置和生态、经济、社会综合功能,研讨认为只能兴存,不能任其自然衰废。随后成立了专门研究机构——白洋淀国土经济研究会。

该研究会定期召开白洋淀开发整治研讨会,编印发行《白洋淀国土经济研究》。以此为契机和抓手,以河北省科学院地理研究所、地方水利水产局、河北农业大学等单位的一批学者为核心,开始组织起来致力于白洋淀自然生态环境的保护与水利开发等课题研究。完成了《白洋淀水污染与控制研究报告(1975—1978)》《白洋淀国土经济初步研究》《白洋淀综合治理方案讨论会文集》《白洋淀国土经济研究》《白洋淀综合治理与开发研究》等调查报告和研究论著。

由于这些成果集中于自然生态环境和土壤水利等方面,定期印发的《白洋淀国土经济研究》也基本局限在会员内部交流,以致白洋淀国土经济研究会未能发挥应有的社会影响力。

第二节　改革开放与白洋淀水环境保护的转折

1978年十一届三中全会做出了全党工作的重点要转移到社会主义现代化建设上来的历史性决定,水利工作也进入了加强管理和讲究效益的调整阶段。1979年和1980年先后召开了全国水利会议和水利厅(局)长座谈会,确定了调整时期的水利方针为"加强经营管理,讲究经济效益"。为适应水利形势的发展,1980年4月在天津市成立海河流域管理机构,属水利部领导,1984年又提出了"全面服务,转轨变型"的水利改革方向①。

一、环境保护工作列入《中华人民共和国宪法》

1978年3月第五届全国人民代表大会第一次会议通过了第三部《中华人民共和国宪法》,第十一条第三款的规定中提出要进行环境保护工作,这

---

① 海河志编纂委员会编:《海河志》(第一卷),中国水利水电出版社,1997年,第438页。

是环境保护首次出现在我国根本大法中。1982年第四部《中华人民共和国宪法》颁行,第九条强调对自然资源的合理利用,第二十六条强调:"国家保护和改善生活环境和生态环境,防治污染和其他公害。"①与第三部《宪法》相比,保护条款更多,规定也更加细致,为我国的环境保护和生态建设奠定了法制基础,为构建生态环境法律体系奠定了宪法基础。②

(一) 1979年《中华人民共和国环境保护法(试行)》颁布

根据《中华人民共和国宪法》关于"国家保护环境和自然资源,防治污染和其他公害"的规定,1979年颁行《中华人民共和国环境保护法(试行)》。旨在合理地利用自然环境,防治环境污染、生态破坏,保护人民健康,促进经济发展。并就环境的内涵给出了详细解读:包括大气、水、土地、矿藏、森林、草原、野生植动物、水生生物等自然环境,也包括名胜古迹、风景游览区、自然保护区、生活居住区等人文环境。提出了全面规划、综合利用、化害为利、依靠群众、造福人民等环境保护工作的基本方针。③

按照《中华人民共和国环境保护法(试行)》规定,国家计划、经济和环境管理部门要把环境影响评价作为建设项目可行性研究的一个重要组成部分。在经济发展中充分运用环境影响评价制度这一手段,可以使经济发展的布局更为合理,改变工业发达国家曾经走过的"先污染,后治理"的老路,努力做到发展经济而不破坏环境。经济建设会产生污染,如果先污染后治理或者牺牲环境质量求得经济发展,这样发展的结果是与社会主义生产目的背道而驰的。反之,用限制经济发展的办法来保护环境,也不符合人类社会发展规律。④ 应该重视两者之间相辅相成的辩证统一关系。

(二) 1979年《中华人民共和国水产资源繁殖保护条例》颁布

1978年以后,我国对渔业发展的认识逐步从"重生产、轻管理"向"依法

---

① 《中华人民共和国宪法》,《中华人民共和国国务院公报》1982年第20期。
② 《中国法律年鉴》编辑部编:《中国法律年鉴(1987)》,法律出版社,1987年,第105—107页。
③ 《中华人民共和国环境保护法(试行)》,《环境保护》1979年第5期。
④ 陶葆楷:《关于我国水污染防治的几点看法》,《环境保护》1984年第7期。

治渔、加强管理"转变。1979年2月国务院颁布《中华人民共和国水产资源繁殖保护条例》(下文简称《保护条例》),基于经济发展的同时要"保护环境和自然资源,防治污染和其他公害"等精神制定该保护条例。总则部分提出河流水系等资源"属于全民所有",该保护条例制定的目的是"繁殖保护水产资源,发展水产事业",条例保护的范围包括"凡是有经济价值的水生动物和植物",以及它们"赖以繁殖成长的水域环境"。①

《保护条例》详细列举了保护对象的名目并提出了采捕原则,核心目的就是"使资源能够稳定增长",杜绝涸泽而渔。为保护重要水产资源的繁衍生息,提出"应当合理规定禁渔区、禁渔期",并严禁炸鱼、毒鱼、滥用电力捕鱼及敲船作业等严重损害水产资源的捕捞方式。还提出必须维护"水域环境",对工农业生产和水利工程建设提出了水环境要求,如工业生产禁止向渔业水域排弃有害的污染物、废弃物;农村浸麻等应当集中在指定的水域中进行;修建水利工程若位于鱼、蟹等洄游通道上,要相应地建造过鱼设施,不能截断洄游通道。

《保护条例》颁布实施的最显著的意义就是使渔业资源的增殖和保护工作有法可依,通过法律手段可以更加有效地打击各种破坏渔业资源的违法行为,减少渔业水域污染,尽快促进渔业资源的恢复,维护渔业生产秩序,实现更大的社会经济效益。条例颁行后,各地据此也制定了相关的地方行政法规。

(三) 1982年《水土保持工作条例》发布

1982年国务院发布了《水土保持工作条例》(下文简称《工作条例》),这是我国水土保持工作的一个重要法规,也是新中国30多年来水土保持工作经验的高度概括。《工作条例》第一条就是阐述防治水土流失、保护和合理利用水土资源的重要性,提出水土保持是改变丘陵山地、风沙区面貌,减少水旱、风沙灾害,治理江河水系,建立良好生态环境,促进发展农业生产的一项根本措施。《工作条例》还提出了水土保持工作的方针,即"防治并重,治管结合,因地制宜,全面规划,综合治理,除害兴利"。

对于如何进行水土流失治理,《工作条例》做了详尽的指导规范。提出

---

① 《水产资源繁殖保护条例》,《中国水产》1979年第2期。

山区、丘陵区水土流失治理,应以小流域为单元展开全面规划,并实施综合治理、集中治理、连续治理;还提出了五个结合,主要是植物措施与工程措施相结合、治理与生产利用相结合、当前利益与长远利益相结合等;强调"各江河流域机构"在本流域水土保持的查勘、规划、科学研究等工作中应负主要责任。①

如何全面贯彻执行《工作条例》,切实防治水土流失?当时提出要狠抓两个转变,其一是从单纯抓粮食生产向同时抓多种经营转变,其二是从单纯抓农田水利建设向同时抓水土保持、改善土地覆被转变。② 这两个转变也反映了改革开放后,对水土流失产生的根源、危害等问题认知的深入。首先,水土流失会降低当地农业土壤肥力;其次,会给中下游带来泥沙淤积,危害湖泊、水库、渠道等水利设施,阻塞航道,还会影响水能开发,总之,会给江河治理带来一系列问题。水土流失是社会生产力低的表现,贫困加重了水土流失,水土流失又加重了贫困,形成恶性循环,学界称之为"生态贫困"。③

(四)1984 年《中华人民共和国水污染防治法》颁行

改革开放后城镇化和工业化提速,从长远分析,经济发展与环境质量之间的关系是同步提升,但在经济发展的初期极容易出现以资源、环境换经济高速发展的问题。所以到 20 世纪 80 年代,我国水污染问题已经较为显著。值得庆幸的是各级政府和社会各界很快就认识到这一问题。出于"防治水污染,保护和改善环境",保障人民身体健康,保障水资源的有效利用,进而"促进经济和社会的发展"之目的④,同时受国际环境立法发展影响和健全完善我国法律体系的需要,1984 年颁行《中华人民共和国水污染防治法》,这是我国第一部防治水污染的法律。这部最早的水污染防治法重点强调要控制工业污染,尚未涉及流域污染治理、跨界水污染治理等问题。

---

① 《水土保持工作条例》,《中华人民共和国国务院公报》1982 年第 12 期。

② 钱正英:《全面贯彻执行〈水土保持工作条例〉 为防治水土流失、根本改变山区面貌而奋斗——全国第四次水土保持工作会议上的报告》,《中国水土保持》1982 年第 6 期。

③ 龙先琼:《关于生态贫困问题的几点理论思考》,《吉首大学学报》(社会科学版)2019 年第 3 期。

④ 赵紫阳:《国务院关于提请审议〈中华人民共和国水污染防治法(草案)〉的议案》,《中华人民共和国国务院公报》1984 年第 10 期。

1988年颁行《中华人民共和国河道管理条例》,同年发布《水利部关于蓄滞洪区安全与建设指导纲要》,1989年水利部又向各地发出了《关于抓紧实施湖泊管理的通知》。要求治理洪水应当采取工程与非工程相结合的综合性防洪措施,同时从中国实际出发,在较大洪水和特大洪水情况下,还应当按照"牺牲局部,保护全局"的原则,适时采取分洪、滞洪措施,尽量减少损失。①

根据《中华人民共和国水污染防治法》第四十五条"国务院有关部门和地方各级人民政府,应当将水环境保护工作纳入国民经济和社会发展计划"②,制定了《中华人民共和国水污染防治法实施细则》,并于1989年由国务院批准实施。

(五) 1986年《中华人民共和国渔业法》实施

1979年国务院颁布《水产资源繁殖保护条例》后,各地积极贯彻落实,采取了诸多保护水产资源的措施,也收到了良好的效果。但从当时社会经济发展的整个局面来看,渔业管理仍属于薄弱环节,破坏水环境和水产资源的状况层出不穷,制约渔业发展的根本问题未得到解决。1979年颁行《中共中央关于加快农业发展若干问题的决定(草案)》,关于渔业发展要求"认真贯彻执行《水产资源繁殖保护条例》",同时从实际需求出发提出应"尽快颁布《渔业法》,加强渔政管理"。③ 第六个五年计划(1981—1985)中,针对加强渔政管理和水产资源保护等要求,也提出了制定《渔业法》的要求。④

新中国成立以来,我国渔业有了很大的发展。1984年渔业产量较新中国初期增长近13倍。但在发展过程中,由于对渔业经济的客观规律认识不足,管理不力,也出现了渔业资源的利用不够合理等问题。在内陆地区,阻

---

① 黄河志编纂委员会编:《黄河志·卷十·黄河河政志》,河南人民出版社,2017年,第225页。
② 《中华人民共和国水污染防治法实施细则》,《中华人民共和国国务院公报》1989年第17期。
③ 中共中央文献研究室编:《三中全会以来重要文献选编》,中央文献出版社,2011年,第166、167页。
④ 《中华人民共和国国民经济和社会发展第六个五年计划》,《中华人民共和国国务院公报》1983年第9期。

断鱼类洄游通道、污染水域等破坏鱼类生态环境的事情屡禁不止,同时各地毒鱼、炸鱼、偷鱼、抢鱼等情况也常有发生。上述情况的结果就是:一方面养鱼权益得不到保障,另一方面水产品不足又会带来市场供应的紧张。① 基于上述问题,必须清除"左"倾错误思想的影响,放宽农村经济政策,调动广大渔民的生产积极性。同时鉴于捕捞业是一种采捕自然生物资源的生产,在水产资源遭受严重破坏情况下,必须加强渔业资源的保护、增殖,必须捕捞、养殖、加工并举,实行渔业生产许可证制度等,切实保护和增殖水产资源。在这一背景下,1986年1月通过《中华人民共和国渔业法》,针对上述困境做了法律层面的规范。

1987年10月国务院批准农牧渔业部发布《中华人民共和国渔业法实施细则》,以保证《中华人民共和国渔业法》的贯彻实施。第八个五年计划(1991—1995)中也强调要"加强渔业政策管理,严格控制近海捕捞强度"②,开始实施渔业许可证制度,实行禁渔区和禁渔期制度,对重点保护的渔业资源品种实施采捕标准制度。以《中华人民共和国渔业法》为基础,我国逐步制定了各类渔业法律、法规、规章及规范性文件,为保护渔业资源、渔业水域环境,促进渔业可持续发展提供了法律依据。

二、各级政府围绕白洋淀综合治理的法治建设

新中国成立后30多年间,在"水利是农业的命脉"思想指导下,水利工作的主要服务对象一直是农业生产,大批水利工程以有利于农业发展的防洪、排灌等为主要任务。随着国民经济的进一步发展,工业、能源、交通运输、人民生活、旅游等各行各业对水利的要求越来越迫切,调整水利的服务对象就提到了议事日程上来。③ 同时,80年代以前水利属于社会公益型事业,80年代以后水利需要适应市场经济进行改革,这就需要进行必要的建设和管理。④

---

① 《朱荣受国务院委托向全国人大常委会议作关于〈中华人民共和国渔业法草案〉的说明》,《中国水产》1985年第12期。

② 《中华人民共和国国民经济和社会发展十年规划和第八个五年计划纲要》,《中华人民共和国国务院公报》1991年第12期。

③ 海河志编纂委员会编:《海河志》(第一卷),中国水利水电出版社,1997年,第437页。

④ 同上书,第443页。

（一）白洋淀水资源管理相关条例的颁布实施

水资源保护是加强管理的重要方面。1981年河北省政府颁布《河北省城市计划用水和节约用水暂行规定》，在水资源管理上迈出重要一步。1982年7月海河水利委员会召开海河流域水源保护工作会议，讨论通过了《海河流域污染源调查和水质评价工作计划》，其中大清河水系水资源保护工作规划由海河水利委员会牵头，河北省水利厅和天津市水利局等单位派人参加编撰工作。1983年4月，为促进节约用水和科学用水，实现以水养水，印发了《河北省水利工程水费征收使用和管理办法（试行）》，要求各地区行政公署及各市、县人民政府和省政府各部门参照执行。[①] 为了以水养水，在治理白洋淀水污染时，要尽量发挥生物净化治污作用，改善淀内水质。同时还要加强对淀内水质净化工程的建设，首先就要加强入淀口污水净化处理，通过先进的污水处理技术，将其变为可利用的水资源。这样可以一举两得——在缓解白洋淀水质污染问题的同时，在一定程度上也可以缓解白洋淀水位过低甚至干淀的水资源不足问题。

1983年8月国土局内刊登载了《白洋淀的兴衰存废问题值得重视》一文，再次引起高层领导关注，水利电力部作了《关于从根本上综合治理白洋淀提案的复函》。在这一背景下，1984年3月保定地委、行署决定成立白洋淀国土经济研究会。经过大量的调查研究，1985年4月河北省国土经济学研究会、河北省地理学会、白洋淀国土经济研究会联合召开了白洋淀综合治理方案讨论会，邀请了北京、天津、石家庄等地的相关专家学者、工程技术人员，对治淀方案进行了论证和修订。与会人员一致认为白洋淀的问题是众多因素交互影响下产生的，必须进行综合治理。但解决水源问题是重中之重，而解决水源的关键则是开源节流。因此，首要科学调蓄、合理调度白洋淀流域水资源，节约用水。若要从根本上解决水源不足，长期考量需要"南水北调"，近期则是引黄河水入淀。[②]

1985年12月河北省通过《河北省水资源管理条例》和《河北省地下水

---

① 海河志编纂委员会编：《海河志》（第一卷），中国水利水电出版社，1997年，第440页。
② 任丘市政协：《"北国江南"白洋淀》，载河北省政协文史资料委员会编《河北文史集粹·风物卷》，河北人民出版社，1992年，第45页。

资源管理暂行办法》,明确各级水利行政部门是水资源的综合管理部门,结合本省水资源匮乏、浪费严重和工农业用水日益增长等实际情况,提出水资源管理必须贯彻统一规划、合理开发、科学利用、节约用水、防治污染的原则,以期取得最优社会经济效益和生态效益。安新县"为合理开发利用和统一管理全县水资源,适应国民经济发展和人民生活的需要",贯彻河北省相关规定,1986年颁行《安新县水资源管理暂行办法》,在县域水资源管理上践行《河北省水资源管理条例》提出的统一规划、合理开发等用水原则,凡对水资源有影响的新建、扩建、改造工程项目和其他设施建设,都必须作出对水资源影响的预先评估,经水资源和环境保护部门批准后方可施工。[1] 这在一定程度上兼顾了经济效益和生态效益。

(二) 白洋淀水产资源保护的相关规定和综合治理

20世纪70年代以后,白洋淀就一直面对来水量减少、蒸发量加大、涸淀造田、农渔争水,以及污染、淤积等问题。早在1972年,周恩来总理亲自参与制定了十六字治淀方针,强调了蓄排结合、综合利用。但70年代处于一个特殊历史时期,水资源管理没有专门管理机构,也缺乏相关法律法规,白洋淀水环境问题一直存在,只能做到一定程度上缓解。

20世纪80年代连续干淀,使白洋淀水面缩小,水位已降到干淀水位以下。在这一情况下,酷渔滥捕现象更为严重,对水产资源的破坏是毁灭性的。于是河北省颁布了多部渔业资源繁殖保护法规,如1980年6月发布《河北省渔业资源繁殖保护试行实施细则》,1981年6月发布《河北省人民政府关于保护白洋淀水产资源的布告》等,明确白洋淀是河北省重点淡水渔区,为切实保护好淀内水产资源,要求坚决执行"水位七点三以下全部停止用水"的规定,还规定每年的6月20日至7月31日为禁渔期,严禁使用违章渔具渔法。[2]

1987年4月颁布《河北省人民政府关于淡水渔业管理的规定(试行)》,1988年发布《河北省人民政府关于白洋淀封淀禁渔的布告》等,均

---

[1] 安新县地方志编纂委员会编:《安新县志》,新华出版社,2000年,第447、448页。
[2] 河北省地方志编纂委员会编:《河北省志·第19卷·水产志》,天津人民出版社,1996年,第199页。

明确了重点保护的水生动植物范围及其可捕采标准。水生动物一般以达到性成熟作为可捕标准，经济藻类和淡水食用水生植物则要待其长成后方得采收。上述规定、布告还规定"凡是鱼、蟹产卵洄游通道的河流，不得遮断河面拦捕"，对水库、洼淀等淡水渔业区域"要明确规定禁渔区和禁渔期"，严禁一切严重损害水产资源的捕捞行为。同时禁止向渔业水域排放有害的污染物质和废弃物，提出白洋淀等大型湖泊、洼淀，可根据需要设立水产资源繁殖保护管理机构。[1] 总之，要保护白洋淀水产资源的可持续利用。

（三） 安新县保护白洋淀水产资源的努力

由于水面减少，裸露的淀底多被耕垦；由于洪水灾害大大减少，白洋淀堤埝、行洪道等水利工程不断遭到盗窃和破坏，很多已不能正常发挥效能。为做好洪水预防工作，防患未然，1985年安新县发布《关于加强堤防和水利工程管理的通告》，明确水利工程调度运用、水资源使用等由水利主管部门统一指挥调度。其中针对白洋淀水利工程管理的内容主要包括：（1）严禁在堤上扒口、打井、垦种、铲草、放牧等诸种利用行为，并严格保护堤防上的树木、防风苇田等生物工程；（2）保护行洪河道和分洪滞洪区，不准在行洪河道内植树、植苇，不准拦河打坝，不准在相关水域内围堤造田、养鱼等；（3）保护扬水站及配套的闸涵、桥梁等水利设施。同时提出要服从全局，坚持团结治水。[2]

白洋淀涸淀期间，当地渔民无以为生，于是转战外地，甚至出海捕捞。1986—1987年安新县渔政管理站共办理出海捕捞船证56件，从业人员450人。1988年白洋淀蓄水后，为尽快恢复和发展淀区渔业生产，加强了对淀内渔业资源的合理利用、保护增殖的管理。根据《中华人民共和国渔业法》和《渔业法实施细则》的精神，发布《河北省人民政府关于白洋淀封淀禁渔的布告》，宣布自1988年11月4日布告发布之日起到1989年9月1日止"对白洋淀进行全面封淀禁渔"。在封淀期间"严禁任何单位和个人进入淀区各水

---

[1] 河北省地方志编纂委员会：《河北省志·第19卷·水产志》，天津人民出版社，1996年，第196—198页。

[2] 安新县地方志编纂委员会：《安新县志》，新华出版社，2000年，第446页。

域进行捕捞作业",还特别强调"严禁向淀内排放、倾倒危害生物资源的污水、废水及其他有毒物品",对于因排污造成的渔业损失,将按照《水污染防止法》相关规定,从严处理。①

第三节　水环境变化与淀区传统渔耕产业调整

中共十一届三中全会启动了改革开放和社会主义现代化建设。1983年中央一号文件要求农业完成"从自给自足经济向商品经济转化,传统农业向现代化农业转化",城乡人口流动政策随后松动,这些皆为农村工商业发展提供了政策保障。同时气候转向干旱、降水量变化与新中国大规模蓄水、引水工程叠加,也极大改变了白洋淀水环境,并反作用到社会经济领域。随着水环境问题,特别是水资源匮乏问题不断加剧,淀区也开始关注生态文明建设,关注合理利用资源、能源等问题。

一、相关政策法规与淀区渔业发展

新中国成立初期就预见到捕捞能力很快就会超出渔业资源可承受能力,因此提出了"养捕并举",甚至"以养为主"的观点。到20世纪70年代末,自然渔业资源衰退的形势变得更为严峻,加之当时开始推行市场化的改革,渔业发展转向"以养为主"就有了市场这一直接推动力。

(一)以养殖为主成为国家战略与白洋淀区渔业生产转型

1978年1月农林部发出《关于办好以养鱼为主的副食品生产基地的通知》,1979年12月国家水产总局也提出要加速养殖生产的发展。② 1985年颁布的《中共中央、国务院关于放宽政策、加速发展水产业的指示》,要求一方面要像重视耕地一样重视水域的开发利用,另一方面要处理好农业与渔

---

① 陈中康:《白洋淀封淀保水禁渔》,《中国水产》1981年第6期。
② 刘广东等编著:《现代渔业公共政策理论与实践》,东南大学出版社,2017年,第124页。

业用地的关系。① 它标志着从1985年开始国家从战略高度对渔业发展进行了新的定位——以养殖为主,这是我国渔业政策上的里程碑。

国家水产总局从1977年开始建设商品鱼基地,白洋淀成为这一时期国内十大淡水商品鱼基地之一。1978年国家计委又将白洋淀列入全国淡水渔业基地,因技术不过关,无法做到稳定高产。至1979年完成高标准鱼塘1 277亩,育种920万尾②,不幸的是汛期白洋淀水位猛增到10.25米,淀内一些精养鱼池被水淹没,鱼池被毁坏。为了解决商品鱼基地鱼苗问题,建造了几个鱼种场培育鱼苗,主要有王家寨公社鱼种场(水面130亩)、大由庄鱼种场(水面136.6亩)、赵北口鱼种场(42亩)、圈头鱼种场(38.7亩)、新安乡鱼种场(186亩),合计533.3亩。1982年安新县国营良种场建成,面积500亩。③ 白洋淀内的河蟹由于洄游通道被下游闸坝阻断,在白洋淀一度绝迹。1979年安新县水产局从上海崇明岛和辽宁营口用飞机运载蟹苗撒入淀中,用网箱养殖取得了较好效果。④ 1978—1981年白洋淀共投放蟹苗2 767斤。⑤

养殖业的发展需要一个过程,在此过程中又出现了严重的灭绝性捕捞,即幼鱼被过度捕捞。据安新县1980年统计,捕获的小杂鱼占全年产鱼量的60%,1979年投放的蟹苗到1980年仅一两多重,"虽不到捕捞规格也被捕捞上市出售"。⑥ 改革开放后养殖业的主导地位逐步确立,灭绝性捕捞除了市场需求的推动,还反映出两个问题:一是白洋淀水产资源衰退严重,二是当地养殖技术尚需提升。

(二) 政策突破、水域减少共同作用下的白洋淀渔业养殖

1982年10月中央公布《关于加速发展淡水渔业的报告》,提出要落实

---

① 中共中央党史研究室等编:《中国新时期农村的变革·中央卷》,中共党史出版社,1998年,第371页。

② 安新县地方志编纂委员会编:《安新县志》,新华出版社,2000年,第64页。

③ 任丘市政协:《"北国江南"白洋淀》,载河北省政协文史资料委员会编《河北文史集粹·风物卷》,河北人民出版社,1992年,第42、43页。

④ 安新县地方志编纂委员会编:《安新县志》,新华出版社,2000年,第222页。

⑤ 同上书,第361页。

⑥ 河北省调查白洋淀污染问题工作组:《关于白洋淀综合防治的意见》(1980年),河北省档案馆藏档案,档案号:1098-1-52-3。

水面使用权,首次规定在农村可以承包较大面积的水面,可以吸收 3~5 个学徒或帮手搞小业主式的经营。1986 年 1 月通过《中华人民共和国渔业法》,在政策上明确了养殖业、捕捞业承包大户以船为基本核算单位的合法性,使群众渔业成为主体力量,中国渔业进入快速发展阶段。

20 世纪七八十年代,白洋淀渔业捕捞量受到水位、水域面积的影响,继续呈现减少态势(详见表 4-3-1)。于是淀区各县开始积极落实"以养为主"的水产政策,由自然捕捞转向从鱼苗开始饲养。这一转变表明,白洋淀水环境的变化使鱼类野外繁殖系统难以可持续发展,为增加产量、满足社会需求只能转向以养为主。

表 4-3-1 1978—1982 年白洋淀安新县部分水情、水位与鱼产变化统计表

年度	鱼产量（吨）	最高			最低			年降水量（毫米）
		水位（米）	水面（万亩）	蓄水量（亿立方米）	水位（米）	水面（万亩）	蓄水量（亿立方米）	
1978	1 770	9.12	45.6	5.4	7.23	16.4	1.06	612
1979	2 080	10.2	46.05	8.8	7.87	27.2	2.06	603
1980	3 000	8.72	45.05	7.06	7.06	/	/	42.7
1981	1 500	7.26	/	/	5.9	/	/	50
1982	730	7.47	21	0.15	5.5	干淀	0.025	400

数据来源:《河北省志·第 19 卷·水产志》(1996 年)第 92 页。

1980 年白洋淀渔业养殖量恢复到 3 000 吨,由于干淀,1982 年又跌到 730 吨,与历史最高产量 1955 年的 8 850 吨相比较,只有 8.2%。此后水域面积虽有波动,但以不断减少为趋势。以容城县为例,1983 年养鱼面积仅有 153 亩,养鱼 22.8 万尾;1985 年养鱼面积降低到 130.5 亩。[1] 河蟹曾是白洋淀一大特产,也曾空运蟹苗投入淀内增加产量,1981 年产量达到 35 万公斤,并开始出口香港、日本,之后由于白洋淀连年干涸再次灭绝。1987 年 1 月农牧渔业部水产局做出加速发展河蟹养殖业、尽快解决京津沪吃蟹问题的决定。[2] 1988

---

[1] 河北省容城县地方志编纂委员会编:《容城县志》,方志出版社,1999 年,第 261 页。
[2] 孙炜琳、刘佩、高春雨:《我国淡水养殖渔业技术效率研究——基于随机前沿生产函数》,《农业技术经济》2014 年第 8 期。

年来水后,国家又投入了一部分蟹苗。蟹苗价格昂贵,但资金短缺,因此投放数量太少,未能形成产量。①

(三) 实施"封淀"等措施保护渔业资源

自新中国成立至20世纪70年代末,白洋淀的渔业资源大幅减少,渔业价值大为下降,府河口、南拒马河草鱼产卵场已经消失,淀内鱼类与河道鱼类已无洄游可能,鱼类区系组成和资源蕴藏量都发生了根本变化。② 鱼类种类与产量之间基本成正比,20世纪50年代鱼类品种54种,平均年产量6 045吨;60年代鱼类品种下降到35种,平均年产量也下降到3 450吨;70年代鱼类品种略有回升,为40种,但平均年产量再降至1 275吨。依据1991年调查,鱼类品种在干淀之后恢复到24种,平均年产量恢复到2 000吨。③

1978—1987年间白洋淀污染、过度捕捞等问题持续增加。捕捞技术中密网、密箔、鱼鹰三种方法泛滥,由于这三种方法大量捕捞亲鱼和幼鱼而被统称"三害",灭绝性捕捞严重破坏了鱼类资源。到70年代末,渔获物中小型杂鱼占60%以上,大型鱼类难以捕到,渔业资源濒于衰竭。④ 另外就是污染对水产资源的破坏。据统计,在80年代初保定市污水排放量每日达26万吨,全淀面积三分之二成为重污染区。1980年和1981年两年因污染造成的死鱼事件有万起之多,死鱼超过15万公斤。1980年白洋淀水域被污染的面积是150亩,1981年增加到220亩,1982年达到16 045亩,短短三年内增加106倍。⑤

中共十一届三中全会以后河北省渔政管理工作逐步发展,纠正了"重捕轻养""重生产轻管理"的思想,加强了渔政规章制度建设。1980年河北省政府颁布《水产资源繁殖保护试行细则》,1987年又颁布了《河北省淡水渔业管理规定(试行)》等系列规章。据统计,到1987年底,全省已制定颁布的

---

① 河北省地方志编纂委员会编:《河北省志·第19卷·水产志》,天津人民出版社,1996年,第94页。
② 同上书,第8页。
③ 同上书,第95页。
④ 陈中康:《白洋淀渔业资源现状及增殖意见》,《淡水渔业》1980年第6期。
⑤ 河北省地方志编纂委员会编:《河北省志·第19卷·水产志》,天津人民出版社,1996年,第96页。

地方性渔业行政规章总计21件180余条,全省推行了渔业许可证制度,基本实现了渔业有组织、按规定捕捞生产的目标。① 这一时期,安新县也加强了对白洋淀水产资源的保护,1981年6月县公安局、水产局等联合发出《关于保护白洋淀水产资源,实行封淀的通告》;同年8月县水产局通知"从20日起开始捕捞生产,实行持证捕捞,交纳增殖费,对水生植物实行分淀管理";10月划分禁渔区,在端村至王家寨、郭里口至大张庄的大河、圈头的小甲淀、鸭子坑、大麦淀等共4000亩水面实行禁渔,投放鱼种443万尾。② 以上举措皆在努力恢复白洋淀水生态,保护水产资源。

二、苇田、苇产品及淀内其他水生植物

从1981年起,淀区各县进一步完善农业生产责任制,并针对水乡特色展开探索,促进了苇田生产责任制的实行。1982年12月安新把全县11.8万亩苇田分包到户,把可以发展林牧副渔的场地划分承包给社员,逐级建立专业化服务公司,这一年也成为安新县1949年以来收入最高的一年。③ 但80年代实行家庭联产承包责任制使地块变小,且多为杂花田,不便于大、中型机械作业。④

(一)淀内芦苇面积、产量及苇制品

白洋淀最好的芦苇出在采蒲台,"有名的大白皮、大头栽,远近驰名,就是织席编篓,也吃穿不尽"⑤。改革开放后,依据市场需要,各级政府积极鼓励苇业发展。依据统计数据,20世纪80年代白洋淀芦苇种植、苇制品业都达到了新中国成立以来的高峰。以苇席为例,50年代初期白洋淀生产苇席56.3万片,1962年增加到400万片,1983年产席600万片。白洋淀出产的苇席占全国产量的40%,除运销全国各个省市,还出口创汇。芦苇的经济产

---

① 河北省地方志编纂委员会编:《河北省志·第19卷·水产志》,天津人民出版社,1996年,第192页。
② 安新县地方志编纂委员会编:《安新县志》,新华出版社,2000年,第361页。
③ 同上书,第263页。
④ 雄县县志编纂委员会编:《雄县志》,中国社会科学出版社,1992年,第289页。
⑤ 孙犁著:《荷花淀》,人民文学出版社,1959年,第74页。

值占淀区人民总收入的75%。由于持续干旱,1984年后苇田面积缩小加速,芦苇的产量大幅度下降,质量也同步下降,严重影响了淀区群众的经济收入。①

1978年安新县政府通过发放栽苇贷款鼓励水乡发展苇田,1980年即栽苇0.8万亩,1982年苇田发展到11.6万亩,产量达到8 895万斤,创产值1 697万元。② 1981年9月8日全国苇席会议在安新县召开③,鼓励芦苇产品出口创汇。1982年白洋淀出口苇席35万片,换取外汇400多万元,1983年出口的苇箔、苇帘已发展到50多种,成为白洋淀外向经济一大支柱。④ 1983、1984年全年干淀,芦苇大量减产,苇田依然有约12万亩,约占全淀面积的25%。⑤ 1988年大雨后,芦苇种植迅速恢复。至1990年,苇田总面积达17万亩,年产芦苇1亿公斤。⑥ 这段时间白洋淀芦苇产业发展情况见表4-3-2。

表4-3-2　1978—1987年白洋淀芦苇面积、产量及苇制品产量

年份	芦苇面积（百亩）	芦苇产量（吨）	席苇（吨）	柴苇（吨）	苇席（百片）	苇箔（百块）
1978	691	31 959	4 215	1 140	33 990	1 570
1979	697	29 250	2 585	1 650	45 400	3 180
1980	697	46 650	/	/	35 455	35 455
1981	729	31 980	/	/	37 466	37 466
1982	729	29 365	3 060	7 500	33 541	33 541
1983	748	41 385	2 000	15 000	25 463	25 463
1984	777	48 550	/	17 500	34 985	34 985

① 安新县地方志办公室编纂:《白洋淀志》,中国书店,1996年,第156页。
② 安新县地方志编纂委员会编:《安新县志》,新华出版社,2000年,第219页。
③ 同上书,第65页。
④ 同上书,第221页。
⑤ 崔永春、崔永辉、崔文润:《白洋淀的芦苇》,《河北农业科技》1985年第3期。
⑥ 白洋淀国土经济研究会等编:《白洋淀综合治理与开发研究》,河北人民出版社,1987年,第180、181页。

(续表)

年份	芦苇面积（百亩）	芦苇产量（吨）	席苇（吨）	柴苇（吨）	苇席（百片）	苇箔（百块）
1985	771	66 250	/	/	/	/
1986	779	33 270	/	/	/	/
1987	802	28 616	300	/	/	/

数据来源：《安新县志》(2000年)第225、543页。

（二）淀区水环境与芦苇生态经济功能的相互作用

白洋淀湖水浅，一般水深2~3米，十分适宜芦苇生长，再加上气候等自然条件，白洋淀产的芦苇具有韧性强、不易披散等优点。80年代全国70%的苇席来自白洋淀，以芦苇为资源的收入占白洋淀留守居民总收入的40%以上①，成为淀内主要经济产业。与时俱进，淀区居民还对芦苇进行了综合利用，除了用芦苇编制日常生活生产中用的篓筐等农用、渔用工具外，还开始芦苇创新加工，如用苇片制成苇画，并打入了国内外市场。

芦苇加工制品打入国内外市场，在很大程度上缓解了淀区的就业压力。据1983年统计，白洋淀从事芦苇编织的人数不断上涨，在传统苇编业的中心——安新县，从事与芦苇相关生产的人数已有8万多。② 但随着干旱带来持续干淀，白洋淀水域面积减少，芦苇产量由60年代的8万吨降至1996年的1.5万吨③，减少了81.3%。水环境恶劣，芦苇质量也在下降。于是到90年代末，一度繁荣的苇编业已转变为"村姑满街转，不织席一片"。④ 大约在1984年以后，水区生产逐步转向以种植业为主。

水环境是芦苇种植减少的主要原因。（1）水质变化的影响。依据1978—1980年间调查，芦苇被污水浸泡后，芦苇秆就会颜色发黑，质地变脆，

---

① 葛京、赵士超、高倩等：《白洋淀纯水区村留守渔民经济收入调查》，《河北渔业》2013年第11期。

② 安新县地方志办公室编纂：《白洋淀志》，中国书店，1996年，第156页。

③ 葛京、赵士超、高倩等：《白洋淀纯水区村留守渔民经济收入调查》，《河北渔业》2013年第11期。

④ 范周主编：《雄安新区发展研究报告》(第二卷)，知识产权出版社，2017年，第74页。

影响苇子质量和产量。① 除了水质污染,泥沙输入,淀底抬升,也会影响芦苇生产范围,进而影响产量、质量。有研究测算,到1981年白沟引河的泥沙在白洋淀中推进了3公里,使5 000多亩的一等苇田变成了一片寸草不生的白沙滩。②(2)水位高低变化的影响。有研究通过遥感解译得出,1978年苇地面积为161.342平方公里,1987年苇地面积为130.448平方公里,2000年苇地面积为149.356平方公里。可以看到过去近30年间,苇地面积对白洋淀"高水位—低水位—干淀—高水位—低水位"变化过程的响应。③

此外,学界对于芦苇在白洋淀生态净化的作用也展开了研究,进一步提升了芦苇的经济价值和生态价值。芦苇群落不仅为湿地珍贵物种提供筑巢、藏身、繁衍之所,还具有吸附、净化污染物的功能,对于白洋淀湿地生态系统的保护,尤其是维持生物多样性等方面十分有益。

三、 耕地扩大与旱作作物增加

白洋淀周边的农业用水由20世纪50年代初的0.2~0.3亿立方米增加到了1979年的2亿立方米④,增幅达7~10倍。至1980年,仅任丘县引用白洋淀水进行的有效灌溉面积就达到了51万多亩。⑤ 引水灌溉极大地促进了淀区农业的发展。气候干旱与生产生活用水增加叠加,白洋淀区水环境及生产条件持续变化,导致水乡经济逐步向旱作结构转变。

(一) 80年代水面萎缩与农田达到最大值

1949年以来淀区发生过20多次程度不同的旱涝灾害。1983年旱灾,流域水系断流,全淀干涸,淀底裸露,水乡群众只好在干涸的淀底围垦种粮,打井取水用来灌溉和人畜饮用,渔业也只能挖塘养鱼,数百年来以渔为生的

---

① 王庄静:《工业废水对白洋淀水生生物的影响》,《环境保护》1984年第5期。
② 曹寿江:《采取积极措施抢救白洋淀》,《人民日报》1982年4月24日第7版。
③ 赵玉灵、杨金中、聂洪峰等:《近30年来白洋淀水域与苇地的遥感调查与监测》,载庄逢甘、陈述彭主编《2006遥感科技论坛:中国遥感应用协会2006年年会论文集》,中国宇航出版社,2006年,第284页。
④ 安新县地方志编纂委员会编:《安新县志》,新华出版社,2000年,第175页。
⑤ 彭艳芬著:《白洋淀历史与文化》,河北大学出版社,2012年,第117页。

渔民不得不弃渔务农。① 依据1984年安新县土地调查,全县总面积738.58平方公里,其中淀外旱区面积472.93平方公里,白洋淀面积265.65平方公里,水域面积183平方公里,占全县总面积的24.78%。② 1985年容城县有坑塘525亩,产芦苇13.25万公斤。③

淀泊水面萎缩为洼地农垦提供了条件。有研究根据历史文献资料和80年代耕地遥感影像,复原了300年来白洋淀流域土地垦殖率,主要数据梳理如下:1916年至20世纪80年代,白洋淀上游总耕地面积从6 801.69平方公里增加到11 867.63平方公里,平均垦殖率从0.332上升到0.579。其中容城县从0.482上升到0.83,高阳县从0.814上升到0.905,安新县从0.436上升到0.635,任丘从0.578上升到0.846。研究提出人口增加是垦殖率提升的直接原因,"白洋淀的收缩为人类居住、生产力发展提供了物质基础"。④ 这一点可以从安新县的情况得到佐证,这一时期人口增加、人均耕地仅有1.2亩,境内干旱或边远无人耕种的3.4万亩大洼荒地便进入了开垦视野,到1989年已开发2.4万亩。⑤

有研究通过对1974—2007年33年间白洋淀景观变化的对比分析得出如下结论:"明水面的斑块密度先增大又减小","沼泽和农田的斑块密度"则是"增加—减小—增加",农田、明水面、沼泽的斑块密度都在1987年达到最大值,主要原因就是这一时期白洋淀干淀,开垦种田,农田得到了较大扩展。⑥ 干淀是农垦的自然基础,解决人地矛盾则是淀内耕垦的主要动力。

(二) 淀区水利发展及种植结构的调整

由于干旱,地表径流减少,淀区灌溉遂转向地下水。为开发地下水,各县开始扩大对现代抽水设备的使用。1974年容城县离心泵发展到2 143台,

---

① 杨立邦、朱松泉、黄祥祺:《白洋淀考察报告》,载农业部水产司编《渔业经济政策调研文稿选编》(第三辑),农业部水产司,1992年,第41页。
② 安新县地方志编纂委员会编:《安新县志》,新华出版社,2000年,第143页。
③ 河北省容城县地方志编纂委员会编:《容城县志》,方志出版社,1999年,第261页。
④ 李俊、叶瑜、魏学琼:《过去300a大清河上游南部流域耕地变化重建》,《地理科学进展》2019年第6期。
⑤ 刘权:《安新县兴办家庭农场开发洼荒地发展粮食生产》,《中国农村经济》1990年第1期。
⑥ 庄长伟、欧阳志云、徐卫华等:《近33年白洋淀景观动态变化》,《生态学报》2011年第3期。

提水动力以柴油机、电动机并用。1987 年以后由于地下水位的下降,开始利用潜水泵和深水泵提水,1985 年全县有潜水泵 340 台、深水泵 1 037 台,1989 年全县深水泵、潜水泵共有 3 652 台。容城县在 1978 年成立了农田基本建设指挥部和打井配套指挥部,冬季动员 5 万余劳力投入农田基本建设。① 至 80 年代,因河淀皆干,容城县又出现了潜水井、深水井。1989 年全县有机井 3 652 眼,可保证本县 31.24 万亩农田的灌溉,占总耕地面积的 90.4%。② 同时容城县开展节水工作,包括防渗垄沟、地下管道等,1983—1985 年间共修建地下管道 3 350 米,1989 年地下管道达 9.65 万米,控制面积为 1.65 万亩。③

这一时期,干旱使安新县粮食亩产在 300~400 斤之间徘徊,只得想办法增加耕地数量。从 1986 年起采取创办家庭农场的形式开发洼荒地,1987 年初制定《关于综合治理东大洼的三年规划》,提出三年内打井 500 眼,改善洼地农耕条件。④ 1989 年在开发的 2.4 万亩洼地上办家庭农场 139 个,其中 80% 的家庭农场为增加产量,重视提升种植的科技含量和机械化程度。⑤

白洋淀区地势低洼,年际降水变化大,极易发生旱涝灾害,必须根据年际气候变化调整作物布局,才能减轻自然灾害造成的损失。根据降水逐年减少的趋势,淀区各县对农作物结构相应进行调整。高粱、水稻播种面积逐年减少,小麦、玉米逐年增加,以此适应水资源减少的自然变化,保证种植业产量。其中水稻种植从 60 年代的 3 740 公顷,减少到 70 年代的 3 700 公顷,再减少到 80 年代的 867 公顷;小麦则相反,从 60 年代的 36 347 公顷,增加到 70 年代的 48 004 公顷,再增加到 80 年代的 73 407 公顷。⑥ 30 年间水稻种植面积减少 76.8%,小麦种植面积翻了一番。与此同时,展开对耐旱品种的培育。七八十年代培育了冀红小豆一号,这是一个相对耐旱的新品种⑦,替换此前耗水较多的红小豆品种。安新县自 80 年代中期开始对农村产业结构

---

① 河北省容城县地方志编纂委员会编:《容城县志》,方志出版社,1999 年,第 125 页。
② 同上书,第 213—215 页。
③ 同上书,第 215 页。
④ 雄县县志编纂委员会编:《雄县志》,中国社会科学出版社,1992 年,第 167 页。
⑤ 刘权:《安新县兴办家庭农场开发洼荒地发展粮食生产》,《中国农村经济》1990 年第 1 期。
⑥ 刘兆亮:《河北省保定市白洋淀周边县三十年农业持续发展的回顾与展望》,载河北农业大学编《白洋淀周边地区农业持续发展道路》,农业出版社,1993 年,第 5 页。
⑦ 豆长田、施琦、胡淑兰:《冀红小豆一号》,《河北农业科技》1986 年第 6 期。

进行调整,一是压缩粮食作物面积,扩耕经济作物面积;二是大力发展畜牧养殖业、林果业。1985年全县果园面积发展到3 731亩,较上年增加45.3%①,初步形成以粮食生产为主体、林果业和畜牧业为两翼的大农业结构。种植结构的调整是人类应对气候、水环境变化主要举措之一,也是人水关系变化的表现之一。

四、乡镇企业的起步与高污染、高耗水的特征

改革开放之前,农村乡镇工业生产功能、吸纳农业剩余劳动力功能都很微弱,城镇化依附于工业化进程。改革开放后,把农民从束缚他们的小块土地上解放出来,"大量农业劳动力转移到新兴的城镇和新兴的中小企业",成为中国发展的"必由之路"。② 十一届三中全会提出要大力发展社队企业,并要求城市、工厂予以设备、技术支援③,白洋淀流域乡镇企业发展迅速。1985年白洋淀流域排污企业增加到644个,主要工业类型有造纸、化工、石油、化肥、纺织印染、采矿冶炼、机械、电镀等,年排放污水2.17亿吨,其中含各种污染物8.8万吨。④

(一) 水域减少与淀区传统产业结构的转变

新中国根治海河工程对白洋淀流域影响深远,白沟引河携带大量泥沙入淀,多水库截留又使入淀水量大减,同期气候持续以干旱为主,以致1983—1987年连续5年干淀⑤,极大破坏了鱼类繁衍。1983年容城县养鱼面积仅153亩,养鱼22.8万尾。⑥ 再加上保定市等工业废水污染,捕捞业受损严重。20世纪80年代全国约70%的苇席来自白洋淀,水域面积减少使芦

---

① 安新县地方志编纂委员会编:《安新县志》,新华出版社,2000年,第263页。
② 邓小平著:《邓小平文选》(第三卷),人民出版社,1993年,第213、214页。
③ 《中共中央关于加快农业发展若干问题的决定》,《人民日报》1979年10月6日第1版。
④ 海河志编纂委员会编:《海河志》(第二卷),中国水利水电出版社,1998年,第473页。
⑤ 颜炳池:《白洋淀跨流域生态补水综合效益分析与评价》,《河北水利》2014年第5期。
⑥ 河北省容城县地方志编纂委员会编:《容城县志》,方志出版社,1999年,第261页。

苇产量由60年代的8万吨降至1996年的1.5万吨①,1983年安新县苇业从业人数超8万②,到20世纪90年代末已转变为满街村姑"不织席一片"③。1984年干淀后,水区农业耕垦范围大幅扩大。

改革开放初期,安新县传统优势手工业——造船业一度复兴。1978年造船厂职工53人,造船449只,包括20吨拖轮2艘、大型游览船1艘。但受限于资金技术条件等,到1988年,职工减到44人,造船降到285只。④ 与此同时,当地利用位于京津保腹地的地缘位置和市场优势,新型乡镇企业迅速发展。

在白洋淀区工业逐步发展过程中,20世纪70年代中期周边开始石油开采。石油化工成为任丘县主导产业,任丘被冠以新兴石油城市、白洋淀边石油城等称谓,公路通车里程升为全省之冠⑤,1986年3月成为省内第一批撤县设市的地区。而石油业对淀区水环境造成的隐患也较大,如安新县同口油田位于淀内及行洪、泛洪区内,高阳油田、雁翎油田、鄚州油田、刘李庄油田等位于白洋淀湿地内。总之,不仅有水污染问题,还有蓄泄洪水安全、湿地生态系统安全等问题。

(二) 白洋淀区非农产业的发展与水环境

为解决人地矛盾,社队企业已有的产业链不断延长。在高阳县,至1978年59%的大队办有企业⑥,46%的生产队有工副业生产⑦,涉及60多个行业、

---

① 葛京、赵士超、高倩等:《白洋淀纯水区村留守渔民经济收入调查》,《河北渔业》2013年第11期。
② 安新县地方志办公室编纂:《白洋淀志》,中国书店,1996年,第156页。
③ 范周主编:《雄安新区发展研究报告》(第二卷),知识产权出版社,2017年,第74页。
④ 安新县老区建设促进会编:《安新县革命老区发展史》,河北人民出版社,2019年,第205页。
⑤ 河北省任丘市地方志编纂委员会编纂:《任丘市志》,书目文献出版社,1993年,第4、5页。
⑥ 《开展多种经营,大力发展社队企业,为农业大干快上积累大量资金》(1978年4月14日),高阳县档案馆藏档案,档案号:26-1-1。
⑦ 《高阳县社队企业局一九七八年上半年工作总结》(1978年7月24日),高阳县档案馆藏档案,档案号:26-1-20。

400多种产品①。1981年底纺织业有织机2 000余台,次年增至3 001台②,1984年底更增至6 000多台,形成织布专业村15个,直接从业2万余人,加上产业链延伸达4万余人③。1985年乡镇企业年产值第一次超过全县农业总产值④,并从纺织业扩展到了造纸、农机配件等行业。从产业布局空间分析,辐射带动安新、清苑等县也形成了一定规模的织布户⑤,容城县服装加工企业1983年增到700多个⑥。此外,淀区周边传统产业也迅速恢复,如雄县东侯留村90%的农户套种大叶烟,东岗村80%农户从事烟花爆竹业,米家务乡68%的农户、42%的人口从事纸花业。⑦

20世纪70年代以来,淀区各县社队企业逐步发展。容城县先后建立了灯泡厂、玻璃仪器厂、化工厂、化肥厂、无线电厂等一系列社队企业,1980年容城县工业总产值占到工农业总产值的16.8%,1985年更提升到了36.8%,翻了一番还多。在高阳等地的纺织业带动下,容城县以服装加工为主的乡村企业发展迅速,王村化纤布专业市场很快形成,并带动了运输等行业的发展。⑧ 80年代淀区各县市在逐步摸索中形成了自己的特色产业,并不断扩大市场规模。从1985年开始,淀村已经有人开始做塑料袋生意,主要从邻县容城的高村批发成品袋子,从事零售。后来发展为直接批发塑料薄膜,带回淀村加工烫制成塑料袋,再批发零售。自1984年社队企业改为乡镇企业,经营范围扩大,形式也更为灵活。

这一时期乡镇企业发展对水环境的作用利弊相随。从"弊"分析,由于环保意识几近于无,用水浪费严重。保定市万元工业产值用水达1 123吨,

---

① 《高阳县社队企业局关于社队企业资源和经济情况的汇报》(1980年8月13日),高阳县档案馆藏档案,档案号:26-6-1。
② 《高阳县社队企业局关于一九八二年工作总结》(1982年12月23日),高阳县档案馆藏档案,档案号:26-11-30。
③ 《中共高阳县委关于大布生产的调查报告》(1985年7月18日),高阳县档案馆藏档案,档案号:1-599-24。
④ 高阳县老区建设促进会编著:《高阳县革命老区发展史》,河北人民出版社,2019年,第14页。
⑤ 苏志平:《高阳县土织业展望》,《商业经济研究》1984年第6期。
⑥ 河北省容城县地方志编纂委员会编:《容城县志》,方志出版社,1999年,第40页。
⑦ 雄县县志编纂委员会编:《雄县志》,中国社会科学出版社,1992年,第26、27、32页。
⑧ 河北省容城县地方志编纂委员会编:《容城县志》,方志出版社,1999年,第39—42页。

而保定地区各县万元工业产值耗水高达2 063吨,比保定市高83.7%。① 同时,淀区和上游工业废水、废料等基本上最后归宿都是白洋淀,污染严重。从"利"分析,开始利用乡镇企业的利润反哺农田灌溉工程。1986年1月雄县发布《关于利用乡镇企业收入,多渠道、多层次的以工补农、以工促农的决定》,1987年以工补农资金800万元,新打和测改机井1 280眼,修建低压浇地管道24万米,添置农机具10 440台,全县保浇面积28万亩。② 简而言之,白洋淀从连续干淀到重新蓄水后,社会经济与水环境之间的相互作用也更为显著,消耗增加的同时,社会经济水平提升,也会反哺环境保护。

(三) 传统集镇发展和洼淀区形成新的交易中心

淀区农业剩余劳动力随着家庭联产承包责任制实施开始显性化。1984年全国降低设镇标准并放宽户籍管理限制③,利用毗邻京津保的地缘优势及社队企业基础,在20世纪最后20多年白洋淀乡镇企业得到井喷式发展,建制镇数量随之攀高,并随着油田开发,1986年任丘县撤县设市。

1. 传统产业和集镇的恢复发展

1979年容城县恢复关闭多年的集市,形成了城关、张市、平王三大新的专业化贸易市场。④ 随着集日逐步恢复,雄县在米家务形成了纸花专业市场,在昝岗镇建成了农贸市场。⑤ 在高阳镇纺织业中心辐射下,1983年李果庄村纱布和纺织机械市场开始形成,每逢集日,吸引着本县和邻近的安新、蠡县、清苑、任丘等县的商人,影响甚至远及京、津、鲁、蒙、陕及东北地区。⑥ 1985年李果庄纺织品市场、庞口农机配件市场发展为华北地区中心市场。⑦

---

① 安新县地方志编纂委员会编:《安新县志》,新华出版社,2000年,第175页。
② 雄县县志编纂委员会编:《雄县志》,中国社会科学出版社,1992年,第166页。
③ 杨景祥主编:《2015年河北省1%人口抽样调查研究课题汇编》,河北人民出版社,2018年,第48页。
④ 河北省容城县地方志编纂委员会编:《容城县志》,方志出版社,1999年,第339页。
⑤ 雄县县志编纂委员会编:《雄县志》,中国社会科学出版社,1992年,第27、32页。
⑥ 高阳县地方志编纂委员会编:《高阳县志》,方志出版社,1999年,第317、368—369页。
⑦ 中华人民共和国民政部、中华人民共和国建设部编:《中国县情大全·华北卷》,中国社会出版社,1992年,第412页。

1985年8月容城服装首次在北京举行展销订货会①,1980年9月白洋淀水产品供应专柜在北京东单开业②,《北京日报》《北京晚报》等进行了专题报道。

1986年安新县形成以苇席公司、土产公司和基层集市为主体的购销服务体系,仅半年苇席销售即达86万片,向日本出售苇帘17万片,取得较好的经济效益。年底农业总产值15 002万元,较上年增加9.4%。③ 新安镇临水傍淀,作为全县工业企业、商业服务和文教卫生等事业的集中地,因地制宜地调整了产业布局,围绕水资源开发,恢复做大传统渔苇业,启动发展旅游业,成为白洋淀渔苇席箔及其他特产的集散地,充分发挥了县域经济中心的作用。④

2. 新型产业、水环境修复带动形成了新的市场中心

20世纪70年代初在雄县雄州镇北打出一眼热水井。改革开放后利用地热建成了常年供应蔬菜的温室大棚、疗养院和温泉浴池等产业,雄州镇农业产值1985年比1976年增长81%,同时镇辖区内拥有53个中小型工商企业。雄县昝岗一带地下石油蕴藏丰富,打油井30余眼,1980年恢复了每年举办大型庙会的老传统,1985年设置昝岗镇。⑤ 安新县老河头镇,因位于老河与府河交汇处得名,低洼易涝,但府河也将其与当时的清苑县及安州、新安等镇连接起来。老河头镇利用府河廊道逐步与清苑县金属冶炼业联合,成为华北地区最大的有色金属集散地、国内三大废旧有色金属集散地。

洼淀区经过新中国水利治理,还逐步形成了新的中心集镇。容城县南临白洋淀,其他三面皆有河流过境,1954—1956年间连续河涨、堤决,境内一片汪洋。⑥ 这应是50年代未设建制镇的根源。在1963年到80年代初期的根治海河运动中,白洋淀流域得到了深度治理,基本结束了洪涝威胁。1985年城关镇工业产值占到工农业总产值的50.9%⑦,恢复了传统集日⑧,并成

---

① 河北省容城县地方志编纂委员会编:《容城县志》,方志出版社,1999年,第42页。
② 安新县地方志编纂委员会编:《安新县志》,新华出版社,2000年,第65页。
③ 同上书,第263页。
④ 河北省建设委员会、河北省社会科学院合编:《河北五百镇》,农村读物出版社,1987年,第382页。
⑤ 同上书,第383—385页。
⑥ 河北省容城县地方志编纂委员会编:《容城县志》,方志出版社,1999年,第86页。
⑦ 河北省建设委员会、河北省社会科学院合编:《河北五百镇》,农村读物出版社,1987年,第386页。
⑧ 河北省容城县地方志编纂委员会编:《容城县志》,方志出版社,1999年,第65页。

为新中国在容城县设置的第一个建制镇。建制镇设置意味着非农人口、非农产业的发展,因此也标志着对水资源利用、与水环境关系的变化。

第四节 白洋淀流域综合治理及对水环境的影响

1978—1987年,由于处于社会改革探索时期,整个白洋淀流域的产业结构和水资源的利用形式,以及对水资源、水环境的保护观念等,都处于变化转型时期。尽管只有短短十年,白洋淀人水关系也发生了显著变化。

一、白洋淀上游主要水利工程与水环境

1979年《国务院关于保护水库安全和水产资源的通令》发布,提出"水库、闸坝、堤防等水利工程及其附属设施和护堤林木、草皮"等等,因为都关系到防洪安全,必须严加保护,不准破坏,反映出防洪观念的系统化认识。1982年河北省公安厅、水利厅联合发出通知,要求各地贯彻国务院通令,严肃处理破坏水库工程和水利设施的行为。这就为白洋淀水系水库、堤堰等工程保护提供了法律依据。由于大清河南支水系河道已经逐步干涸,如潴龙河滩地已经植树成林,1977年初大清河河务管理局曾组织清除[①],所以这一阶段白洋淀上游水环境治理主要在大清河北支进行。

(一) 提高白沟引河和兰沟洼蓄滞洪区引洪能力

天气持续干旱,白洋淀流域洪水灾害大为减少,所以防洪工程体系主要是扩建了原有工程,提高了防洪标准。1978年3月至5月间保定地区组织2.5万余人对南拒马河两堤加高加固[②],施工人员包括安新县0.14万民工[③]。白

---

① 海河志编纂委员会编:《海河志》(第二卷),中国水利水电出版社,1998年,第68页。
② 河北省地方志编纂委员会编:《河北省志·第20卷·水利志》,河北人民出版社,1995年,第129页。
③ 安新县老区建设促进会编:《安新县革命老区发展史》,河北人民出版社,2019年,第209页。

沟引河 1970 年建成后,曾在 1973 年、1977 年、1979 年三年超标准行洪,其中 1979 年最大洪峰流量 735 立方米/秒。据统计,白沟引河 1970—1980 年 11 年行洪,在引河入淀口淤积 101.84 万立方米,淀底一般淤高 1~1.8 米。① 由于白沟引河径流量时断时续,河道泥沙淤积也十分严重,其间河道内淤积泥沙 215.34 万立方米,使河底增高了 2 米,极大降低了引洪标准。② 由于大清河北支持续断流,洪水威胁大幅降低,主要在白沟引河入淀口附近进行标准灭苇、清淤、开卡等工程,以保证白沟引河入淀水流的畅通。

兰沟洼是白沟河和南拒马河大堤围绕的一块封闭洼地,位于大清河水系北支下游,行政归属为保定市的定兴县和高碑店市,地势西北高东南低,担负滞洪、滞沥双重任务,承担白沟河、南拒马河超标准洪水,并接纳永定河向小清河分洪下泄入白沟河的超量洪水。新中国成立后兰沟洼多次承担分洪任务,造成洼内耕地淤沙和碱化较为严重,群众生产生活受到一定损害。为解决兰沟洼沥水的出路问题,1978 年冬至 1979 年春保定市组织博野、安新、定兴、容城四县实施了马村河自排入白洋淀工程,很大程度上解决了洼内沥水受两河顶托难以排出的问题,可使 40 万亩耕地沥灾减轻,10 万亩碱化土地得到改良。③ 1981 年 4 月容城县对倒虹吸出口进行了清淤工程,1984、1985 年进行低压灌浆、填压夯实等工作,提升了大清河北支引洪安全④,从防洪、生产两方面缓和了人水矛盾。

(二) 对府河通航问题的讨论

1978 年 7 月底河北省委在对保定地区关于府河通航问题请示的批复中,肯定了津保水运的重要性及其恢复通航的重要性,历史时期保定和天津之间交通主要依靠水运,所以府河航道一直十分重要,"近年来由于干旱少雨,加之工农业用水大量增加,使得水源不足,航运基本停止",为适应新形势下工农业生产发展的需要,"恢复府河通航,很有必要"。至于如何恢复航道,首先面临的便是水量问题。为满足府河通航必要的水量,"同意挖深安

---

① 河北省水利厅水利志编辑办公室编:《河北省水利志》,河北人民出版社,1996 年,第 94 页。
② 河北省容城县地方志编纂委员会编:《容城县志》,方志出版社,1999 年,第 210 页。
③ 河北省地方志编纂委员会编:《河北省志·第 20 卷·水利志》,河北人民出版社,1995 年,第 129 页。
④ 河北省容城县地方志编纂委员会编:《容城县志》,方志出版社,1999 年,第 210 页。

新县安州旧闸上游三百米左右河道"。但府河建闸截水必然会影响入淀径流量,所以要求府河拦水"必须确保白洋淀水位不低于七点三米",为此还需要"在入淀口建一座节制闸"。1972年11月确定了白洋淀灌溉引水停用水位为7.5米,为适应干旱气候,1978年又改为7.3米。除了水量还有水质问题,批复明确要求保证白洋淀水质不受污染,"对保定市区的排污沟渠和唐河的蓄污工程,要采取有效措施,防止流入府河"[1]。在增加府河水量和防治白洋淀污染之间,要优先保护白洋淀水质。

府河通航后的经济效益,按照1980年11月河北省交通局报送《河北省津保航道规划的初步意见》分析,府河至白洋淀出口航道上"保定—安新—枣林庄段"每年运输量可达25.27万吨,周转量1 464.7万吨公里,这是一个具有相当经济价值的数据。1981年12月河北省交通局针对保定市提出府河航道上"保定—安新—枣林庄"通航问题,认为要通航首先得解决东石桥六孔闸泄洪淤塞航道问题、府河航道清淤投资等问题,并对提出的"可于1982年汛后来水后通航生效"的预期进行了评估,认为其中一些关键性问题难以解决[2],府河通航问题也就暂时搁置了。"保定—白洋淀"的府河通航、"保定—天津"津保航运恢复,最根本的问题是河道内的水量。

二、白洋淀区水环境治理

20世纪七八十年代白洋淀水环境最大的特征就是连续干淀。气候变化带来的降水量减少、蒸发量加大,以及降水量年际变化悬殊,使白洋淀处于较为剧烈的波动中——丰水年洪涝成灾,大量弃水,枯水年或枯水期连续出现则必然干淀。流域居民为解决人口增加、经济发展带来的需水量增加的问题,继续采取大规模的工程措施增加水量。在上游大量修建蓄、引、提水工程,对水资源进行了区域重新分配;在中游平原地区大量开采地下水,又改变了产、汇流条件。由于很多工程不能顺应流域和湖泊本身的规律,甚至打乱了其自身运行的系统规律,又加剧了水资源短缺,以致在平水年、枯水

---

[1] 《河北省革命委员会关于府河通航问题的批复》(1978年7月27日),河北省档案馆藏档案,档案号:972-8-269。

[2] 《〈关于治理府河通航的建议提案〉调查落实情况的报告》(1982年),河北省档案馆藏档案,档案号:972-8-252。

年几乎无水入淀。

（一）白洋淀周边堤埝的变化

如前文所言,白洋淀并非一望无际的水域,而是水域、台田、壕沟、聚落相间。堤埝的功能不仅是将洪水蓄滞在白洋淀内,保卫周边和下游的安全,同时堤埝也是其内部生产生活所需水位的保证。所以,白洋淀堤埝除了加固还有新增,一些堤埝的功能也会随着淀内及周边经济布局的变化而调整治理策略。

1978年新筑了梁庄小堤,由华北石油管理局修建。梁庄小堤东起千里堤,西接淀南堤,全长11公里,顶宽4米,高程11.5米,主要职能是保护华北油田10口油井及安新县、任丘市部分土地,防洪标准为五年一遇。①

1978年白洋淀北堤治理进行了增高建设,这是新中国第一次。容城县境内有南拒马河、大清河和萍河三条主要引洪排沥的天然河道,新中国成立前由于无堤防或堤防年久失修,洪涝灾频繁发生,如民国年间的四次水灾都是白洋淀北堤决口造成的。② 容城县留通一带的白洋淀北堤,堤段长4.935公里,1978年前为了确保淀南千里堤安全,北堤只能看守,不准加高,致使容城县东南部的大片低洼地成了滞洪区。1978年经上级主管部门同意,容城县对白洋淀北堤进行了扶堤建设,堤顶宽增加到8米,堤高增加到9.7米。③

白洋淀周边堤埝经过连续修复和加固后,1982年"三查三定"情况见表4-4-1。随着白洋淀水环境的变化,主要水灾害由洪涝转向干淀,历史时期的堤埝作为淀区民众应对水灾害的手段,其功能也在发生变化。

表4-4-1　1982年白洋淀周边主要堤埝基本情况

名称	位置	起　　　止	堤顶高程〔大沽高程(米)〕	顶宽（米）	长度（千米）
四门堤	淀西	岳佐公路至西涝淀	12.09~13.87	8	73.3
新安北堤	淀北	三台山西村至雄县十里铺	13.241~10.75	8	45.535

---

① 安新县地方志编纂委员会编:《安新县志》,新华出版社,2000年,第435页。
② 河北省容城县地方志编纂委员会编:《容城县志》,方志出版社,1999年,第208页。
③ 同上书,第210页。

(续表)

名　称	位置	起　　止	堤顶高程 〔大沽高程(米)〕	顶宽 (米)	长度 (千米)
淀南新堤	淀南	南冯至千里堤	11~11.31	6	20.01
障水埝	淀西北	黑龙口至大北头	12.59~12.4	6~8	14.37

数据来源：《河北省志·第20卷·水利志》(1995年)第132页。

（二）从上游水库输水入淀

20世纪80年代以来，白洋淀不断加剧的干淀问题引起了各界的关注，也引起了中央领导的关注。1982年4月胡耀邦总书记视察了白洋淀，各级政府和水利部门都在为避免白洋淀干淀而努力，首先采取的措施便是从流域上游水库直接调水补淀。

1981年11月3日至13日安格庄水库第一次提闸放水，入淀760万立方米，另有67.4%水量损失在沿途的河道里。1981年11月至1984年6月安格庄、西大洋、王快水库先后四次输水，累计放水2.32亿立方米，入淀量不足0.77亿立方米，消耗量占水库放水量的66.9%。[①] 这几次放水对缓解白洋淀干涸危局起到了一定的作用。

通过对白洋淀流域六座大型水库的统筹考量，最终决定由王快、安格庄、西大洋三座水库补水。主要理由包括：(1)横山岭水库、口头水库调节库容较小，枯水年更小，且距淀较远，补淀水量将大部分损失于沿程；(2)龙门水库距淀较近，但流域面积小，枯水年无水补淀；(3)王快、西大洋两座水库流域面积大，调节能力强，枯水年尚有一定的外调水潜力；(4)安格庄水库枯水年也有一些外调水潜力。于是在牺牲水库下游部分农业用水的情况下，王快、西大洋、安格庄三座水库在枯水年多次成为白洋淀补水水源。[②]

当时制定的补淀原则是：(1)在枯水年上游水库的水只保证水库下游地区纯渠灌区用水，井渠双灌区完全采用地下水灌溉，由此将余出的水量转向白洋淀补水；(2)补水保淀旨在避免淀内生物遭受毁灭性的破坏，因此补

[①] 安新县地方志编纂委员会编：《安新县志》，新华出版社，2000年，第227、228页。

[②] 《海河流域水生态恢复研究(初步报告)》，水利部海河水利委员会，2002年。

水量以维持生态平衡所需的最低水位为目标,枯水年份水位常年应维持在5.1~5.9米左右;(3)补水时间一般不在主汛期,且应尽量避开灌溉用水较多的季节,尽量集中补水,以减少输水损失。①

(三) 农田水利重在应对干旱、改造洼地

从20世纪70年代初到80年代初,由于干旱年份增加,地表水资源大幅减少,甚至河湖干枯,白洋淀区农业生产进入全面抗旱阶段,原有灌区由于地表水源得不到保证,只能由地上水灌溉向地下水灌溉转变。② 到1979年白洋淀共打机井2 026眼,建扬水站19处,使周边农业用水由20世纪50年代初期每年0.2亿~0.3亿立方米增加到2亿立方米。③ 但是地下水也非取之不竭,随着用水量增加,地下水位不断下降,取水也变得困难,于是开源节流意识逐步强化。1982年雄县创造了地下水回灌,被国家水利部确定为全国节水增产示范区和水利科技推广示范县。④

雄县位于京津保三角地带渠灌工程体系上,20世纪70年代中叶到80年代末雄县农业生产重点是抗旱。⑤ 在70年代新打机井1 652眼,水浇地面积扩大到1.18万公顷。⑥ 根据昝岗等地观测,地下水平均每年下降一米左右,和全省地下水位下降程度基本一致。⑦ 进入80年代,天气持续干旱,地上水源减少,使原有的灌渠蜕变为季节性抗旱渠道,农田灌溉只能转向以开发地下水为主。在探索如何节水的过程中,于1982年创造了地下水回灌的技术,具体而言就是利用原有的坑塘在汛期积蓄雨水,使雨水渗入地下,补

---

① 安新县水利志编纂委员会编:《安新县水利志》,中国水利水电出版社,1995年,第142页。

② 刘权:《安新县兴办家庭农场开发洼荒地发展粮食生产》,《中国农村经济》1990年第1期。

③ 马敏立、温淑瑶、孙笑春等:《白洋淀水环境变化对安新县经济发展的影响》,《水资源保护》2004年第3期。

④ 雄县水利局:《雄县水利建设十年》,载河北农业大学编《白洋淀周边地区农业持续发展道路》,农业出版社,1993年,第157页。

⑤ 雄县县志编纂委员会编:《雄县志》,中国社会科学出版社,1992年,第323页。

⑥ 雄县人民政府:《雄县农业三十年巨变的技术和经济因素》,载河北农业大学编《白洋淀周边地区农业持续发展道路》,农业出版社,1993年,第11页。

⑦ 河北农业大学、雄县科委、雄县水利局:《雄县昝岗管道乡建设考察》,载河北农业大学编《白洋淀周边地区农业持续发展道路》,农业出版社,1993年,第99页。

充地下水。经过连续多年蓄水回灌,到 1990 年地下水上升了 5 米。[1] 雄县对水环境保护取得了生态效益与经济效益双赢,开发利用和保护水资源的成功也显示了群众治水的智慧。

这一时期为增加耕田、解决人地矛盾,洼地改造也在继续推进,气候干旱也为洼地改造提供了条件。1979 年容城县大河洼改造工程完成,灌渠 3 条总长 1 400 米,支渠 8 条总长 16 500 米,建桥涵闸洞 52 座,留通灌溉渠及配套支渠 10 余条,灌支闸门 17 个。[2] 1975 年至 1980 年任丘县共改造大洼 13 个,总面积 25.2 万亩。[3] 由于涝洼地排水不良,释水能力弱,雨水下渗缓慢,一旦遇暴雨或连续降雨很容易沥涝成灾,同时开垦洼地也会使蓄滞洪区减少,可能带来新的防洪问题。

(四) 淀内水位偏低与收割芦苇纠纷

1981 年 6 月河北省省长看到白洋淀水位下降的报告后,要求水利厅、沧州和保定两地委尽最大努力保护白洋淀水产资源,保证做到不哄抢、不偷水,决不能干淀。据此,安新县公安局、水利局、工商局于 6 月 12 日联合发出《关于保护白洋淀水产资源,施行封淀的通告》。[4] 但随着白洋淀水域减少,屡屡干淀,围绕淀塘、苇田的争执纠纷也在增加。1986 年安新县圈头乡采蒲台村与任丘市大田庄乡东田庄村两村村民因开发塘淀发生争执,1987 年 9 月任丘市七间房乡西大坞村与安新县圈头乡采蒲台村两村村民为抢打泛鱼淀的青苇发生争执。[5]

任丘市与安新县围绕白洋淀界淀的纠纷,在历史时期就出现过,如宣统三年(1911)清廷曾派钦差会同保定知府、任丘知县一并予以解决。新中国成立后,特别是五六十年代,淀内水位较高,水域面积广阔,两县民众同淀行船、捕鱼,矛盾不明显。但当水位偏低,特别是干淀时期,水域资源严重不

---

[1] 雄县水利局:《雄县水利建设十年》,载河北农业大学编《白洋淀周边地区农业持续发展道路》,农业出版社,1993 年,第 158 页。
[2] 河北省容城县地方志编纂委员会编:《容城县志》,方志出版社,1999 年,第 38 页。
[3] 河北省任丘市地方志编纂委员会编纂:《任丘市志》,书目文献出版社,1993 年,第 48 页。
[4] 安新县地方志编纂委员会编:《安新县志》,新华出版社,2000 年,第 65 页。
[5] 同上书,第 67 页。

足,两县民众就常为开发利用淀内洼地和收割芦苇闹纠纷。1972年10月22日周恩来总理也曾为解决两县纠纷作过批示,这一时期两县纠纷频发,河北省省长、副省长更是多次为解决纠纷作出批示。但由于种种原因,纠纷一直未能解决。

1987年9月河北省人民政府在多次协调的基础上,发出《河北省人民政府关于任丘市安新县对白洋淀资源利用问题的决定》,明确纠纷地域——平阳淀、泛鱼淀、丝网淀均为公淀,属国家所有,在此前提下,对三个淀的资源利用作了具体划分,并强调本决定具有法律效力。[1] 纠纷随后基本得到了解决。这一案例也反映出人水关系中法律的强制约束作用。

三、对白洋淀污染问题的关注和初步治理

白洋淀位于中国缺水最严重的海河流域,又处于京津保三大城市腹地,人口增加、工农业发展都加大了对水资源的消耗量。以保定市为例,1985年采水量1.52亿立方米,比1956年增加了15倍。再加上气候趋旱,水资源短缺成为白洋淀一个严重的环境问题。1984年较1956年,白洋淀地表水资源减少了16.8%。与水量不足同时存在的还有水质污染,白洋淀上游工业废水80%以上未经处理直接排入白洋淀。[2] 自20世纪70年代初开始,河北省按照"管制结合"的原则,重点开展了白洋淀、清漳河、引滦入津水系的水资源保护工作,对确保京、津两城市和河北省工业与生活用水起到了重大作用。[3] 1975年1月国务院作出《关于迅速解决白洋淀污染问题的批复》,正式拉开了白洋淀污水治理工作的序幕。

(一)对白洋淀流域工业污染的调查

1975年拉开了白洋淀污水治理工作的序幕后,根据"工厂根治、淀污分

---

[1] 河北省地方志编纂委员会编:《河北省志·第38卷·土地志》,方志出版社,1997年,第287页。

[2] 马敏立、温淑瑶、孙笑春等:《白洋淀水环境变化对安新县经济发展的影响》,《水资源保护》2004年第3期。

[3] 《河北环境保护丛书》编委会编著:《河北环境污染防治》,中国环境科学出版社,2011年,第85页。

隔、截蓄灌溉、化害为利"的方针①,到1978年保定市建成了31个工厂治污工程、50多公里的排污管道和干渠、13个污水提升泵站、14公顷的生物氧化塘、1 000米长的污水闸桥、1 300立方米容积的污水库。这些工程投入使用后,保定市每天约13万吨工业污水不再流入白洋淀,明显改善了淀区水质。②

1979—1980年的调查显示,由于设计不合理,唐河污水库做不到清浊分流,大部分污水仍由府河入淀。保定全市日排工业污水42万吨,其中流入府河的污水约18万吨,这些污水含有多种有毒有害物质,以府河入淀口为中心向淀内扩散。调查显示,白洋淀污染主要是府河输入的来自保定市的有机污染,以府河入淀口至南刘庄一带污染最为严重,大致可以分为三个区域:(1)重污染区,南刘庄、刘庄子至唐河口一带;(2)轻污染区,淀东南采蒲台至枣林一带;(3)中轻污染区,介于上述二区之间涝王淀等水域。

此外,潴龙河流域以氰化物、硫化物等污染为主,唐河流域以重金属污染为主,孝义河以印染、纺织等废水污染为主。调查显示白洋淀流域工矿企业日排工业废水量达到62.9万吨,这些含有有毒成分的污水进入白洋淀后,特别是在入淀口一带,对生态系统危害明显,对水质、水面空气及底泥等都会产生污染。严重时可以直接毒死大部分水生微生物和水生动植物。除了鱼虾等水产受污染死亡,芦苇被污水浸泡后,秆子就会发黑变脆,影响苇子质量和产量。这次调查结果还显示了污染的年内变化情况,一般冬春污染严重,夏秋汛期水量大,且处于生物生长期,河水自净能力稍强,污染相对减轻。③

(二) 对白洋淀工业污染来源的调查

随后在1981年4月至7月间,白洋淀水源保护科研协作组也对白洋淀

---

① 河北省革命委员会基本建设委员会、河北省革命委员会计划委员会:《关于白洋淀、官厅水库污染治理工程急需解决设备、材料的报告》(1975年),河北省档案馆藏档案,档案号:1098-1-11-7。

② 河北省革命委员会环境保护办公室:《关于请示转请财政部支持保定市继续征收污水管理费的报告》,河北省档案馆藏档案,档案号:1098-1-29-5。

③ 王庄静:《工业废水对白洋淀水生生物的影响》,《环境保护》1984年第5期。

水环境展开初步调查,完成了《白洋淀水污染与控制研究报告(1975—1978)》。依据这次调查,截至 1981 年白洋淀流域有县级以上人民政府管理的工矿企业 567 个,废水排放影响较大的工矿有 195 个。通过对其中 137 个工矿调查统计,日排废水量计有 33.63 万吨。这些工矿主要分布在保定市,占总流域工厂总数的 55.8%,日排污量占总量的 58.9%,其次是涞源县、北京房山县等地,再次为高阳县纺织工业排污。[①] 向白洋淀排放污水的大户集中在保定市,据统计,1962 年保定市排放污水 1 570 万立方米,1975 年为 5 840 万立方米,1980 年为 9 198 万立方米,1984 年超过 1 亿立方米,以后每年都在 1 亿立方米以上[②],20 年间污水排放量增加 5.37 倍。这些工业污水中含有大量有毒有害物质,最终归宿大都是注入白洋淀内。这次调查还对工业废水污染对鱼类生态活动的影响,以及由此而引起的生理机能改变、生物区系的变换等内容进行了初步分析探讨。

工业废水注入是造成白洋淀水质污染的主要原因。据 1983 年度工业污染源调查统计,白洋淀工业污染源主要有二:

(1) 保定地区污染源。保定地区有工业企业 1 840 个,工业布局大体是东部高阳县以纺织印染为主,西部涞源、阜平山区以军工机械、采矿冶金、电力为主,南部定州市及周围以轻工、机械、焦化为主,北部涿州市一带以皮革、化工、机械加工为主。山区排污企业的污水一般由沟谷排入河流,平原水库下游地区工业污水多用于农灌或渗入地下,一般不会造成对白洋淀的污染,但丰水年或平水年的汛期除外。

(2) 北京市房山县工业污染源。房山县位于北京市西南部,在大清河水系北支上游,境内有工矿企业 200 余个,其中主要排污企业 23 个,以燕山石化总公司为主要污染源,日排放废水量占房山县排放工业废水总量的 58.3%。部分污水经过处理后入牛口峪水库用于农灌,大部分未经处理的废水汇集于琉璃河、小清河至白沟河,一般情况下在汛期由白沟河排入白洋淀。[③]

---

① 安新县水产局:《白洋淀水产减产的原因及其发展途径的探讨》,《河北水产科技》1981 年第 2 期。

② 马敏立、温淑瑶、孙笑春等:《白洋淀水环境变化对安新县经济发展的影响》,《水资源保护》2004 年第 3 期。

③ 金相灿等著:《中国湖泊环境》(第二册),海洋出版社,1995 年,第 266 页。

（三）白洋淀污染治理工程通过验收后水环境问题依然严重

1975 年以后保定市工厂"三废"治理加强，同时对市内排污管网系统进行了改造。1983 年 5 月 19 日到 6 月 1 日由保定市牵头的验收小组对 20 世纪 70 年代中后期国家专项拨款开展的白洋淀污染治理工程进行了一次全面验收，结论认为各单位所采取的处理工艺"基本上是合理的、可行的"。① 经过八年努力，绝大部分工程已经运转并收到了一定的效益。当时全市日排污水量 19 万吨，随着污水处理设施建立，每日污水处理率达 86.6%。② 在验收过程中也发现一些问题，如验收的 19 个工厂企业中仍有一些工厂污染严重，还有一些由于停产或改产，治理项目没有发挥应有的效益。

对白洋淀污染问题第一次综合治理通过验收后，随着社会经济发展、工业化提速，白洋淀污染问题依然严重。1985 年白洋淀流域排污企业增加到 644 个，主要工业类型有造纸、化工、石油、化肥、纺织印染、采矿冶炼、机械、电镀等，年排放污水 2.17 亿吨，其中含各种污染物 8.8 万吨。③ 这一时期还存在水资源浪费严重的问题，保定市万元工业产值用水达 1 123 吨，比青岛市高 11.3 倍；保定地区各县万元工业产值耗水高达 2 063 吨，比保定市又高 83.7%。④ 白洋淀周边的农业用水也由新中国初期的 0.2~0.3 亿立方米，增加到 1979 年的 2 亿立方米⑤，30 年间增加了 7~10 倍。

事物总是在曲折中发展，白洋淀水环境治理也在曲折中前进。由河北省卫生防疫站组织完成的《白洋淀污染控制研究和编绘图集》，1984 年选入全国环保科技成果汇编，获省科技成果三等奖。到 1989 年保定市 39 家工厂建成 67 套污水处理设施，经过处理后 1 292 万立方米污水达到国家标准，1 765 万立方米接近国家标准，废水中的各种有害物质由处理前 2 800 吨下

---

① 《保定市环境保护局关于白洋淀污染治理工程验收情况的报告》(1983 年 6 月 14 日)，河北省档案馆藏河北省畜牧水产局档案，档案号：962-8-643。

② 同上。

③ 海河志编纂委员会编：《海河志》(第二卷)，中国水利水电出版社，1998 年，第 473 页。

④ 马敏立、温淑瑶、孙笑春等：《白洋淀水环境变化对安新县经济发展的影响》，《水资源保护》2004 年第 3 期。

⑤ 安新县地方志编纂委员会编：《安新县志》，新华出版社，2000 年，第 175 页。

降到180吨,基本上消除了重金属和难降解的污染物对白洋淀的污染。① 但受限于经济能力,对有机污染物尚未全面根治。②

四、海河流域防洪调度与白洋淀洪水安全应对

1979年水利电力部天津勘测设计研究院建成,以承担海河流域的水利水电项目为主要职能。1980年水利部在海河流域的派出机构——水利部海河水利委员会成立,统一管理本流域河流、湖泊、河口、滩涂和重要河段的河道,制订审查本流域防洪方案,指导流域内蓄滞洪区安全建设、水土保持和农田水利工作等。成立后陆续制订了《海河流域综合规划》《海河流域补充规划(草案)》《海河流域防御特大洪水方案》《海河流域各河防洪调度意见》等,使海河流域的减灾防灾工作更具科学性和系统性,也使减灾防灾工作进入了一个新阶段。③

(一) 1982年《海河流域各河防洪调度意见》相关规定

20世纪50年代至80年代,经过了30多年的发展,海河流域水利规划逐步形成以流域综合规划为统领、以专业规划为指导、以专项规划为落实的流域规划体系。1982年水利电力部批准《海河流域各河防洪调度意见》④,这是第一部规定海河流域统一防洪调度的文件,明确了分区防守,分流入海,重点保卫北京、天津的防洪布局。洪水调度要蓄泄兼筹,上下游兼顾,合理使用蓄、滞洪区和湖泊洼淀,要依靠群众、协同作战。

大清河水系洪水调度运用意见主要包括以下三方面:

(1) 白洋淀十方院超过保证水位10.5米时,如淀内水位继续上涨,首先扒开障水埝,再依次扒开四门堤、新安北堤,最后扒开淀南新堤,以确保千

---

① 《关于白洋淀污染及防治情况的汇报》(1989年),河北省档案馆藏档案,档案号:1098-1-292-6。

② 保定市人民政府:《关于我市城市污水综合治理措施落实情况的报告》(1989年),河北省档案馆藏档案,档案号:1098-1-294-3。

③ 海河志编纂委员会编:《海河志》(第四卷),中国水利水电出版社,2001年,第289页。

④ 谷兆祺主编:《中国水资源、水利、水处理与防洪全书》,中国环境科学出版社,1999年,第678页。

第四章 1978—1987年乡镇企业的迅速发展与白洋淀水环境

里堤安全。连接淀南新堤的油田围埝,要服从千里堤安全。

(2)当东淀第六堡达到保证水位8米,白洋淀水位达到10.5米,且水位继续上涨时,可提起赵王新渠分洪闸向文安洼分洪。如北支遇超标准洪水,东淀第六堡水位已达8米,枣林庄闸上水位在10.5米,闸下水位8.5米以上,白洋淀以上预报又无大水时,可控制枣林庄闸泄量与北支错峰。

(3)当东淀第六堡水位达到3.5米时,提起独流减河新闸泄洪;东淀水位达到5米时,提起独流减河老闸泄洪。独流减河尾闾的工农兵防潮闸在汛期要充分泄洪。西河闸一般不加控制,充分泄洪。①

(二) 1985年国家关于大清河发生特大洪水时的分洪安排

据有关统计,到1985年大清河各水系山区共有大中小型水库141座,总库容36.87亿立方米,防洪库容25.46亿立方米;主要枢纽水闸11座,整治利用蓄滞洪区6处,设计蓄滞洪量74.92亿立方米。大清河水系北支河道的防洪能力达到10~20年一遇,南支河道防洪能力达到10年一遇。②

1985年国务院批转了水利电力部《关于黄河、长江、淮河、永定河防御特大洪水方案》,方案对永定河、京津地区防御洪水作了明确安排。当大清河发生特大洪水时,一方面应充分运用上游水库,另一方面还要运用白洋淀、文安洼、东淀、贾口洼滞洪。在海河干流和独流减河充分排洪,文安洼、东淀、贾口洼均已运用,第六堡水位仍在上涨,贾口洼水位达到8米时,可扒开南运河两堤,运用津浦铁路二十五孔桥向团泊洼分洪,最后经北大港南侧、子牙新河北侧夹道入海。此外,还规定了分洪闸、滞洪洼淀使用的决定权限:小清河分洪闸、刘庄口门和文安洼、东淀、贾口洼的分洪、滞洪运用,关系京津冀三省市安全,由中央防汛总指挥部决定;兰沟洼、白洋淀的分洪、滞洪运用,由河北省防汛指挥部决定;团泊洼的分洪、滞洪运用,由天津市防汛指挥部决定。③

从20世纪80年代中期大清河水系的防洪体系、防洪能力的分析,结合这一时期国家把对大清河流域发生特大洪水时的分洪安排置于京津地区防御洪水的方案之中,可以看到,由于白洋淀连续干淀,大清河洪水危害已经

---

① 海河志编纂委员会编:《海河志》(第四卷),中国水利水电出版社,2001年,第648、649页。
② 海河志编纂委员会编:《海河志》(第二卷),中国水利水电出版社,1998年,第67页。
③ 海河志编纂委员会编:《海河志》(第四卷),中国水利水电出版社,2001年,第656页。

大为降低。

（三）白洋淀出水口河道、分洪区治理

这一时期最基本的防洪工程依旧是千里堤等堤埝修缮。从1978年7月开始对从任丘高阳公路口至下游西大坞之间长26公里的千里堤进行修复,加高了堤顶高程,增筑砖石护坡1.76公里,到1987年底修筑砖石护坡总长达23.24公里,对长44.69公里的千里堤主堤进行了程度不同的维护。依据1982年初普查,千里堤共有树木39.68万棵、苗圃20亩、苇田330亩①,由此可窥综合治理的生态效果。此外,还对出水口、泄洪河道、分洪洼淀进行了全面治理。

1. 1978—1980年枣林庄枢纽除险加固

控制白洋淀出水量的枣林庄枢纽在白洋淀流域洪水调度中发挥着中枢作用,具有调洪、蓄水、灌溉及航运等综合效益。流域上游洪水经淀内调蓄后由枣林庄下泄,经枣林庄新道、赵王新河、赵王新渠入东淀。工程建成后安全经历了1973年、1977年、1979年、1988年、1996年等中小洪水。② 四孔节制闸建于1965年,二十五孔泄洪闸、船闸及赵北口溢流堰建于1970年,一则时间较长设施老化,二则当时技术、质量也有不足。枣林庄枢纽以上西至李广村西的通天河,南面有千里堤,北面以十方院至何庄子的隔淀堤为界,这一范围统称闸前区。闸前区东西长约4公里,南北宽约6~8公里。这一区域淀面较窄,水势普遍较高,水势一般在4.8~6.2米,高于枣林庄闸底板高程4.8米,由此造成闸前供水不足。为保证汛期淀水下泄顺畅,1978年春至1980年4月对枢纽工程进行除险加固工程,包括设计完成枣林庄四孔闸自动控制工程等。③

2. 1983—1984年间整治"赵王新河—东淀大清河"段泄洪河道

1983年经河北省批准在西码头村北兴建了赵王新渠西码头蓄水闸,可

---

① 河北省任丘市地方志编纂委员会编纂:《任丘市志》,书目文献出版社,1993年,第299页。
② 张玉:《枣林庄枢纽历史运用及现状调查分析》,《山东工业技术》2017年第10期。
③ 海河志编纂委员会编:《海河志》(第二卷),中国水利水电出版社,1998年,第99—106页。

拦蓄赵王新河、赵王新渠共约长 40 公里河道的汛后尾水,设计蓄水位 5.5 米,一次蓄水量 2 700 万立方米。蓄水通过西码头引水闸等引进文安洼深渠网,成为文安洼解决冬春干旱、发展农田灌溉的重要水源。① 这一蓄水工程由廊坊地区水利局和文安县水利局设计,施工单位为邯郸水利工程处,1983 年 5 月开工,1985 年 4 月竣工。② 1983 年,赵王新渠下口因蓄水浇地,曾筑起一道阻水埝,河北省大清河河务处与文安县水利局技术复核,认为如果把阻水埝拆除,可达设计流量 2 700 立方米/秒。③ 除了横埝阻水,河道淤积、滩地种植高秆作物等也影响下游行洪道能力,于是逐步进行了拆除清理,以保证汛道畅通。

本 章 小 结

到 1978 年白洋淀及其所在流域大规模的水利工程基本完成,此后,和全国形势一样,水利建设速度逐步放缓。经过新中国成立以来近 30 年的水利大建设,基本控制了入淀水量。以水库修建前 1955 年的数据与水库修建后 1961 年、1976 年的数据相比,这三年上游降水量极为相似,分别为 633.9 毫米、648.9 毫米和 647.5 毫米,但入淀水量分别为 22 亿立方米、7.7 亿立方米、5.7 亿立方米,可见人为作用对淀区水环境变化影响之大。

同时,气候继续暖干,流域内生活生产用水量增加。20 世纪 70 年代白洋淀入淀水量仅为 50 年代的 54%,而出淀水量占入淀水量的 75%,再加上蒸腾蒸发作用,白洋淀内蓄水量持续减少。④ 这一时期水资源浪费也十分严重。保定市万元工业产值用水达 1 123 吨,所属各县市万元工业产值用水高达 2 063 吨。农业生产上,每立方米水的平均粮食产量只有 1.1 公斤。⑤ 上

---

① 文安县土地志编纂委员会著:《文安县土地志》,中国大地出版社,2001 年,第 24 页。
② 河北省地方志编纂委员会编:《河北省志·水利志(1979—2005)》,河北人民出版社,2018 年,第 177 页。
③ 文安县地方志编纂委员会编:《文安县志》,中国社会出版社,1994 年,第 189 页。
④ 何乃华、朱宣清:《白洋淀地区近 3 万年来的古环境与历史上人类活动的影响》,《海洋地质与第四纪地质》1992 年第 2 期。
⑤ 马敏立、温淑瑶、孙笑春等:《白洋淀水环境变化对安新县经济发展的影响》,《水资源保护》2004 年第 3 期。

游截蓄工程极大地减少了洪水灾害,却也走向了灾害另一面——白洋淀开始干淀。大清河上游南北两支全部入淀,白洋淀干淀也就意味着大清河河道干涸。

一般来讲,河网地区的经济、社会、文化发展较快。作为城市化水平提高的直接负面效应,水污染问题也较为突出,水生态系统受损也相对严重。白洋淀所在流域是京津冀核心区域之一,随着经济工业化的发展,生态问题日益严重。但在改革开放早期,加快经济发展,解决人民日益增长的物质文化需要是当时最主要的目标。因此,这一时期白洋淀流域和国内其他地方一样,存在片面追求经济效益而忽视生态环境的问题,这也加剧了人水关系的紧张。

第五章

1988—2000 年白洋淀重新蓄水对产业和城镇化的影响

1988年我国经济进入治理整顿阶段,以调整期为界,社会经济可以分为前后两个阶段。同时从自然要素分析,1988年也具有分界意义——1949年至1988年间白洋淀出现了10次干淀,其中60年代出现1次,1970—1980年间出现4次,1984—1988年连续5年干涸,淀区生态环境遭到严重破坏,直至1988年汛期大雨才使白洋淀湖区恢复蓄水。[1] 此后至2012年"7·21"洪水发生前,又主要靠20余次上游水库和跨水系调水维持基本生态需水。

第一节　20世纪末白洋淀区的主要地理特征

1965年以来华北地区气候干旱,叠加在上游百余座水库的拦蓄和流域生产生活用水量不断增加之上,注入白洋淀的径流量持续减少。同时上游水土流失和淀内围堤造田,又使白洋淀泥沙淤积加速,水面持续缩小。虽然经过生态补水逐步恢复到366平方公里,但较1950年依然减少了约34.8%。

一、自然地理特征

依据1996年出版的《河北省水利志》数据,这一时期白洋淀地貌结构依然是被堤堰合围的湖泊群,近似人工水库。淀内由淀泊、沟壕、村庄、苇田、台田等组成水陆相间、沟淀相连的特殊地貌,水域总面积约312平方公里,四周被238公里的大堤围绕,3 700条沟壕将全淀分割成大小143个淀泊。其中大于1 000亩的31个,100亩至1 000亩之间的68个,100亩以下的44个,面积最大的白洋淀本淀约2万亩。[2]

---

[1]　河北省地方志编纂委员会编:《河北省志·第19卷·水产志》,天津人民出版社,1996年,第89页。

[2]　同上书,第88页。

（一）淀区气温、降水量

新中国成立以来，华北地区日趋紧张的水资源问题首先反映了气候持续暖干的态势。具体到河北平原，降水量从20世纪50年代的600毫米减至20世纪80年代的497毫米，山区流入平原的径流量折算到地表水层也从275.3毫米减至44.1毫米，明显地反映出其间的干旱化趋势。① 与此同时，降水量波动幅度依旧剧烈，如1962年降水量仅210毫米，1988年降水量达到924.1毫米。②

1. 气温总体呈上升趋势

20世纪80年代以后，华北地区气候呈明显的暖干趋势，90年代平均气温比60年代上升了1~2.5℃，白洋淀流域90年代的平均温度比60年代升高了1.13℃。③ 有学者基于国家气象信息中心收集整理的保定气象站观测数据，认为保定地区在整个20世纪的气温变化可以分为三个时期：20世纪初到30年代及80年代末以后，出现两个明显的增暖时期；20世纪50年代到60年代为明显的降温时期。④

从观测数据分析，白洋淀流域与华北、保定地区气候变化总趋势一致，20世纪80年代末期至21世纪初期白洋淀地区气温总体呈上升趋势，20世纪90年代以来流域降水比80年代中期有了明显增加，入淀水量随之增多。以雄县为例，1988—2000年间年平均气温观测数据见表5-1-1。其间最热月为7月，最冷月为1月，极端最高气温40.9℃，出现于2000年7月1日。⑤

---

① 施雅风、范建华：《中国气候和海面变化及其趋势和影响的初步研究》，《地球科学进展》1991年第4期。
② 《河北省白洋淀生态修复与环境治理历程》，载《改革开放实录》编写组编写《改革开放实录》（第四辑），中共党史出版社，2018年，第229页。
③ 曹丽青、余锦华、葛朝霞：《华北地区大气水分气候变化及其对水资源的影响》，《河海大学学报》（自然科学版）2004年第5期；韦志刚、董文杰、范丽军：《80年代以来华北地区气候和水量变化的分析研究》，《高原气象》1999年第4期。
④ 司鹏、郝立生、傅宁：《河北保定百年均一化逐日气温序列的建立及其气候变化特征》，《大气科学学报》2023年第2期。
⑤ 雄县地方志编纂委员会编：《雄县志（1990—2012）》，河北人民出版社，2018年，第67页。

表 5-1-1　1988—2000 年雄县年平均气温统计表　　　　单位：℃

年份	年平均	年份	年平均	年份	年平均	年份	年平均
1988	12.3	1992	12.6	1996	12.5	2000	13.1
1989	12.9	1993	12.6	1997	13.2		
1990	12.3	1994	13.2	1998	13.7		
1991	12.2	1995	12.9	1999	13.6		

数据来源：《雄县志》(1992 年)第 62 页，《雄县志(1990—2012)》(2018 年)第 67 页。

从雄县观测的数据亦可以看到，20 世纪最后十多年白洋淀区气温升高约 1℃。气温与水环境关系密切，一方面会影响降水量，另一方面也会影响生产生活耗水量、水域蒸发量等，需要全面、辩证分析。

2. 降雨量大致以 1994 年为界先升后降

降水量主要受气候变化影响，大致呈现暖湿态势，即高温与多雨一般呈正相关。有学者利用 1974—2012 年间保定地区 19 个气象台站的降水资料，分析得出这一时期保定地区 7—8 月为主汛期，年平均暴雨次数整体呈下降趋势，但在 80 年代中期存在着由少到多、90 年代末期存在着由多到少的突变。[1] 依据日降水量不低于 50 毫米的降水为暴雨的标准，1988—2000 年间雄县大暴雨次数为 3 次，24 小时最大降水量 264.7 毫米，出现在 1991 年 6 月 27 日。[2] 同一时期，白洋淀区降水量最多为 909 毫米，出现在 1994 年；其次是 702 毫米，出现在 1988 年。淀区降水量最少的年份是 1997 年，仅有 252 毫米。（详见表 5-1-2）

表 5-1-2　1988—2000 年白洋淀区年平均降水量统计表　　单位：毫米

年　份	降水量	年　份	降水量	年　份	降水量
1988	702	1990	633	1992	433
1989	350	1991	649	1993	456

---

[1] 黄鹤、于雷、丁峥臻等：《保定暴雨气候特征及其变化趋势》，《气象与环境学报》2013 年第 5 期。

[2] 雄县地方志编纂委员会编：《雄县志(1990—2012)》，河北人民出版社，2018 年，第 69 页。

(续表)

年　份	降水量	年　份	降水量	年　份	降水量
1994	909	1997	252	2000	426
1995	689	1998	421		
1996	473	1999	334		

数据来源：《白洋淀湿地水资源承载能力及水环境研究》(2005年)。

再以安新县为例，1988年降水量941.7毫米，为新中国成立以来历年最多，最少则是1962年，两年相差2.6倍。① 1988年雄县年降水量829毫米，也是新中国成立以来降水最多的大涝之年。② 1988年保定地区出现暖冬，这一年气温偏高，降水量略多，但冬季未曾降雪，日最低气温一直在0℃以上，出现了历史上少有暖冬气候，这又形成了1989年的春季干旱。③ 同一时期雄县的年平均降水量也可佐证这一变化。30年一遇最大降水量为893.9毫米，出现在1994年，但1999年降水量仅为282.8毫米。④ 不仅降水量波动较大，且大致以1994年为界先升后降。从降水量分析，白洋淀水域与环淀五县市干湿趋势同步，具体到同期降水量最多、最少年份上，则又前后有差异。

（二）白洋淀流域降水量、入淀水量

除了淀区降水量，白洋淀入淀水量另外一个重要组成就是上游水系入淀径流量，且以大清河南支径流量为大，主要集中在汛期。1952—1988年年均入淀量约12.3亿立方米，其间1984—1986年竟连续三年无水入淀，1987年仅0.105亿立方米，1988年入淀12.51亿立方米，超过多年平均值0.21亿立方米，其中56%入淀水量来自南支。1988年是1956年、1963年以来第三个大水年。但在20世纪80年代，上游河道已经多次断流，入淀水量明显减少，由50年代的18.27亿立方米减至2.37亿立方米。20世纪最后十年，

---

① 安新县地方志编纂委员会编：《安新县志》，新华出版社，2000年，第125页。
② 张金声：《雄县旱涝史话》，载政协雄县委员会文史资料组编《雄县文史资料》(第4辑)，政协雄县委员会文史资料组，1990年，第49页。
③ 赵天耀：《1988年保定动植物物候观测年报》，《河北林学院学报》1989年增刊第1期。
④ 雄县地方志编纂委员会编：《雄县志(1990—2012)》，河北人民出版社，2018年，第69页。

入淀水量总趋势依然在减少,但随着降水量在枯水年和丰水年间大幅波动,如 1993 年入淀水量仅有 0.05 亿立方米,1996 年入淀水量高达 25.5 亿立方米。①

上游径流入淀水量还和水库截留量直接相关。出于防洪和调节水量的目的,上游水库的拦截直接控制着白洋淀上游入淀水量,其中唐河上游西大洋水库影响最大。西大洋库容为 11.3 亿立方米,1961 年完工后先后四次加固加高大坝。此外,易水上游的安格庄水库也控制了中易水 94% 的山区面积,控制了整个流域 43% 的面积。一般年份安格庄水库蓄水就会导致易水下游断流,如遇枯水年份,水库多不愿放水;但遇到丰水年份,水库泄洪量也会加大,白洋淀入淀水量也随之增多,这样自然的水生态系统就被完全打乱了。

(三) 白洋淀水域面积、水位

白洋淀水位低于 6.5 米被视为干淀。② 随着白洋淀蓄水量减少,水位降低,干淀近乎成为常态。20 世纪 60 年代后总计 11 年出现干淀,70 年代多为季节性干淀,1983—1987 年全年干淀。1988 年是这一阶段难得的丰水年,8 月暴雨与上游来水同时注淀,总径流量达到 66.23 亿立方米。截至 1988 年末,淀内蓄水 5.17 亿立方米,水位超过 9 米警戒值,达 9.4 米。③

1988—1996 年 9 年间,年均降水 546.8 毫米,淀区水位一直保持在 6.5 米以上。④ 1996 年 8 月上旬受台风倒槽和冷空气交锋的影响,2—6 日海河流域普降暴雨到大暴雨,大清河等水系出现大洪水,白洋淀承受了上游 8 亿立方米的下泄洪水。⑤ 1996 年以降,淀区水位持续下降,主要靠上游水库补水维持。白洋淀完全靠生态调水维持低水位运行,水域面积已经急剧缩减到不足 30 平方公里。

白洋淀最高水位多在 8、9 月,但 1989 年及 1991—1993 年最高水位皆在 1 月;白洋淀最低水位多在 5—7 月,但 1991 年在 12 月,1992 年在 10 月,

---

① 安新县地方志编纂委员会编:《安新县志》,新华出版社,2000 年,第 179 页。
② 本章若无特殊说明,水位均为大沽高程。
③ 安新县地方志编纂委员会编:《安新县志》,新华出版社,2000 年,第 180 页。
④ 安新县地方志办公室编纂:《白洋淀志》,中国书店,1996 年,第 179—182 页。
⑤ 安新县地方志编纂委员会编:《安新县志》,新华出版社,2000 年,第 74 页。

1993年在11月。① 这在一定程度上折射出白洋淀自身的生态循环系统已经遭到较为严重的损坏,正常的自然运行规律在很大程度上已被人为干预替代。

(四) 淀区生物物种

20世纪60年代以后入淀水量减少以致干淀,再加上水质污染逐渐严重,在淀区水域湿地繁衍生息的鱼虾鸟禽随之减少,部分甚至消失。1988年8月白洋淀重新蓄水后,生态系统有所恢复,物种随之开始恢复。但由于污染严重,优质鱼类仍无生存空间,一些最终绝迹。② 鱼类是水生态系统中的顶级群落,是水生态系统稳定的重要标志。白洋淀鱼类群落的退化便是其生态系统退化的表征。下文将分类论述20世纪最后十多年白洋淀生物物种恢复情况。

1. 鱼类恢复

1983年后连续5年干淀使淀内鱼类资源大幅减少,白洋淀独有的珍贵鱼种绝迹。1988年夏季重新蓄水后,又因严重污染,淀内优质鱼类无法生存而走向绝迹,鱼类种群结构再次发生变化。1989—1990年在人为作用下,来自黄河水系和黑龙江水系的鱼类在此交汇,形成了特有的混杂类型,有鱼类24种,隶属5目11科23属,鲤科13种占总数的54.2%,鳅科2种占总数的8.3%。鲤科鱼类比重较历史水平下降了5.8%~8.3%,经济鱼类进一步下降,而鲤、草、鲢、鳙等多为被冲毁的人工鱼塘内养殖的鱼。1991年鱼类减少到12科24种,为历次调查最低值。1997年后随着引水补淀、污染治理等措施的实施,网箱养殖技术兴起,淀内鱼种类稳定在25种左右。③ 经济价值较大的鳗鲡科中的梭鱼、鳡鱼、赤眼鳟等,自1980年代干淀之后再未发现。④

---

① 安新县地方志编纂委员会编:《安新县志》,新华出版社,2000年,第185、186页。
② 同上书,第141、142页。
③ 曹玉萍:《白洋淀重新蓄水后鱼类资源状况初报》,《淡水渔业》1991年第5期;韩希福、王所安、曹玉萍等:《白洋淀重新蓄水后鱼类组成的生态学分析》,《河北渔业》1991年第6期;曹玉萍、王伟、张永兵:《白洋淀鱼类组成现状》,《动物学杂志》2003年第3期。
④ 夏雪岭、翟雷田:《几种在白洋淀野生状态下绝迹的经济鱼类及原因》,《河北渔业》2014年第5期。

2. 鸟类种类、数量恢复

白洋淀芦苇、野蒿等为鸟类提供了良好的栖息繁殖环境,且处于世界候鸟迁徙路线中西太平洋通道、东亚至澳大利亚通道上。[①] 据记载,淀区原有鸟类192种,1983年发生持续干淀后,不仅珍贵鸟类濒于绝迹[②],"最严重那段时间连鸟都不飞过来了"[③]。1988年蓄水后水禽种类不断增加,但斑嘴鸭、水雉、大雁、野水鸭、白骨顶等数量仍较少。[④] 普查数据显示,1992年白洋淀鸟类仅剩52种[⑤],整个90年代鸟的种类及数量都处于一个较低数值[⑥]。

3. 浮游生物种类增加

1992年浮游植物达到135属[⑦],比新中国初期种属最多的1958年还多6属,多具有耐污性特征。20世纪80年代以降,白洋淀水生生物结构发生较大变化,耐污性较强的物种在优势物种中所占比重逐年增多,而只能在清洁水体中生长的物种逐渐消失。此外,白洋淀水生植物1991年调查有19科46种,优势种依然是芦苇。[⑧]

二、主要人文地理特征

20世纪80年代中后期,白洋淀流域面积3.12万平方公里,涉及冀、晋、京三省市的38个县市,淀内有36个水村,淀边有62个半水村,人口约19万。[⑨] 依据1991年资料,白洋淀面积55万亩(约366平方公里),分属周边

---

① 胡福来、杨新阁:《引黄济淀对白洋淀的生态效益分析》,载潘增辉主编《水生态文明建设研究与实践》,河北科学技术出版社,2013年,第53页。

② 安新县地方志办公室编纂:《白洋淀志》,中国书店,1996年,第54页。

③ 史自强:《华北明珠再绽璀璨》,《人民日报》2017年4月22日第9版。

④ 安新县地方志办公室编纂:《白洋淀志》,中国书店,1996年,第54页。

⑤ 杨宝东:《白洋淀恢复生机》,《人民日报》2004年7月16日第18版。

⑥ 《河北省白洋淀生态修复与环境治理历程》,载《改革开放实录》编写组编写《改革开放实录》(第四辑),中共党史出版社,2018年,第233页。

⑦ 张义科、田玉梅、张雪松:《白洋淀浮游植物现状》,《水生生物学报》1995年第4期。

⑧ 胡福来、杨新阁:《引黄济淀对白洋淀的生态效益分析》,载潘增辉主编《水生态文明建设研究与实践》,河北科学技术出版社,2013年,第53页。

⑨ 徐世钧:《白洋淀的今昔与治理》,《中国水利》1988年第11期。

安新、雄县、容城、高阳四县和任丘市。①

(一) 白洋淀水域在五县分布情况

1992年出版的《雄县志》记述,白洋淀总容量10.4亿立方米,总面积366平方公里,85.2%在安新境内。② 1996年发行的《河北省志·水产志》记载,白洋淀总面积463 117亩,折合近309平方公里,其中85.5%在安新境内。这两个数据不一致,一方面可能是《雄县志》用了常见的366平方公里的说法,同时也可能是因为1988年暴雨之后又连年缺水,短短数年淀区面积明显减少,这也是符合白洋淀水文变化特征的。白洋淀面积、蓄水量在20世纪90年代大致如此。白洋淀在淀区五县市分布情况见表5-1-3。

表5-1-3 白洋淀在各县的面积

县 名	面 积(亩)	占 比
安 新	395 965	85.5%
任 丘	43 996	9.5%
雄 县	18 061	3.9%
容 城	4 361	1.0%
高 阳	464	0.1%
合 计	463 117	100%

数据来源:《河北省志·第19卷·水产志》(1996年)第89页。

新中国成立后,淀区行政区划隶属也稍有变动。1992年出版的《雄县志》记载,在白洋淀周遭环千里堤、四门堤、安新北堤和障水埝,总长230公里,淀内周边共有村庄106个。雄县境内原有烧车淀、莲花淀和大港淀等淀泊,有水村3个、半水村7个,后因行政区划变迁,淀区面积缩小,原辖季庄、王庄、孙庄3个水村划入安新县,留通、李郎2个半水村划入容城县。到90

---

① 孟宪德、王永贵、张玉兰等:《白洋淀考察报告——开发前景与方略》,《河北渔业》1991年第5期。

② 雄县县志编纂委员会编:《雄县志》,中国社会科学出版社,1992年,第68页。

年代初,雄县在白洋淀内有水村 1 个,淀边半水村 5 个,面积 18.3 平方公里,占淀区总面积 5%。①

(二) 建制镇增加和人口特征

经过 1990 年前后的放缓调整,白洋淀区城镇化在 20 世纪最后十多年再次进入了一个快速发展时期。这一时期增设了 11 个建制镇,其中 5 个建制镇位于安新县境内。主要原因是 1988 年白洋淀重新蓄水后,低处耕地被淹,渔业因污染受损,苇制业则因市场因素萎缩,传统生产结构不得不大调整,通过在濒水区增设建制镇来促进工业和旅游业发展,吸纳解决农业剩余人口。另外,容城县新增建制镇 3 个,雄县、高阳、任丘各增 1 个,主要动因是乡镇企业产业链在空间上延长,因此新增建制镇主要分布在辖区边缘地带。截至 2000 年,白洋淀淀区 5 县市共有建制镇 26 个(详见表 5-1-4)。

表 5-1-4　1988—2000 年间白洋淀区建制镇设置情况

时间	县	建制镇	备 注	总 计
1989	安新县	三台镇	半水区	已有 4 镇,新置 5 镇
1989		赵北口镇	半水区,北邻雄县、南接任丘市	
1993		大王镇	半水区,北邻容城县	
1993		刘李庄镇	半水区,东接任丘市	
1996		老河头镇	西接清苑县	
1994	容城县	小里镇	南邻安新县,西接徐水县	已有 1 镇,新置 3 镇
1994		南张镇	西连徐水县,北邻定兴县	
1994		张市镇②	南邻安新县	
1994	雄县	大营镇	西北接壤定兴县	已有 2 镇,新置 1 镇
1996	高阳县	庞口镇	东邻任丘市	已有 2 镇,新置 1 镇
2000	任丘市	梁召镇	北接文安县	已有 6 镇,新置 1 镇

数据来源: 20 世纪 90 年代以来各县市新志。

---

① 雄县县志编纂委员会编:《雄县志》,中国社会科学出版社,1992 年,第 68 页。

② 2000 年张市镇更名大河镇。

建制镇增加最直接的动力一般是乡镇企业的发展,而乡镇企业发展在一定程度上又和解决农村剩余劳动力的需求有关。1990年安新县在业人口201 387人,其中农林牧渔诸业占从业人口的66.83%,商业、公共饮食业、物资供销、仓储业占在业人口的3.98%,房地产管理、公共事业、居民服务、咨询服务等占在业人口的1.59%,建筑业等占在业人口的1.04%,交通运输、邮电通信业占在业人口的0.78%。① 同一年,容城县非农业人口占总人口的5.1%。② 可以看到,经过改革开放十余年的发展,白洋淀区非农业人口比例相对较低,产业结构在很大程度上依赖白洋淀水资源。

(三) 重新蓄水与淀区内外交通

20世纪80年代白洋淀尚存码头主要位于安新县境内,包括县城东关、南关、端村、杨庄、赵北口等。1988年白洋淀重新蓄水后,淀内水村不得不建起临时停泊的简易码头以利出行。③ 1989年9月安新县交通局在东关码头成立了港航监督站④,全县水运恢复迅速(详见表5-1-5),到1990年底便拥有各式船只1.27万只,在淀内通航里程达到55.8公里⑤。到90年代末,白洋淀内主要水运航线已经有16条,往来船只共有1.04万只,其中389只为营运船,淀内39个纯水村居民主要靠小舟出行,还开设了专线航班。⑥ 上述都是淀内运输,以白洋淀为中心的长途航运,由于河道多年干涸、航道被淤毁等因素,一直未能恢复发展。

表5-1-5 1988—2000年安新县水陆里程概况　　　　单位:公里

年度	公路车里程	内河船里程	年度	公路车里程	内河船里程	年度	公路车里程	内河船里程
1988	/	/	1990	/	31	1992	/	31
1989	/	31	1991	/	31	1993	/	31

---

① 安新县地方志编纂委员会编:《安新县志》,新华出版社,2000年,第246页。
② 河北省容城县地方志编纂委员会编:《容城县志》,方志出版社,1999年,第463页。
③ 安新县地方志编纂委员会编:《安新县志》,新华出版社,2000年,第466页。
④ 同上书,第472页。
⑤ 中华人民共和国民政部、中华人民共和国建设部编:《中国县情大全·华北卷》,中国社会出版社,1992年,第428页。
⑥ 安新县地方志编纂委员会编:《安新县志》,新华出版社,2000年,第468页。

(续表)

年度	公路车里程	内河船里程	年度	公路车里程	内河船里程	年度	公路车里程	内河船里程
1994	/	31	1997	/	/	2000	/	/
1995	/	31	1998	/	/			
1996	/	/	1999	/	/			

数据来源:《安新县志》(2000年)第471、472页。

与此同时,陆路交通发展。与当地村镇企业、消费能力相适应,1989年安新县运输公司成立,1990年在老河头成立运输代办点,同年淀区出租车也应运而生。1994年安新县出现人力三轮车,起到搬运装卸的补充作用。[①] 1995年雄县城乡公路密度居全省县级第四位。[②] 随着经济发展,2000年6月雄县城乡公共交通正式开通,首批开通3条线路,投放客车27辆。1998年8月保津高速公路通车,淀区各乡镇也都积极修筑支路纳入这一交通动脉,如雄县境内立新路陈台村至津保公路北线的扩宽改建工程在1999年10月顺利完工。[③]

(四) 与白洋淀相关的管理机构

1988年6月《中华人民共和国河道管理条例》颁布,规定各级水利行政主管部门是辖区内湖泊的主管机关,同时水利部还制定了《关于蓄滞洪区安全与建设指导纲要》作为配套法规之一。1989年6月水利部又发出了《关于抓紧实施湖泊管理的通知》,要求各级水利行政主管机关抓紧实施湖泊管理,明确主管湖泊的职能单位,对较重要的湖泊应抓紧建立或完善专管机构。[④]

1. 淀区各县市成立水政水资源管理机构

1988年河北省水资源管理委员会成立,省水利厅设立水资源综合管理

---

① 安新县地方志编纂委员会编:《安新县志》,新华出版社,2000年,第469、470页。
② 雄县地方志编纂委员会编:《雄县志(1990—2012)》,河北人民出版社,2018年,第17页。
③ 同上书,第22、24页。
④ 中国水利年鉴编辑委员会编:《中国水利年鉴1990》,水利电力出版社,1991年,第243页。

办公室,随后白洋淀区各县市先后成立了水政水资源管理机构。1988年容城县政府成立水资源综合管理委员会,地下水合理开采和节约用水成为水利工作的重点。① 同年安新县水资源管理办公室改为水政水资源管理委员会,其办事机构为水利局的水利组,具体负责水资源开发管理工作②,主要包括水资源普查、社会用水管理等基础工作。

1988年6月安新县水政水资源管理委员会下发《关于地下水资源管理实施规定》,同年7月安新县政府转发《河北省县城及以下地区征收水资源费暂行规定》并作补充规定。水政水资源办公室对县境内打井队进行登记、培训、考核、发证,制定了建立打井队的批报手续,还负责对华北油田和各农场等用水大户征收水资源费。③

在1994年机构改革中,河北省政府明确省水利厅是省政府水行政主管部门,内设水政水资源处。1996年开始,依据《中华人民共和国水法》《河北省水资源管理条例》等有关法律法规,本着县级优先、先易后难的原则,河北省开始着力革除水资源管理中存在的"多龙管水"弊端,率先从县一级开始水务体制改革。④

2. 成立河北省白洋淀管理处

1988年10月河北省政府成立白洋淀管理领导小组,由一名副省长任领导小组组长,领导小组下设白洋淀管理处,作为河北省水利厅直属的派出机构。白洋淀管理处设于保定市,主要职责是对白洋淀和大清河水系进行综合研究、开发利用和相关管理,曾一度努力使津保航线再次通航。它与1963年成立的大清河河务管理处合署办公,"一套人马,两块牌子",担负着管理、调配白洋淀水资源,尽量减少干淀危机的重任。

1989年3月河北省政府发布《印发白洋淀管理领导小组第一次会议纪要的通知》,并成立白洋淀管理处,设安新、任丘两个水利管理所,承担淀周边引水闸、涵、站的管理任务。同月收回安新县17座引闸及2座船闸管理

---

① 河北省容城县地方志编纂委员会编:《容城县志》,方志出版社,1999年,第125页。
② 安新县地方志编纂委员会编:《安新县志》,新华出版社,2000年,第442页。
③ 同上书,第443页。
④ 河北省地方志编纂委员会编:《河北省志·水利志(1979—2005)》,河北人民出版社,2018年,第68页。

权限,由安新县水利管理所按量稽征、收缴水费。① 这是中国第一个由省政府统一组织,由水利部门主管湖泊管理的机构。②

1992年成立了河北省白洋淀地区开发建设协调管理委员会,主管省长亲任主任,专门负责协调白洋淀污染综合治理工作,把保护白洋淀作为特殊工程来对待,切实加强了对白洋淀污染治理力度。

三、 主要水灾害

20世纪90年代我国自然灾害造成的经济损失呈明显上升趋势。因此,1998年4月《中华人民共和国减灾规划(1998—2010年)》由国务院批准实施。湖南人民出版社同年出版的《灾害学丛书》,第一次提出水灾经济学和防洪经济学的概念。白洋淀在1988年重新蓄水后,一方面依旧面临干淀的风险;另一方面由于上游水库多未达到新的防洪设计规范标准,河道防洪标准偏低,淀内蓄滞洪区的避水设施落后,下游独流减河因淤积泄洪能力缩小1/3等诸多原因③,防洪减灾依然是流域重要工作。

(一) 1988年和1996年两次洪涝灾害

白洋淀受其浅平化地形和特殊地貌影响,气象灾害一直是淀区最为严重的自然灾害,且干旱、洪涝交替出现。在气候波动时期,极端灾害发生频次、成灾程度都会增加,如1991年5月1日安新县境内水域发生严重霜冻,1.02万亩芦苇绝产,直接经济损失700万元。④ 这一时期,淀区成灾严重的洪涝灾害主要有两次,分别发生在1988年、1996年。

1. 1988年洪涝灾害和原因分析

1988年是白洋淀流域的丰水年。这一年雄县年降水量达到829毫米,是1949年以来降水最多的大涝之年。可喜的是由于水利设施发挥了效益,

---

① 安新县地方志编纂委员会编:《安新县志》,新华出版社,2000年,第443页。
② 中国水利年鉴编辑委员会编:《中国水利年鉴1990》,水利电力出版社,1991年,第243页。
③ 海河志编纂委员会编:《海河志》(第二卷),中国水利水电出版社,1998年,第67页。
④ 安新县地方志编纂委员会编:《安新县志》,新华出版社,2000年,第70页。

大涝之年不但未出现洪灾,农业反而获得了好收成。① 安新县便没这么幸运,汛期两次大雨,淀水陡涨,水位达 9.8 米,淹没鱼塘 1 200 亩,损失成鱼约 28 万公斤、鱼苗约 130 万尾,还有 407 个鸭群、66 万只鸭受损;农作物受灾 21 万余亩,绝产 7 万亩,果园受灾 3 000 亩;另有 923 个乡镇企业停产,经济损失总计约 8 516.4 万元。安新县成立救灾小组,紧急修复旧船千余条,造新船 200 余条②,展开救灾。

1988 年洪水成灾主要是由于长期干旱,一些缓洪滞沥洼淀按正常耕地进行了农业生产,新建房屋大多房基较低,此前的救生设备大部老化损坏等。再加上一些大型水库、中下游河道防洪标准依然偏低,河道和海口淤积。上述原因严重影响了河道防洪和洼淀蓄洪滞沥效果。③ 随后展开了针对性的整治。

2. 1996 年洪涝灾害和雨洪资源利用

1996 年 8 月 4 日、5 日,大清河流域普降特大暴雨,平均降水量达到 154.8 毫米,北支上游山区降雨强度大、雨面广,洪水直抵新盖房枢纽。8 月 6 日新盖房枢纽闸上水位 13.5 米,相应流量 1 576 立方米/秒,新盖房分洪道向东淀最大分洪流量为 1 100 立方米/秒,下泄洪水总量约计 6.2 亿立方米。由于旧大清河道已作为灌溉渠道不再行洪,白沟引河又限量 500 立方米/秒,大部分洪水要靠新盖房分洪道宣泄。④ 8 月 5 日大清河分洪道开始分洪,行洪最高 1 100 立方米/秒,分洪口门水位 13.47 米。整个 8 月,雄县境内连降暴雨和大暴雨。此次分洪致使分洪道内 8 万亩大秋作物绝收⑤,全县出现 1964 年以来最大洪涝灾害。

1996 年大清河水系发生 1964 年以来最大洪水,由于启动新盖房枢纽分洪,超标洪水主要通过大清河分洪道进入东淀。8 月 16 日白洋淀十方院水

---

① 张金声:《雄县旱涝史话》,载政协雄县委员会文史资料组编《雄县文史资料》(第 4 辑),政协雄县委员会文史资料组,1990 年,第 49 页。

② 安新县地方志编纂委员会编:《安新县志》,新华出版社,2000 年,第 67、68 页。

③ 刘克岩:《"63·8"暴雨在近期重演后大清河流域江洪沥水组成的变化及洪水调度》,《河北水利水电技术》1998 年第 3 期。

④ 周顺升:《浅议"96·8"洪水大清河新盖房分洪道存在问题及对策》,《河北水利》1997 年第 3 期。

⑤ 雄县地方志编纂委员会编:《雄县志(1990—2012)》,河北人民出版社,2018 年,第 18 页。

位达到7.64米,最大泄流505.3立方米/秒。① 白洋淀承受了上游8亿立方米的下泄洪水。② "96·8"洪水总量只为"63·8"洪水的1/4,受灾面积、成灾面积均比1963年少。但由于这一时期乡镇企业迅猛发展,防洪标准低,无自保措施,致使"96·8"洪水中受灾乡镇企业达9.4万家,县及县以上企业1366家,造成全省直接经济损失是"63·8"洪水损失的7.7倍。同时"96·8"洪水利用了各种防洪蓄水工程,存蓄了地表水资源62亿立方米,创下了历史最高纪录,补充地下水82亿立方米。③

(二) 淀内洪水下泄不畅与干淀灾害并存

新中国成立以来40年间,华北地区径流量减少,工农业用水激增,导致地下水过量开采,逐步带来了严重后果,不少地区地面下沉,水质恶化,甚至湖泊干涸,海水内侵。即使将来出现较长的丰水期,华北地区的地下水位也难以在短时期内得到修复。总之,华北暖干化趋势严重。④ 区域气候变化的这一趋势,作用到白洋淀区主要表现为淀内淤积、埝卡阻水严重、干淀灾害频次增加。

首先,淀内淤积、埝卡阻水严重。白洋淀内主要依靠壕沟和淀内生产通道行洪,淀内行洪标准相对较低,同时淀内大面积的苇田阻水严重。当淀水位下降至7.1米以下时,淀水下泄不畅问题愈发突出。20世纪末形成主要卡水段6处:王家寨至何庄子、何庄子至枣林庄闸、十方院至枣林庄闸、端村至韩村、李广村南村北、留通至枣林庄。此外,郭里口围埝、同口与南冯围埝还起了改变流向的作用,壅水或断面束窄极大影响了汛期行洪,致使枣林庄闸前供水不足。同时闸下河道内也阻水严重,泄水不畅,这就使枣林庄闸在中水位时实际泄洪能力仅为设计泄洪能力的40~60%。⑤

---

① 张玉:《枣林庄枢纽历史运用及现状调查分析》,《山东工业技术》2017年第10期。

② 安新县地方志编纂委员会编:《安新县志》,新华出版社,2000年,第74页。

③ 常汉林、陈玉林:《河北省"96·8"与"63·8"洪水对比与反思》,《河北水利水电技术》1998年第3期。

④ 施雅风、范建华:《中国气候和海面变化及其趋势和影响的初步研究》,《地球科学进展》1991年第4期。

⑤ 河北省水利厅水利志编辑办公室编:《河北省水利志》,河北人民出版社,1996年,第311页。

其次,干淀灾害持续发生。白洋淀属浅碟状盆湖,调蓄洪水能力较低。1966—1985年间自然降水减少,再加上上游水利工程拦蓄、工农业用水剧增,各河入淀水量锐减,多次干淀。在1965年以前的46年中,只有1922年干淀一次;此后近20年间,1966年、1971—1973年、1976年、1983—1985年等均出现干淀;1988年1—7月干淀,1994年又到了干淀水位,使白洋淀面临着湮废的威胁。①

白洋淀湿地在丰水季节可以存储部分上游来水,补给地下水,同时可以有效削减洪峰流量,推迟洪峰到来时间。此外,通过水面蒸发改善本区的湿度状况,从而达到调节淀区及周围气候的功能。但入淀水量减少和淤积增多,就会使湖底升高、水容量减少,湿地生态系统结构及功能发生较大变化,进而弱化白洋淀蓄水调洪功能及调节气候能力。

(三) 水质污染及其危害

20世纪50年代白洋淀水体透明度可达1.7米,居民可以直接饮用;60年代中后期工业废水注入量不断增多;七八十年代水体基本属Ⅱ类、Ⅲ类水质标准。由于淀水污染,水产资源也遭到严重破坏。

1988年8月20日白洋淀自1983年干枯以来重新蓄水②,长期沉积在淀内的污染物很快就污染了水质。水质污染和蓄水同步出现,导致鱼类大量死亡,鱼种类由17科54种减少到13科32种③,鳜鱼、鲂鱼等绝迹。鱼体内酚超标5倍,含汞量为0.48~0.92毫克/公斤,超过美国、日本等国0.4~0.5毫克/公斤的标准。④ 同时一向以淀水为饮用水的水乡群众面临无水吃的困境,如寨南大队饮用淀水造成300人中毒,后只好改饮井水。⑤

---

① 河北省水利厅水利志编辑办公室编:《河北省水利志》,河北人民出版社,1996年,第310页。
② 安新县地方志编纂委员会编:《安新县志》,新华出版社,2000年,第68页。
③ 《河北省建设委员会关于落实李鹏总理批示治理白洋淀污染问题的初步意见》(1988年10月13日),河北省档案馆藏河北省畜牧水产局档案,档案号:984-11-250。
④ 保定市环境保护办公室:《关于白洋淀污染与治理情况的汇报》(1988年10月),河北省档案馆藏河北省畜牧水产局档案,档案号:984-11-250。
⑤ 《河北省建设委员会关于落实李鹏总理批示治理白洋淀污染问题的初步意见》(1988年10月13日),河北省档案馆藏河北省畜牧水产局档案,档案号:984-11-250。

随着蓄水后社会经济恢复，排污量增加，从 90 年代开始，污染问题明显加剧。据 1992—1996 年的监测结果，白洋淀处于严重污染状态，大部分水域水质为国家地面水环境质量Ⅴ类或劣Ⅴ类水标准。到 2000 年，Ⅳ类水域面积占淀区面积的 29.7%，Ⅴ类占 51.4%，劣Ⅴ类水域占 18.9%。① 这一时期保定市工业污水入淀情况也更为严重。依据 1991 年的调查，保定数十家工厂废水未经处理直接排放，日排污量约 26 万立方米，这些污水的 60%通过府河直接入淀，90%进入离淀只有一闸之隔的唐河污水库，全年入淀的污水量超过白洋淀正常蓄水量 25%。唐河污水库水面高出淀面 1.5 米，考察人员接近污水库时，"迎面扑来难闻的怪味，酱褐色的污水细流钻过闸门旁小缝，同时源源不断直入淀区"。而且储存着 800 万立方米污水的唐河污水库，严重超期运行，长期渗漏和挥发已使周围水源与农田受到严重污染。当地民众向考察人员反映，附近有 56 个村庄的饮水受到严重污染，有六个村连续五年体检没有一个合格兵源，有一个村的儿童 70%患有肝炎，部分育龄妇女生育受到影响。②

白洋淀水质污染最直接的危害就是两次大规模死鱼事件。第一次发生在 1994 年 6 月 30 日至 8 月 11 日，由于保定市排放污水，安新县死鱼 60 409 万公斤，造成经济损失 241 万元。第二次发生在 2000 年 1—2 月，保定化纤厂、保定钞票纸厂将未经处理的工业污水直接排入白洋淀③，使安新县 38 个村庄 679 户养殖户 3 079 公顷水域受到污染，所有鱼类 100%死亡④，造成经济损失高达 2 385.92 万元，被定性为"特大渔业污染事故"⑤，沉重打击了淀区刚刚恢复的渔业。此外，1989 年 7 月 17 日保定市黄花沟土坝因暴雨决口，储于沟内的 20 多吨工业污水沿府河泄入白洋淀，也造成大量鱼、鸭死亡。⑥ 1991 年安新、任丘两县的网箱、围栏和自然鱼类死亡 106 万公斤，损

---

① 文丽青：《白洋淀水质污染分析及综合治理研究》，《河北环境科学》2001 年第 3 期。
② 孟宪德、王永贵、张玉兰等：《白洋淀考察报告——开发前景与方略》，《河北渔业》1991 年第 5 期。
③ 赵佩珍：《白洋淀再遭污染，养殖户损失惨重》，《人民日报》2000 年 4 月 26 日第 12 版。
④ 马敏立、温淑瑶、孙笑春等：《白洋淀水环境变化对安新县经济发展的影响》，《水资源保护》2004 年第 3 期。
⑤ 张枫逸：《白洋淀"鱼光光"是天灾还是人祸?》，《环境教育》2012 年第 9 期。
⑥ 安新县地方志编纂委员会编：《安新县志》，新华出版社，2000 年，第 68 页。

失达618万元。① 白洋淀重新蓄水,给淀内生态系统带来了生机,给淀区经济社会注入了活力,也给人水关系带来了新的矛盾。

第二节 中国步入依法治水新阶段与白洋淀水环境治理

1988年在治淮宣传工作会议上,中国首次提出了水文化概念,反映出国内对水的关注已经从物质层面延伸到了思想文化领域。1992年世界环境与发展大会标志着第二次世界环保浪潮的启动,中国积极响应,通过了《中国环境与发展十大对策》②,这一文件被认为标志着中国正式开始推行可持续发展战略。1997年中共十五大正式把可持续发展战略确定为我国"现代化建设中必须实施"的战略。白洋淀持续多年干淀之后,1988年汛期大雨重新蓄水,生态系统得以部分恢复。同时,因上游工业污染又引发了更为严重的环境问题,李鹏总理等作出专门批示。③ 白洋淀水环境综合治理继1972年之后再次引起国家高度关注,并于1988年、1992年启动对污染问题的第二次、第三次集中治理。

一、中国步入依法治水、用水、管水的新阶段

1985年《中共中央关于制定国民经济和社会发展第七个五年计划的建议》中指出,国家对经济的管理将逐步由直接控制为主转向间接控制为主,将主要运用经济手段和法律手段来调节经济运行,标志着加强法制建设提到了改革的议事日程上。90年代可持续发展上升为国家战略,针对水资源、水环境保护利用的相关政策法规逐步形成体系。

---

① 河北省地方志编纂委员会编:《河北省志·第19卷·水产志》,天津人民出版社,1996年,第96页。

② 杜琳:《〈中国环境报〉对我国环境与发展十大对策的报道》,载《中国环境年鉴》编辑委员会编《中国环境年鉴(1993)》,中国环境科学出版社,1993年,第319页。

③ 《河北省建设委员会关于落实李鹏总理批示治理白洋淀污染问题的初步意见》(1988年10月13日),河北省档案馆藏河北省畜牧水产局档案,档案号:984-11-250。

(一)《中华人民共和国水法》等颁布实施

治水是中国历代治国安邦的大事,新中国成立以来进行了大规模水利工程建设。从传统用水治水向现代转变过程中,由于对客观规律认识不足,重建轻管,在水资源开发利用和水环境保护管理等方面也积存了一些问题。随着改革开放对生产力的解放,国民经济的发展对水害防治和水资源开发保护提出了更高的要求,依法治水、用水、管水就成为关系国计民生的重要问题。

1988年颁行《中华人民共和国水法》,这是新中国第一部全国统一的水法。适应改革开放以来国民经济发展和人民生活与水资源之间关系的变化,遵循国家关于水资源实行开发利用与保护相结合、水资源开发利用应服从防洪大局、计划用水和节约用水并重等基本方针和原则,制定实施的根本目的在于"合理开发利用和保护水资源,防治水害,充分发挥水资源的综合效益"。[①] 水法颁行具有里程碑意义,它从国家法律层面对水资源的开发利用,对河流、水域、地下水和水工程的保护,对用水管理、防汛防洪管理等,都作了明确规定,为水资源开发利用、水环境保护管理、水害防治等工作提供了法律依据,同时从法律上明确了流域机构的任务。

1991年颁行《中华人民共和国水土保持法》,主要目的是保护和合理利用水土资源,预防和治理水土流失,减轻水、旱、风沙灾害,改善生态环境,保障经济社会可持续发展。其颁布标志着水土保持工作进入了以法防治水土流失的新阶段。《中华人民共和国水土保持法》最显著的特点是明确将"防治并重"改为"预防为主"。这一工作方针的改变是对长期实践工作经验的总结,体现了对水土流失的高度重视和治理思路的进一步科学化。

1997年颁行《中华人民共和国防洪法》,这是我国第一部规范防治自然灾害工作的法律,标志着我国的防洪事业走上了依法防洪的新阶段,与《中华人民共和国水法》《中华人民共和国水土保持法》等共同组成我国水事法律体系。

这些法律法规的颁布,从国家层面用法律规范了人水关系,对于人类对

---

① 《中华人民共和国水法》,《人民珠江》1988年第1期。

水环境的一些不友好行为进行了强制限定,使白洋淀水资源、水产资源的保护利用及白洋淀流域水环境的修复保护等工作有了法律依据。在人水关系中,对人的约束上升到了法律层面,对于缓和白洋淀人与水资源、人与水环境的紧张关系,具有重大意义。

(二) 可持续发展战略及其在农村的实施

1992 年发布《中国环境与发展十大对策》,宣告中国将实施可持续发展战略。1994 年公布了《中国 21 世纪议程——中国 21 世纪人口、环境与发展白皮书》,确立了中国 21 世纪可持续发展的总体战略框架和各个领域的主要目标,包括"农业与农村的可持续发展"的目标[①],主要内容有:强化农业环境保护和自然资源管理的法规、标准和政策体系建设,减少农业面源污染,乡镇企业要尽量无污染等。

这一时期我国存在着制约可持续发展的一系列矛盾,如经济增长加速与资源消耗、生态破坏之间的矛盾,经济发展水平提高与社会发展相对滞后之间的矛盾,区域之间经济社会发展不平衡的矛盾,人口众多与资源相对短缺之间的矛盾,现行政策法规与实施可持续发展战略实际需求之间的矛盾,等等。为逐步解决上述矛盾,1995 年国家确定实施经济体制与经济增长方式"两个根本性转变",并开始了对淮河流域污染治理。

1996 年开始实施"九五"计划,全国推行"总量控制"和"绿色工程"两大举措。修订后的《中华人民共和国水污染防治法》强调说明颁行的目的在保护和改善环境,"防治水污染,保护水生态",维护公众健康,推进生态文明建设,促进经济社会可持续发展,并要求"县级以上人民政府应当将水环境保护工作纳入国民经济和社会发展规划",规定"防治水污染应当按照流域进行统一规划"。这些条款均表明当时国家对流域水污染治理的重视程度。

1999 年国家环境保护总局发布《关于加强农村生态环境保护工作的若干意见》,提出当前农村生态环境保护的主要任务是"防治农业生产和农村生活污染",同时要"促进自然资源的合理开发利用,维护农村重要自然生态系统的良性循环",通过综合整治乡镇环境,提高城乡居民的生活环境质量,

---

① 《中国 21 世纪议程——中国 21 世纪人口、环境与发展白皮书》,中国环境科学出版社,1994 年,第 77—87 页。

"确保农村经济社会的健康、持续发展"。① 这是我国第一个直接且专门针对农村环境保护的政策文本。由于我国处于城镇化进程中,大多河流湖库周边农业生产占有很大比例。针对农村生态环境保护工作的法律法规的制订,不仅完善了我国的环境法体系,对促进水环境污染防治、实现水资源可持续发展等起到了重要的推动和保障作用。

和全国总体形势一样,20世纪90年代也是白洋淀环境问题集中显现的时期。除了上游城市工业"三废"、淀区乡镇企业排污,农业发展对水环境的污染效应也开始显现,农药、地膜的使用量和畜禽粪便的排放量都快速增加,农业面源污染在白洋淀水质富营养化问题上"贡献"不断加大。所以,农村可持续发展战略的实施也是白洋淀湖泊保护的重要保障。

二、海河水利委员会流域治理思路的调整

1998年全国范围内开展了第三次水利规划。海河水利委员会以此为契机,立足水利为经济社会可持续发展提供支撑和保障的大局,围绕京津冀区域经济发展布局要求,编制完成了《海河流域水资源综合规划》《海河流域防洪规划》等13项水利规划工作,初步形成了以流域和区域两级、综合规划和专业规划两类为总体框架的水利规划体系,为保障流域防洪安全、供水安全、生态安全及促进水资源可持续利用提供了明确的思路和依据。

(一) 1988年完成了第三次海河流域综合治理规划

新中国大江河的流域规划起步于防洪编制,20世纪八九十年代开始步入全面规划阶段,其间补充修订了各江河的综合规划。地缘位置的重要性使海河流域的可持续发展很快就得到了国家层面的重视,首先就是对海河流域规划编制的重视。

针对海河流域存在的突出问题,为协调流域的综合治理、解决供水不足等突出问题,早在1980年海河水利委员会就颁发了《海河流域补充规划工作要点》,后多方征求意见,反复修改,1986年编制出《海河流域补充规划

---

① 《国家环境保护总局关于加强农村生态环境保护工作的若干意见》,《中国环保产业》2000年第1期。

(草案)》,1987年编印了《海河流域规划纲要(草案)》。经水利部海河流域审查委员会审议、修改,于1988年12月编写出《海河流域综合规划纲要》(以下简称《综合规划纲要》)上报国务院。至此完成了第三次海河流域综合治理规划。

《综合规划纲要》遵循了党和国家确定的国民经济发展的战略目标,以水利为国民经济全面服务的方针,在总结以往经验的基础上,提出全流域综合治理开发的方案。[1] 提出近期应把治理重点放在现有工程的经营管理上,以充分发挥其防洪、供水等综合效益;要重点确保北京、天津、石家庄等城市的防洪安全;要在全面节水的前提下,适当开辟新的水源,解决越来越严重的水资源紧缺问题。[2]

具体到防洪方面,《综合规划纲要》继续贯彻"上蓄、中疏、下排、适当地滞"的方针,强调工程措施与非工程措施相结合,加强预警、预报系统。大清河水系防洪标准补充了对滞洪洼地的使用原则。北支洪水主要由新盖房分洪道进入东淀,当白沟镇流量超过大清河及新盖房分洪道泄流能力时,在兰沟洼分洪。东淀滞洪水位超过6.56米时,向文安洼、贾口洼分洪,如仍不能满足需要,最后放弃团泊洼。[3]

具体到供水方面,贯彻"全面节流,适当开源,加强保护,强化管理"的方针,提出引黄、引江(南水北调)规划方案。水利管理方面,制定了流域管理与区域管理相结合的流域管理体制。《综合规划纲要》还关注了流域水污染防治问题,建议划为重点保护的水源地、重点保护的水域等,白洋淀都榜上有名。[4]

(二) 对大清河水环境的依法治理

海河流域面积的91%在河北省辖区内,因此1988年通过的《海河流域综合规划纲要》大部分是关于河北省水利综合规划。《综合规划纲要》中指出的流域治理工作中存在的主要问题,在大清河流域也不同程度地存在,如

---

[1] 中国水利年鉴编辑委员会编:《中国水利年鉴1990》,水利电力出版社,1991年,第289页。
[2] 海河志编纂委员会编:《海河志》(第四卷),中国水利水电出版社,2001年,第623页。
[3] 同上书,第628页。
[4] 同上书,第643、645页。

河道防洪标准显著降低的问题。由于大清河河道堤防年久失修、河床淤积、缺乏下泄径流等,河口淤堵萎缩,泄洪能力大大降低。这一时期独流减河的泄洪能力由原设计的 3 200 立方米/秒下降为 2 000 立方米/秒;减少了 38%,海河干流由 1 200 立方米/秒下降为 300 立方米/秒,减少了 75%。此外,《综合规划纲要》还提出了水资源不足、水生态环境恶化等问题。①

1992 年 2 月海河水利委员会组织了对大清河流域山区土壤侵蚀现状的调查,调查表明大清河流域山区植被盖度和植被结构略有好转,但土壤侵蚀仍然比较严重且潜在威胁没有消除。基于调查完成了《大清河流域山区土壤侵蚀系列图遥感调查制图报告》,提出应建立水土保持监察机构,依法有效地制止人为造成的水土流失现象。

《大清河流域山区土壤侵蚀系列图遥感调查制图报告》提出了解决流域山区土壤侵蚀具体举措,主要包括:(1)在一个集水区内,水平沟应在一个季节内连续治完,做到集中连片;(2)大于 40 度的坡地不宜开垦耕种,应以封山育林育草为宜;(4)植树造林要将单一树种构成的纯林改为多层结构的混交林,以提高保持水土能力;(3)治理库区荒山,发展移民区经济;(5)加强监督管理,提高治理措施保存率。强调要贯彻落实国家、省关于水土保持的相关法律规定,要加强执法队伍建设,有效地制止滥垦、滥伐、滥牧、滥采、滥挖、滥堆弃等人为造成的水土流失现象,切实做到有法必依、执法必严、违法必究。② 这些要求的实施对减少白洋淀上游水系入淀泥沙量、涵养上游水源、增加流域水资源具有积极作用。

三、 白洋淀重新蓄水并进入依法保护利用新阶段

1988 年重新蓄水后,白洋淀污染问题再次凸显,由此也开始了第二次集中治理。这次治理较之前两次,治理理念更为全面、系统,也更加科学。从系统论的观念来看,一个区域是包括自然、经济、社会等多个子系统的综合体,因此区域的用水量应是生产用水、生活用水和生态环境用水的总和。世界范围内,在 20 世纪七八十年代水资源管理和规划鲜少考虑维持自然生态环境的需水,直到 90 年代才逐渐认识到自然生态环境需水的重要性,开始

---

① 邵维文等主编:《中国水利水电工程技术进展》,海洋出版社,1999 年,第 120 页。
② 海河志编纂委员会编:《海河志》(第二卷),中国水利水电出版社,1998 年,第 625、626 页。

重视生态环境和水资源的内在关系,并将"必须首先满足基本生态需水"的原则作为水资源管理的基础。①

(一) 1991年《白洋淀考察报告》对复兴白洋淀的论证

白洋淀多年持续干淀,由渔转农,其间干部群众也产生了是否有必要"留存"白洋淀的疑问。1984年保定地区通过调查论证,形成必须保护白洋淀的共识。1988年以后污染严重,又需直面白洋淀如何发展的问题。农业部全国大中型水域水产养殖增殖顾问组于1990年6月24日至29日深入淀区现场考察,与地方干部和养鱼专业户交流,与各级水产部门座谈,考察的重点是白洋淀生物学基础调查、淀内水质分析等,主要是重新蓄水后白洋淀面临的实际困境及解决的可能性、必要性。考察组于1991年完成了《白洋淀考察报告》②,提出重新蓄水后淀区发展仍应"以经济效益为中心",产业结构上继续"以渔苇为主",同时"农、渔、苇、牧、副多种经营全面发展",要把旅游业作为新型产业经济发展,提出"把白洋淀建成京、津、保、石四城市的副食品生产基地和水乡旅游胜地"的发展目标。总之,重新蓄水之后,白洋淀的复兴仍应在"水"上作文章,深度系统挖掘水资源的功能。

基于"以渔苇为主"的定位,《白洋淀考察报告》提出渔业发展方针应实行"以养为主,养殖、增殖、种植、捕捞并举,因地制宜,全面发展",并提出了白洋淀水土资源分层次开发的具体原则:(1)淀边滩地、低洼荒闲地,实行挖塘抬田,种粮养鱼,建设高标准的精养鱼塘;(2)浅水区,种植以芦苇为主的水生经济植物;(3)水域较深处和沟壕,发展围、拦养鱼;(4)深水区,发展网箱养鱼。③ 全淀保护、增殖水产资源。

《白洋淀考察报告》的核心是挖掘"水"潜能,转换成"经济效益"。提出做好"水"文章须重点解决四个问题,除了服务、启动资金等问题之外,还有水质污染问题,特别关注了已超期服役13年的唐河污水库的潜在威胁。另

---

① 齐跃明、宁立波、刘丽红主编:《水资源规划与管理》,中国矿业大学出版社,2017年,第102页。

② 孟宪德、王永贵、张玉兰等:《白洋淀考察报告——开发前景与方略》,《河北渔业》1991年第5期。

③ 黄祥祺、杨立邦、朱松泉:《论白洋淀发展水产业的前景》,《河北渔业》1991年第6期;孟宪德、王永贵、张玉兰等:《白洋淀考察报告——开发前景与方略》,《河北渔业》1991年第5期。

外,关注了管理体制问题。提出白洋淀是一个完整的生态整体,但行政区划跨两个地区、五个县市,不便于统一规划管理,建议由省主管部门挂帅成立白洋淀渔业生产管理委员会、统一的渔政管理机构和水上公安机构,制定切合实际的渔业法实施细则。① 这一建议具有一定的前瞻性。

如何利用好白洋淀水资源,如何挖掘水资源潜能生成经济效益,是这次考察调研要解决的最核心问题,这和改革开放初期大力发展经济的大环境一脉相承。同时这次调查还有一个使命——论证白洋淀是否有人工蓄水续命的必要性。在当时用经济价值来论证这一问题也最具说服力。

(二) 1992 年再次从上游水库向淀内补水

白洋淀上游各河流陆续修建了约 150 座水库,这些水库在很大程度上调控了上游水量,减少了洪涝灾害的发生,减缓了白洋淀的淤积,但是也截留了入淀水源。② 20 世纪 90 年代以后,上游潴龙河、唐河、瀑河等河流进入平原段后逐渐断流、干涸,除了丰水年部分水库有弃水下流之外,一般年份无径流量入白洋淀。③

1988 年白洋淀经历多年干淀后迎来一场暴雨,重新蓄水,但在干旱气候环境下很快又面临水危机。所以继 1981 年 11 月至 1984 年 6 月安格庄、西大洋、王快水库先后 4 次输水④,1992—2004 年间先后 14 次从上游各大水库买水补淀,上游水库无水可放后,2004 年又实施了"引岳济淀"生态应急补水工程。从 1997 年以后的 10 年间,白洋淀天然入淀的径流量近似为零,其间白洋淀补水基本来自上游安格庄、王快、西大洋三座水库放水和跨水系的岳城水库引水,全靠生态调水维持低水位运行。即使一年两次补水,干淀状态依然连续发生,水域面积急剧缩减到不足 30 平方公里。特别是干旱年份,水库不愿放水或无水可放,白洋淀水生态系统就完全被打乱了。且从上游大量放水济淀,势必加剧大清河流域内供水紧张的局势。

---

① 杨立邦、朱松泉、黄祥祺:《白洋淀考察报告》,载农业部水产司编《渔业经济政策调研文稿选编》(第三辑),农业部水产司,1992 年,第 41 页。

② 安新县地方志编纂委员会编:《安新县志》,新华出版社,2000 年,第 227、228 页。

③ 王立明、张辉:《白洋淀流域生态水文过程演变与生态保护对策研究》,载中国环境科学学会编《中国环境科学学会学术年会论文集》(2009),北京航空航天大学出版社,2009 年,第 355 页。

④ 安新县地方志编纂委员会编:《安新县志》,新华出版社,2000 年,第 227、228 页。

1985年4月河北省水利厅第一次提出"白坡引黄""引黄济冀"的设想①,但受诸多因素制约,并未马上付诸实施。随着上游水库没办法承担放水济淀的任务,"引黄济淀"工程遂势在必行。引水补淀对于恢复白洋淀湿地起到了巨大作用,但不能从根本上解决白洋淀缺水的问题,也不利于白洋淀的可持续发展。因此,需要从流域角度实施有效的水资源管理方式,减少人类活动对湿地的压力,才能有效保护白洋淀湿地,使其发挥应有的作用。②

(三) 河北省渔业管理、水污染防治等条例实施

随着经济提速发展,河北省干部群众的环境保护意识也同步上升,可持续发展战略逐步成为全省经济社会发展的主体战略之一,制定了《中国21世纪议程·河北省行动计划》《河北省环境保护与社会经济协调发展的对策纲要》等,总计逾60个有关环境保护的规范性文件。内容涵盖加强工农业污染防治、城市环境综合整治、流域水体污染防治和自然生态保护等,体现了环境保护与经济发展的同步性。

为科学保护和合理利用省内渔业资源,根据《中华人民共和国渔业法》《中华人民共和国渔业法实施细则》,河北省于1990年9月颁行《河北省渔业管理条例》,旨在加强对省内渔业的监督管理工作。主要内容包括确定省内养殖业、捕捞业的发展方向,控制渔业捕捞强度,指导开展渔业资源的增殖和保护,以及与上述内容相关的法律责任等。该条例是河北省历史上第一部地方性渔业法规。

1997年根据《中华人民共和国水污染防治法》等有关法律、法规,结合本省实际,制定了《河北省水污染防治条例》,用来指导省内河流、运河、渠道、湖泊、水库等地表水体和地下水体的污染防治工作。实施目的可以归纳为四方面:(1)防治水污染;(2)有效利用水资源;(3)保护和改善水环境,提高环境质量;(4)促进经济与环境协调发展。③ 随后保定市、安新县等各级政府按照《河北省水污染防治条例》相关规定,多领域强化了对大清河、白

---

① 王亚:《水从何来?——白洋淀纪行之二》,《白洋淀国土经济研究》1989年第3期。
② 庄长伟、欧阳志云、徐卫华等:《近33年白洋淀景观动态变化》,《生态学报》2011年第3期。
③ 《河北省水污染防治条例》,《河北政报》1997年第12期。

洋淀等重点河湖水污染的防治工作。

这一时期河北省还密集出台了与水环境相关实施办法、条例等，如1993年通过《河北省实施〈中华人民共和国水土保持法〉办法》，1996年通过《河北省大中型水利水电工程水土保持办法》，1997年通过《河北省蓄滞洪区管理办法》《河北省水污染防治条例》，2000年通过《河北省实施〈中华人民共和国防洪法〉办法》等。大清河、白洋淀是上述办法、条例关注的重点，人水关系进一步受到法治的约束和规范。

（四）《河北省白洋淀水体环境保护管理规定》等出台

1995年为加强对白洋淀水体环境的保护工作，防治污染，保障人民健康，促进淀周边地区经济社会发展，根据《中华人民共和国水污染防治法》等有关法律法规，颁行了《河北省白洋淀水体环境保护管理规定》。依据该规定对白洋淀水体环境设立三级保护区进行专项治理。一级保护区为白洋淀大堤以内的淀区；二级保护区为以白洋淀大堤为起点，向周围延伸5千米以内的区域和入淀河流上溯10千米以内的河道；三级保护区为入淀河流及其支流各流域中除一、二级保护区以外的区域。[①] 明确规定在一级保护区内，禁止新建对白洋淀水体环境有污染的企业，并严厉禁止向白洋淀排放任何有毒有害物质；在二级保护区内，禁止新建、扩建和改建对白洋淀水体环境有严重污染的企业，禁止使用高残留农药等。由于当时人们环保意识尚未建立，更多关注点在经济发展上，总体实施效果不很明显。

规定还明确了主管机构为河北省白洋淀地区开发建设协调管理委员会办公室，由其负责白洋淀水体环境保护的具体管理工作。此外，水体环境保护区域各级人民政府及环境保护、水利、交通、渔业、旅游和林业等有关部门，根据各自的职责，并依照有关法律、法规和规章的规定，负责与白洋淀水体环境保护有关的工作。

淀区安新等县也以白洋淀为保护对象陆续发布了一些规定。1988年安新县发布《关于防治白洋淀环境污染的有关规定》，1996年安新县发布《关于加强白洋淀渔政管理保护水产资源的通告》。确定县渔政管理部门为本行政区域内的渔业工作的主管机构，同时为加强白洋淀水产资源保护，严禁

---

① 《河北省白洋淀水体环境保护管理规定》，《河北政报》1995年第6期。

一切违法捕捞行为。①

短短几年过去,这些规定较20世纪90年代初的《白洋淀考察报告》等提出的发展设想有了根本性变化,开始从注重经济效益逐步向注重生态效益转变,人水关系中对人类如何利用白洋淀水资源的约束明显增多。

第三节 1988年白洋淀重新蓄水与淀区社会经济调整

白洋淀水域在漫长的历史时期形成了人与自然相互适应的传统生产方式。进入现代社会,在保证淀内水体生态良好的情况下,必须适度发展适宜的产业以满足淀区人民生存发展的需要,主要包括渔业、种植业、旅游业和其他乡镇企业等。但产业发展必须兼顾水环境保护、水资源可持续利用,譬如要控制旅游人数、淀内人工景点建设;要注意合理使用化肥、农药,防止农业面源污染;要控制高污染、高消耗的小产业,防止淀区水体富营养化。工业污染防治必须与产业结构、产品结构调整相结合,才能从根本上实现节能、降耗、降成本与产品竞争力提升合为一体。鉴于此,白洋淀"污染治理不是单纯治理污染,应同产业、产品结构调整结合起来,这种治理才有生命力,产品才有竞争力"。②

一、1988年重新蓄水对产业和水环境的影响

白洋淀内水村传统上以捕鱼、织席为业,基本没有种植业,经济也相对周边农业区富足,因此在白洋淀演绎出了"京油子,卫嘴子,保定府的狗腿子,斗不过白洋淀的水鬼子"的俗语。从20世纪70年代开始,白洋淀水域急剧萎缩,更出现了1983—1988年连续干旱、干淀,世代捕鱼为生的渔民被迫弃水种田,挖池养鱼,打井灌溉,甚至在干涸的低处盖上了房屋。1984年彻底干涸以后,水区经济全面崩溃,淀内的农业生产只得全部转向种植业。但1988年汛期暴雨使白洋淀水位陡涨,数日内大批农田被淹,失去了耕地

---

① 安新县地方志编纂委员会编:《安新县志》,新华出版社,2000年,第364页。
② 解振华著:《为了人与自然的和谐》,中国环境科学出版社,2006年,第617页。

的水区百姓再一次面临产业调整。

（一）白洋淀区地貌概况与生产条件

20世纪80年代白洋淀流域面积3.12万平方公里,涉及冀、晋、京三省市的38个县市。淀内由143个大小淀泊和3 700多条沟壕组成,周边有188公里长堤环绕①,这一统计数据显然不包括小型堤埝。淀内有水村、半水村近百个,平均人口密度为59人/平方公里。② 另据1996年《河北省水利志》记载,143个淀泊中千亩以上的有31个,千亩以下百亩以上的有68个。淀底最低高程约5米,高垫地带9米以上,一般高程在5.5~6.5米。当十方院水位为10.6米时,淀容积10.2亿立方米。这一时期白洋淀总面积46.32万亩,折合308.8平方公里,白洋淀地貌类型可以分为园田、台地、苇田等9类,其中86%在安新县境内。③（详见表5-3-1）

表5-3-1　白洋淀地貌概况　　　　　　单位:亩

项　目	总面积	占白洋淀总面积	安新县境内面积	安新县境内占白洋淀总面积
园田	18 528.4	4%	17 665	3.8%
白地	40 762.5	8.8%	24 794	5.3%
台地	4 696	1%	4 596	1%
苇田	91 252	19.7%	78 103	17%
苇茬地	68 555	14.8%	50 124	10.8%
汕柴苇	9 666.2	2.1%	9 364.6	2%
沟壕	37 056.8	8%	34 160	7.4%
淀泊	190 379	41.1%	177 326.3	38.2%

---

① 徐世钧:《白洋淀的今昔与治理》,《中国水利》1988年第11期。
② 顾恒敬、黄秋华:《白洋淀的变迁》,载政协任丘市文史资料研究委员会编《任丘文史资料》(第三辑),中国人民政治协商会议任丘市委员会,1990年,第23页。
③ 河北省地方志编纂委员会编:《河北省志·第19卷·水产志》,天津人民出版社,1996年,第130页。

(续表)

项　目	总面积	占白洋淀总面积	安新县境内面积	安新县境内占白洋淀总面积
村庄	2 316	0.5%	2 281.4	0.5%
合计	463 211.9	100%	398 414.3	86%

数据来源:《河北省志·第19卷·水产志》(1996年)第89页。

从上表可以看出,经过从流域上游水库输水、跨水系引水,20世纪末白洋淀内自然生产资源已然得到了基本恢复。但毕竟是人工引水、人为干预后的结果,生产环境相对脆弱。

(二) 水产业、种植业交替及乡镇企业的发展

1988年白洋淀重新蓄水,对刚习惯陆地生活生产的水区民众不啻一场劫难。水位抬升,新开垦的土地被淹没,池塘的鱼被冲跑了,新建在低地的房屋也被水泡塌了,一个个水村又重新成了淀内孤岛,人们不得不重新购船置网捕捞鱼虾。雪上加霜的是,以上游保定市为主产生的工业"三废"长期积淀在河道、淀底,汛期暴雨将污染物从河道带入淀内,重新蓄水后淀底污染物也融于水中。于是紧随重新蓄水出现的就是白洋淀水体的严重污染,致使淀内多种珍贵鱼类因无生存空间而至绝迹。① 大规模死鱼事件高频次发生,渔民损失惨重。

1990年的考察报告称:"目前水区人民的生活是困难的。"②蓄水之后,农业生产没有了,人们失去了主要的经济来源,收入大幅度减少;同时交通不便,各种生活用品的价格急剧上升,导致村民生活普遍拮据。③ 转回水产业后,又因水质污染,难以为继。具体到安新县,1990年调查时4个纯水乡38个村庄近10万人口,人均年收入只有126元,不足100元的特困户占1/3,一些困难的群众甚至连一天0.5公斤的原粮都无钱购买。淀边旱区17

---

① 安新县地方志编纂委员会编:《安新县志》,新华出版社,2000年,第142页。
② 孟宪德、王永贵、张玉兰等:《白洋淀考察报告——开发前景与方略》,《河北渔业》1991年第5期。
③ 刘玉照著:《乡村工业化中的组织变迁——从家庭作坊到公司经营》,格致出版社、上海人民出版社,2009年,第37页。

个乡180个村27万人口,人均年收入也不过400元。① 改革开放后得到发展的乡镇企业开始加速扩展,如刘李庄村的雁翎毛纺织公司、三台镇的瓷砖厂和制鞋厂、大王镇的砖厂等先后建立。② 安新与雄县接壤地带的刘李庄、赵庄子等水村的塑料行业,也在这一背景下快速发展起来。③

旅游业在政府倡导扶持下也开始在淀区发展。1988年安新县成立旅游事业管理局,当年仅安新一县接待来淀游客约2万人,1989年增至20万人,1990年达到50万人。④ 1992年中外合资共建的白洋淀温泉城在雄县动工。2000年建设了中国北方最大的内陆旅游码头——白洋淀旅游码头。旅游业还推动了淀区交通、建筑、餐饮、旅馆、工艺美术等第三产业的发展,带动了一批相关乡镇企业。旅游业因为污染较少,有着"无烟工业"的美誉。但在白洋淀旅游业和水环境之间也存在着较大的矛盾,譬如游船要求水位不能太低,但水区居民房基地等要求水位又不能太高,这是一个最直接的矛盾。⑤

到20世纪末,淀区内有水村36个、人口10万,半水村62个、人口22万,经过十多年发展,水乡、半水乡人口略有增加。同时淀内人口每天排入淀区的生活污水量为320~800吨,此外网箱养鱼、旅游业带来的污染等对淀区水体的影响也不容忽视。⑥ 为解决水区生活、生产污染问题,其间除了建设卫生设施、引导产业合理发展外,还采取了控制水区人口增长、动员水村年轻人上岸定居、在淀区周边建立工业区予以安置等举措。利用水资源生产方式的改变,势必深刻影响居民对人水关系的认识,进而逐步影响淀区水资源、水环境的保护利用。

二、 水产业的曲折发展

历史时期渔业、苇业一直是白洋淀的两大支柱产业,但水量多寡是渔苇兴

---

① 杨立邦、朱松泉、黄祥祺:《白洋淀考察报告》,载农业部水产司编《渔业经济政策调研文稿选编》(第三辑),农业部水产司,1992年,第41页。

② 安新县地方志编纂委员会编:《安新县志》,新华出版社,2000年,第388—393页。

③ 同上书,第618页。

④ 孟宪德、王永贵、张玉兰等:《白洋淀考察报告——开发前景与方略》,《河北渔业》1991年第5期。

⑤ 赵英魁、张秀清、马大明等:《白洋淀功能区划分原则》,《环境科学》1995年第1期。

⑥ 张芸、王秀兰、李兵:《白洋淀污染机理及防治探讨》,《水资源保护》1999年第4期。

衰的根本。20 世纪 60 年代以降,上游水库拦蓄,下游水闸围截,加上工业污染、酷渔滥捕等多种原因,鱼源减少,产量衰退。白洋淀水产品平均年产量在 50 年代有 71 315 吨,60 年代不足 50 年代的 7.2%,70 年代更降到 2.2%,1978 年只产 780 吨,1988 年重新蓄水后养殖业勃兴,年产量达到 3 849 吨,也只及 1955 年最高年产量的 1/3。① 在国家对养殖渔业鼓励下,重新蓄水后,白洋淀渔业出现了根本转变——养殖、增殖渔业迅速发展,替代了传统捕捞业。

(一) 人工养殖渔业大发展

白洋淀水环境的变化使淀内自然捕捞量难以为继,1985 年 3 月雄县做出《关于大力发展养殖业的决定》②,发展人工养殖成为不得已的选择。我国水产养殖产量也在 1988 年首次超过捕捞产量,成为世界上唯一水产养殖产量超过捕捞产量的国家。③

1989 年白洋淀区开始网箱养鱼试验并迅速发展。依据安新县试验结果,水位保持在 5.5 米以上的水域即可开展网箱养鱼,可亩产成鱼 8.5 万公斤;水位 3 米以下的水域则可进行围养或拦养。当时甚至乐观地提出通过对不同水域的不同利用,白洋淀可以成为一个巨大的鱼库④,可以实现水产品成倍增长。1988 年以后任丘县开挖池塘养殖的面积总计 300 平方公里,每个围埝面积多在 2.67~4.67 平方公里。⑤ 1989 年容城县提出要把境内白洋淀区 5 000 亩水面变成水产品基地。同年全县养鱼面积 187 亩,产量为 5.5 万公斤,特别是位于白沟引河与白洋淀交接处的留通、李郎等村的水产业迅速发展。⑥ 总之,网箱养殖使白洋淀区渔业产量大增,但忽略了网箱养

---

① 杨立邦、朱松泉、黄祥祺:《白洋淀考察报告》,载农业部水产司编《渔业经济政策调研文稿选编》(第三辑),农业部水产司,1992 年,第 41 页。

② 雄县县志编纂委员会编:《雄县志》,中国社会科学出版社,1992 年,第 165 页。

③ 马敏立、温淑瑶、孙笑春等:《白洋淀水环境变化对安新县经济发展的影响》,《水资源保护》2004 年第 3 期。

④ 孟宪德、王永贵、张玉兰等:《白洋淀考察报告——开发前景与方略》,《河北渔业》1991 年第 5 期。

⑤ 高才全、远全义、赵丽娜等:《沧州市淡水鱼养殖情况调研报告》,《河北渔业》2013 年第 12 期。

⑥ 河北省容城县地方志编纂委员会编:《容城县志》,方志出版社,1999 年,第 261 页。

鱼也会造成水体污染①,无节制的网箱养殖带来新的污染问题,并给淀区渔业造成了更大损失。

1990年白洋淀网箱养鱼发展到260箱,年均亩产7万多公斤,其中安新县167个鲤鱼网箱,年均亩产10.18万公斤;围栏养鱼也发展到4 200亩,年均亩产250公斤,最高单产达3 700公斤。② 1996年安新县水产养殖面积40 018亩,养殖产量4 120吨,水产品总产量13 401吨,同比增长8.6%。③在1990年全淀水产品总产量5 400多吨、水产养殖面积15 900亩基础上,2000年进一步扩展到20 400亩。④ 20世纪最后十年,网箱养殖面积增加了28.3%,占这一时期水域面积的10.7%。

增殖渔业与网箱养殖同步。截至1990年底,安新县累计向白洋淀投放鱼种5.8万公斤、蟹苗40公斤、幼蟹153公斤。⑤ 1990年5月沧州市向白洋淀投放鱼苗3 500公斤、蟹苗40.5万只,11月又向白洋淀投放鲤、草、鲢、鳙等鱼种16 500公斤。⑥ 1995年安新县甲鱼、河蟹人工试养成功,很快发展到2 000亩。⑦ 网箱养殖、增殖改变了淀内鱼类结构,鱼类增加到18种,分属溯河洄游型、静水湖泊型、山溪型、河流型四个生态类型。⑧ 人工养殖鱼业快速发展和大规模扩张,一方面在一定程度上重构了淀内生态系统,另一方面养殖过程中的饲料、鱼药、养殖废水等污染,以及对水资源的开发和利用不合理,亦对白洋淀生态环境造成了严重的污染和破坏。

(二) 禁捕区、禁渔期的设置

1988年重新蓄水后,白洋淀水产业迅速恢复,各级政府汲取以往渔业生产的经验教训,很快出台了《白洋淀渔业生产管理条例》《白洋淀渔业生产结

---

① 马敏立、温淑瑶、孙笑春等:《白洋淀水环境变化对安新县经济发展的影响》,《水资源保护》2004年第3期。
② 河北年鉴编纂委员会编:《河北年鉴(1991)》,河北年鉴社,1992年,第157页。
③ 安新县地方志编纂委员会编:《安新县志》,新华出版社,2000年,第75页。
④ 彭艳芬著:《白洋淀历史与文化》,河北大学出版社,2012年,第121页。
⑤ 河北年鉴编纂委员会编:《河北年鉴(1991)》,河北年鉴社,1992年,第158页。
⑥ 《沧州市志》编纂委员会编:《沧州市志》(二),方志出版社,2006年,第1125页。
⑦ 保定市统计局编:《保定经济统计年鉴1995》,中国统计出版社,1995年,第88页。
⑧ 彭艳芬著:《白洋淀历史与文化》,河北大学出版社,2012年,第121页。

构优化方案》,旨在加强对渔业生产的管理和引导。① 但随着经济体制改革、市场经济逐步启动,经济效益使渔业无序扩张的问题更难以控制,据1991年对五种常见鱼类的调查,1龄鱼占64%,2龄鱼占31.4%,3龄鱼占4.2%,4龄鱼仅占0.3%。② 鱼类资源低龄化反映出渔业资源的匮乏和鱼类生态结构已遭到明显破坏。20世纪90年代以后由于大规模采用人工网箱养殖技术,白洋淀渔业产量已经不能反映其天然生态状况了。

1989年安新县人民政府下发《关于取缔违捕渔具、渔法的紧急通告》③,1990年5月安新县规定每年5月15日至8月15日为白洋淀禁止捕鱼期④。从设置禁捕区到增加禁渔期,根本目的就是要恢复白洋淀生态系统。淀内渔民也慢慢认识到水生动植物生态平衡的重要性,开始有意识、有计划地捕捞和放养,以保护发展白洋淀水生资源。⑤

这一时期安新县为修复物种生态,持续往淀内投放鱼卵蟹苗。1990年投放鱼种2万余斤、蟹苗359斤,1991年投放太湖银鱼2万尾、池沼公鱼10万卵,因种种因素,未形成生产群体,最终绝迹。1993年划定大麦淀为禁渔区,投资5万元增殖水产资源,进行人工培育。同时安新县渔政管理站为保护水产资源,也采取措施严厉打击违法捕捞行为,如1993年出动检查船210余航次,抓获电鱼船130余条。1996年安新县水产畜牧局利用电视频道播发了河北省水产局《致全省渔业生产者的一封公开信》和安新县人民政府《关于加强渔政管理,保护白洋淀水产资源的通告》等,同时印发宣传材料送到渔民手中,借助媒体扩大宣传普法的力度,提高渔民对保护水产资源重要性的认识。⑥

(三) 芦苇、苇制品等水产的萎缩

白洋淀一般水深约2米,既是鱼、虾、蟹、贝等水生动物生长繁衍的良好

---

① 河北年鉴编纂委员会编:《河北年鉴(1991)》,河北年鉴社,1992年,第157页。
② 河北省地方志编纂委员会编:《河北省志·第19卷·水产志》,天津人民出版社,1996年,第95页。
③ 安新县地方志编纂委员会编:《安新县志》,新华出版社,2000年,第361页。
④ 同上书,第69页。
⑤ 同上书,第248页。
⑥ 同上书,第361页。

场所,也很适宜芦苇、莲藕、菱角、鸡头等水生植物的生长。① 所以,除了渔业是渔民赖以生存的主要生产生活方式,在白洋淀区芦苇编织也是一项十分重要的副业。新中国成立后全国70%的苇席产自白洋淀,芦苇收入占淀区渔民总收入的40%,这种生产生活结构一直延续至20世纪90年代。② 随着科技进步芦苇替代品增加,以及人民生活方式改变,苇制品市场大大萎缩,同时随着人工成本上升,淀区人民也开始放弃这一传统产业。到20世纪90年代末期,"村姑满街转,不织席一片"的顺口溜成了淀区人民对待苇席业最真实的写照。一些农民开始毁苇种菜、种粮、种树,甚至挖走芦根当药材卖。③

20世纪90年代之前青麻还是白洋淀的重要经济作物之一,1987年产量达到7万担,创下了历史最高水平。90年代初期白洋淀芡实、菱角的平均种植面积分别为133.3公顷和1 428.1公顷,2000年以后两种植物群落面积总和不足3.3公顷,仅有零星分布。④ 产生这种现象的原因不仅是水环境的恶化,还因其经济价值降低导致种植减少。

历史上白洋淀曾是京津保淡水鱼的主要供应基地。重新蓄水恢复水产业后,白洋淀的鱼品仍主要销往这些市场。据1991年的调查,每年秋末冬初,江苏、湖北一带水产品先运到白洋淀,再分销北方城市,当时白洋淀西码头——新安镇,依然是北方重要的水产品集散地。⑤

三、淀区农田水利技术与农业生态效益

白洋淀流域年径流量急剧衰减,气候变化是根本原因,但不是唯一的原因。人类活动影响在其中占有相当比重,如上游水土保持措施会带来覆被条件的改变及中下游地表供水设施、农作物种植结构品种变化等,这些都会不同程度地对水循环演变产生影响。20世纪八九十年代白洋淀流域地表径

---

① 河北省地方志编纂委员会编:《河北省志·第19卷·水产志》,天津人民出版社,1996年,第89页。
② 葛京、赵士超、高倩等:《白洋淀纯水区村留守渔民经济收入调查》,《河北渔业》2013年第11期。
③ 范周主编:《雄安新区发展研究报告》(第二卷),知识产权出版社,2017年,第74、75页。
④ 李峰、谢永宏、杨刚等:《白洋淀水生植被初步调查》,《应用生态学报》2008年第7期。
⑤ 孟宪德、王永贵、张玉兰等:《白洋淀考察报告——开发前景与方略》,《河北渔业》1991年第5期。

流量不断衰减与流域粮食单产不断提高之间,也存在一定对应性。① 1980年白洋淀流域平均粮食单产只有266.7公斤/亩,至1998年以后增至766.7公斤/亩以上,粮食单产翻了两番,必然消耗大量水分。研究还揭示,人类活动对流域水循环要素的影响在一定程度上具有持久不可逆性。② 有学者构建了保定市社会经济和人口变化与白洋淀水质、水生态的关系,所得结论也反映出流域社会经济增长与人口增长是水质、水生态变化的重要驱动因子,缘于二者的增长会导致用水量和废水排放量的同步增长,以及会增加人为对湿地的侵占等。③

(一) 种植结构调整与水资源利用

20世纪五六十年代每年汛期基本都有沥涝灾害发生,夏秋作物被淹没概率较高,损失较大,因此在春季"水脱地适宜种植春麦、大麦、豌豆等早熟作物",以避开汛期水灾。随着气候变化,水灾害从以沥涝为主转向抗旱,到1985年"春麦、大麦已很少种植"。此外,白洋淀区种植水稻大约开始于宋代,播种面积主要受水位影响。1949—1969年间年均播种面积5.01万亩,1958年播种13.18万亩创历史最高,诚然有"大跃进"的因素。1970—1977年间年均播种面积3.33万亩。改革开放实行联产承包后,人工开垦面积迅速增加,1978—1980年间年均达到7.3万亩。1981—1985年,由于淀内水位连年下降,年均播种面积0.73万亩。1986—1987年干淀,基本无法种植。1988年以后逐步增加,1990年恢复到2万亩,并逐步由传统种植区向西南边远地区发展。④

1988年8月白洋淀重新蓄水后,淀内水位陡涨到9.8米,安新县农作物

---

① 黄志英、梁彦庆、葛京凤等:《河北省作物生产潜力及人口承载力研究》,《农业现代化研究》2005年第2期;冯晓淼、于江海、梁彦庆:《河北省人口—耕地—粮食系统动态分析预测》,《河北师范大学学报》(自然科学版)2005年第1期。

② 刘克岩、张橹、张光辉等:《人类活动对华北白洋淀流域径流影响的识别研究》,《水文》2007年第6期。

③ 庄长伟、欧阳志云、徐卫华等:《近33年白洋淀景观动态变化》,《生态学报》2011年第3期;刘茂峰、高彦春、甘国靖:《白洋淀流域年径流变化趋势及气象影响因子分析》,《资源科学》2011年第8期。

④ 安新县地方志办公室编纂:《白洋淀志》,中国书店,1996年,第172、173页。

受灾21余万亩,绝产7万亩,淹没农田机井556眼,淹没鱼塘1200亩,损失成鱼约28万公斤、鱼苗约130万尾。① 面对惨重损失,安新县以蔬菜生产为突破口,开始调整种植结构,逐步建起了白洋淀水生蔬菜生产基地。②

随着改革开放和市场经济推进,淀区各县种植结构中开始增加经济作物的占比。1997年1月雄县绿色食品红小豆出口基地首批产品全部达到AA级绿色食品标准,当年有50吨红小豆出口日本③,增加了创汇收入。1999年7月印发《雄县种植业结构调整规划》④,指导农民由此前以小麦、玉米粮食作物为主转变为粮食作物、蔬菜、果树并重,特别是主要在雨季生长、灌溉需水较少的大豆、花生、棉花、红薯等作物增加。雄县米家务乡、米北乡、双堂乡等逐步成为甘薯种植基地,种植面积由雄县北部向东南扩展,收获后一般运往北京、天津等地销售。⑤

(二) 淀周边县开始农业中低产田综合开发

白洋淀连年干淀,水产难以为继,农业种植业就成为淀区重要经济来源。由于地表水资源大幅减少,为增加灌溉、保证农业产量,只能加大淀区地下水资源开发力度。据1991年统计,安新县有机井4825眼、灌渠89条,全县44万亩耕地可全部实现水浇。⑥ 靠科技投入来提高亩产量,1995年夏、秋两季,安新县粮食产量都创下了历史最好水平,特别是玉米亩产增加了65公斤。增加农业产量的主要途径,除增加亩产量,另一个途径就是增加耕地面积。通过农田水利建设对垒头洼、同口洼进行了集中开发,开垦洼地面积1.5万亩,同时新打机井140眼,修挖沟渠16.83公里,与之配套还植树11万株。⑦

受地势影响,容城县洪涝灾害较少,在枯水年份农田水利更以抵御旱灾

① 安新县地方志编纂委员会编:《安新县志》,新华出版社,2000年,第67、68页。
② 保定市统计局编:《保定经济统计年鉴1995》,中国统计出版社,1995年,第89页。
③ 雄县地方志编纂委员会编:《雄县志(1990—2012)》,河北人民出版社,2018年,第19页。
④ 同上书,第23页。
⑤ 李晴、张雷、韩力欣:《县域特色农业气象服务途径的初步研究——以雄县甘薯种植业为例》,《现代农村科技》2019年第4期。
⑥ 安新县地方志编纂委员会编:《安新县志》,新华出版社,2000年,第70页。
⑦ 河北年鉴编纂委员会编:《河北年鉴(1996)》,河北年鉴社,1996年,第600页。

为主。这一时期容城县农田灌溉的水源主要是地下水,成井工艺改进使地下水灌溉面积不断扩大,同时也使亩产量大幅提升。1988年容城县南张村有3亩夏玉米平均亩产达852公斤,创下河北省玉米亩产最高纪录。① 1989年容城县全县地下水灌溉面积已达31.24万亩,占全县总耕地面积的90.4%以上。同时利用降水带来的地表水资源增加,开始恢复地上水灌溉,1989年地上水总灌溉面积发展到2.1万亩。②

20世纪八九十年代,白洋淀周边各县都在通过水利技术等对农业中低产田进行综合开发。高阳县从1988年至1992年实行了"水、土、林、田、路、农艺"综合配套措施,共改造中低产田1.29万公顷。同时打破乡村界限,每66.7公顷为一方平整土地,每6.67公顷打一眼井,共新打机井1 006眼,铺设防渗管道93.5万米。在方田之间修机耕路,路旁挖水沟栽树,共植树22.1万株。通过以上举措建起良种田400公顷,推广机耕、节水灌溉,粮食单产由160公斤/亩提升到350公斤/亩,亩产增加1.2倍,实现了生态效益和经济效益同步提升。③

(三) 雄县水资源平衡调控效益达到国际先进水平

雄县属东部季风区暖温带半干旱地区,多年平均降水量521毫米,降水集中在6—9月份,占年降水量的80%。④ 由于降水过于集中在汛期,春旱高发,很不利于农业的发展。雄县地表水资源主要是降水和境外客水,连年干旱使上游水库库容减少,境外客水枯竭,工农业生产和群众生活饮水只有靠打机井提取地下水来解决。1989年9月雄县被国家水利部命名为全国水利建设先进县,农业节水增产示范县。⑤ 经过40年水利建设,雄县基本完成了防洪、排涝、灌溉三大工程体系,特别在水资源平衡与调控领域的理论与实践达到了国际先进水平。

面对水资源匮乏持续加剧的困境,雄县坚持灌溉与节水相结合、防洪排

---

① 河北省容城县地方志编纂委员会编:《容城县志》,方志出版社,1999年,第45页。
② 同上书,第208页。
③ 刘兆亮:《河北省保定市白洋淀周边县三十年农业持续发展的回顾与展望》,载河北农业大学编《白洋淀周边地区农业持续发展道路》,农业出版社,1993年,第4页。
④ 白芩仙:《雄县农田水利建设现状与发展对策》,《现代农村科技》2011年第11期。
⑤ 雄县县志编纂委员会编:《雄县志》,中国社会科学出版社,1992年,第323页。

涝与抗旱相结合、开采与补给相结合,建起了具有排、灌、蓄、补多功能的综合型工程体系,改造改善了中低产田生产条件。① 1989 年雄县井灌面积达 29.05 万亩,占总耕地面积的 52.5%。② 1990 年雄县全县粮食总产量达 15.04 万吨,创历史新高,获国务院"夏粮增产奖"。1991 年雄县 175 个村建立基本农田保护区,面积达 2.38 万公顷。同年 6 月雄县成为全国水利科技推广示范县、全国水政建设先进单位。③ 1992 年 10 月雄县又集中对"一洼""两带""三荒"共 2 670 公顷旱地进行了改造④,增加了耕地数量,提升了质量。其中"一洼"即东大洼,"两带"专指雄督、督板公路两侧,"三荒"则是北沙口、东阳、西督三乡内的沙荒地。

1991 年 10 月世界银行组织荷兰、德国、英国、阿根廷、葡萄牙五国专家考察团考察了雄县水利工作。⑤ 1995 年 11 月雄县水利局与中国水科院共同承担的"八五"攻关课题"区域水资源平衡与调控研究"通过部级鉴定,认定达到了国际先进水平,雄县被列入全国 100 个节水示范县。1996 年 5 月国家水利部确定雄县为全国节水增产重点县。⑥ 雄县在节水增产领域的积极探索,也是当时在气候暖干大背景下白洋淀人水关系调整的一个缩影。

四、乡镇企业与淀区水环境

历史时期,为解决白洋淀区人地矛盾,利用津保运河便利,商贸手工诸业得到了较好地发展。改革开放后,利用历史时期的商贸和产业基础,为解决剩余劳动力问题,淀区乡镇企业迅速发展起来。1985 年 3 月雄县《关于加速发展乡镇企业的决定》提出改革农村产业结构⑦,乡镇企业成为淀区各县经济的重要补充。如容城县服装业到 1988 年已投入劳力 2.5 万人,约占全

---

① 雄县水利局:《雄县水利建设十年》,载河北农业大学编《白洋淀周边地区农业持续发展道路》,农业出版社,1993 年,第 159 页。
② 雄县县志编纂委员会编:《雄县志》,中国社会科学出版社,1992 年,第 288 页。
③ 雄县地方志编纂委员会编:《雄县志(1990—2012)》,河北人民出版社,2018 年,第 8—10 页。
④ 同上书,第 12 页。
⑤ 同上书,第 11 页。
⑥ 同上书,第 17、18 页。
⑦ 雄县县志编纂委员会编:《雄县志》,中国社会科学出版社,1992 年,第 165 页。

县农业人口的七分之一。①

（一）淀区乡镇企业的发展

由于白洋淀面积85%位于安新县境内,淀区乡镇企业可从安新县的情况窥见一斑。到90年代中期,全县已从1957年的18个作坊发展到制鞋、冶炼、羽绒、苇编、针织毛纺、服装、食品、建材、造纸、建筑十大支柱行业,这些具有淀区特色的产业还逐步形成了地域专业化市场。主要有三台镇皮鞋市场,有鞋厂640余家,雇佣外地职工1.2万人,年创汇120万元;水乡同口镇鲜鱼市场,在全国大中城市多设有销售点,还与泰国、巴西、美国、日本等进行进出口生意;沈家坯有色金属市场,从事废旧金属提炼加工,有回收加工摊点729个,雇佣工人5 800人,远销上海、沈阳、昆明等地;芦庄毛纺市场,有毛纺厂12家,雇佣工人1 100人,远销国内外;新安镇大张庄羽绒加工市场,第一个厂家始建于1984年,1986年发展到27家,1987年已有37家,1992年再增至62家,产品远销日本、法国、加拿大、美国、俄罗斯等10多个国家和地区。② 1996年11月安新县羽绒服集团获得自营出口权,同年12月安新县进出口公司成立。③ 对外贸易市场已初步形成一批具有一定生产经营能力的外贸商品基地。

白洋淀区其他县市乡镇企业发展进程近似。雄县从1981年到1992年13年间全县乡镇企业发展到一万多家,从业人员3.61万人,形成电缆、塑料、印刷、机械、化工、工艺品、皮革、食品、建筑、建材十大骨干企业。④ 1974年在小四方村创办的四方精密互感器厂,到80年代末有工人57人、工程师5人,能生产的互感器达81种,其中34种是国内独家生产,有6种填补了国家空白,有2种达到世界先进水平,成为闻名世界的精密互感器厂。⑤

---

① 河北省容城县地方志编纂委员会编:《容城县志》,方志出版社,1999年,第44页。
② 安新县地方志办公室编纂:《白洋淀志》,中国书店,1996年,第174、175页。
③ 保定市统计局编:《保定经济统计年鉴1995》,中国统计出版社,1995年,第89页。
④ 雄县人民政府:《雄县农业三十年巨变的技术和经济因素》,载河北农业大学编《白洋淀周边地区农业持续发展道路》,农业出版社,1993年,第12页。
⑤ 河北省劳动人事厅、河北省招聘人才领导小组办公室编:《人才之路》,河北教育出版社,1991年,第321页。

（二）旅游业等文化产业发展

1988年汛期白洋淀重新蓄水后，水乡景观当年便得到一定恢复，为旅游业发展提供了条件，淀区各县市迅速调整发展思路，积极投资转向旅游业。得益于白洋淀独特的北方水乡景观、毗邻京津保等客源市场的便利，以及形成于历史时期的盛名，这一年安新县就接待来淀游客约2万人，1989年猛增至20万人，1990年达到50万人[①]，短短两三年，游客人数增加了24倍。

安新县调整确定了旅游兴县的发展战略，1990年发布《白洋淀风景区旅游开发大纲》，1990年6月举办京津冀白洋淀旅游研讨会，并召开白洋淀规划大纲论证会，编制完成了《白洋淀风景区旅游开发大纲》。壮志未酬，持续干旱接踵而至。入淀径流量减少，再加上严重的水质污染，水乡景观大打折扣，旅游业很快便面临发展困境。1988年建立的安新县旅游服务公司主要经营餐饮、住宿、旅游船只等，到1996年底亏损达1.2万元。[②] 以1992年为转折点，此前旅游人数和旅游效益稳步增长，此后由于水质污染、水位降低，旅游人数及旅游效益均大幅减少。[③] 其间也利用水位波动进行过水环境改进，并取得一定成效，如1994全年接待国内外游客21万人次。[④] 但1997—2004年连续低水位，水乡风光大减，旅游业再遭重创。[⑤]

另外一个问题也必须关注，那就是号称"无烟工业"的旅游业对白洋淀的污染。自2000年白洋淀旅游码头建立以来，对旅游业发展起到了明显的带动作用，仅在大淀头村的码头路边就有不下几十户农家乐，其中不少还在扩建中。附近还有一些违规建设的别墅、度假村项目，这些都曾是芦苇地，如果再往淀内扩展，势必侵占更多的苇田、台田、水域等资源。此外，位于水

[①] 孟宪德、王永贵、张玉兰等：《白洋淀考察报告——开发前景与方略》，《河北渔业》1991年第5期。

[②] 安新县地方志编纂委员会编：《安新县志》，新华出版社，2000年，第517页。

[③] 马敏立、温淑瑶、孙笑春等：《白洋淀水环境变化对安新县经济发展的影响》，《水资源保护》2004年第3期。

[④] 保定市统计局编：《保定经济统计年鉴1995》，中国统计出版社，1995年，第88页。

[⑤] 胡福来、杨新阁：《引黄济淀对白洋淀的生态效益分析》，载潘增辉主编《水生态文明建设研究与实践》，河北科学技术出版社，2013年，第54页。

村的农家乐为吸引游客,用土灶烧柴锅等传统方式也会带来的一定空气污染。① 由于淀内公共卫生基础设施较差,过量游客留住淀内,产生的生活垃圾也成为水质污染的又一来源。同时旅游业也在改变传统渔业生态,渔民很多去景区当了船工,捕鱼成了一种娱乐表演。传统基于鱼、苇生产的人水关系在短期内发生了根本变化。

(三) 启动白洋淀经济技术开发区及其对水环境的影响

白洋淀温泉城的引资开发项目是河北省吸引外资较早的项目之一。该开发区位于白洋淀北部烧车淀边缘,用人工筑堤的方式圈占烧车淀水域形成了一个封闭区。

1991年初雄县对建设"白洋淀温泉城"项目进行了可行性论证②,同年8月中顾委常委余秋里到雄县调研白洋淀开发情况。1992年5月河北省政府批复同意建立白洋淀温泉城开发试验区,余秋里作出重要指示:一是统筹安排,整体规划;二是优化环境,吸引客商;三是胆子要大,工作要细;四是温泉城建起后,要搞综合开发。③

1992年7月白洋淀温泉城开发试验区成立,国务院副总理邹家华出席奠基仪式。同年10月保定地区行署发布《关于明确白洋淀温泉城开发区内管理权》的通知,明确白洋淀温泉城开发区规划占地8平方千米,使用年限为70年,分别由雄县、安新、容城三县人民政府征用。1993年1月国家土地局批准白洋淀温泉城952.87公顷的用地规划。④ 1992—1997年建成保护围堤,形成了圈占白洋淀水域面积4.12平方公里的闭合区。区内地面高程大部分为9.4米,围堤堤顶高程为11米。规划中的二期工程位于白沟引河入淀口两侧,除北靠新安北堤外,其他各面均朝向淀区水域,拟在淀内筑堤与淀区隔开,形成两个新的闭合区,再圈占白洋淀水域5.41平方公里。⑤ 1997

---

① 范周主编:《雄安新区发展研究报告》(第二卷),知识产权出版社,2017年,第78页。
② 雄县地方志编纂委员会编:《雄县志(1990—2012)》,河北人民出版社,2018年,第8页。
③ 同上书,第10、11页。
④ 雄县地方志编纂委员会编:《雄县志(1990—2012)》,河北人民出版社,2018年,第12、13页。
⑤ 邱人立:《有关大清河防洪的几个问题》,《河北水利水电技术》2002年第2期。

年因开发区内发生轰动全国的赌博案,白洋淀温泉城建设整体停工。

开发区的位置及占用水域直接关系到白洋淀蓄滞洪运用和调度,并对大清河流域上下游的总体洪水调度产生影响,但在白洋淀开发区的总体规划中并没有对防洪问题作专题论证。在河北省大清河河务管理处组织下,2000年4月编制完成了《白洋淀经济技术开发区工程防洪评价报告》,在白洋淀遇20年一遇以上洪水时,为保证白洋淀的运用和安全,开发区封闭堤防内应全部滞洪。① 这些补充规定一定程度上协调了水域经济开发与白洋淀基本功能之间的矛盾。

第四节 白洋淀水环境问题与再次综合治理

1993年初,联合国大会确定每年3月22日为"世界水日",旨在唤起公众的节水意识,加强水资源保护,解决因水资源需求上升而引发的全球性水危机。1995年10月全国人大环境与资源保护委员会在关于《中华人民共和国水污染防治法修正案(草案)》说明中,提出由于水体的流动性,"现行单纯按照行政区域进行水污染防治规划和管理的做法,已不能有效解决迅速发展的流域污染问题",应"建立和健全按照流域或者区域进行统一规划的法律制度",强调以流域为单位展开污染治理的必要性。② 这些都是白洋淀水安全关注和流域性治理的大背景。白洋淀自1988年重新蓄水后,因污染先后发生八次大面积死鱼,引起了国务院领导的重视③,随后在1988年和1992年启动了第二次、第三次流域性的集中治理。

一、白洋淀上游的生态压力和综合治理

有研究将70年代以来白洋淀水环境变化主要原因概括为三方面:(1)上游的工业废水、生活污水入淀量大幅增加,(2)淀区内生产生活污染

---

① 邱人立:《有关大清河防洪的几个问题》,《河北水利水电技术》2002年第2期。

② 秦仲达:《关于〈中华人民共和国水污染防治法修正案(草案)〉的说明——1995年10月23日在第八届全国人民代表大会常务委员会第十六次会议上》,《中华人民共和国全国人民代表大会常务委员会公报》1996年第4期。

③ 中国农业年鉴编辑委员会编:《中国农业年鉴(1994)》,中国农业出版社,1994年,第575页。

加重,(3)水利工程拦蓄造成入淀水量大减。在以上主要原因作用下,"白洋淀的水质逐年恶化,生态环境严重破坏"①。地缘位置的重要性又使国家高度重视白洋淀的污染治理工作。1989年和1992年国务院环委会先后两次召开现场会,研究部署白洋淀的水污染防治工作。1992年8月现场办公会特别强调河北省政府要把白洋淀的治理作为特殊工程对待,明确提出了综合治理的7项要求,要求切实予以落实。至此,第三次白洋淀污染综合治理方案基本确定。

(一)保定市人口、生产扩大及对白洋淀水环境的压力

新中国成立后人民群众生产、生活和医疗卫生条件改善,促进了人口的自然增长,需水量随之增加,于是水库、灌区等水利工程发展,截蓄水量开始大幅增加。随着工业化国策的实施,上游城市经济也提速发展,在增加用水量的同时,城市排污量也在持续增加。

1. 保定市人口增加和水环境降质

1949年到1994年间保定市人口变化见表5-4-1。可以看到这40多年间人口保持了持续上升的态势,特别是改革开放之后人口增加明显提速,1994年人口是1949年的1.98倍,接近翻番。保定市常住非农业人口到20世纪90年代达到48万人。②

表5-4-1 1949—1994年保定市人口统计表　　　单位:万人

年　份	人　口	年　份	人　口
1949	511	1979	806
1952	544	1980	816
1957	591	1981	830
1965	642	1982	845
1978	797	1983	856

---

① 解振华著:《为了人与自然的和谐》,中国环境科学出版社,2006年,第616页。

② 金相灿等著:《中国湖泊环境》(第二册),海洋出版社,1995年,第264页。

(续表)

年　份	人　口	年　份	人　口
1984	871	1990	970
1985	880	1991	981
1986	891	1992	994
1987	905	1993	1 004
1988	920	1994	1 012
1989	935		

数据来源:《中国村庄经济:无锡、保定22村调查报告(1987—1998)》(1999年)第376页。

人口增加就需要农业产量增加。20世纪中期白洋淀流域内农业生产以雨养农业为主,农业灌溉年用水量只有0.14亿立方米,小麦平均亩产量在25~30公斤,玉米平均亩产量在33~40公斤。自1958年开始在山区大规模建设水库,农田水利工程随之发展,先后在南支水系修建了沙河、唐河大型灌区,北支水系修建了易水灌区,扩建了从淀区直接引水的白洋淀灌区。1956年白洋淀流域平原地区农业引用地表水量仅0.14亿立方米,20世纪60年代末期新建灌区总面积约占流域农田总面积的32%,70年代最高引水量达11.3亿立方米,已经是1956年的80倍。1956—1988年间农业引用地表水总量201.7亿立方米,平均年引水量6.1亿立方米。[1]

为满足生产生活需水,地表径流减少就只能开采地下水。20世纪80年代初河北全省有机井200万眼,到1995年仅保定市机井就增加到12.2万眼。同期华北地区地下水超采率高达31%,形成了世界最大的漏斗。这必然影响到淀区各县市的水位,到2001年浅层地下水下降1~3米,最大降幅7米;深层地下水下降3~7米,最大降幅14.5米。[2]

2. 保定市生产、生活污染

白洋淀外污染主要是流域上游工农业污染和城市生活污染,有两个来

---

[1] 王立明、朱晓春、韩东辉:《白洋淀流域生态水文过程演变及其生态系统退化驱动机制研究》,《中国工程科学》2010年第6期。

[2] 马敏立、温淑瑶、孙笑春等:《白洋淀水环境变化对安新县经济发展的影响》,《水资源保护》2004年第3期。

源,保定市是主要污染源,还有北京市房山县和保定地区满城、蠡县、高阳、徐水等县污染排放。20世纪90年代中期上游地区这些县新增了大量污染较重的企业。① 其中满城县大册营乡近百家小造纸厂形成的造纸群日排放污水约8万吨,基本上沿着河道排入下游白洋淀内。② 1949年以来保定市逐步成为以轻纺、机电、化工行业为主的中等加工型工业城市,据1991年统计,保定市有工业企业700余家,年排放工业废水6175万吨,污染负荷主要来自造纸、化纤、化工等行业,成为白洋淀最大的污染源。在非农灌期全市污水出市总量达21.8万立方米/天,相当于60年代初的5倍,其中通过府河最大入淀量为11万立方米/天,有害有毒物质达20余种。

再者就是生活污染。保定市常住非农业人口在20世纪90年代达到48万人,全市年排放生活污水2900万吨,日排放生活污水9.8万吨。③ 此外,保定市每年消耗农药8693吨、化肥35.9万吨、塑料薄膜7424吨④,农业生产中的化肥、农药等随地表径流或地下水流最终也是以白洋淀为归宿。保定市经过处理的污水分两个途径出市:(1)空调冷却水、达标工业废水和生活污水,经府河流向白洋淀;(2)造纸、化纤、化工等行业产生的浓度较高、色度较深的工业污水,经排污干渠进入唐河污水库。⑤ 据1994年水质监测,在府河、漕河、瀑河入淀口附近污染最重,低于国家水质标准V类水质。⑥ 依据1988—1989年一周年内对白洋淀内监测点位监测,有机污染主要集中在府河入淀口直到安新大桥、南刘庄一线附近及入淀口以西20%的淀面上。⑦

---

① 《何少存在河北省白洋淀地区开发建设协调管理委员会第二次全体委员会上的讲话》,河北省档案馆藏档案,档案号:1098-1-767-3。

② 保定市人民政府:《落实国务院环委会〈关于白洋淀污染治理现场办公会纪要〉的汇报》,河北省档案馆藏档案,档案号:1098-1-764-4。

③ 金相灿等著:《中国湖泊环境》(第二册),海洋出版社,1995年,第264页。

④ 马敏立、温淑瑶、孙笑春等:《白洋淀水环境变化对安新县经济发展的影响》,《水资源保护》2004年第3期。

⑤ 金相灿等著:《中国湖泊环境》(第二册),海洋出版社,1995年,第264、265页。

⑥ 王文元编著:《节水灌溉理论与技术:王文元水利文集》,黄河水利出版社,2007年,第44页。

⑦ 金相灿等著:《中国湖泊环境》(第二册),海洋出版社,1995年,第268页。

（二）唐河污水库对白洋淀水环境的污染

1975年保定市开始修建唐河污水库，污水库紧邻唐河故道，东西总长17.5公里，计划修筑南北两库，设计总库容1350万立方米，其中北库720万立方米。1977年北库投入使用，功能主要是储存保定市内产生的高浓度工业废水，这些废水经专用排污渠道引流入北库。而南库一直未建成。唐河污水库北库位于白洋淀西部，与淀仅一闸之隔，设计最大调节水量800万立方米，设计为临时性工程，预计使用三年。到1988年时北库不但继续使用，且储水高程超过设计标准10米，达到10.15米①，存在着溃堤、污水入淀的危险。

1990年国家农业部、河北省畜牧水产局相关人员考察唐河污水库，发现污水库周边气味难闻刺鼻，酱褐色的污水细流从闸门旁小缝钻出，源源不断直入淀区。同时唐河污水库800万立方米污水的渗漏和挥发，已使周围水源与农田受到明显污染。据当地群众反映，唐河污水库入淀口附近有56个村庄的饮水已严重污染，有六个村连续五年体检没有一个合格兵源，有一个村70%的儿童患有肝炎，有的育龄妇女生育受到影响。以致当地群众呼吁"白洋淀不能成为保定的厕所"。② 1991年《白洋淀考察报告》也提出最大的污染源依然是来自保定市的工业污水，还特别关注了已超期服役13年的唐河污水库，提出污水水位已高于白洋淀面5米，成为"悬在白洋淀头顶上的一颗定时炸弹"，一旦溃堤，800万立方米的污水四溢，后果不堪设想。③

唐河污水库一直超期使用到2017年6月才完全停止。由于工程按照临时标准施工，未做防渗处理，加之污水库与白洋淀只有一闸之隔，因此给周边农田、白洋淀水质及污水库北侧地下水都带来严重污染。④

---

① 河北省白洋淀污染防治调查组：《关于白洋淀污染防治问题的调查报告》(1988年11月5日)，河北省档案馆藏河北省畜牧水产局档案，档案号：984-11-250。

② 孟宪德、王永贵、张玉兰等：《白洋淀考察报告——开发前景与方略》，《河北渔业》1991年第5期。

③ 杨立邦、朱松泉、黄祥祺：《白洋淀考察报告》，载农业部水产司编《渔业经济政策调研文稿选编》(第三辑)，农业部水产司，1992年，第41页。

④ 鲁明芳、杨占波：《唐河污水库对北侧地下水的影响》，《河北水利科技》1995年第3期。

（三）1992 年《白洋淀污染综合治理方案》实施与第三次大规模治理

1992 年时任国务院环境保护委员会主任的宋健带领有关部委负责人再次召开了白洋淀现场办公会,研究部署白洋淀水污染防治工作,提出一定要下决心治理白洋淀的问题,决不能把问题留给下一代人,"要把它摆到实现我国经济社会发展第二步、第三步战略目标的高度来对待"。① 要求污水工程、污染源限期治理,并对白洋淀补水、植树造林、建立监测站及科学研究等问题都提出了具体要求。②

1992 年国务院批准了河北省政府《白洋淀污染综合治理方案》,开始了针对白洋淀污染问题的第三次大规模治理行动。河北省把白洋淀污染综合治理作为全省头号环保工程,成立了以副省长为组长的白洋淀污染治理领导小组,各地、市、县也成立了相应的领导小组办公室,形成了自上而下的治理管理体系。1992 年就停产了的保定市第一造纸厂、隶属北京军区的长城造纸厂,这两家造纸厂成为白洋淀污水治理工程最早关停的大中型企业。③到 1996 年底,《白洋淀污染综合治理方案》确定的 13 项重点工业污染源治理项目已全部完成并通过验收,关闭了白洋淀上游 97 个塑料、小造纸厂。此外,同年 8 月底保定市新建两个城市污水处理厂投入试运行,日处理污水达 16 万吨,保定市粉煤灰污水处理工程亦建成运行,并顺利通过国家环保局验收。④

（四）白洋淀上游中外合作的生态修复项目

不仅要解决白洋淀污染问题,还要解决淀内补给水的问题,主要是解决

---

① 宋健著：《向环境污染宣战》,中国环境科学出版社,1997 年,264 页。
② 《中国环境年鉴》编辑委员会编：《中国环境年鉴(1993)》,中国环境科学出版社,1993 年,第 185 页。
③ 谢剑峰：《白洋淀鹅鸭戏碧水》,《中国环境报》1998 年 11 月 21 日第 9 版。
④ 《中国环境年鉴》编辑委员会编：《中国环境年鉴(1997)》,中国环境科学出版社,1997 年,第 258 页。

上游水源问题,这样整个白洋淀环境治理才能标本兼治,解决根本问题。① 这就需要继续加强淀区周边绿化及上游集水地生态防护林建设,通过生态环境的改善,不断增加白洋淀的水源补给。同时针对上游水土流失带来的淀内泥沙淤积、容积不断缩小的问题,避免白洋淀被淤平,也需要治理太行山,做好上游山区绿化,控制水土流失,从根源上减少泥沙入淀。基于上述问题,1992年国务院在白洋淀召开现场办公会议,明确提出"要加快保定西部山区白洋淀流域生态防护林建设"。② 为此河北省还积极寻求国外贷款和技术支持。

1988年世界银行专家考察团威特赫哥一行六人来到安新县,对淀内端村、大田村、圈头、王家寨、赵北口等水乡进行考察,考察认为白洋淀综合开发前景广阔。③ 1992年9月欧共体组织的"中国黄淮海平原农业持续发展水资源管理与研究研讨会"在北京召开,与会的外国专家也专程到雄县考察了"中国黄淮海平原农业持续发展水土资源管理"项目实验基地——昝岗镇刘神堂村。④ 1994年11月欧共体资助的这一水生态修复项目在雄县实施。⑤

1996年在白洋淀上游保定市西北山地,中德两国合作的生态环境造林项目正式启动,德国政府为此项目无偿援助1300万马克。截至2000年底项目累计完成人工造林2.01万公顷,封山育林1.12万公顷,项目封育区的植被覆盖度从原来的46%提高到了77%,项目区的森林覆盖率由实施前的13%提高到了19.2%,有效减少了白洋淀上游的水土流失。⑥

二、淀区各县市对白洋淀污染问题的综合治理

据1983年调查,雄县纵是远离村庄的土地,也存在自新中国成立以来

---

① 解振华著:《为了人与自然的和谐》,中国环境科学出版社,2006年,第618页。
② 《中国环境年鉴》编辑委员会编:《中国环境年鉴(1993)》,中国环境科学出版社,1993年,第103页。
③ 安新县地方志编纂委员会编:《安新县志》,新华出版社,2000年,第68页。
④ 雄县地方志编纂委员会编:《雄县志(1990—2012)》,河北人民出版社,2018年,第12页。
⑤ 同上书,第15页。
⑥ 田锁章:《中德合作"河北省白洋淀上游集水山地生态造林项目"综述》,《河北林业科技》2000年增刊第2期。

没有上过农家肥、完全靠化肥进行生产的土地,也就是农民俗话里的"卫生地"。由于没有施用过任何有机肥,这些耕地的有机质大量损耗、养分含量降低,土壤生物化学性状都受到了损害。① 不仅如此,土壤中的化肥成分还通过水土流失进入白洋淀内,造成农业面源污染。在第二次、第三次大规模治理白洋淀行动中,淀区各县也开始从工农业生产、生活各方面对污染问题展开综合治理。

(一) 淀区对白洋淀污染的主要来源

20世纪后期白洋淀上游地区各河流除汛期外已基本无径流,就更少有径流量入淀。在这一背景下,可以认为对白洋淀影响较大的农田沥水主要在淀区周围。据统计,淀区及周围经济区约有耕地60余万亩,以折纯量计的氮肥、磷肥施用量分别按每亩13~4.6公斤计算,其流失量约在30%左右,能够进入沥水的按流失量的10%计算,那么60万亩耕地每年随沥水注入白洋淀内的氮、磷量,大约分别为234吨和83吨。与府河注入白洋淀的氮、磷负荷量基本相当。②

同时,淀内居民生活、生产造成的污染同样不可忽视。据1990年数据分析,白洋淀内五日生化需氧量(BOD5)的35%、化学需氧量(COD)的20%负荷量来自淀内。③ 淀内污染源主要包括:(1)生活污染源,白洋淀内纯水村、半水村有近20万人口,生活垃圾是主要的污染源;(2)旅游业污染,淀内多处旅游点,上千艘机动船,旅游旺季每天游客上万人,旅游垃圾和机动船漏油等都是淀水直接污染源;(3)网箱和围栏养鱼污染,养鱼饵料投放量每年约几千吨,鱼饵含氮5%左右,含磷0.8%左右,并富含有机质,未被鱼食用的饵料是水体富营养化的一个重要来源;(4)家禽养殖业污染,淀区的鸡鸭养殖业使大量动物粪便直接排放到水中,也会严重污染淀水;(5)底泥污染,淀底沉积了大量水草和藻类形成的腐殖质,以及1988年来水时淹没在淀内的21万亩大秋作物腐烂形成的底质,还有干淀期间多年耕作形成的富

---

① 张桂银、许皞、霍习良:《农业持续发展中土壤资源的管理与利用》,载河北农业大学编《白洋淀周边地区农业持续发展道路》,农业出版社,1993年,第47页。

② 王文元编著:《节水灌溉理论与技术:王文元水利文集》,黄河水利出版社,2007年,第44页。

③ 同上。

有机质和氮、磷的土壤。① 另外,超量采摘水生植物也会减少水体中氧气的生成量,加速水质恶化,造成鱼类减产。②

(二) 环淀各县市治理白洋淀污染问题的主要方案及成效

1988年8月持续多年干淀的白洋淀重新蓄水后,又连续发生污染事故。同年10月安新县发布了《关于防治白洋淀环境污染的有关规定》。1992年10月雄县政府印发《关于白洋淀污染治理的实施意见》,对环白洋淀周边地区的工业污染、生产和生活垃圾污染、旅游污染等提出了具体治理措施。③ 1997年6月雄县政府发布《雄县白洋淀水污染防治和环境卫生管理办法》④,从题目也可以看出对水环境问题的综合治理已经延展到环境卫生。

除保定市采取了较为严格的污染源控制措施,20世纪90年代还在白洋淀周边及上游地区共取缔、关停小制革、小造纸、小漂染等重污染小型企业2 000多家,有效控制了上游和周边对白洋淀污染的废水来源。⑤ 为防止淀内生活污染和旅游污染,到1998年底修建三防厕所1 239个,建垃圾箱(池)448个,垃圾填埋场79个,购置垃圾车94辆,成立了47支卫生清洁队,还对700多条燃油机船进行了改造。⑥ 同时加强环保宣传,引导居民养成良好的卫生习惯,控制生活污水直接入淀量。

为解决生产和水环境保护之间的矛盾,淀区各级政府开始对产业布局进行规划调整,引导群众在保持生态平衡的前提下,有序、适度地发展旅游业。对于淀区规模较大的养殖业,适度控制数量规模,鼓励筹建水草饲料加工厂,搞好淀底清淤等工作。诚然,解决淀内生产生活污染最根本的举措是控制水乡人口增长,于是开始在淀区周边建立无污染工业区,动员纯水村年

---

① 金相灿等著:《中国湖泊环境》(第二册),海洋出版社,1995年,第267页。
② 马敏立、温淑瑶、孙笑春等:《白洋淀水环境变化对安新县经济发展的影响》,《水资源保护》2004年第3期。
③ 雄县地方志编纂委员会编:《雄县志(1990—2012)》,河北人民出版社,2018年,第12页。
④ 同上书,第20页。
⑤ 白剑峰:《治理重点污染源,建设生态防护林,"华北明珠"白洋淀碧波重现》,《人民日报》1998年11月16日第10版。
⑥ 谢剑峰:《白洋淀鹅鸭戏碧水》,《中国环境报》1998年11月21日第9版。

轻人上岸定居①,通过迁出水乡人口,在短期内实现人口减少。在上述举措下,白洋淀自身污染防治工作也取得一定进展。据1996年10月份监测,白洋淀达到二类水体的水域面积占34%,三类水体占11%,比上年有较大改善。② 而《白洋淀污染综合治理方案》也在1998年通过国家验收。

三、 国家蓄滞洪区职能与白洋淀水环境安全应对

新中国成立后基本建立了海河流域的防洪体系——由各河系上游的大中型水库、中游的蓄滞洪洼淀和下游的河道及堤防三部分组成。其中蓄滞洪洼淀是防洪体系的重要组成部分,起着削峰缓洪、延长下泄时间、减轻洪水灾害的作用。③ 1988年国家发布《关于蓄滞洪区安全与建设指导纲要》,揭开了海河等流域蓄滞洪区安全建设的序幕。1992年海河水利委员会完成了《海河流域滞洪区安全建设规划》,1993年白洋淀(含周边地区)被国家确定为海河流域26处蓄滞洪区之一,1994年国家防汛抗旱总指挥部印发《大清河洪水调度方案》,明确了白洋淀、东淀、文安洼、贾口洼等蓄滞洪区使用原则,明确了防洪工程调度运用的权限。1995年白洋淀蓄滞洪区依据相关规定开始建设,包括同口避水楼、马村和寨南避水房等。

(一) 1994年《大清河洪水调度方案》的相关规定

1994年国家印发《大清河洪水调度方案》,遵循"上蓄、中疏、下排,适当地滞"的原则,对流域中下游的白洋淀、文安洼、东淀等蓄滞洪区洪水调度原则,对控制洪水流量的王村闸、独流减河进洪闸等水闸枢纽工程运用原则,对蓄滞洪区内堤埝扒口分洪的使用原则等作出了具体规定。同时明确了工程调度运用的权限。

1. 上游兰沟洼蓄滞洪区运用原则

兰沟洼位于白沟河、南拒马河形成的Y形封闭洼地内,担负着大清河北

---

① 张芸、王秀兰、李兵:《白洋淀污染机理及防治探讨》,《水资源保护》1999年第4期。

② 《中国环境年鉴》编辑委员会编:《中国环境年鉴(1997)》,中国环境科学出版社,1997年,第258页。

③ 徐丽荣:《兰沟洼蓄滞洪区灾情评估系统》,《海河水利》1996年第2期。

系滞洪滞沥、永定河系分洪的双重任务,历史上曾多次滞洪。1963年大水时兰沟洼最高滞洪水位16.1米,20世纪后期确定最高滞洪水位为17.5米,最大淹没水深4.4米,洼内淹地面积为228平方公里,淹没耕地28万亩,涉及新城、定兴的14个乡镇、14.9万人口。① 兰沟洼蓄滞洪区的运用原则主要包括:(1)当白沟河东茨村超过保证水位27.2米、流量超过2 700立方米/秒时,可在田宜屯和东务两地扒口向兰沟洼分洪;(2)当南拒马河北河店水位超过保证水位24.9米、流量超过4 640立方米/秒时,可在左堤北田村扒堤向兰沟洼分洪②;(3)当永定河向小清河分洪超过白沟河的容泄能力时,可在白沟河上游小横营堤和朱庄口门分洪入兰沟洼。七八十年代连续干旱,兰沟洼内一水一麦的耕作方式早已改变,同时排水渠道、乡镇公路等在洼内大量建设,蓄洪、行洪能力明显减弱。③

2. 新盖房枢纽工程运用原则

20世纪后期主要是:(1)当白洋淀十方院在防洪保证水位9.1米以下,新盖房闸上水位低于12.5米时,可用白沟引河向白洋淀泄洪,控制泄量500立方米/秒,小于500立方米/秒的中小洪水,除大清河原河道灌溉引水外,皆入白洋淀调蓄沉沙;(2)当新盖房闸上水位超过12.5米时,利用新盖房分洪道泄洪,控制流量5 000立方米/秒;(3)当十方院水位超过9.1米时,要关闭白沟引河闸,启用新盖房分洪道。大清河道用于灌溉,一般情况下不用于泄洪。④

3. 下游东淀、文安洼蓄滞洪区分洪原则

东淀分洪原则:(1)东淀进洪口由枣林庄和新盖房两个枢纽控制,最大进洪流量7 700立方米/秒,泄洪出口由独流和西河两个枢纽控制,最大泄洪流量4 300立方米/秒;(2)当大清河北支遇超标准洪水,第六堡水位已达6.56米,枣林庄闸上水位9.1米,闸下水位7.1米以上,预报白洋淀以上各

---

① 河北省地方志编纂委员会编:《河北省志·第20卷·水利志》,河北人民出版社,1995年,第130页。

② 海河志编纂委员会编:《海河志》(第二卷),中国水利水电出版社,1998年,第95页。

③ 肖丹、刘新、郭书英:《兰沟洼行滞洪区洪水灾情的模拟分析》,《海河水利》1999年第2期。

④ 河北省水利厅水利志编辑办公室编:《河北省水利志》,河北人民出版社,1996年,第304页。

河无洪水时,枣林庄闸控制泄量与北支错峰,以减少东淀向文安洼分洪的概率。由于多年无大水,东淀农业由"一水一麦"向"保麦夺秋"转化,淀内多种植玉米、向日葵、麻类等高秆作物。同时随着人口增加和工副业发展,在众多堤埝基础上又修建了阻水横埝、围埝等,形成河淀分家,使淀内行洪作用变得更加复杂。①

文安洼主体在文安和大城两县接壤处,蓄滞洪水运用原则:(1)当东淀第六堡水位达到 6.56 米,十方院水位达到 9.1 米,水势仍上涨时,提启王村闸向文安洼分洪;(2)当十方院水位降至 9.1 米,东淀第六堡水位降至 6.56 米,南北两支入东淀总流量小于 4 400 立方米/秒时,关闭王村闸。因气候干旱,保证了洼内"一水一麦"的耕作方式,出现了"淹过文安洼,当年种庄稼"的新局面。90 年代文安洼内有村庄 98 座、人口 7.11 万人、耕地 24 万亩。②

1998 年长江、松花江大洪水后,对蓄滞洪区建设的重要性有了更为清醒的认知,防洪体系建设也进入了可持续阶段,从以工程措施为主,逐步向以实现流域可持续发展为主要目的,立足流域整体性、系统性,打破行政界限、重视多部门合作,以确保环境保护与经济发展的平衡协调转变。1994 年《大清河洪水调度方案》的相关规定体现了白洋淀蓄滞洪区与其他洼地之间协调联动、统筹兼顾的原则,既要保护白洋淀内及周边地区社会生产,又要承担蓄滞洪水的重任,减轻水灾害与保护水环境并举。

(二) 1997 年颁行《河北省蓄滞洪区管理办法》

据不完全统计,20 世纪 90 年代初,黄、淮、海和长江四条河流各自蓄滞洪区容量远大于其上游水库的防洪库容,可见蓄滞洪区在我国江河防洪体系中占有的重要地位。蓄滞洪区多数是历史上江河洪水淹没及调蓄洪水的场所,主要包括河堤外临时贮存洪水的低洼地区及湖泊洼淀等。但随着环境变迁和人们活动延展,这些地区的水土资源又多被围垦利用,导致分蓄洪水的损失呈上升趋势,制约其蓄滞洪水功能的发挥。蓄滞洪区应不应该垦殖?要不要分蓄洪水?蓄洪与垦殖矛盾如何协调?这些成为一直争论的问题。③

---

① 于天一:《东淀是大清河防洪调度的关键一环》,《海河水利》1993 年第 4 期。
② 海河志编纂委员会编:《海河志》(第二卷),中国水利水电出版社,1998 年,第 91—94 页。
③ 梅亚东、冯尚友:《洪灾与蓄滞洪区利用管理》,《大自然探索》1994 年第 3 期。

1990年11月通过《河北省水利工程管理条例》,这是河北省第一部关于水利工程管理的地方法规,并于1998年进行了修订,适用省内水库、河道、渠道、洼淀、分洪区、蓄滞洪区、堤坝、水闸、机井、排灌站等各种水利工程,为其保护利用和经营管理提供了法律依据。① 1991年5月省水利厅印发《河北省平原行洪河道堤防等级标准》《河北省水库规范化管理考核标准》等系列规定和标准,皆为水利工程规范化管理提供了制度保障。②

为了合理有效地运用蓄滞洪区,使区内的生产生活适应防洪要求,并得到安全保障,1997年3月底河北省根据《中华人民共和国水法》《中华人民共和国防汛条例》等有关法律、条例的规定,结合本省实际,发布了《河北省蓄滞洪区管理办法》,旨在合理有效地运用蓄滞洪区,发挥其蓄洪滞洪作用。该办法适用于列入国家重点安全建设规划的白洋淀、兰沟洼、东淀、贾口洼、文安洼等具有蓄滞洪作用的区域。在蓄滞洪区进行建设,必须执行蓄滞洪区安全与建设规划的相关要求;在蓄滞洪区开发利用土地,必须符合防洪要求。此外,针对蓄滞洪区内防洪楼(房)、避水台、围村埝和安全撤退道路等防洪安全设施建设,提出应坚持就地避洪为主和因地制宜等原则。

(三) 白洋淀蓄滞洪区的泄洪原则与应对洪水举措

根据《中华人民共和国防洪法》第四章第二十九条规定,蓄滞洪区是指包括分洪口的背水面以外的临时贮存洪水的低洼地区及湖泊等。白洋淀外围有以相应堤防命名的分洪滞洪区,统称为白洋淀周边分洪区,周边分洪区涉及安新、雄县、容城、徐水、清苑、高阳、任丘7个县市。1994年颁布的《大清河洪水调度方案》,为白洋淀等蓄滞洪区最大限度减轻洪涝灾害损失,充分利用洪水资源提供了指导。

1. 白洋淀蓄滞洪区的泄洪原则

20世纪末白洋淀上游水库总库容30多亿立方米,控制山区面积88%,控制了大部分入淀径流量,白洋淀蓄滞洪区的泄洪原则、洪水应对都受到这

---

① 《河北省水利工程管理条例》,《河北政报》1999年第3期。
② 河北省地方志编纂委员会编:《河北省志·水利志(1979—2005)》,河北人民出版社,2018年,第214页。

一背景的影响。根据《海河流域蓄滞洪区建设与管理规划》,白洋淀蓄滞洪区包括围堤内淀区和周边5个分洪区,淀周边堤防的分洪标准各不相同。(1)蓄滞洪区启用标准为10年一遇,利用主淀区蓄水缓洪;(2)20年一遇洪水,除新安北堤不分洪外,其他分洪区全部启用,滞洪水位10.5米,滞洪面积956平方公里;(3)50年一遇洪水,白洋淀周边分洪区全部启用,滞洪水位9.64米,滞洪面积1 191平方公里。

这一时期白洋淀蓄滞洪区泄洪的具体原则为:(1)十方院水位达到6.6米时,可视情况提闸泄洪;(2)十方院水位超过7.6米时,溢流堰溢洪;(3)十方院达到防洪保证水位9.1米时,枣林庄枢纽工程泄洪与北支错峰泄洪;(3)汛后控制白洋淀内最高蓄水位7.4~7.6米,淀边灌溉引水停用水位为5.9~6.1米,以保证淀内渔苇生产综合效益[①];(4)超过十方院保证水位10.5米时,首先扒开障水埝分洪,再视水情依次扒开四门堤、新安北堤,最后扒开淀南新堤分洪,确保千里堤安全[②]。

可见,白洋淀蓄滞洪区使用原则兼顾了流域洪水蓄滞与淀区人民群众生活,蓄滞超额洪量要符合"牺牲局部、保护全局"的防洪要求。同时要与下游文安洼、东淀联动使用,实现水系联动调集。

2. 白洋淀蓄滞洪区应对洪水的举措

蓄滞洪区既要承担蓄滞超额洪水的防洪任务,又要保障区内居民生命财产安全,所以大多数国家从流域的角度出发,把防洪体系看作一个有机整体进行调度。白洋淀蓄滞洪区减轻洪灾危害的应对措施主要有三:(1)提高淀边堤防抗洪标准。白洋淀堤埝修缮增筑一直在进行,如1989年春安新县政府组织1.8万人再次加固淀南堤,并将大堤全部绿化[③];1996—1997年间淀南新堤高阳段复堤11.25公里。(2)疏通淀水下口,快速降低淀内水位。1991年在全省对行洪障碍进行清除行动中,将白洋淀赵北口溢流堰12间违章民房全部炸掉[④];1994—2000年间对枣林庄枢纽闸前进行了三期除茬,主要实施了枣林庄闸前除茬、淀内开卡、淀南新堤复堤、枢纽工程加固等

---

① 河北省水利厅水利志编辑办公室编:《河北省水利志》,河北人民出版社,1996年,第299页。

② 同上书,第322页。

③ 安新县地方志编纂委员会编:《安新县志》,新华出版社,2000年,第434页。

④ 河北年鉴编纂委员会编:《河北年鉴(1992)》,河北年鉴社,1992年,第175页。

工程,提高了枣林庄枢纽的综合防洪作用,每年汛前闸前水域灭苇工作一直坚持下来。(3)淀内清淤开卡。除枣林庄枢纽闸前除堼降低水位差外,还需清除白洋淀内主要行洪通道上的高堼区,打通南北两条行洪通道。1998年、2000年淀内两次开卡工程,加大了南北淀区行洪道的泄洪能力,遇15年一遇的洪水时,可不向四门堤内唐河南区分洪,减少淹没耕地面积8.2万亩,减少受灾人口4.5万人。[①] 1998年在我国南方发生的大洪水让政府重新审视过去的发展方式,愈发重视环境和生态问题。

蓄滞洪区不仅是一种人类适应自然和保护自己的行之有效的防洪减灾措施,也是人与自然和谐相处、给洪水以出路、建设生态文明的重要体现。

本 章 小 结

有研究提出人类活动对白洋淀流域的影响可以1979年为界,以此前1956—1979年数据为参照物,1980—2000年20年间,气候变化对白洋淀年径流量衰减态势的影响占总变化量的43.9%,人类活动对白洋淀年径流量衰减态势的影响占总变化量的56.1%,人类活动的影响超过气候影响12.2%。具体到入淀水系的南支、北支又存在差异。在南支山区人类活动对径流量的影响比气候变化影响高出19.8%,在北支山区人类活动对径流量的影响比气候变化影响高出30.6%,"南、北山区人类活动对白洋淀年径流量衰减的影响程度都大于全流域平均水平,其中北支山区影响程度大于南支山区"[②]。究其原因,最明显的就是保定市位于北支水系中游,这一结果再次证明保定市在白洋淀水环境治理中具有举足轻重的作用。

经过改革开放20多年工业化、城镇化的发展,白洋淀区传统渔耕经济在国民经济中的占比明显收缩,乡镇工业经济持续发展,经济结构变化是白洋淀水环境变化的重要动因。具体而言,一方面是社会经济发展对白洋淀水域、湿地挤压作用增加,另一方面人们对水资源、水环境保护利用的意识

---

① 河北省地方志编纂委员会编:《河北省志·水利志(1979—2005)》,河北人民出版社,2018年,第178、179页。

② 刘克岩、张橹、张光辉等:《人类活动对华北白洋淀流域径流影响的识别研究》,《水文》2007年第6期。

也不断提升。1998年11月解振华在白洋淀污染综合治理工作验收会上作了题为"白洋淀污染综合治理是我国流域污染治理的重要开端"的报告,这一题目就是对这一时期白洋淀污染治理工作成绩的高度概括,认为经过五年多的综合治理,对我国北方湖泊的污染治理进行了有益的探索,为实现可持续发展也提供了宝贵的经验,"让我们看到了重点地区水污染防治工作的希望"。①

20世纪八九十年代,围绕白洋淀蓄滞洪区的利用和水环境治理颁布了多部管理办法、规定、方案等,标志着开始由大规模水利工程建设向依法治水转变。1996年2月《白洋淀志》出版,该志记述了白洋淀区经济、文化、政治等各方面的发展与现状,专志的出版标志白洋淀作为一个独立的自然区域得到了公众的认可。

---

① 解振华著:《为了人与自然的和谐》,中国环境科学出版社,2006年,第615页。

第六章

2001—2016 年白洋淀区城镇化提速与为构建和谐人水关系的努力

2001年3月国务院批转公安部《关于推进小城镇户籍管理制度改革的意见》,县级市市区、县人民政府驻地镇及其他建制镇户籍制度改革开始全面推进。当时白洋淀区农业剩余人口大幅增加,在国家政策引导下,城镇化进程明显提速。城市与乡村意味着两种存在本质区别的生产、生活方式,因此对水资源的利用、对人水关系的理解也表现出极大的差异。在提升人口承载力的同时,生产工业化、人口聚集性也带来了白洋淀新的水环境问题。在这一背景下,以白洋淀为核心的流域生态治本工程开始启动,并开始实施跨流域的河湖库水系连通工程。

第一节 新世纪白洋淀区主要地理特征

21世纪伊始,全球气候继续呈转暖态势。这一时期白洋淀流域的降水量也较前略有增加,同时淀区用水量、蒸发量也在增加,其间还发生了2012年大清河北支"7·21"暴雨洪水,但水资源短缺依旧是主要的水环境问题。淀内蓄水量减少,上下游阻断,上游及周边污染问题并未彻底根除,又发生了多次大规模死鱼事件。

一、主要自然地理特征

经过20世纪中期以来半个世纪的利用改造,白洋淀区和整个流域的地理特征发生了明显的变化。历史上流入白洋淀的九条河流之中,潴龙河、唐河、清水河、萍河长期断流;漕河、孝义河、瀑河仅部分季节有水;唯一流入白洋淀的府河常常成为保定市排放生活和工业污水的主要渠道,按照地表水国家标准,污染程度甚至超过最高的Ⅴ类。① 同时环绕白洋淀四周的堤堰更为坚固,入淀水量减少且多为污水,无水出淀,白洋淀基本成为一个失去自然循环能力的死湖。

---

① 张进、王以超编:《危机中国》,中国友谊出版公司,2009年,第212、213页。

(一) 气候和入淀水量等自然地理特征

20世纪80年代由于入淀水量的锐减,白洋淀多年持续低水位。2006年再次面临干淀的危险,2006—2011年间四次引黄河水入淀。引黄济淀跨流域补水,作为生态应急调水工程,对水质、鱼类、水生植物、候鸟迁徙、局地气候及生态旅游都产生了积极作用,缓解了严重水匮乏危机,一定程度上改善了淀区湿地及周边区域的生态环境。①

1. 气温波动加大

21世纪伊始,从全球及国内、华北气候特征分析,大致呈现气温持续升高、降水量增加的态势,白洋淀气温、降水量变化的总趋势大致如斯;但短时段内具体分析,又非直线变化,而是有起伏波动。以雄县为例,2001—2012年12年间气温是下降趋势(详见表6-1-1),低于20世纪80年代。这一时期极端最低气温是-20.9℃,出现于2010年1月13日。② 其间也出现了反常的低温天气,如2002年4月23日至24日雄县遭受低温冷冻灾害,气温下降12.4℃,地温下降15.1℃,出现霜冻,低至-0.9℃;25日持续低温,低洼地区又出现霜冻,全县农作物受灾2 780公顷,成灾1 853公顷。③ 2010年3月雄县再次遭受低温冷冻灾害,造成较大经济损失。④ 再以大雾天气为例,雄县2007年最多为40天,2010年和2011年最少为各10天。⑤ 大雾形成需要一些小的凝结核,但主要还是跟降水、冷空气活动有关。

表6-1-1　2001—2012年雄县年平均气温统计表　　　　单位:℃

年份	年平均	年份	年平均	年份	年平均	年份	年平均
2001	13.3	2004	13.4	2007	12.8	2010	11.7
2002	13.5	2005	13.2	2008	12.3	2011	12.1
2003	13.0	2006	13.4	2009	12.3	2012	11.7

数据来源:《雄县志(1990—2012)》(2018年)第12页。

---

① 胡福来、杨新阁:《引黄济淀对白洋淀的生态效益分析》,载潘增辉主编《水生态文明建设研究与实践》,河北科学技术出版社,2013年,第52页。
② 雄县地方志编纂委员会编:《雄县志(1990—2012)》,河北人民出版社,2018年,第67页。
③ 同上书,第28页。
④ 同上书,第38页。
⑤ 同上书,第67页。

2. 降雨量偏少且大幅波动

2001年淀区降水量为427毫米,较多年平均值偏少20%,靠水库补水才使水位保持在5.99米。随着连年干旱,上游水库也面临无水输出的窘境。2006年海河流域旱情严重,截至9月底河北全省平均降水量仅有374毫米,比多年平均降水量下降了23%。[1] 当年汛期,不仅淀区降水量偏少,白洋淀上游的王快、安格庄、西大洋、龙门四座大型水库蓄水量仅有3.52亿立方米,比往年减少了47%,无法再向白洋淀补水。白洋淀蓄水量仅为0.5亿立方米,水位降低至6.5米,即干淀水位。[2] 同年曾经承担跨流域调水任务的岳城水库蓄水量也仅有2.61亿立方米,无法济淀。鉴于此,国家水利部组织实施了"引黄济淀"生态应急补水。到2011年4月第四次"引黄济淀"工程结束,白洋淀水域面积由补水前的82平方公里扩大到134平方公里,水位曾上升到7.38米。[3] 实施生态补水后,白洋淀湿地生态功能逐步恢复,濒临灭绝的一些经济鱼类重新出现。

也有研究显示,这一时期京津冀三地水资源总量整体变化趋势大体以2012年为分界线,呈现先上升后下降的趋势,在2012年达到最大值307.88亿立方米,2012年以后呈现为不稳定降低趋势。其中2012年、2016年两年水资源总量相较于其他年份显著较大。究其原因,主要应该是2012年7月华北平原地区出现了罕见的暴雨、风雹[4],2016年7月华北平原地区再次出现了大暴雨[5]。其间2012年白洋淀也发生了"7·21"暴雨,但2016年相对干旱。总之,大致与华北地区变化同频。

(二)水域面积、水位依然在萎缩[6]

白洋淀上游百余座水库总库容约36.19亿立方米,使白洋淀流域平水

---

[1] 胡福来、杨新阁:《引黄济淀对白洋淀的生态效益分析》,载潘增辉主编《水生态文明建设研究与实践》,河北科学技术出版社,2013年,第52页。

[2] 马敏立、温淑瑶、孙笑春等:《白洋淀水环境变化对安新县经济发展的影响》,《水资源保护》2004年第3期。

[3] 《河北省白洋淀生态修复与环境治理历程》,载《改革开放实录》编写组编写《改革开放实录》(第四辑),中共党史出版社,2018年,第234页。

[4] 《2012年全国十大自然灾害事件》,《中国减灾》2013年第3期。

[5] 梅梅、姜允迪、王遵娅等:《2016年中国气候主要特征及主要天气气候事件》,《气象》2017年第4期。

[6] 本章若无特殊说明,水位均为大沽高程。

年水资源开发利用率超过60%,而偏枯水年份高达96%[①],在平、枯水年份水库上游来水大部分被拦蓄,特别是枯水年尤为显著。白洋淀上游水系或断流或成为季节性河流,只有府河、孝义河有少量径流进入白洋淀。[②] 白洋淀干淀水位以6.5米为标准,1988年重新蓄水后到2016年间白洋淀没有出现干淀,但淀内水位大致年年接近干淀警戒水位。在这一水位时,水域面积68.832平方公里,蓄水量0.25亿立方米。

1981—2003年王快、西大洋、安格庄三座水库每年大约放水5.02亿立方米输入白洋淀。20世纪50年代白洋淀丰水期的平均水位是6.99米,2004年下降到了3.3米,较50年代减少了52.8%。[③] 2004年开始从岳城水库跨水系调水,以维持生态需水量。2006年开始跨流域引黄济淀工程。2007年保定市水文水资源勘测局发布的资料显示,1997—2007年的11年间白洋淀天然入淀水量为零,白洋淀水域面积急剧缩减到不足30平方公里,蓄水量仅为0.13亿立方米。[④]

2008年8月20日开始连续多日降水,为白洋淀增加蓄水1500万立方米,接近该年度引黄济淀补水量的十分之一,使白洋淀水位持续保持在7.47米以上,为十年来最高水位,水域面积由汛期前45平方公里扩大为145平方公里。2012年2月7日完成第五次引黄济淀,白洋淀水位达到7.52米,水域面积进一步扩大为150平方公里。[⑤]

2014年夏白洋淀蓄水量近3.3亿立方米,水域面积253.263平方公里,水位、蓄水量及水域面积均为近十年来同期最高值。[⑥] 2016年由于干旱少雨,白洋淀蓄水量又骤降到0.5亿立方米,水位降低至6.5米[⑦],即干淀

---

① 《白洋淀水质与水域功能分析预测研究报告》,河北省水利水电勘测设计院,1989年。
② 胡福来、杨新阁:《引黄济淀对白洋淀的生态效益分析》,载潘增辉主编《水生态文明建设研究与实践》,河北科学技术出版社,2013年,第53页。
③ 张璐璐等著:《白洋淀生态系统健康及典型污染物生态风险评价:基于底栖—浮游耦合食物网的研究》,中国环境出版集团,2018年,第7页。
④ 《河北省白洋淀生态修复与环境治理历程》,载《改革开放实录》编写组编写《改革开放实录》(第四辑),中共党史出版社,2018年,第230页。
⑤ 彭艳芬著:《白洋淀历史与文化》,河北大学出版社,2012年,第102页。
⑥ 《白洋淀蓄水近十年最高》,《人民日报》2014年7月4日第3版。
⑦ 胡福来、杨新阁:《引黄济淀对白洋淀的生态效益分析》,载潘增辉主编《水生态文明建设研究与实践》,河北科学技术出版社,2013年,第52页。

水位。

白洋淀湿地主要为沼泽湿地和河流湿地,2000—2009 年遥感影像解译的白洋淀湿地类型面积变化情况见表 6-1-2。尽管有跨水系、跨流域引水,但白洋淀湿地总体还是逐渐退化。主要原因是人工养殖水塘的面积逐年增加,使白洋淀湿地结构发生了明显变化。

表 6-1-2　2000—2009 年白洋淀湿地类型面积变化表

单位:平方公里

年　份	裸　地	植　被	河流湿地	沼泽湿地
2000 年	58.56	458.41	17.55	50.14
2009 年	129.84	418.124	7.56	29.13

数据来源:《从水土环境要素研究河北保定—沧州地区湿地演变》(2012 年)。

(三) 生物多样性特征趋好

在气候变化和人为干扰叠加之下,白洋淀湿地水文特征持续变化,湿地水体的水质状况、湿地生态系统结构进一步改变。这些变化又必然影响到水生生物资源的种类、数量,以及湿地生态系统功能。[1] 白洋淀鱼类群落是考察其生态系统状态的重要指标,人工养殖使淀内水生动植物的种类有明显恢复。

2001 年调查显示,淀内鱼类有 21 种,隶属于 7 目 9 科 25 属。较 20 世纪 60 年代中期之前鱼类种数明显下降,特别是经济鱼类,同时自然鱼类的种群也呈现低龄、小型化趋势。[2] 究其原因,应是淀区水量、水质和养殖活动影响的结果。

2002 年调查显示,淀内鱼类有 33 种,含人工养殖的经济种类 10 种,隶属 7 目 12 科 30 属,其中鲤科种类占 51.5%。人工养殖的麦穗鱼、虾虎鱼等

---

[1] 《河北省白洋淀生态修复与环境治理历程》,载《改革开放实录》编写组编写《改革开放实录》(第四辑),中共党史出版社,2018 年,第 233 页。

[2] 主要见韩希福、王所安、曹玉萍等:《白洋淀重新蓄水后鱼类组成的生态学分析》,《河北渔业》1991 年第 6 期;曹玉萍、王伟、张永兵:《白洋淀鱼类组成现状》,《动物学杂志》2003 年第 3 期等。

抗污能力强，逐步成为优势种群。自2003年起开始对白洋淀内经济鱼类增殖放流，增加了经济鱼类的产量，但对物种的增加没有贡献。①

2004年开始"引岳济淀"，淀内水位稍有保证，鱼类种群有所恢复，达到17科34种②，野生禽类恢复到180多种，单个种群也在扩大。2005年大致有47种水生植物、24种鱼类、190种鸟类和14种野生哺乳动物。③ 2007年鱼类种群保持了17科34种，以鲤科鱼类为主，占66%；鸟类种类恢复到192种，绝迹多年的白天鹅、东方白鹤等重现④；共有水生植物39种，隶属于16种21科⑤。

2008年实施"引黄济淀"工程，白洋淀生态系统继续修复。鱼类增加到了54种，以鲤鱼、黑鱼、黄颡为主⑥，鲤科种类最多，共计30属34种，占淀内鱼类总种数的62.96%⑦。水生植物达到47种，藻类植物406种。同年白洋淀野生哺乳动物14种，鸟类197种，包括国家一级重点保护鸟类5种，国家二级保护鸟类26种，并发现5种新鸟种。⑧

在2000—2010年调查期间，共观察到浮游植物8门155种（属），与20世纪90年代初相比，物种总数减少了9种；观察到鱼类33种，隶属7目12科30属，耐污染、耐低氧的鱼类已成为优势种群，洄游性鱼类几乎全部消失，一些大型的经济鱼类也相继消失。⑨ 2009年6月至2010年5月对白洋淀8个典型采样点进行了调查，发现鱼类25种，与历史资料相比，淀内鱼类

---

① 曹玉萍、王伟、张永兵：《白洋淀鱼类组成现状》，《动物学杂志》2003年第3期。

② 胡福来、杨新阁：《引黄济淀对白洋淀的生态效益分析》，载潘增辉主编《水生态文明建设研究与实践》，河北科学技术出版社，2013年，第52页。

③ 同上书，第52、54页。

④ 蔺玉堂、耿建扩：《黄河水引进白洋淀，生态环境显著改善》，《光明日报》2007年2月26日第8版。

⑤ 李峰、谢永宏、杨刚等：《白洋淀水生植被初步调查》，《应用生态学报》2008年第7期。

⑥ 主要见吴新玲：《引黄济淀对白洋淀鱼类种群影响分析》，《河北水利》2011年第11期；曹玉萍、王伟、张永兵：《白洋淀鱼类组成现状》，《动物学杂志》2003年第3期等。

⑦ 胡福来、杨新阁：《引黄济淀对白洋淀的生态效益分析》，载潘增辉主编《水生态文明建设研究与实践》，河北科学技术出版社，2013年，第53页。

⑧ 赵会英、陈晓轻：《白洋淀水位涨至十年来最高》，《保定晚报》2008年8月27日第4版。

⑨ 主要见陈龙、谢高地、鲁春霞等：《水利工程对鱼类生存环境的影响——以近50年白洋淀鱼类变化为例》，《资源科学》2011年第8期；谢松、黄宝生、王宏伟等：《白洋淀底栖动物多样性调查及水质评价》，《水生态学杂志》2010年第1期。

食物网趋于简单且结构不完整,中级肉食性鱼类匮乏,能量流动出现越级现象,这反映出淀内渔业资源结构已经遭到严重破坏。① 2010 年绝迹多年的菱角、芡实、白花菜等多种沉水植物和浮叶植物重新出现,食物增加保障了野生鱼类繁殖。②

2011 年野生鸟类达到 200 种,其中国家一级保护鸟类 4 种,国家二级保护鸟类 26 种。③ 2015 年共调查到鱼类 6 目 9 科 23 种,仍以网箱养殖的经济鱼类——鲤科为优势种群,占 35%。此外,发现了当时已经多年未发现、濒临绝迹的青鳉,表明白洋淀的生态环境在逐步向好。④

二、主要水灾害

水灾害是重要的气象灾害,在白洋淀地区由于温度、降水等气象要素年际差异大、时空分布不均,气象灾害是最为严重的自然灾害。21 世纪以来受全球气候变化影响,由气温、降水等气象因素引发的水灾害也呈现增加态势。这一时期干旱依然是主要灾害,但 2012 年汛期大清河北支也发生了暴雨,并引发了洪水灾害,另外一个发生频次较高、危害较大的灾害仍是水质污染引发的死鱼事件。

(一) 干旱及干淀灾害

从 20 世纪 60 年代后期开始干旱就逐步成为淀区主要气象灾害。以雄县为例,按照旱灾发生的时间,可以分为春旱、初夏旱、伏旱、盛夏旱、秋旱等。春季自然降水少,春旱的年份达 82%,初夏旱的年份占 39%,严重影响作物播种;伏旱俗称"卡脖旱",有近 33% 的年份出现,对作物生长发育危害严重;盛夏旱和秋旱有近 50%~60% 的年份出现,影响秋作物的产量及越冬

---

① 马晓利、刘存歧、刘录三等:《基于鱼类食性的白洋淀食物网研究》,《水生态学杂志》2011 年第 4 期。

② 曹培锋:《白洋淀湿地生态环境显露生机》,《中国环境报》2010 年 5 月 3 日第 6 版。

③ 朱峰:《白洋淀新增两种野生鸟类》,《保定晚报》2011 年 12 月 8 日第 12 版。

④ 易雨君、林楚翘、唐彩红:《1960s 以来白洋淀水文、环境、生态演变趋势》,《湖泊科学》2020 年第 5 期。

作物的播种。总之,雄县干旱频繁,伏旱最为严重,形成"十年九旱"的局面。①

21世纪初期雄县连年持续干旱,降水量少,地上水源严重不足。连续干旱又使地下水位下降,大部分机井无法正常发挥灌溉作用,水浇地面积逐年减少,致使农作物大面积因旱灾减产。据调查统计,其间以2003年夏旱较为严重,全县9个乡镇223个村都不同程度地受到旱情的影响,全县受灾面积逾35万亩,成灾面积近22.8万亩,占全县总面积的48%。造成夏荒缺粮,受灾人口6.3万人,缺粮324万公斤。②

与淀区各县市干旱同步,白洋淀继续面临干淀的风险。以十方院水位6.5米为干淀界定依据,2000—2003年连续四年发生干淀事件。③ 有研究提出,为保证白洋淀不干涸,维持最小水循环,每年需补充水量1.99亿立方米。④

(二) 2012年大清河北支"7·21"暴雨洪水及对水环境的影响

2012年汛期受强降雨影响,大清河水系北支发生"7·21"洪水,这是自1996年8月洪水以来发生的最大一次暴雨洪水。在拒马河水系,这是自1963年大洪水以来的最大洪水。这次降雨强度大,历时短,由于后续无雨,河系水势很快整体回落。这次暴雨洪水对白洋淀的影响利弊参半。⑤

第一,洪水入淀有效缓解了淀内水资源储量不足的危机。洪水给白洋淀带来9 000万立方米的洪涝水,淀水位达到8.3米,相应蓄水量3.13亿立方米,水位、水量均达到1996年以来的最高值。与6月份相比淀内水位上升了1.7米,水量增加了2.56亿立方米,水域面积由之前的75平方公里扩展到245平方公里。已经连续实施了五次的引黄济淀工程,2012年不再继

---

① 雄县地方志编纂委员会编:《雄县志(1990—2012)》,河北人民出版社,2018年,第77页。
② 同上书,第79页。
③ 赵晓辉、孙中孚:《白洋淀干淀原因分析》,《河北水利》2006年第11期。
④ 程朝立、赵军庆、韩晓东:《白洋淀湿地近10年水质水量变化规律分析》,《海河水利》2011年第3期。
⑤ 徐丽娟、郝娜:《"7·21"洪水对白洋淀湿地系统的影响》,《水科学与工程技术》2013年增刊第1期。

续,2012年成为1997年以来首次不需要外来水源补淀的年份。

第二,洪水携带的泥沙淤积对淀区湿地生态也产生了不利影响。据测算,当时白沟引河入淀已存在面积1.4平方公里、平均高度0.75米的泥沙淤积带,此次洪水携带大量泥沙入淀,继续抬高淀底高程,增加了淀边苇地农田被挤压的潜在危险。随着后期水流速度放缓,水中泥沙还将淤积于河道内,增加汛期防洪风险。

第三,淀内水位陡增对生态有负面作用。荷花的生长空间为0.5~1米之间,如果水位增加超过1米,荷花将有被淹死的可能。此外,淹没水面的迅速扩展,会将部分动物、鸟类巢穴冲毁,使之数量减少。总之,会对湿地生态系统造成一定的损害。

(三) 水质污染和多次死鱼事件

这一时期淀区上游仅有的府河、孝义河两条有径流量河流皆存在污染问题,府河水主要为保定市区经过处理的生活污水,孝义河主要是安国、蠡县、高阳等县市的工业废水。[①] 同时淀内污染也在持续增加,39个水村人口逾8万,再加89个半水村,总人口逾20万,而农户自家有厕所的不足10%,村里公厕平均不足6个,村民的生活垃圾、生活污水大都直接入淀。据保定市环保局统计,淀内村的氮、磷输入量分别占流域氮、磷总输入量的四分之一和三分之一。[②]

2000年、2006年、2012年分别暴发了大规模的死鱼事件。2000年受污染水域涉及679户。[③] 2006年2、3月,受污染水域4.6万亩,其中养殖水面1.7万亩,污染范围包括任丘市圈养鱼全部水域和安新县4个乡镇38个村庄679个养殖户[④],安新县大张庄15户渔民无一幸免[⑤],渔民反映"这样大

[①] 胡福来、杨新阁:《引黄济淀对白洋淀的生态效益分析》,载潘增辉主编《水生态文明建设研究与实践》,河北科学技术出版社,2013年,第53页。

[②] 《河北省白洋淀生态修复与环境治理历程》,载《改革开放实录》编写组编写《改革开放实录》(第四辑),中共党史出版社,2018年,第230页。

[③] 栾芸、刘静玲、邓洁等:《白洋淀流域水资源管理中的公众参与分析及评价》,《环境科学研究》2010年第6期。

[④] 梁文君、姜莉莉、郭娟:《白洋淀死鱼谁之过?》,《中华工商时报》2006年3月27日第5版。

[⑤] 张进、王以超编:《危机中国》,中国友谊出版公司,2009年,第211页。

规模的死鱼从来没发生过,就连抵抗能力较强的野生鱼、虾也没有幸免"①。分析这两次严重死鱼事件的原因,主要是保定市污水处理厂建设严重滞后,满城县造纸业发展失控,排污量增大;更深层的原因则是白洋淀水位常年偏低,污染物聚集,再加上人们环保意识淡薄②,屡禁不止,屡治无效,一再发生大范围污染死鱼事件。

2012年8月中旬安新县境内的白洋淀水域再次出现大面积死鱼现象,三天之内约2 000亩水域内的鱼全部死光。检测认定死鱼的主要原因是"7·21"洪水大量入淀,以及主汛期孝义河来水较大,二者叠加以致事发水域水体环境发生了较为剧烈的变化,缺氧导致鱼大面积死亡。③

对2008—2012年60个月白洋淀水质监测的评价结果显示,白洋淀湿地Ⅳ类水所占的月份为17次,占28.3%;Ⅴ类水所占月份为31次,占51.7%;劣于Ⅴ类水所占月份为12次,占20%。④ 2009年河北省对13座水库和白洋淀、衡水湖进行了监测,结果显示白洋淀水质为轻度污染,12.5%的断面水质为劣Ⅴ类,87.5%的断面水质为Ⅳ类,水质较2008年有所好转,富营养化程度也有所降低。⑤ 分析这些数据可以看到,白洋淀污染治理成效显著,但白洋淀面临的污染和缺水双重压力仍旧很大。

三、主要人文地理特征

21世纪伊始,践行中国特色新型城镇化道路相关要求,坚持保护环境和保护资源的基本国策,坚持城镇化发展与人口、资源、环境相协调,持续对白洋淀流域污染展开全面整治,并启动了白洋淀湿地保护区建设。淀区产业

---

① 白志军:《白洋淀治污:骗过了检查,逃不过惩罚》,《新华每日电讯》2006年4月12日第2版。
② 胡国成:《白洋淀污染事件反思》,《中国水产》2006年第5期。
③ 张枫逸:《白洋淀"鱼光光"是天灾还是人祸?》,《环境教育》2012年第9期。
④ 根据2002年国家环保总局与国家质量监督检验检疫总局联合发布的《地表水环境质量标准》,Ⅳ类水主要适用于一般工业用水区及人体非直接接触的娱乐用水区,Ⅴ类水主要适用于农业用水区及一般景观要求水域,劣五类水指污染程度超过Ⅴ类的水。
⑤ 《河北环境保护年鉴》编纂委员会编:《河北环境保护年鉴2010》,河北人民出版社,2012年,第192页。

结构、建制镇布局及水环境保护等方面都有了一定的变化。

（一）人口、城镇化等特征

大清河流域涉及京、津、冀、晋四省市共49个县市（区），1980年大清河流域总人口约为2136万人，2017年总人口约为2842万人，37年间人口增加了33.05%。① 截至2017年4月1日雄安新区设立，白洋淀及其周边蓄滞洪区，共有28个乡（镇）299个村12.79万户38.78万人。"白洋淀内有39个纯水村、89个半水村，总人口20多万，其中纯水村8万多人。"② 由于淀内土地有限，纯水村人口密度比大清河流域的城市还要高。③

1. 总人口和非农人口占比都在增加

根据《中国统计年鉴》和《河北省经济年鉴》有关年份的数据，安新县、容城县和雄县三县2005年末总人口100.1万人，2016年末总人口115万人，12年间增长了14.89%，年均增长率为1.27%。同期河北全省总人口增长幅度为9.04%，年均增长率为0.79%，三县增幅高于全省。再从人口密度看，2016年河北省人口密度为398人/平方公里，安新、容城、雄县的人口密度为726人/平方公里，高阳县人口密度为721人/平方公里，任丘市人口密度为882人/平方公里，均高于河北省平均人口密度。人口增长快、密度高就给白洋淀水资源利用、水环境保护带来较大压力。

再以雄县为例分析非农业人口占比。从表6-1-3可以看到，16年间雄县非农业人口占比从7.78%增加到了29.1%，且是持续加速上升。这一时期淀区人口的总量构成分布及人口素质均发生了较大的变化。就人口分布而言，总体来说农村人口向城镇流动，因而导致县城、乡镇城镇人口相应增加。④

---

① 李硕、沈占锋、刘克俭等：《大清河流域土地利用变化的地形梯度效应分析》，《农业工程学报》2021年第5期。

② 史自强：《华北明珠再绽璀璨》，《人民日报》2017年4月22日第9版。

③ 王文元编著：《节水灌溉理论与技术：王文元水利文集》，黄河水利出版社，2007年，第44页。

④ 雄县地方志编纂委员会编：《雄县志（1990—2012）》，河北人民出版社，2018年，第86页。

表6-1-3　2001—2016年间雄县人口特征

年份	人口	非农业人口占比	年份	人口	非农业人口占比	年份	人口	非农业人口占比
	雄县	雄县		雄县	雄县		雄县	雄县
2001	331 619	7.78%	2006	343 065	18.83%	2011	379 115	28.99%
2002	333 155	8.05%	2007	353 699	18.79%	2012	383 829	28.87%
2003	335 744	17.18%	2008	365 286	19.57%	2016	392 260	29.10%
2004	336 343	18.06%	2009	369 363	19.69%			
2005	337 269	18.19%	2010	376 476	23.50%			

数据来源：《雄县志(1990—2012)》(2018年)第86、87页。

2. 建制市镇发展

随着非农经济发展,非农业人口增加,2015年河北省城镇人口总数首次高于乡村人口。① 这一时期淀区乡改镇提速,截至2016年环淀五县市建制镇计有34个,在四县一市数量布局大致均衡——任丘市、安新县各9个,雄县6个,高阳、容城两县各5个。其中8个建制镇为2001年至2016年间新设,设置时间分别是2005年2个,2007年1个,2009年4个,2014年1个。(详见表6-1-4)

表6-1-4　截至2016年白洋淀四县一市建制镇简表

市、县	建制镇设置时间		总计
	2000年以前设置	2001—2016年间设置	
任丘市	吕公堡镇、长丰镇、石门桥镇、出岸镇、梁召镇、鄚州镇、苟各庄镇	辛中驿镇、麻家坞镇	9
高阳县	高阳镇、庞口镇、西演镇	邢家南镇、晋庄镇	5
容城县	容城镇、小里镇、南张镇、张市镇	晾马台镇	5

---

① 杨景祥主编:《2015年河北省1%人口抽样调查研究课题汇编》,河北人民出版社,2018年,第48页。

(续表)

市、县	建制镇设置时间		总计
	2000年以前设置	2001—2016年间设置	
雄县	雄州镇、大营镇、昝岗镇	龙湾镇、朱各庄镇、米家务镇	6
安新县	新安镇、端村镇、安州镇、三台镇、赵北口镇、大王镇、老河头镇、刘李庄镇、同口镇		9

数据来源：各县市新志及相关信息。

从空间布局分析，新增建制镇多分布在与环淀5县市外部行政区接壤处，反映了以淀泊为中心、中心镇产业链的进一步延长及对淀区行政区划的突破。以雄县为例，其西南与白洋淀接壤的地区城镇化起步较早，21世纪初在东北、东南、西北与淀外县市接壤处各增置建制镇1个。

（二）水运重新被重视

21世纪生态文明发展理念逐步成为国人共识，白洋淀在京津冀三地、在京津保城市水安全中的作用也越来越受到重视。因此，白洋淀湖泊群在缓洪、灌溉、水产、航运等方面的综合效益能否进一步提高，津保航线能否再次通航，成为各界关注探讨的新问题。

1. 以白洋淀为中心的东西内河航运恢复设想

在"引黄入淀""南水北调"工程的积极影响下，白洋淀内水位基本稳定。在这一前提下，如果府河河道有足够的吃水深度，保定市至白洋淀就可恢复航行。2010年保定市开始实施"大水系"建设，旨在通过"两库连通，西水东调，引水济市，穿府补淀"，形成西起王快水库东至白洋淀的输水"绿色走廊"。主要实施王快、西大洋两座大型水库的连通，由水库至白洋淀补水河道的整治工程，保定市内实施雨污分流工程，以及保定至白洋淀景观航道恢复建设工程，等等。① 枣林庄枢纽以下白洋淀至天津段也已经具备了实现通航的基本条件，津保通航在理论上并非不可逾越的难题。

---

① 许顺兰、刘敏、葛西劝：《保定大手笔建设"大水系"》，《河北日报》2010年6月10日第1版。

1978年全省水路投递路线有60公里,全部在保定地区安新县境内。1984—1988年白洋淀水路投递路线停运,1989年恢复。至2005年底安新县境内水路投递路线有2条,长度为75公里,其中县城至郭里口村35公里,端村镇至圈头乡40公里。①

2. 淀内聚落交通——安新县赵庄子村的调查

安新县赵庄子是水区村庄,全村的房屋主要分散建筑在淀内相邻的岛屿上。20世纪50年代全村空间分布以大庙台、小庙台为中心,由此往外延伸,村子前面便是津保运河航道,其他三面也被淀水环绕着。据调查,1960年全村约有600多人,住房面积总计10多亩,到2001年人口达到1200多人,住房建筑面积增至300亩。从原有的村落中心向东扩展与李庄子连接在一起,向西扩展填平了原来的一条大河,向北也明显扩充,这一中心区域集中了村落中大约三分之二的家庭。② 在聚落中心之外,扩张形成了两大块、四小块居住区,两大块居住区之一已经跨过了津保运河航道。白洋淀蓄水之后,由于经过淀村内的旧航道淤积荒废,遂在村子前面重新开凿了一条新的航道,淤废的旧航道在2000年左右被垫平成了村内一条主要街道。

20世纪初村民通过填平水域修筑小路或者修筑铁桥等手段,结束了赵庄子全村内部必须坐船才能通行的历史,只在运输一些比较重的物品时用船,或者在水面冰冻结实后用冰床子搬运。通过对赵庄子的考察可以看到,随着交通技术发展,特别是白洋淀水位下降,淀内日常水运已经被陆运替代,水运已演变为旅游业景观组成。

(三) 与水环境相关机构成立

2006年大清河水系水资源利用率高达90%,远远高于世界公认的河流开发利用40%的极限率。③ 其间为把水资源统一管理、开发、利用纳入依法

---

① 河北省地方志编辑委员会:《河北省志·邮电志(1979—2005)》,河北人民出版社,2017年,第175页。

② 刘玉照著:《乡村工业化中的组织变迁——从家庭作坊到公司经营》,格致出版社、上海人民出版社,2009年,第35、36页。

③ 宇青、刘宏松:《探究白洋淀干淀之谜》,《保定日报》2006年12月18日第6版。

治水的轨道,行政机构也有调整变化,如 2002 年雄县水务局更名为水利局①,一字之变表明了职能的变化。

2004 年安新县成立了白洋淀湿地自然保护区管理处,负责保护区湿地、野生动植物保护管理工作。为了加强白洋淀湿地自然保护区的建设和管理,保定市林业局和安新县白洋淀湿地自然保护区管理处在淀内建立了 6 个野生鸟类观测点,加强对野生鸟类的保护、监测,提高了防控高致病性禽流感的能力。

2008 年海河防汛抗旱总指挥部正式成立,由河北省省长担任总指挥,海河水利委员会主任为常务副总指挥,京、津、冀、晋、鲁、豫六省市主管领导为副总指挥,海河水利委员会主管副主任为秘书长兼防总办主任,六省市水利(水务)部门领导为防总成员。海河防总办公室设在海河水利委员会。从其组成级别之高、范围之广,可以看到国家对海河流域水灾害应对、水环境保护的重视。

2014 年 7 月保定市白洋淀生态环境综合治理工作指挥部成立。职责是统筹推进白洋淀生态环境综合治理,重点实施白洋淀连片美丽乡村示范区建设,以及引水调水管理、入淀河流整治、淀区维护管护、产业转型升级、污染综合治理、生态环境修复等工程。指挥部成立的根本目的就是全面提升白洋淀生态环境质量。

2015 年河北省大清河河务管理处改名为河北省大清河河务中心,后加挂河北省白洋淀事务中心牌子,驻保定市。主要职责是执行省水利厅调度命令,为已建水利工程正常运行提供管理保障,负责已建水利工程运行管理、日常维护、安全监测等。

这一时期借鉴国内外的做法,积极鼓励用水户参与灌溉管理。2005 年 11 月雄县大营镇西昝村成立农民用水者协会,这也是白洋淀区首家农民用水者协会。② 协会制订了协会章程、灌溉管理制度、农田水利工程管理责任制和奖惩办法、节水基金管理办法等,给会员发放"水权证",实行节水目标管理,公开账目,自觉接受会员的监督,遇到重大事情采取"一事一议",实行民主决策,为推进我国水资源民主管理、公众参与做出了有益的探索。③

---

① 雄县地方志编纂委员会编:《雄县志(1990—2012)》,河北人民出版社,2018 年,第 28 页。
② 同上书,第 33 页。
③ 路明主编:《新农村建设中的组织创新》,民主与建设出版社,2007 年,第 13 页。

第二节　强化水资源保护与
　　　　白洋淀产业结构再调整

2005年党中央提出了"开源节流并重"的水利方针,建设节水型社会成为水文化的重要内容。2006年"十一五"规划指出要"加强水资源管理",实现"从注重水资源开发利用向水资源节约、保护和优化配置转变"。[①] 2008年中央一号文件要求"加强农村水能资源规划和管理"[②],同时还要求"狠抓农田水利建设,大力发展节水灌溉"[③],"强化水资源保护"[④]。这些关乎水环境保护利用的政策成为21世纪伊始白洋淀水资源保护利用的根本依据。其间对白洋淀生态用水量的研究进一步科学化,同时研究还进一步细化了白洋淀内民众生产生活与白洋淀水位之间的关联[⑤],也更具有实践指导意义。

一、淀区水产业变化及水产种质资源保护区设立

2008年中央一号文件提出"强化水生生物资源养护"[⑥],同年《中共中央关于推进农村改革发展若干重大问题的决定》也要求"加强水生生物资源养护"[⑦],要求建立的具体制度包括许可证制度、捕捞限额制度、渔业资源增殖保护费制度、水产种质资源保护区制度、禁渔区和禁渔期制度、水产种质资

---

① 《中共中央关于制定国民经济和社会发展第十一个五年规划的建议》,《求是》2005年第20期。

② 中共中央文献研究室编:《十七大以来重要文献选编》(上),中央文献出版社,2009年,第145页。

③ 同上书,第139页。

④ 同上书,第683页。

⑤ 王文元编著:《节水灌溉理论与技术:王文元水利文集》,黄河水利出版社,2007年,第45页。

⑥ 中共中央文献研究室编:《十七大以来重要文献选编》(上),中央文献出版社,2009年,第137页。

⑦ 同上书,第683页。

源保护区制度等,还规定了相应的法律责任。① 2009年中央一号文件提出要"继续实行休渔、禁渔制度,强化增殖放流等水生生物资源养护措施"。② 雄安新区建立之前,白洋淀面积大致保持在366平方公里,平均蓄水达13.2亿立方米,淡水鱼大致保持在54种,保持全国十大淡水鱼基地的地位。③

（一）淀区水产养殖业发展与水环境

进入21世纪,白洋淀水域内依旧保持着苇田、台地、村庄等交错相间的独特景观。水域及周边涉及10个乡镇,39个纯水村,134个淀边村,人口约34.3万人,其中淀内人口约10万人,占淀边村总人口的29.2%,主要在水域从事种植业、养殖业等经济活动④,水域面积约85%位于安新县境内⑤。有研究人员按照水产养殖水体资源提取规范,以2008年CBERS影像数据为主,部分地区辅以2009年和2010年影像数据,对河北省内陆养殖池塘和具有养殖功能或潜在养殖功能的水库、山塘及33.33公顷以上的大水面水体进行了信息提取⑥,其中白洋淀五县市水产养殖水体资源遥感监测结果见表6-2-1。

表6-2-1 2008—2010年白洋淀区五县市水产养殖水体资源遥感监测结果

单位：公顷

县　　市	内陆池塘	水库山塘	大水面	各县合计
安新县	2 132	342	147	2 621
雄　　县	47	54	/	101

---

① 沈春耀主编:《全国人民代表大会年鉴2008年卷》,中国民主法制出版社,2009年,第486—490页。

② 中共中央文献研究室编:《十七大以来重要文献选编》(上),中央文献出版社,2009年,第827页。

③ 程家骅主编:《中国水产养殖区域分布与水体资源图集·河北》,上海科学技术出版社,2016年,第6页。

④ 边蔚:《白洋淀水产养殖污染负荷与控制研究》,博士学位论文,中国地质大学(北京),2013年。

⑤ 程家骅主编:《中国水产养殖区域分布与水体资源图集·河北》,上海科学技术出版社,2016年,第162页。

⑥ 同上书,第7页。

（续表）

县　市	内陆池塘	水库山塘	大水面	各县合计
容城县	12	17	/	29
高阳县	48	179	/	227
任丘市	372	460	98	930
合　计	2 611	1 052	245	3 908

数据来源：《中国水产养殖区域分布与水体资源图集·河北》(2016年)第8、9页。

根据表6-2-1数据分析，白洋淀区5县市中只有安新县和任丘市境内有20公顷以上成片养殖池塘分布。其中，安新县有24片面积20公顷以上成片养殖池塘，总面积1 018公顷[1]；任丘市有3片面积20公顷以上成片养殖池塘，总面积84公顷[2]。这一时期白洋淀水域面积约150平方公里，平均水深为1~2米，除航道和自然保护区，大小淀泊和沟壕内均存在水产养殖活动，养殖方式包括网围、网栏、网箱、围堤、池塘五种，前面三种简称"三网"。其中围堤是将淀区原有土埝围起进行人工养殖，面积较大，一般开展鱼蟹混养，以粗放管理为主。据2008年统计，安新县围堤10.562平方公里，任丘县1.077平方公里。由于围堤影响防洪、泄洪，一般不提倡这一养殖方式。[3] 2008年水产养殖业产值约占安新县农业总产值的36%，从中可窥渔业养殖规模。

与人工养殖同步，人工放撒鱼苗也是国内外通行的增殖措施，对于维护生物多样性也有直接作用。从2010年开始河北省、保定市、安新县等各级渔业管理部门每年都会在白洋淀水域进行大规模增殖放流，涵养和恢复白洋淀的渔业资源[4]，主要包括白鲢、龙虾、螃蟹、甲鱼等鱼苗[5]。人工养殖手段的介入大大提升了淀区的渔业捕捞量，也刺激了养殖业规模。以安新县

---

[1] 程家骅主编：《中国水产养殖区域分布与水体资源图集·河北》，上海科学技术出版社，2016年，第163页。

[2] 同上书，第267页。

[3] 边蔚：《白洋淀水产养殖污染负荷与控制研究》，博士学位论文，中国地质大学(北京)，2013年。

[4] 曹智：《农业部与我省携手在白洋淀增殖放流水生生物》，《河北日报》2016年7月6日第4版。

[5] 范周主编：《雄安新区发展研究报告》(第二卷)，知识产权出版社，2017年，第71页。

为例,1974 年养鱼 2 800 亩,1989 年增加到 8 650 亩,至 2010 年底水产养殖竟达 4 万亩,水产品总产量从 1974 年的产鱼 200 吨增加到 27 050 吨。① 2008—2010 年间淀内淡水养殖年平均产量 10 405.33 吨②,安新县年平均为 5 559 吨,余者容城县 565 吨、雄县 386 吨、高阳县 226 吨③。

密集的网箱侵占了航道,饲料在水中发酵引起水体富营养化,二者皆污染了水环境。白洋淀的鱼类营养级可分为草食性、杂食性、低级肉食性、中级肉食性和高级肉食性共五种。2009—2010 年在白洋淀典型采样点的调查与历史资料相比显示,白洋淀鱼类食物网结构已经不完整,出现能量流动越级,这些变化映射出淀内渔业资源已遭受严重破坏。④

(二) 芦苇种植、家禽养殖的变化与水环境

白洋淀水量变化严重影响着芦苇的生长。1988 年重新蓄水后芦苇产量才逐渐恢复,但是芦苇质量已明显下降。此后白洋淀水源主要依靠上游水库、跨水系和流域补水供给,芦苇的主要价值也从经济价值逐步转向了景观和生态价值。白洋淀内芦苇和其他生物资源一起形成了复杂的生态系统,在调节气候、净化污水、抑制藻类、防洪固堤、维持生物多样性等方面有重要作用,有"第二森林"之美称。⑤

2006 年全国湿地保护工程正式启动实施,白洋淀作为恢复的重点湿地工程项目榜上有名。为此安新县环保局结合该县实际,设计运用白洋淀西部大面积的天然芦苇湿地生态系统对污水进行处理,降低水中的有机污染,去除氮、磷等营养物及部分重金属。此项目先后列入了《海河流域水

---

① 主要见安新县地方志办公室编纂:《白洋淀志》,中国书店,1996 年,第 134 页;河北省安新县水产畜牧局:《安新全面加快白洋淀渔业发展》,《中国渔业报》2011 年 7 月 25 日第 8 版。

② 程家骅主编:《中国水产养殖区域分布与水体资源图集·河北》,上海科学技术出版社,2016 年,第 266 页。

③ 同上书,第 162 页。

④ 马晓利、刘存歧、刘录三等:《基于鱼类食性的白洋淀食物网研究》,《水生态学杂志》2011 年第 4 期。

⑤ 李建国、李贵宝、刘芳等:《白洋淀芦苇资源及其生态功能与利用》,《南水北调与水利科技》2004 年第 5 期。

污染防治规划》《白洋淀及上游地区建设总体规划》等国家和省、市环保规划。随着项目逐步投入使用,安新县城和白洋淀周边企业对白洋淀的污染也得到了进一步有效控制,尤其是增强了对县城污水处理厂二级排放水的深度处理和周围企业的废水处理。这样处理可使污水资源化,可为白洋淀补充水源,随着水源增加还可以修复湿地生态,增加芦苇等产量,提高居民收入。

芦苇是白洋淀湿地生态系统的主体和标志,是重要的碳汇基地和氮、磷的天然净化器,但芦苇就地腐烂也会成为白洋淀水域的内生污染源。[1] 这一时期由于白洋淀大部分芦苇遭到弃收,就地腐烂的芦苇对白洋淀水体造成了很大的污染[2],成为淀区百姓的负担[3]。因此,科学收割白洋淀内芦苇是解决上述问题的关键。[4]

此外,淀区家禽养殖业也在发展。据安新县畜牧水产局统计,2008—2013年间年平均鸭存栏数约137.7万只,以平均每年2.7%的速度增长。[5]以小型养殖户散养为主,包括湖心岛养殖模式和沿堤外养殖模式两种[6],前者主要分布在端村镇、刘李庄镇、圈头乡、安新镇辖区靠近水面的位置,后者主要分布在这些乡镇辖区内没有水面的位置。由于没有大型规模化的鸭养殖场,畜禽粪尿的无害化处理和资源化利用技术落后,养殖垃圾沿用清扫入淀的传统方式。粗放式畜禽养殖业的发展带来了经济效益,也带来了水环境污染问题。[7]

---

[1] Hultberg Malin, Prade Thomas, Bodin Hristina et al., "Adding Benefit to Wetlands-Valorization of Harvested Common Reed Through Mushroom Production," *Science of the Total Environment* 637, No.1 (2018): 1395-1399.

[2] 崔俊辉、董鑫:《白洋淀芦苇生态功能与经济发展研究》,《石家庄铁道大学学报》(社会科学版)2020年第3期。

[3] 赵继龙、刘明杰、范晓舟:《白洋淀地区芦苇资源利用问题的一种有效探索》,《商情》2017年第11期。

[4] 刘建波、宋欣、刘玉乐等:《白洋淀芦苇机械化收割试验研究》,《农机化研究》2023年第1期。

[5] 唐娟、梁杨、王文娣:《白洋淀鸭养殖废弃物污染现状调查及对策研究》,《黑龙江畜牧兽医》2015年第9期。

[6] 高芬:《白洋淀生态环境演变及预测》,硕士学位论文,河北农业大学,2008年。

[7] 白明刚、马长海:《河北省畜禽粪尿污染现状分析及对策》,《广东农业科学》2010年第2期。

(三) 2012 年纯水区大田庄村的调研

有研究通过分析白洋淀 16 年间芦苇面积和水位资料得出,当水位低于 6.9 米时,苇地面积随水位的升高而增加;当水位高于 6.9 米时,苇地面积随水位的升高而降低。[①] 再次证明了白洋淀水位必须有一个适宜的阈值范围。

大田庄村隶属安新县圈头乡,是典型的水村。2012 年保定市水产技术推广站等单位在该村进行了调研,旨在了解纯水区生产生活情况。[②] 大田庄村共有水面约 2 000 平方公里,其中 80% 承包到户,20% 属于航道等零星水面,芦苇地平均分配,每人约 0.03 平方公里。全村人口约 4 300 人,留守人口约 2 300 人,余者常年在外谋生。外出的剩余劳动力约有 60% 的人从事水产经营活动,主要集中在北京、保定、石家庄、天津、太原等地。

留守水村的居民中 70% 的人从事芦苇加工,30% 的人从事渔业。养殖水面有 1 600 平方公里由 36 家承包,其中 3 家围堤养殖,14 家网箱养殖,19 家拦网养殖,皆属于非传统渔业方式,养殖品种有青鱼、草鱼、鲢鱼、鳙鱼、青虾和河蟹等淡水品种。传统捕捞业只限在航道等公有水面进行。种植品种有藕和菱角,但人均苇地过少,依旧存在一定的剩余劳动力。

尽管外出谋生人口已经占全村的 46.5%,但水环境质量下降,水域人口承载力持续降低,村内剩余劳动力在不断增加,这点从收入对比上可窥见一斑。2012 年大田庄村渔民收入仅为河北省城镇居民的 28.6%,为农村居民的 72.7%,与安新县农村居民人均纯收入相比,大田庄人均收入也低 3.75%。所以,如何解决淀内水乡人口问题,解决人多水少带来的生产矛盾,也是保持白洋淀可持续发展一个很大的问题。

(四) 设立白洋淀国家级水产种质资源保护区与网箱养殖退出

2009 年白洋淀成为第三批国家级水产种质资源保护区,总面积 8 144 公

[①] 徐卫华、欧阳志云、Irisvan Duren 等:《白洋淀地区近 16 年芦苇湿地面积变化与水位的关系》,《水土保持学报》2005 年第 4 期。

[②] 葛京、赵士超、高倩等:《白洋淀纯水区村留守渔民经济收入调查》,《河北渔业》2013 年第 11 期。

顷,其中核心区面积1 063公顷,实验区面积7 081公顷。特别保护期为4月1日—10月31日。核心区分为两个:第一核心区位于烧车淀水域,面积600公顷,主要作为乌鳢、鳜鱼的天然繁殖孵化区和育肥区;第二核心区位于前塘、后塘、泛鱼淀水域,面积463公顷,其中前塘、后塘主要作为日本沼虾、黄颡鱼的天然繁殖孵化区,泛鱼淀主要作为黄颡鱼的天然繁殖孵化区。保护区内除核心区之外为实验区,主要保护对象是青虾、黄颡鱼、乌鳢、鳜鱼,涉及其他保护物种包括鳖、团头鲂、田螺、中华绒螯蟹等。[①]

2014年3月开始实施第四次修正的《中华人民共和国渔业法》,规定县级以上地方人民政府应当采取措施加强对商品鱼生产基地和城市郊区重要养殖水域的保护,禁止围湖造田,重要的苗种基地和养殖场所不得围垦。贯彻《渔业法》相关规定,安新县集中实施了三个阶段的清网行动,网箱养殖逐步退出白洋淀。2014年8月到11月安新县分两个阶段开展了清除淀区网箱、网栏水产养殖行动,共清理网箱、网栏近80万平方米,出鱼700余万斤。2015年3月12日强力启动第三阶段清网工作。4月10日提前20天完成了第三阶段网箱、网栏清理任务,共清理网箱、网栏165万余平方米,出鱼750余万斤。这三个阶段淀区共清理网箱、网栏243.6万多平方米,出鱼1 400余万斤。[②] 到2016年上半年,安新县共清理网箱、网栏、网围1.2万亩,河道清淤16.6千米,清理土方27.4万立方米,建设航道及村庄护坡60千米。[③] 针对20世纪90年代以来养殖渔业给白洋淀水环境带来的内源污染,这是一次较为彻底的治理。

二、 乡镇企业、城镇化与白洋淀水环境双向互生

"十二五"规划中"城镇化"作为官方用语被正式提出,要求"积极稳妥地推进城镇化"。党和国家加快城镇化进程的决策,在乡镇企业基础较好的白洋淀区得到了积极响应,一方面加速改造高污染产业,扩大规模化生产,另一方面建制镇数量增加。

---

① 农业部渔业局著:《国家级水产种质资源保护区资料汇编》(第三批),中国环境出版社,2014年,第13页。
② 《安新完成第三阶段清网工作》,《保定晚报》2015年4月17日第6版。
③ 《河北省白洋淀生态修复与环境治理历程》,载《改革开放实录》编写组编写《改革开放实录》(第四辑),中共党史出版社,2018年,第239页。

（一）高污染的乡镇企业与生态腹地功能的矛盾

淀区乡镇企业起步较早，但以高耗能、高污染、劳动密集型的低端产业为主，因产业门槛低，多为规模较小的家族企业。步入 21 世纪，因处于京津冀经济发展的边缘区域，白洋淀区乡镇企业生产方式仍然以粗放式为主，生产污水大多直接排放。

雄州镇作为雄县政治经济中心，1990 年范围南至大清河北岸，西至大清河东岸，1997 年城区开始向东扩大，2003 年城区逐渐向北扩大，2007 年至 2012 年进一步实施城区"东扩北延"战略，产业以化工、塑料制品为主①，产业布局空间延展势必加大对大清河的污染。雄县全县逐步形成了纸塑包装、压延制革、乳胶制品、电线电缆四大支柱产业，全县 223 个行政村形成了 180 多个专业村，多为家族企业，几乎一户一业。② 小规模的家族式企业没有能力购买净化处理产业"三废"的设备，给空气、水资源和周边环境带来严重污染问题。所以 2015 年以来每逢华北平原重污染预警，雄县的塑料等企业便要停产。③

20 世纪 80 年代以来白洋淀上游及周边乡镇逐渐形成各自的支柱产业。如满城县的造纸业、高阳县的毛纺印染业、蠡县的皮革制造业、安新县的羽绒业等等，这些产业多是高能耗、高污染的"环境杀手"。安新县大张庄发展羽绒制造业，几乎每个厂房后面都有坑或沟，污水未经处理直接排入，羽绒厂的这些废水通到安新县东郊的大沟渠，七拐八拐就会流进白洋淀。④ 自 2012 年开始保定市对安新大张庄羽绒加工区水洗企业进行全面整治，淘汰水洗企业 27 家，另有 68 家企业建成污水处理设施，污水处理达到一级 A 类标准。⑤

此外，白洋淀区乡镇企业由于缺乏宏观层面的统一规划，经济结构、经

---

① 雄县地方志编纂委员会编：《雄县志（1990—2012）》，河北人民出版社，2018 年，第 46 页。
② 范周主编：《雄安新区发展研究报告》（第二卷），知识产权出版社，2017 年，第 186—188 页。
③ 同上书，第 215 页。
④ 张进、王以超编：《危机中国》，中国友谊出版公司，2009 年，第 218、219 页。
⑤ 宋美倩、李保健：《让"华北明珠"再生辉——白洋淀生态修复工程纪实》，《经济日报》2017 年 4 月 18 日第 13 版。

营模式都高度近似,产业同质化竞争、交通衔接不畅、生态廊道不贯通、基础设施缺乏统筹等问题,制约了城镇化高质量发展。同时,毗邻京津也是一把双刃剑,特别是随着京津水资源、水环境问题加剧,白洋淀作为其生态腹地的职能被增强,也增加了对淀区产业结构的制约。

(二) 旅游业作为新型产业与水环境保护的关系

白洋淀处于北京、天津、保定、石家庄之间,毗邻客源市场,水陆交通便利与独特的北方水乡景观,很利于旅游业的发展。1997—2004年间高频次干淀,水乡风光大减,旅游业遭受重创。通过实施调水补淀工程、建立河北省最大的自然湿地保护区等举措,白洋淀景观得到一定的恢复。2007年国家旅游局正式批准保定市白洋淀景区为国家5A级旅游景区。2008年《河北省环京津休闲旅游产业带发展规划》发布,以建设白洋淀为中心的"湖泊城"为目标,安新、容城、雄县三县被纳入这一旅游产业带。

2000年为适应白洋淀旅游业发展需要,沿堤向北,在安新县城东北五公里处的白洋淀畔建成了白洋淀新码头,背靠着白洋淀大堤。① 安新县大张庄改革开放以来逐步打造成了白洋淀羽绒城,有羽绒厂150家左右。大张庄紧邻码头,为保护白洋淀生态环境和旅游业,开始逐步限产取消。根据重点建设的美丽乡村的要求,选定赵庄子、邵庄子、大淀头、东淀头、大张庄作为大淀观光游乡村旅游先期建设开发的节点。这一时期白洋淀景区80%的船工来自大张庄。②

淀区各县市产业结构再次调整,以污染相对较轻的旅游业逐步替代此前高污染的支柱产业。安新县旅游业的经济收入占全县整个经济收入的四分之一强。③ 雄县境内属白洋淀的面积为18.3平方千米,2004年雄县取消古庄头码头和南辛立庄码头,统一归到白洋淀温泉城码头。2010年雄县开始对大清河杨西楼大桥段进行旅游景观开发建设④,扩大景观面积。1988—

---

① 彭艳芬著:《白洋淀历史与文化》,河北大学出版社,2012年,第152页。
② 戴学锋、张金山等著:《中国景区发展的综合带动模式研究——论白洋淀发展模式》,中国旅游出版社,2016年,第108页。
③ 梁文君、姜莉莉、郭娟:《白洋淀死鱼谁之过?》,《中华工商时报》2006年3月27日第5版。
④ 雄县地方志编纂委员会编:《雄县志(1990—2012)》,河北人民出版社,2018年,第71、72页。

2001年白洋淀共接待游客421.4万人次,平均每年接待游客32.4万人,其间1992年游客达到最高峰,共接待82万人。① 旅游业成为淀区又一支柱产业。

旅游业的"圈地运动"、排污等对白洋淀水环境造成污染。2000年仅在大淀头村的码头路边就有不下几十户农家乐,其中不少还在扩建中,周边还有违规建设的别墅、度假村项目,这些都曾是芦苇地。② 为获取水乡旅游资源,淀区四县一市在淀内展开了"圈地运动",使水域面积不断缩小且被割裂。无序围埝和大量违规建筑使原本缺水的白洋淀被碎片化,自净能力大大降低,加剧了生态死循环。此外,白洋淀旅游旺季主要集中在5—10月,2008年淀内建有家庭式招待所70家,每天可接纳游客共计约1 000人。这些家庭式招待所基本上没有污水和垃圾处理措施,产生的生活废水和生活垃圾大多直接向淀内排放③,由此产生的污染可想而知。

2015年6月18日安新县结合白洋淀连片美丽乡村建设出台了《安新县白洋淀农家乐管理规定》,明确了农家乐准入制度,必须先由白洋淀景区开发管委会审批、县环保局审核,达到准入环保要求后,方可办理相关证照;景区内已有的农家乐必须符合《白洋淀农家乐准入标准》,并实行环保和安全"一票否决制"。

(三) 淀区城镇化是提升水环境保护的重要路径

依据省县统计局数据,2016年河北省城镇化率是53.32%,容城、安新、雄县三县城镇化率分别是46.53%、41.38%、47.82%,依然低于省平均数。同时建制镇空间分布分散,难以有效应对淀区生态风险。

白洋淀区产业、集镇布局自下带上特征明显,多是为解决人地矛盾,乡镇企业自主发展的结果,有其必然性。同时,由于缺乏统筹规划,城镇布局与河流水系地理构架之间耦合度也有待完善。雄安新区设立前,34个建制镇中9个濒水分布,其中安州镇、老河头镇、同口镇、刘李庄镇都是重要的蓄

---

① 李晓粤、张素珍:《白洋淀水资源承载力计算及保护对策》,载中国环境科学学会编《第十三届世界湖泊大会论文集》(中卷),中国农业大学出版社,2010年,第1622页。

② 范周主编:《雄安新区发展研究报告》(第二卷),知识产权出版社,2017年,第78页。

③ 秦哲、张振冉、郝玉芬:《白洋淀淀内污染调查及整治对策》,《中国市场》2017年第26期。

滞洪区。城镇人口聚集就需在防洪圈内设置安全区,应如何统筹经济与防洪问题?再如潴龙河为大清河南支最大的行洪河道,下游高阳、任丘两县市工农业扩展,破坏了河道连通性并造成水质严重污染。该如何协调经济、生态?此外,淀内养殖业以养殖户散养为主,缺乏现代化养殖场的环保系统[①],淀区家庭式旅游招待所几无污水垃圾处理措施[②]。如何引导人口向淀外迁移,从根本上减轻生产生活对水体的污染,这也是一个重要问题。淀区整体经济水平较低也制约了环保力度。据2010年普查,老河头镇10家涉铅冶炼企业都是重金属污染源,造成污染问题的内因是企业生产工艺技术落后,外因则是环境质量监测技术和能力滞后于污染防控需求,难以有效监控。[③]

随着全球气候波动,白洋淀洪涝安全、生态安全隐患都在加大。淀区五县市行政分别隶属保定、沧州二市,蓄洪区涉及229个行政村,约40万人。[④]无论是污染治理、防洪排涝、生态工程建设,还是白洋淀区的城镇化、现代化,都需要一个更为有力的行政建制,从白洋淀乃至海河流域更为宏观的水安全视角,遵循水系构成的城镇布局的自然地理基本构架,依据"点—轴"理论等,展开更高层级的科学筹划。[⑤]

三、 农业发展对水环境影响及控制

2005年白洋淀流域内耕地面积达到91.41万平方公里,有效灌溉面积78.67万亩,农业用水总量占流域用水总量的80%,占地表水资源总量的38.2%,粮食亩产量增至766公斤以上,比1949年前后提高了11倍。[⑥]白洋淀水环境的变化,除了气候条件变化带来淀区降水量、入淀径流量减少之外,生产生活用水量增加、工业污染、生活污染、非法围埝、毁苇造田等

---

① 白明刚、马长海:《河北省畜禽粪尿污染现状分析及对策》,《广东农业科学》2010年第2期。
② 秦哲、张振冉、郝玉芬:《白洋淀淀内污染调查及整治对策》,《中国市场》2017年第26期。
③ 李娜:《关于安新县重金属污染分析》,《能源与节能》2012年第9期。
④ 程伟:《影响白洋淀防洪能力因素分析》,《河北水利》2014年第3期。
⑤ 陆大道:《关于"点—轴"空间结构系统的形成机理分析》,《地理科学》2002年第1期。
⑥ 王立明、朱晓春、韩东辉:《白洋淀流域生态水文过程演变及其生态系统退化驱动机制研究》,《中国工程科学》2010年第6期。

也有显著影响。① 这一时期白洋淀内围堤养殖、围埝种植皆有进一步扩展。

（一）水资源减少与淀内围埝等用水举措

进入21世纪,整个华北地区依然呈干旱特征。以雄县为例,1990年雄县水资源总量为7348万立方米,人均245.02立方米;2012年雄县水资源总量降到5759万立方米,减少21.6%,人均降到160.19立方米,减少34.6%,水资源面临比较严峻的形势。雄县地表水中,1990—2012年间年平均降水量549.1毫米,大清河上游泄洪、分洪时入境径流量也只有4.118亿立方米。此外,1990年雄县地下水埋深8.74米,2012年平均地下水埋深已经是20.02米,地下水位呈区域性下降趋势。②

白洋淀不同于其他内陆淡水湖泊的汪洋一片,而是条台田、水道、聚落等纵横交错分布于淀内,除了渔业,因地制宜开展芦苇种植加工是淀内重要的传统产业。白洋淀水位不稳且呈日益下降之势,直接降低了鱼、苇的产量及质量。淀区人民为了发展经济,大面积开发围堤养殖,并投放大量的饲料,甚至通过围埝种植水稻等经济型作物,阻碍淀区水体连通性的无序围埝逐渐增多。20世纪90年代白洋淀非法围埝76处,面积2万余亩,2000年初面积已达3万亩。至2017年围埝385处,面积高达9.68万亩,占淀区总面积的17.65%,主要用于渔业养殖、水稻种植和旅游业等。③ 依据遥感分析,这一时期白洋淀总面积366平方公里内,明水水面约占7%,芦苇台田面积占17%。④ 还有学者测算苇地面积为3142公顷,台田区面积为6131公顷。根据调查,这一时期当地居民存在大范围建造台田的行为,有的水域台田密度高达80%~90%,台田间水道宽度只有2~3米,甚至更窄。⑤

---

① 刘春兰、谢高地、肖玉：《气候变化对白洋淀湿地的影响》，《长江流域资源与环境》2007年第2期。

② 雄县地方志编纂委员会编：《雄县志(1990—2012)》，河北人民出版社，2018年，第76页。

③ 刘园园：《白洋淀湿地生态系统的演变分析及健康评价》，硕士学位论文，河北农业大学2019年。

④ 朱金峰、周艺、王世新等：《1975年—2018年白洋淀湿地变化分析》，《遥感学报》2019年第5期。

⑤ 高楠楠、李晓文、诸葛海锦：《白洋淀台田结构与水体富营养化程度变化的关系研究》，《湿地科学》2013年第2期。

大规模的营造台田、堤埝大大降低了淀区水体的连通程度,在影响水质的同时,也破坏了淀区生态系统的结构和完整性,制约了白洋淀湿地生态系统的健康发展。因此,清除围堤、围埝不仅是恢复白洋淀自然状态下的生态环境的要求,也是改变淀区传统生产生活方式的起点。

（二）对农业面源污染的控制

改革开放初期"重经济、轻环境"的问题较为严重,人们急于摆脱贫困,环境保护观念尚未长成,特别是在农业领域,人们对污染更是知之甚少。

白洋淀特殊的地貌结构使其水域农业面源污染一直较为严重,主要体现在农业污染、生活污染等方面。依据2017年对安新、容城等县的乡镇调研,具体表现在:(1)农业生产用水污染。淀内在苇田、稻田中过度使用化肥、农药等,这些农田在水域中残留的含氮、磷营养物加剧了淀水的富营养化,使藻类及浮游生物过度繁殖,白洋淀水域的溶解氧随之下降。此外,水域周边农田产生的化肥、农药残留也大多排入淀内,一并加剧了水质污染程度。(2)生活污染情况。据调查,这一时期依旧有高达81.6%的农村居民将生活污水直接通过农村管道排放到村庄的主管道之中,由各个村庄污水汇集之后直接排入白洋淀水域;68.4%的村庄并未建立生活垃圾的集中点,21.7%村庄并未设置垃圾桶,部分村庄废弃的生活用品直接混杂倒入村庄的垃圾坑,而这些垃圾坑大多与水域相连接,最终致使白洋淀水域农业面源污染的大量聚集。① 根据2017年对东田庄示范区生活垃圾现状的调查,平均每人日产垃圾量约0.14公斤,该村平均日产生垃圾162公斤。这些垃圾分散丢弃于村落边缘形成垃圾堆,由于该村四面环水,这些污染物最终还是进入了白洋淀水域。②

这一时期也在逐步探索构建对白洋淀面源污染的防控体系。淀区面源污染的主要来源包括:(1)沿湖周边农作物过量使用肥料和农药;(2)淀区内湖心岛分散式养鸭,废弃物排放量大,资源利用不足;(3)使用化学方式防治芦苇田间的草害。同步也开展了污染防控技术研究和实践,探索构建

---

① 詹国辉、刘邦凡、张瑾:《农业面源污染的适应性治理:国际经验、限度与路径选择——基于雄安—白洋淀水域的实证考察》,《河北经贸大学学报》2018年第2期。

② 秦哲、张振冉、郝玉芬:《白洋淀淀内污染调查及整治对策》,《中国市场》2017年第26期。

了白洋淀沿湖"农田—芦苇沟—湖心岛"农业面源污染一体化防控模式，2009—2011 年间在白洋淀地区安新县、容城县、任丘市、高阳县、雄县、清苑县、文安县进行推广应用，很大程度上减少了鸡鸭粪、氮、磷、农药等直接入淀量①，借助现代技术在一定程度上缓解了水乡农业现代转型中的污染问题。

（三）白洋淀水环境治理的困境

针对白洋淀"垃圾围湖""污水横流""大量死鱼"等屡屡引起社会舆论的关注，有人戏谑称之深陷"污染门"。2015 年 5 月至 7 月间，搜狐、《环境与生活》等媒体派出记者进行了深度实地调查。

2015 年 5 月 14 日下午，搜狐"时代纪实"记者在安新调查时发现，县城西侧一个巨大的垃圾山被人引燃突发大火，造成严重的大气污染，在十几公里外就能看到，这个巨大垃圾山是由周边鞋业加工企业将废料偷偷堆积而成的。记者在安新县自留村沿道路西行，在道路两侧随处可见鞋业企业抛弃的各种固体废物，在三台镇周边更是弥漫着燃烧塑料和各种布料的呛人味道。在和白洋淀水域最接近的刘李庄村，穿越村子的几条沟渠内同样是浑浊不堪的工业废水，两侧堆满各种生活垃圾和工业固体废物，村子西南角数十家养殖场散发着恶臭。养殖场再靠南是三个巨大的渗水坑，分别呈现白色、红色和黑色，当地村干部解释三个渗水坑是以前周边的企业排放污水所致，已经三次治理才达到现在的效果。②

《环境与生活》记者就白洋淀鞋厂废料焚烧污染问题，于 2015 年 5 月底和 7 月初两次走访白洋淀。记者在安新县城看到了"蒲绿荷红"的美景，但前往三台镇的路上就开始看到另外一番景象。三台镇的制鞋业规模很大，有"北方鞋都"之称。据 2012 年统计，全镇有制鞋加工相关企业 4 400 余家，年产鞋 1.5 亿双，产品销往国内外，是当地利税大户。而由此产生的制鞋下脚料也堆成了巨大的垃圾山，严重污染了周边土地和水源。记者在张村工

---

① 郑彦平、兴连娥主编：《现代农业实用技术：河北省农林科学院自研成果技术应用指南》，河北科学技术出版社，2015 年，第 265、266 页。

② 刘来迎、石山、何泰文：《白洋淀"黑烟高""污水色深"环境污染》，搜狐网，http://mt.sohu.com/20150706/n416261063.shtml，访问日期：2015 年 7 月 6 日。

业园东约 200 米处的农田里看到鞋厂的废料像一座座黑色小山矗立在农田里,垃圾场占地约 100 亩,旁边就是即将收割的小麦。记者还走访了三台镇辖区王庄村、张庄村、店上村、山西村等以制鞋为主要产业的村庄,每到下午六七点钟,这些企业就将堆积在院子里的下脚料全部装车运走,有的运到指定的鞋厂垃圾堆放处,有的为省钱直接就地倾倒焚烧。针对鞋厂露天堆放和焚烧废料的危害性,记者特地采访了专家,得到"会对土地资源造成极大污染和危害"及"长期在人体内累积可能致癌"的结论。对于白洋淀空气、水质污染是否会影响到北京,北京市环保局工作人员表示:"北京的水有没有被白洋淀的水污染,我们不清楚,但北京近年来愈演愈烈的雾霾,与河北大部分地区焚烧垃圾有着极大关系。"①

早在 2013 年 5 月河北省根据环保部《关于开展排污企业地下水污染专项检查的通知》和《关于华北平原地下水污染专项检查情况的通报》部署,在全省范围内开展了渗坑专项整治工作,但直到 2015 年白洋淀边刘李庄村依然存在三种颜色的渗水坑。2015 年 4 月保定市人民政府被环保部联合河北省政府约谈,限 6 月底完成白洋淀的污染治理。《环境与生活》记者同年 7 月再次来到白洋淀六里庄镇、三台镇调研,发现问题尚未得到根除。污染是水环境问题的顽疾,特别是在经济发展的初期,不仅是经济发展与环境保护的博弈,也反映出这一阶段居民对人水关系认知的局限性。

第三节　白洋淀基于生态系统的第四次综合治理

1998 年 10 月白洋淀污染综合治理工作通过了验收,基本达到国务院和河北省污染治理任务要求。但从根源上扭转白洋淀生态危机是在 21 世纪,主要举措包括:(1)跨水系、跨流域引水,通过"引岳济淀""引黄济淀"保证淀内最基本的生态需水量;(2)各级政府开始从引发白洋淀水环境问题的根源上寻找原因,力求在流域内部的生产方式、治水策略上实现根本改变,并于 2005 年启动了对白洋淀第四次综合治理。

---

① 刘军民、温立华:《白洋淀:黑烟玷污"华北明珠"》,《环境与生活》2015 年第 7 期。

一、白洋淀进入流域性综合治理的治本阶段

20 世纪 60 年代后期白洋淀就开始接纳工业污水的侵入,最直接的后果就是安新县水区开始被迫打吃水井,无法再饮用被污染的白洋淀水。90 年代国家开始投入巨额资金进行治理,尽管得到了一定程度的遏制,不过据省环保局公布的《2004 年河北省环境状况公报》,2004 年白洋淀水质有所好转,但也只有 75%的水域水质达到 Ⅳ 类,25%的水域水质为 Ⅴ 类或劣 Ⅴ 类。前期治理对污染的原因分析主要集中在工厂排污、水库建设等方面,重在通过建设污水厂等方式治理污染,还停留在哪里有问题就治理哪里的层面,没有从发展方式的角度反思污染产生的根本原因。这也使白洋淀出现边治理边污染的恶性循环。

(一)《白洋淀及上游地区生态环境建设总体规划》对水环境问题根源的关注

2005 年 10 月河北省和保定市共同编制完成《白洋淀及上游地区生态环境建设总体规划》,经国家计委、环保总局、林业局等单位共同组织评审论证后正式颁行,足证国家和地方政府对这次综合治理的重视。在第三次污染综合治理通过验收七年之后,省政府再次启动白洋淀治理工作。这次治理在《白洋淀及上游地区生态环境建设总体规划》名称上就能看出与前三次不同,将白洋淀改为"白洋淀和上游地区",将污染综合治理方案改为"生态环境建设总体规划",名称的变化反映了治理理念的深层次变化,开始从流域、全局的角度,从生态问题产生的源头进行治理规划,对上游地区生态环境进行综合治理,着力治本。

规划提出从 2005 年到 2014 年用十年时间投资 80.5 亿元,实施白洋淀上游森林植被恢复、供水和水资源治理等 26 项治理工程。主要包括在上游设立 1 600 平方千米动植物保护区、王快水库和西大洋水库连通向一亩泉补水工程、重点污染源治理工程,以及白洋淀湿地自然保护区工程、补水灌渠防渗节水工程、淀周围绿化工程等。修复上游脆弱的生态环境,白洋淀上下游进行综合治理。

这次治理规划的具体目标可以分解为:(1) 到 2010 年保定全市森林覆

盖率达到35%,治理水土流失面积3 200平方千米,自然保护区面积达到2.67%;(2)加强流域内污染源治理,白洋淀及上游将严格限制农药和化肥施用量,主要污染物排放总量比2004年减少17%以上,保定市区污水集中处理率达到92%以上,县级城镇达到60%;(4)开源节流,合理调配地表水位,给白洋淀补水,保障白洋淀水位丰水年不高于8.8米,枯水年不低于7.3米。① 从目标分析,将上游地区农业结构调整、水土流失治理和污染源治理与白洋淀补水工程统筹兼顾,通过标本兼治实现白洋淀区域的可持续发展。

(二) 对保定市工业污染和府河流域生态问题的系统治理

对于保定市贯彻实施《白洋淀及上游地区生态环境建设总体规划》的举措,市环保部门用"左右夹攻"形容,即"一方面是严格控制污染企业的排放,另一方面是提高污水处理能力"。② 从排放源头和污水处理末端首尾两头予以控制,治理范围包括保定市、府河流域及辖区内白洋淀周边的企业。

2006年3月保定市决定采取断水、断电等严厉措施,强制关闭污染防治设施简陋、不能保证长期稳定达标的142家工业企业。同时对位于白洋淀上游4条生态敏感河流沿岸的清苑、满城、蠡县等12个县(区)不能稳定达标的排污企业,也采取断电、封井等强制性措施停产治理。并由国家环保总局、省环保局及有关市县环保部门组成执法检查组,对白洋淀流域重点排污企业进行拉网式排查,对结果予以通报。3月21日公开发布《关于新市区治理造纸企业违法排污执法不严问题的情况通报》,四名主管干部受到处分,表明政府治理污染的决心。随后从3月下旬开始,满城县大册营镇和南部方顺桥乡的小塑料生产企业停产整改,大册营镇156家造纸企业全部停产,使用脱墨技术生产的企业被永远取缔。3月底保定市政府明确要求已开工建设的污水处理厂要确保6月底前投入使用,对尚未动工的项目要确保年内开建,其中保定市污水处理二期工程在年底竣工。保定市污水处理能力超过了30吨,污水处理率达到100%。③ 另外,满城县在强行拆除严重污染

---

① 《河北省白洋淀生态修复与环境治理历程》,载《改革开放实录》编写组编写《改革开放实录》(第四辑),中共党史出版社,2018年,第235页。

② 徐国栋、徐华:《白洋淀:打响生态保卫战》,《河北日报》2006年4月13日第4版。

③ 同上。

企业设备的同时,为企业逐一安装排污口流量计、COD在线监测仪。安新县占地103亩的污水处理厂一期工程试运行,日处理污水能力达到2万吨,基本上可以处理县城生活污水。

为推动《白洋淀及上游地区生态环境建设总体规划》的实施,《保定市"白洋淀上游地区生态建设与环境综合治理"规划(2008)》《河北省白洋淀水产资源管理办法(试行)》《河北省白洋淀水体环境保护管理规定》《白洋淀水污染防治条例》《河北省白洋淀水面有偿使用管理费收费办法》等规章密集颁行,围绕白洋淀水环境的环保行动全方位展开,同时也使白洋淀流域的管理逐步走上依法轨道。

(三) 亚开行项目提出"生态恢复必须在一个系统框架内进行综合治理"

2005年亚洲开发银行开始关注白洋淀生态问题,同年3月组织环境专家、社会学家对白洋淀全面考察后,决定提供1亿美元贷款支持"白洋淀流域生态系统和水资源综合治理项目",帮助治理白洋淀的生态退化问题。这次治理总投资为2.73亿美元,旨在恢复和保护白洋淀流域生态环境。

亚洲开发银行在提供贷款资金的同时,还进行技术援助。他们提出的治理观念是"生态恢复必须在一个系统框架内进行综合治理,而不能只治理局部"。在此后签订好的协议中还将"上游开矿区和水库周边的生态必须恢复"予以着重强调。在签订好的协议中,整个治理方案分成六部分,从下游的堤岸建设到上游的供水工程全部囊括在内,尤其突出的是淀区上下游必须有污水处理厂,以及上游开矿区和水库周边的生态必须恢复。亚开行该项目负责人表示,治理环境方面,尤其是综合治理方面,是他们的强项,会派综合治理专家现场指导、参与治理过程。[1] 亚开行项目采取了一系列干预措施,旨在提高白洋淀流域水质,增加流域水量,从而减轻白洋淀流域所面临的生态压力。项目还支持流域居民开发非木材林产品,以保证林草覆被。此外,项目还包括多个领域的子项目,诸如污水处理厂、供水系统、城市防洪设施、综合水处理、固体废弃物管理等,这些项目的逐步推进会影响白洋淀

---

[1] 徐国栋、徐华:《白洋淀:打响生态保卫战》,《河北日报》2006年4月13日第4版。

流域 31 500 平方公里范围,在一个系统框架内提高水环境质量。

亚开行东亚局自然资源经济学家阿克芒·司迪克表示,"白洋淀流域生态系统和水资源综合治理项目"将采用创新性生态系统和水资源管理办法,改善白洋淀流域环境。① 为此项目还将对中方进行流域生态系统管理培训、流域生态旅游开发管理培训,将通过各种方式的培训加强和提高人员和机构的管理能力。利用亚洲开发银行贷款治理白洋淀流域生态环境项目在获得国务院批准后,各项治理工作全面铺开。

(四) 上游水库综合利用和生态安全保护

21 世纪之初,尽管白洋淀上游各水系径流量很少,但鉴于这些河流多源于太行山、燕山山脉,泥沙含量较大;再针对 21 世纪以来华北地区气候波动,存在潜在洪水威胁,因此上游各水系水库堤坝工程安全问题一直颇受关注。同时为使白洋淀不干淀,上游水库继续引水入淀,直到 2003 年无水可引。

1. 上游水利工程加固和生态安全保护

龙门水库位于保定市满城县,是大清河水系南支漕河上一座以防洪为主、兼具灌溉等综合功能的大二型水利枢纽工程,控制流域面积 470 平方公里,总库容 1.267 亿立方米。1958 年"大跃进"时期动工,1960 年实施了扩建工程,1972 年进行了续建。由于主体工程筑成时间较长,出现老化问题,2002 年 9 月至 2005 年 7 月实施除险加固工程,左、右堤顶平均加高 0.7 米,顶宽加到 3 米,行洪能力由 258 立方米/秒提高到 400 立方米/秒,并复堤 43.2 千米。②

对潴龙河、唐河河道也都进行了加固整治。2001 年整治潴龙河,对高阳段部分丁坝坝头、导流排等做了防护。2002 年整治唐河新道,包括清苑县左堤张登至郝王力段、大李各庄至望都县界段,新筑堤防 7.9 公里。此外,2005 年 3 月至 6 月间完成兰沟洼下穿南拒马河倒虹吸护坡的整治,倒虹吸

---

① 本刊编辑部:《亚行将帮助中国改善白洋淀生态环境》,《水利经济》2008 年第 4 期。
② 河北省地方志编纂委员会编:《河北省志·水利志(1979—2005)》,河北人民出版社,2018 年,第 37 页。

缩堤段拆除左堤 265 米砌石护坡,新建 400 米浆砌石护坡、200 米干砌石护坡。① 2016 年《保定市水污染防治工作实施方案》提出加强山前湖库和山区河流良好水体保护,开展西大洋、王快水库生态安全调查与评估,要求 2017 年底前完善流域生态系统与水质持续改善机制,编制并实施生态环境保护方案。

2. 上游大型水库的综合利用

2008 年中国已建成的各类水库数量在世界排名第四,占世界总库容的 9.9%,其中大型水库(水库总库容量大于 1 亿立方米) 529 座。② 依据 2008 年《大清河洪水调度方案》,这一时期白洋淀上游水系有大型水库 6 座、中型水库 8 座、小型水库 115 座。其中大型水库总库容 34.32 亿立方米,控制流域面积 9 719 平方公里,占山区面积的 52%。这些大型水库的功能也实现了多元化,主要包括防洪、供水、灌溉、发电(见表 6-3-1)。

表 6-3-1 2008 年白洋淀流域大型水库基本情况

水库名称	水系	总库容（亿立方米）	集水面积（平方公里）	功　能
安格庄水库	中易水	3.09	476	防洪、灌溉、发电
王快水库	沙河	13.89	3 770	防洪、灌溉、发电
西大洋水库	唐河	11.37	4 420	防洪、供水、灌溉、发电
横山岭水库	磁河	2.43	440	防洪、灌溉
龙门水库	漕河	1.27	470	防洪
口头水库	郓河	1.06	142.5	防洪、灌溉

数据来源:《国家防总批准〈大清河洪水调度方案〉》(2008 年)。

河北省是水力资源匮乏的省份,可开发利用的水力资源主要集中在太行山和燕山地区。20 世纪 90 年代以前,河北省建成的大中型水库以防洪排

---

① 河北省地方志编纂委员会编:《河北省志·水利志(1979—2005)》,河北人民出版社,2018 年,第 175 页。

② 芮孝芳主编:《中国地学通鉴·水文卷》,陕西师范大学出版总社,2018 年,第 364 页。

涝为主,发电为辅。之后河北省充分利用河流落差大的特点,在积极建设中小型水电站的同时,开始建设蓄能电站,缓解电网调峰困难。至 2005 年白洋淀流域建成的装机容量在 6 000 千瓦及以上水电厂情况见表 6-3-2。

表 6-3-2　截至 2005 年白洋淀流域建成投产的水电厂简表

水电厂名称	水电机组 台×单机容量(万千瓦)	总容量 (万千瓦)
保定王快水电厂	1×1.5、1×0.65	2.15
保定西大洋水电厂	1×0.32、3×0.3	1.22
保定安格庄水电厂	3×0.32	0.96

数据来源:《河北省志·电力工业志(1979—2005)》(2017 年)第 109 页。

二、跨流域补水与白洋淀湿地自然保护区的水环境

鉴于入淀水量持续减少,水位降低乃至干淀,为维系白洋淀生态环境,河北省在 1997—2003 年先后从上游的西大洋、王快、安格庄水库 13 次向白洋淀补水,入淀水量 5.2 亿立方米;2004 年在本河系无水可引的情况下,组织实施了跨河系补水,即"引岳济淀",入淀水量 1.6 亿立方米;2006 年以后又先后 5 次实施"引黄补淀"应急调水,入淀水量 5.08 亿立方米,缓解了白洋淀水生态危机。① 2016 年《中共中央、国务院关于深入推进农业供给侧结构性改革加快培育农业农村发展新动能的若干意见》要求:"加强重点区域水土流失综合治理和水生态修复治理,继续开展江河湖库水系连通工程建设。"②这也为白洋淀跨流域引水工程的深化提供了政策支撑。

(一) 2002 年白洋淀湿地自然保护区设立与生态修复规划实施

白洋淀地理位置独特,在维护华北地区生态系统平衡、调节河北平原乃至京津地区气候、补充地下水源、调蓄洪水,以及保护生物多样性和珍稀物种资

---

① 张雪梅:《河北省引黄补淀输水管理工作回顾》,《河北水利》2015 年第 5 期。
② 中共中央党史和文献研究院编:《十八大以来重要文献选编》(下),中央文献出版社,2018 年,第 535 页。

源等方面发挥着重要作用,在区域生态安全体系中具有非常重要的战略位置。

2002年11月河北省政府批准《白洋淀湿地自然保护区规划》,设立了白洋淀湿地省级自然保护区,面积31 200公顷,分为四个核心区——烧车淀核心区、大麦淀核心区、藻苲淀核心区、小白洋淀核心区,核心区总面积9 740公顷。2004年中央"一号文件"要求继续搞好生态建设,特别提出"对天然林保护、退耕还林还草和湿地保护等生态工程"要坚持"统筹安排,因地制宜,巩固成果,注重实效"等基本方针。① 同年安新县成立白洋淀湿地保护区管理处,负责保护区的保护、管理和科研工作。保护区内物种资源包括国家一级重点保护鸟类4种,国家二级重点保护鸟类26种。②

2012年《白洋淀省级自然保护区总体规划(修编版)》对保护区进行了调整,进一步扩大了保护区范围与面积,2012年调整为29 696公顷,其中核心区9 440公顷,缓冲区5 368公顷,实验区14 888公顷。2006年国家林业局批复白洋淀省级自然保护区建设项目资金1 204万元。2014年中央财政投资300万元补助资金用于白洋淀湿地保护与恢复。

2005—2014年实施《白洋淀环境综合整治与生态修复规划》。规划提出白洋淀环境综合整治与生态修复要以"引""控""管"为着力点,建立生态补水长效机制,重点实施引水调水、污染源综合治理、入淀河流整治、淀区生态修复等综合治理措施,修复白洋淀湿地生态环境,提升白洋淀生态环境质量。在此基础上,2015年河北省制定《白洋淀环境综合整治与生态修复规划(2015—2020年)》,进一步提出要坚持统筹规划、科学治理,围绕改善白洋淀水体水质、修复淀区生态、提升承载能力等目标,重点实施引水、补水、调水、污染源综合治理、村镇综合整治、入淀河流整治、淀区管护维护、区域产业转型和能力设施建设等重点任务,全面提升白洋淀生态环境质量,为京津冀协同发展提供支撑。③ 为落实规划任务,保定市、安新县等积极制定实施方案,启动实施了一批治理工程,主要包括引黄补淀工程、白洋淀污染治理工程等。到2016年上半年,安新县共清理网箱、网栏、网围1.2万亩,河道清淤16.6

---

① 中共中央文献研究室编:《十六大以来重要文献选编》(上),中央文献出版社,2011年,第679页。

② 庄长伟、欧阳志云、徐卫华等:《近33年白洋淀景观动态变化》,《生态学报》2011年第3期。

③ 《河北省白洋淀生态修复与环境治理历程》,载《改革开放实录》编写组编写《改革开放实录》(第四辑),中共党史出版社,2018年,第238页。

千米,清理土方 27.4 万立方米,建设航道及村庄护坡 60 千米。

(二) 从流域内外引水补淀与区域水环境

从 20 世纪 90 年代开始,入淀水量的自然周期基本消失,白洋淀入淀水源已经分为自然、人工两大类,前者是自然的大气降水和上游河道来水,后者是人工引水补给,且后者所占比重不断提升。白洋淀人工生态补水历经了从流域上游水库补水、跨海河水系引岳济淀、跨流域引黄济淀、南水北调跨区域补水四个阶段。2002 年党的十六大报告明确提出,要"抓紧解决部分地区水资源短缺问题,兴建南水北调工程"。① 目前引黄入冀补淀、南水北调调水工程正逐步成为白洋淀主要水源。②

1. 从上游水库引水济淀工程

依据保定市水利局、河北省大清河管理处、河北省白洋淀管理处及《安新县志》等统计数据,20 世纪八九十年代白洋淀上游水库就开始放水补淀,其中位于大清河北支的安格庄水库 1992 年、1997—2001 年、2005 年、2006 年皆放水补淀,入淀水量在 1997 年 12 月最多,达到 5 198 万立方米,到 2006 年减少到 828 万立方米。位于大清河南支的王快水库 2000 年、2002 年、2003 年、2006 年放水补淀,入淀水量最大在 2003 年 1 至 3 月,总计 11 634 万立方米;使白洋淀水位由干淀升到 6.95 米;入淀水量最少在 2001 年 6 至 7 月,尽管在汛期,也只有 4 513 万立方米,白洋淀水位依然在干淀标准之下。这一时期安格庄、王快、西大洋三个水库先后放水入淀。西大洋水库在 2002 年 2 至 5 月间两次放水入淀,王快水库 7 至 8 月间放水入淀,三次总计放水 15 001 万立方米,未能改变白洋淀干淀的状态。③

2. 跨水系、跨流域引水与淀区水环境

2003 年大清河上游各水库基本无水可蓄,白洋淀面临彻底干涸,淀内及

---

① 中共中央文献研究室编:《十六大以来重要文献选编》(上),中央文献出版社,2011 年,第 17 页。

② 彭艳芬著:《白洋淀历史与文化》,河北大学出版社,2012 年,第 100 页。

③ 同上书,第 101 页。

周边20万群众的生产生活受到严重影响。与此同时漳河干流上岳城水库蓄水达6亿多立方米,且入库水量较充足。因此海河水利委员会提出利用现有工程从岳城水库向白洋淀跨流域应急补水的设想,随即会同河北省研究制定了《引岳济淀生态应急补水工程实施方案》,并上报水利部获批。①

2004年白洋淀流域持续干旱,上游水库无余水补淀。同年2—6月水利部、河北省实施了"引岳济淀"工程,即从南运河水系的岳城水库进行跨水系应急调水,时长135天,水库放水3.9亿立方米,入淀水1.6亿立方米,白洋淀水位由5.8米上升到7.2米,水域面积由31平方公里扩大到120平方公里。② 2006年海河流域旱情严重,岳城水库蓄水量严重不足。于是水利部组织实施了"引黄济淀"工程,从山东聊城引黄河水进行跨流域补淀。2006—2012年每年都需要引黄补水,其中2006—2007年入淀水量1.001亿立方米,2008年入淀1.56亿立方米,2009—2010年入淀水量1亿立方米,2010—2011年入淀量0.93亿立方米,2011—2012年入淀水量0.965亿立方米,五次引水入淀水量近5.46亿立方米。③ 使白洋淀水位达到了7.52米,水域面积扩大为150平方公里。④ 该项工程的实施使白洋淀生态环境得到明显改善,生物种群逐渐恢复。⑤

3. 跨水系、跨流域引水与区域水环境

引黄济淀的同时,白洋淀主区所在的安新县加大了环境监测和治污投入,建成污水处理厂二期工程,在白洋淀采蒲台国控监测点建成水质自动监测站,在省内率先布设乡镇级环保所,实现环境监管全覆盖。随着第四次引黄济淀的顺利实施,白洋淀核心区水质已达Ⅲ类标准。此外,也有一些对生态不利的因素。人工补水除2002年选择在7月和8月进行外,大多选择春季或冬季进行,以减少中途水量的损失,这也会导致入淀水量的自然周期基本消失。引黄入淀主要在冬春淀区水位最低的时间段进行,也使原本应该

---

① 河北省地方志编纂委员会编:《河北省志·水利志(1979—2005)》,河北人民出版社,2018年,第92页。
② 《河北省白洋淀生态修复与环境治理历程》,载《改革开放实录》编写组编写《改革开放实录》(第四辑),中共党史出版社,2018年,第234页。
③ 李如意:《白洋淀将彻底摆脱干淀威胁》,《北京日报》2017年11月3日第11版。
④ 彭艳芬著:《白洋淀历史与文化》,河北大学出版社,2012年,第102页。
⑤ 王朝华、吕丹彤:《引岳济淀对白洋淀水环境影响分析》,《海河水利》2005年第2期。

结冰的水面因黄河补入无法冻实,车无法冰上行走,船也无法穿冰而行,一定程度上影响了淀区收割芦苇工作的正常进行①,而芦苇无法及时收割就会浸泡腐烂,对水质及湖泊生态系统造成影响。

海河流域各河系入海水量在时间和规模上有较大差异。在保障防洪的安全的前提下,利用海河流域平原地区网状河渠系统,实现各河系间中小洪水及地表径流的联合调度,是解决白洋淀生态用水问题的一项有效措施。结合经济社会发展与河道生态需求,制定海河流域各河系之间的雨洪资源统一调度方案,建立白洋淀生态补水用水的长效机制,逐步恢复原有生态水文周期。目前引岳济淀工程已经实现了漳卫河水系与大清河水系的连通,引黄济淀工程实现了漳卫河水系、子牙河及大清河水系的连通,南水北调中线工程实现了黄河、海河与长江水系的连通。以上工程已具备一定的连通通水条件,基本形成了南北互济互补的地表水网体系,经过进一步的建设完善,流域范围内调配雨洪资源为白洋淀生态补水将成为可能。

(三)《河北省水功能区划》与淀区水资源保护利用

水利部门开展水资源保护工作的一项重要任务就是限制河湖纳污总量。而划分水功能区,限制河湖纳污总量指标,则是环保部门开展水污染治理工作的依据之一。② 保证白洋淀社会经济的可持续发展,就需要提高白洋淀水资源的可持续承载能力,为此要针对主要制约因素,采取相应的措施对策来切实改善水生态和水环境。2004年河北省水利厅、环保局依据《中华人民共和国水法》有关法律规定,颁布《河北省水功能区划》作为合理利用与保护辖区内水资源的重要依据。③

区划中一级水功能区分为四类,包括保护区、保留区、开发利用区和缓冲区。其中保护区指对水资源保护、自然生态及珍稀濒危物种的保护有重

---

① 张娜:《黄河水暖白洋淀,万亩芦苇收割难,白洋淀苇农割苇遭遇"结冰难题"》,《燕赵都市报》2006年12月21日第3版。

② 白云鹏、时晓飞、张芸:《河北省水功能区水环境变化趋势分析》,《海河水利》2012年第4期。

③ 河北省环境科学学会环境评价分会编:《河北省环境影响评价文件汇编》,河北人民出版社,2011年,第393页。

要意义的水域,该区严格禁止进行其他开发活动,并不得进行二级水功能区划。四类一级水功能区的水质标准,根据需要分别执行《地表水环境质量标准》(GB 3838-2002)Ⅰ、Ⅱ类水质标准。白洋淀及各水系入淀段河道皆属于一级区划,其中白洋淀被命名为"白洋淀保定湿地保护区"①,执行最严格的水环境质量标准。

按照水功能区等级确定的水质标准,严格控制污染物入河湖数量,这是解决水污染、河湖生态退化等制约水资源可持续利用问题的有效手段。2009年水利部提出的严格水资源管理制度中,水功能区限制纳污红线是三条红线之一。2011年中央一号文件明确提出要建立水功能区限制纳污制度,确立水功能区限制纳污红线,要求以此为抓手严格控制入河湖排污总量,以确保水功能区基本达到区划水质目标。

三、白洋淀连片美丽乡村建设

2014年以来围绕建设京津冀生态涵养区,河北省提出要打好白洋淀连片美丽乡村建设的攻坚战,努力把白洋淀打造成天蓝水清、苇绿荷红的"北国水乡",建成美丽河北、美丽中国的生态样本,在全省发挥示范带动作用。② 2014年7月保定市成立白洋淀生态环境综合治理工作指挥部,统筹推进白洋淀生态环境综合治理,确定了白洋淀在三年内达到"苇绿、荷红、水清、村美、人幸福"的总体目标。

(一) 白洋淀连片美丽乡村建设成为安新县一号工程

为贯彻落实省、市要求,把白洋淀连片美丽乡村打造成河北省重点片区亮点,安新县提出"举全县之力,建设精品片区"的总体目标。对标先进地区美丽乡村建设,借鉴江苏、浙江、江西等地区美丽乡村建设的先进经验做法,确定了"连片规划、抓住重点、突出特色"的总体思路,从2014年下半年开始

---

① 河北省环境科学学会环境评价分会编:《河北省环境影响评价文件汇编》,河北人民出版社,2011年,第401—403页。

② 《河北省白洋淀生态修复与环境治理历程》,载《改革开放实录》编写组编写《改革开放实录》(第四辑),中共党史出版社,2018年,第240页。

编制完成了《环白洋淀地区乡村建设总体规划》《环白洋淀地区农村面貌改造提升规划建设指引》，依据水乡赵庄子、大淀头两个村庄的示范规划启动乡村改造建设。做到了规划先行，为全面推进白洋淀连片美丽乡村建设打下了良好的基础。[①]

安新县将白洋淀连片美丽乡村建设作为全县一号工程，从2015年开始在与白洋淀密切关联的6个乡镇、45个村扎实推进。集中力量展开垃圾、污水处理，民宿、厕所改造，村庄绿化、环境美化等15件实事，当年9月基本完成建设工作，淀内水环境和水村容貌都发生显著变化。[②] 同时还在全县进行了"北国江南水乡"旅游景观开发。到2015年6月已清除淀内土方96.4万立方米，清理网箱网栏等0.5万亩，出鱼7 000吨，清淤20万立方米，在集中连片荷花观赏区种植荷花逾万亩。[③] 到2016年淀内89%的"三网"得到了清理，向白洋淀投放饲料每年可以减少2 000余吨，淀内景区和主航道相关水域的清理面积也达到了0.23万亩。[④]

保定市也把白洋淀生态系统修复、水环境保护工作列为一项政治任务深入推进，围绕"苇绿、荷红、水清、村美、人幸福"的总体目标，投资5亿多元，在淀区村实施污水垃圾处理、厕所民宿改造等30多项工程，并建立长效运营机制，确保治理效果。到2016年11月恢复湿地面积累计8.16万亩，增加湖滨缓冲带0.11万亩，实现了生态环境持续改善。[⑤]

（二）建立节水型社会

2011年中央一号文件针对水资源管理、利用提出两点要求：首先，要求

[①] 刘军：《发挥引领作用，推进白洋淀连片美丽乡村建设——安新县城乡规划管理局工作纪实》，《党史博采（纪实）》2016年第7期。

[②] 《河北省白洋淀生态修复与环境治理历程》，载《改革开放实录》编写组编《改革开放实录》（第四辑），中共党史出版社，2018年，第241页。

[③] 李卡：《安新县对标推进白洋淀连片美丽乡村建设》，《保定日报》2015年6月16日第1版

[④] 周新月：《河北省安新县——举全县之力抓好白洋淀连片美丽乡村建设》，《商业文化》2015年第14期。

[⑤] 孟月华：《保定市全力做好白洋淀生态修复与保护工作》，保定市生态环境局网站，https://sthjj.baoding.gov.cn/article/147/13.html，访问日期：2016年11月18日。

实行最严格的水资源管理制度,并与时俱进不断创新水利发展的体制机制[1],要把严格水资源管理提升到加快转变经济发展方式的战略举措高度;其次,要求把农田水利作为农村基础设施建设的重点任务,特别是要加强对农田水利薄弱环节的建设,实现水利基础设施全面建设[2]。同年"十二五"规划也提出要"加强水资源节约""加强水权制度建设,建设节水型社会"等目标[3],并从水资源所有权制度、取水许可制度、有偿使用制度、饮用水水源保护区制度,以及国家对水资源管理体制建设应实行流域管理与行政区域管理相结合等方面,要求建立起系列制度、体制,并确定相关法律责任。[4] 随后 2013 年相继出台了《水资源保护规划编制规程》《实行最严水资源管理制度考核办法》等,开始实行最严格水资源管理制度,确定三条管理红线,全面推进节水型社会建设。[5] 2016 年中央一号文件继续提出要落实最严格的水资源管理制度,加快推进水生态修复工程建设。[6]

这一时期白洋淀各县市也在千方百计落实国家最严格的水资源管理制度,探索创新水利发展机制,积极创建节水型社会。由于白洋淀流域农业灌溉用水占农业总用水量的 80% 以上,提升节水灌溉率就成为节水的重要举措。以雄县为例,全县有耕地 47 万亩,其中 32.5 万亩水浇地中很多耕地仍采用传统灌溉模式,水资源消耗较大。其间颁布实施《雄县农田水利建设规划(2010—2020)》,建成现代节水农田 21.5 万亩,铺设地下输水管道 200 万米,年节水 1 612 万立方米,建成咸淡混浇机组 70 个,可利用咸水资源 130 万立方米。[7] 在很大程度上节约了水资源,增加了水资源,进而保护了白洋

---

[1] 中共中央文献研究室编:《十七大以来重要文献选编》(下),中央文献出版社,2013 年,第 56—59 页。

[2] 同上书,第 51—52 页。

[3] 《国民经济和社会发展第十二个五年规划纲要》,载中华人民共和国年鉴编辑部编辑《中华人民共和国年鉴 2011》,中华人民共和国年鉴社,2011 年,第 77—102 页。

[4] 沈春耀主编:《全国人民代表大会年鉴 2008 年卷》,中国民主法制出版社,2009 年,第 496—504 页;《取水许可和水资源费征收管理条例》,载《中国环境年鉴》编辑委员会编《中国环境年鉴(2007)》,中国环境年鉴社,2007 年,第 38—43 页。

[5] 《国务院关于实行最严格水资源管理制度的意见》,载《中国水利年鉴》编纂委员会编《中国水利年鉴 2013》,中国水利水电出版社,2013 年,第 6—8 页。

[6] 中共中央文献研究室编:《十八大以来重要文献选编》(中),中央文献出版社,2016 年,第 109 页。

[7] 白苓仙:《雄县农田水利建设现状与发展对策》,《现代农村科技》2011 年第 11 期。

淀水环境。

（三）"水十条"实施与白洋淀水安全行动

2015年中央一号文件提出要加大水污染防治、水生态保护力度。① 2015年4月国家发布《水污染防治行动计划》，提出了十项重要任务，简称"水十条"。十项任务主要内容包括：取缔"十小"企业，专项整治十大重点行业，推进农业农村污染防治，推动经济结构转型升级，着力节约保护水资源，等等。这是一部为切实加大水污染防治力度，保障国家水安全而制定的重要法规。白洋淀区认真贯彻实施"水十条"，污染治理愈发重视流域协同、标本兼治。

第一，关停高污染的小企业。2006年白洋淀发生大面积死鱼事件后，当年保定市就关停了污染限排不能稳定达标的造纸、印染等企业218家，白洋淀上游废水排放量可减少10万吨/天。② 2007年保定市污水处理厂二期工程建成投用，污水处理能力达到32万吨/天，可以保证市区污水集中处理率超过90%。③ 2012年开始保定市启动对白洋淀周边企业的全面整治，首先是大张庄羽绒加工区，共淘汰水洗企业27家，68家企业建成污水处理设施，使加工区污水处理基本达到一级A类标准。④ 截至2013年安新县白洋淀湖泊生态保护试点项目主要针对"土小企业"进行了取缔整治，总计拆除"土小企业"693家⑤，水污染治理、大气污染防治工作取得阶段性成果。2014年安新县继续开展"利剑斩污"行动，整治重点是有色金属、羽绒、制鞋等高污染行业的排放问题，在巩固大张庄羽绒行业综合整治成效的同时，集中对刘李庄镇制鞋业的污染问题展开综合治理，依法取缔了水洗、化料、小炼油等"土小企业"80余家。⑥

---

① 中共中央文献研究室编：《十八大以来重要文献选编》（中），中央文献出版社，2016年，第277页。
② 王明浩：《保定擦亮"华北明珠"白洋淀》，《人民日报》2007年8月9日第9版。
③ 唐宝贤：《白洋淀复清需治污补水并重》，《中国环境报》2007年7月30日第7版。
④ 宋美倩、李保健：《让"华北明珠"再生辉——白洋淀生态修复工程纪实》，《经济日报》2017年4月18日第13版。
⑤ 河北年鉴编纂委员会编：《河北年鉴（2014）》，河北年鉴社，2014年，第540页。
⑥ 河北年鉴编纂委员会编：《河北年鉴（2015）》，河北年鉴社，2015年，第552页。

第二,加强针对农业、养殖业对水环境污染的综合治理。在白洋淀地区引用保定市污水灌溉农田,已有20多年的历史,到2010年污灌总面积达到5万余亩,污水中难降解的重金属元素与人工合成的有机毒物也会污染淀区土壤,进而污染水质。于是开始适当控制灌溉方式与数量,兼顾农业灌溉与污水处理,达到保护白洋淀水质的目的。① 白洋淀区利用网箱、围栏等人工养殖,具有高投入、高产出、高密度等特征,因此这类养殖模式极易造成所在水域水体富营养化。2014年以后安新县先后清理网箱养殖面积超过1.18万亩,涉及养殖户5 505户,网箱养殖逐步被取缔。这一时期保定市41座城镇污水集中处理厂建成使用,污水处理能力达到118万吨/天,实现了白洋淀上游县级以上城镇和重点乡镇全覆盖。②

第三,淀内综合治理工程。在淀内除了养殖业整顿,还大力开展了水区居民生活垃圾处理工程。白洋淀人口自然增长率较高,据统计,改革开放以来安新县人口年自然增长率有20年超过15‰,人口增加、人均水资源需求量增加必然加大水资源供需矛盾,因此白洋淀"生态移民"也受到关注。其间白洋淀水环境治理依然以工程措施为主,但开始重视生态工程,包括开展淀底综合整治、污水综合净化、生态收割调控等举措,通过恢复重点规划水域的生态系统逐步恢复白洋淀湿地系统的自然生物链。监测结果表明,白洋淀湿生植物群落及其所在水沟对营养物的截留、去除效用明显,特别是在苇田,芦苇对其根部土壤中氨态氮和总磷的截留率均超过90%。③ 因此,2014年安新县提出要逐步在府河、孝义河入淀位置建设芦苇湿地生态缓冲区,实现生态和经济同向同行。

(四) 保定市印发《白洋淀区域发展规划纲要(2015—2020年)》

2016年4月,保定市印发《白洋淀区域发展规划纲要(2015—2020年)》(以下简称《规划纲要》),提出要把以白洋淀为核心的周边地区建设成国家级生态经济区,按照规划在白洋淀水岸一公里范围内要大量减少自然村和

---

① 李晓粤、张素珍:《白洋淀水资源承载力计算及保护对策》,载中国环境科学学会编《第十三届世界湖泊大会论文集》(中卷),中国农业大学出版社,2010年,第1622页。

② 史自强:《华北明珠再绽璀璨》,《人民日报》2017年4月22日第9版。

③ 李晓粤、张素珍:《白洋淀水资源承载力计算及保护对策》,载中国环境科学学会编《第十三届世界湖泊大会论文集》(中卷),中国农业大学出版社,2010年,第1622页。

定居点，同时淀内水乡村落也将逐步搬迁出水域。《规划纲要》提出要"实施水区村民搬迁"，要坚持政策移民、产业移民、项目移民相结合，要解决移民工作生活安置问题，要通过增加就业岗位，稳定有序地推进水村居民向周边的中心城镇、小城镇迁移，提出到2020年要完成80%的水区村民的搬迁的目标。① 剩余20%原住居民留在淀内开展旅游、养殖等相关产业活动，保持白洋淀的文化传承。

《规划纲要》有两个地方引人注目：一是这次发展规划的对象是"白洋淀区域"，而不仅仅是白洋淀，具有更为广阔的空间视野；二是提出了白洋淀"实施水区村民搬迁"。世代生活在白洋淀水域内，根据气候、水域变化，以渔业、苇编、耕种结合为主要生产方式的淀民，搬迁到陆地上后，生产环境的变化必然带来生产方式变化，一方面民众需要一个安家落户、调整生产方式的适应过程，另一方面淀民沿袭千年的白洋淀文化也必然随着移民工程在新的生存环境、新的生产形态中发生变化、转型。依然留在淀内的人，他们的生产生活方式也不再是传统的延续，白洋淀水乡文化势必发生质的变化。或曰，随着80%水区村民移民计划的实施，白洋淀人水关系也将面临再次重构。

2016年10月保定市同步印发了《保定市水污染防治工作实施方案》，作为2015—2020年白洋淀区域发展规划纲要实施的保障措施。再次表明水污染问题依然是白洋淀水环境治理中的核心问题。方案提出为落实国家江河湖泊生态环境保护项目要求，要按照系统治理原则，编制实施白洋淀环境综合整治与生态修复专项方案，通过调水、控源、净淀、清河等系列综合治理，逐步实现恢复白洋淀生态功能的愿景。

四、以白洋淀为核心的大清河流域防洪"两个转变"

冀中平原大型平原洼淀的地貌特征，决定了白洋淀很长一段时间内在大清河流域中游自然蓄洪区的地位以及缓洪、滞沥等主要功能。步入21世纪整个海河流域继续呈现干旱态势，但是在某些年份降水量在短期内大幅增加时，还是会发生一定规模的洪涝灾害。特别是20世纪末以来中国北方有降水量增加的趋势，洪涝灾害发生概率增加，更需要积极应对。21世纪初

---

① 范周主编：《雄安新区发展研究报告》（第二卷），知识产权出版社，2017年，第79页。

水利部提出防汛抗旱"两个转变",即坚持防汛抗旱并举,实现由控制洪水向洪水管理转变。

(一) 2005 年河北省编制《白洋淀蓄滞洪区建设规划》

白洋淀蓄滞洪区包括白洋淀区和安新、高阳一部分低洼地区。白洋淀底高程一般为 5.5~6 米,当十方院水位超过 10.5 米时,按河北省确定的洪水调度方案,就要通过白洋淀围堤分洪口门有计划地向安新、高阳两县低洼地区分洪,以确保千里堤安全。新中国成立以来白洋淀蓄滞洪区的启用发挥了巨大的防洪效益。1949—1964 年期间破四门堤分洪 10 次,新安北堤决口分洪 7 次,障水埝和淀南堤也多次决口分洪,其间 1963 年大洪水周边洼淀全部滞洪。自 1998 年以来淀内由于严重缺水,先后从王快、西大洋、安格庄等水库调水 7.2 亿立方米。对标水利部 1992 年制定的《海河流域蓄滞洪区安全建设规划》,白洋淀蓄滞洪区安全建设规划尚未达到要求。①

2005 年河北省编制了《白洋淀蓄滞洪区建设规划》。依据这次规划编制过程中的评估,白洋淀在设计水位 10.5 米时,枣林庄枢纽最大出流 2 050 立方米/秒。由于 2005 年以后十多年间,白洋淀内非法围埝和其他违法设施建设明显增加,赵王新河河道内堤埝、高秆作物、树障阻水严重,再加上枣林庄枢纽工程设施老化等问题,当白洋淀达到设计水位 10.5 米时,枣林庄枢纽最大泄流难以达到设计的行洪标准。作为白洋淀唯一的出水口,这一结果势必对白洋淀乃至整个大清河水系洪水调度产生巨大影响。诚然,究其原因还和白沟引河运行有关。引河有效防止了泥沙淤积东淀,将部分泥沙转移到白洋淀后,抬高淀底、行洪道,也导致枣林庄枢纽泄洪量达不到原设计能力。②

(二) 2007 年国家防总发布《大清河洪水调度方案》

1994 年国家防总颁行《大清河洪水调度方案》,成为之后一段时期内科

---

① 赵敏涛、绳莉丽、安秀荣:《白洋淀蓄滞洪区现状及发展对策》,《河北水利水电技术》2004 年第 2 期。

② 程伟:《影响白洋淀防洪能力因素分析》,《河北水利》2014 年第 3 期。

学调度大清河洪水的指导性文件,一方面在很大程度上减轻了洪涝灾害的危害,另一方面开始积极利用洪水资源补充水源。经过十多年发展,大清河水系的水资源、水环境以及社会环境都发生了一定的变化,防洪调度指导思想等也随之进行了调整。2003年水利部提出防洪减灾要"从控制洪水向洪水管理转变",进而提出了此后一个时期内防汛抗旱工作的目标是"实现工程标准化、管理规范化、洪水资源化、技术现代化和保障社会化"[1],倡导人与洪水"和谐相处"。2006年国务院办公厅批转了《关于加强蓄滞洪区建设与管理的若干意见》,进一步明确了蓄滞洪区建设管理的指导思想、建设原则及目标和任务,为推进蓄滞洪区建设管理工作提供了重要的政策依据。2007年基于大清河水系"上蓄、中疏、下排、适当地滞"的防洪工程体系基本形成,海河水利委员会同北京、天津和河北省相关单位,从大清河流域社会经济发展的实际出发,制订了《大清河洪水调度方案》,国务院批复后颁行。与1994年《大清河洪水调度方案》相比,这次防御洪水方案增加了一些防洪工程状况、设计洪水成果及洪水调度原则等内容,并对防御洪水的工作安排进行了细化,增强了方案的可操作性;同时调整了防洪工程的调度权限,增加了海河防汛抗旱总指挥部的调度权限,增强了方案的系统性,更加突出了人水和谐的发展理念。

这一时期大清河调度洪水的主要原则有:(1)蓄滞洪区运用要按照局部利益服从全局利益的原则,要确保重要防洪目标安全;(2)确保白洋淀千里堤和水闸枢纽等重要防洪工程安全,确保天津等重要城市、交通干线防洪安全;(3)当发生设计标准及其以下洪水时,要减少东淀、文安洼、贾口洼等蓄滞洪区的运用概率,要适时兼顾洪水资源利用;(4)当发生50~100年一遇超标准洪水时,东淀、文安洼、贾口洼要联合运用、蓄洪;(5)当发生超过100年一遇特大洪水时,要采取团泊洼与西三洼联合运用等措施,调度洪水,减轻灾害。具体到白洋淀防御洪水的调度原则主要包括:(1)十方院汛限水位按8~8.3米动态控制,采取预泄措施将水位降至8米,同时兼顾东淀大清河主槽安全;(2)十方院水位超过汛限水位时,开启枣林庄闸泄洪;(3)十方院水位达到保证水位10.5米且继续上涨时,依次扒开障水埝大石桥口门、淀南新堤高楼口门、四门堤关城口门和同口口门、新安北堤北六村

---

[1] 汪恕诚:《总结经验,明确目标,强化措施,做好今年的防汛抗旱工作》,《中国水利》2003年第5期。

和留村口门,向周边滞洪区分洪;(4)当大清河南支发生超标准洪水,十方院水位达到11.65米且继续上涨时,在小关附近扒口向文安洼分洪。

总之,大清河流域防洪调度以白洋淀最高水位保持在最低汛限水位为目标,遇超标、特大洪水时,要通过向周边滞洪区分洪、洼淀联合运用,在减少蓄滞洪区人民损失的同时,保证重要防洪目标安全。

(三) 2013年白洋淀枣林庄枢纽提闸放水

2012年"7·21"特大暴雨和洪水入淀后,白洋淀水位上升至8.23米,蓄水量近3亿立方米,水域面积为237.161平方公里,三者分别为16年来的最高、最多、最大。此外,白洋淀核心区水质已达Ⅲ类标准,基本接近40年前的水平。20世纪90年代以来白洋淀历经数十次流域内跨水系"引岳济淀"、跨流域"引黄济淀"后,2013年终于再次开启枣林庄枢纽四孔闸,主动提闸弃水。究其原因,主要是降水带来的入淀径流量增加,是自然因素的变化的结果。

2013年进入汛期后,由于流域降水量较大,上游王快水库、西大洋水库、安格庄水库开始弃水入淀,白洋淀进水7870万立方米。据安新县委宣传部公布的数据,2013年7月16日白洋淀水位达到8.42米,蓄水量达3.41亿立方米,水域面积达259.072平方公里,达到近16年来的最高水位值,超过了白洋淀在8~8.3米之间的汛限水位。根据大清河水系主汛期汛情走向预判,河北省防办于7月22日下达调度指令,要求枣林庄枢纽四孔闸自23日8时起提闸泄水,泄水流量控制在30立方米/秒,直到白洋淀水位下降到汛限水位6.8米为止。截至7月31日白洋淀向下游赵王新河泄洪2100立方米,最大泄洪量30立方米/秒。这次泄洪尽管水量有限,依然有效增加了大清河流域水面面积,改善了清南地区霸州、文安、大城约1000多平方公里范围内的水生态环境,对涵养地下水有非常明显的作用。[①]

第四节　白洋淀水环境治理逐步上升为国家战略

京津冀三地地缘相接、地域一体,海河水系是三地地理结构最基本的脉

---

① 《白洋淀向赵王新河泄流,清南地区水环境得到改善》,《海河水利》2013年第4期。

络,须臾难离的水资源更如血液一般支撑着三地。由于行政区划的阻隔,三地间尽管都面临严重的水污染问题,但治理方式和治理观念各异,导致三地水问题治理成效不能累积,反而相互削弱。因此,深度治理京津冀三地的水问题不仅要基于海河流域系统性特征,还需要各环境治理行政单位的协同。2014年京津冀协同发展上升至国家战略层面,水资源匮乏、水生态安全等环境问题随之上升为实现京津冀协同发展亟须破解的瓶颈。

一、从海河流域系统性上深入白洋淀水环境治理

1998年长江流域、松花江流域发生特大洪水,集中暴露了已有防洪体系存在的问题,为此国家启动了按流域进行的防洪规划编制工作。随着全国水资源管理工作力度逐年加大,加快水资源规划、健全相关政策法规体系等工作也提上了日程。2002年修订后的《中华人民共和国水法》施行,同年开始了为期五年的全国水利工程管理体制改革工作,为依法治水、科学管水做好体制机制的保障。2012年《全国重点流域水污染防治规划(2011—2015)》提出了水污染防治的六项主要任务,包括提高工业污染防治水平、提升城镇污水处理水平、推进环境综合整治与生态建设、提升流域风险防范水平等。2014年习近平总书记提出"节水优先、空间均衡、系统治理、两手发力"十六字治水方针。这些都为白洋淀水环境治理提供了基本遵循。

(一)海河流域生态与环境恢复、水资源保障、水污染防治等专项规划

1996年以来,以海河流域为规划对象,国家先后批准实施了《海河流域水污染防治规划》《海河流域水污染防治"十五"计划》《海河流域水污染防治规划(2006—2010年)》等专项规划。在这些水污染防治工程中,白洋淀治理是其中关注的主要问题。

2005年7月发布《海河流域生态与环境恢复水资源保障规划》。这是我国第一部流域生态与环境恢复的水资源保障规划,提出了修复海河流域生态与环境的水资源保障方案,包括要开展以"二市二库一山一湖一河"为重点的海河流域生态与环境保护的修复示范工程,其中"二市"是北京、天津两城市的河湖治理,"一山"指做好太行山水土保持,"一湖"就是白洋淀的

生态用水。

2008年2月国务院批复了《海河流域防洪规划》。指导思想是正确处理防洪工作与经济、社会、资源、环境的协调关系,治理方针沿袭"上蓄、中疏、下排、适当地滞"策略。要求正确处理防洪减灾与水资源合理开发利用的关系、防洪体系建设与管理的关系,由控制洪水向洪水管理转变,通过蓄泄兼筹、洪涝兼治,构建"分区防守、分流入海"和"沟通河系、相机调度"的防洪格局。

2008年4月实施《海河流域水污染防治规划(2006—2010年)》。重在落实《国务院关于落实科学发展观加强环境保护的决定》,重点解决流域跨省界的污染问题,优先解决北京、天津两个直辖市的水环境问题,为举办奥运会提供良好的水环境。依据"有限目标,突出重点"的规划原则,白洋淀及其上游的岳城、西大洋、王快等水库被列为污染控制和水质改善的重点湖库,要求加快湖库周边地区农产品种植结构调整,科学合理施用化肥农药,湖库周围要划定畜禽禁养区,鼓励养殖方式由散养向规模化养殖转化。要求推进白洋淀区等重点湖库周边乡镇农村基础设施建设,改水、改厨、改厕,建立生活垃圾收集处理系统,减少农村污染对湖库水质的影响。河北省11个地市共127个县市列入规划范围,白洋淀区5县1市全部在内。

2009年完成了《海河流域水资源综合规划》编制工作。① 该规划是全国水资源综合规划的重要组成部分,提出了南水北调工程实施背景下流域水资源配置方案和水资源可持续利用对策。规划提出将海河流域平原地下水位、白洋淀等湿地面积恢复到20世纪五六十年代的状态,作为流域水环境修复的理想目标。根据测算,海河平原地下水多年累计超采量约相当于南水北调工程多年平均调入本流域水量的7倍,因此实施南水北调工程恐仍难以支持这样高的需水要求,最终还得治本。有研究建议将白洋淀等湿地划为三种功能区,即蓄水水面、自然沼泽、湿地稻田,通过以水营田、以田护湿,实现优势互补,以维持湿地。②

(二)《海河流域综合规划(2012—2030年)》

贯彻落实《中共中央、国务院关于加快水利改革发展的决定》精神,实现

---

① 户作亮:《海河流域水资源综合规划概要》,《中国水利》2011年第23期。
② 刘思清、杨晓勇:《对海河流域水资源综合规划的理解与认识》,《海河水利》2002年第5期。

海河流域防洪减灾、水资源综合利用、水资源与水生态环境保护、建立流域综合管理体系等目标,编制了《海河流域综合规划(2012—2030年)》(以下简称《综合规划》),并于2013年3月获国务院批复实施。

《综合规划》的总体目标是正确处理经济社会发展、水资源开发利用、生态环境保护三者之间的关系,以流域为基本单元,着力解决流域内突出的水问题,以水资源的可持续利用来保障经济社会的可持续发展。为此提出了海河流域工作的基本原则:(1)坚持以人为本,着力解决群众最关心、最直接、最现实的水利问题;(2)坚持水利与经济社会协调发展,促进人与自然和谐相处;(3)坚持全面规划,突出重点,统筹上下游、左右岸和不同行业之间的关系;(4)坚持继承与发展、衔接与协调等关系的平衡兼顾;(5)坚持加强流域管理,进一步理顺流域水利管理体制机制。

《综合规划》还确定了海河水系河流功能定位。根据海河流域资源环境的承载能力和开发潜力,立足河流自然生态与服务功能的均衡发挥,将海河水系主导功能划分为三类:山区水源保护区、平原行洪排涝区、河口行洪利用区。在不同功能区内,要解决好河流开发利用与生态环境保护、资源优化配置之间的矛盾。此外,围绕海河各河流水生态修复,确定了白洋淀等13处主要湿地为海河流域水生态修复的重要区域,并决定继续实施生态补水。①《综合规划》立足海河流域的生态系统,围绕流域水资源与经济社会协调发展这一根本目标,对水资源开发、利用、节约,对水环境的保护及水灾害防治等进行了总体擘画。

二、 实施京津冀区域水环境协同治理

2014年2月习近平总书记在京津冀协同发展会议上强调,实现京津冀协同发展"是探索生态文明建设有效路径、促进人口经济资源环境相协调的需要",要求"加快走出一条科学持续的协同发展路子来"。② 白洋淀作为京津冀三地最大的淡水湖泊、最大的蓄滞洪区、最大的淡水湿地,在京津冀区域可持续发展中具有重要作用。

---

① 《解读〈海河流域综合规划(2012—2030年)〉》,《中国水利报》2013年4月18日第1版。
② 《习近平就推进京津冀协同发展提出7点要求》,《北京观察》2014年第3期。

（一）京津冀水环境协同治理的主要规划

2004年国家发展和改革委员会组织了关于京津冀区域经济发展战略的专题座谈会，并形成"廊坊共识"[①]，意味着国家层面对京津冀协同发展的高度关注。2014年10月京津冀三地环保部门签署《京津冀水污染突发事件联防联控机制合作协议》，确定开展环境隐患联合排查、水污染突发事故联合演练等。

经过不断推进，2015年2月发布《京津冀协同发展规划纲要》。同年5月发布《京津冀协同发展生态环境保护规划》，划定了京津冀区域水环境质量底线。随后为落实推进上述两份重要文件要求，海河水利委员会编制颁行了《京津冀协同发展六河五湖综合治理与生态修复总体方案》，大清河、白洋淀皆在列，确定了"一河一策"、针对性防治水污染的治理原则。2015年12月三地环保部门签署《京津冀区域环境保护率先突破合作框架协议》，以大气、水、土壤作为污染防治的三大重点领域，明确了三地流域污染防治重点工作方向，成为三地流域环境协同治理的行动指南。

海河流域属资源型缺水流域，流域水资源总量不足全国的1.3%，人均水资源量只有270立方米，是全国水资源最为紧缺的地区之一。20世纪80年代以来，受气候变化和流域下垫面变化的双重影响，海河流域降水和产流能力明显下降，多年平均地表水资源量比1956—1979年间水文系列减少了41%，导致河道断流、天然湿地萎缩、地下水超采等一系列生态环境问题。所以，以海河流域为地理基础的京津冀三地，属于典型的资源型缺水地区，也是我国缺水最严重的地区。按照2014年用水标准，京津冀平水年份生态环境用水年平均赤字近90亿立方米，年均挤占河湖生态用水量15亿立方米，枯水年份问题更加突出。[②] 2016年5月水利部印发了《京津冀协同发展水利专项规划》，作为区域水利的整体规划，目的就是推进三地在水利基础设施建设、水资源调控、水环境监管等方面的标准逐步实现并轨。

[①] 《廊坊共识》，《天津经济》2004年第4期。

[②] 李慧：《京津冀水利一体化如何破冰》，《光明日报》2014年9月21日第2版。

（二）国家水专项在白洋淀的实施

《国家中长期科学和技术发展规划纲要（2006—2020年）》中明确规定了实施"水体污染控制与治理"科技重大专项（简称"水专项"）主要内容，水专项目标定位与地方治污工作密切结合，与国家重点污染治理工程紧密结合，与重要流域水污染治理规划有机结合，进而为全国水环境改善、水体污染物减排、饮用水安全保障等核心工作提供强有力的科技支撑。依据国家水专项规定要求，2007年河北省成立了国家水专项河北省项目协调领导小组，将白洋淀污染综合防治列入国家水体污染控制与治理的科技重大专项，其中《白洋淀流域生态限制因子识别及可持续发展研究》获2007年省科学技术进步三等奖。[1]

"十三五"时期（2016—2020）是水专项实施的收官阶段，治理重点聚焦到京津冀区域和太湖流域。以水生态文明建设为核心，以水资源、水污染、水生态"三位一体"协同解决的系统工程思路为主要技术路线，以京津冀地区重要水源地保护及供水安全保障为项目方向，立足解决京津冀协同发展面临的重大水环境问题、水安全问题，聚焦"京津冀协同发展区域综合调控重点示范"，提出通过永定河、北运河、"白洋淀—大清河"三条河流生态廊道的建设，带动三地上游西北部生态涵养区、中部核心功能区和下游东部滨海发展区等区域水环境和水生态改善。

生态协同是京津冀三地"协同发展之底"，三地必须"实现生态同建"，实现共享一片蓝天，共饮一河清水，共享自然环境的生态共建、共享目标；环境协同是京津冀三地"协同发展之源"，三地必须"实现污染同治"。[2] 其中水环境协同治理则是京津冀生态环境协同治理的中枢。

（三）河北省推进流域水环境治理的重要举措

依据《中国统计年鉴》，2003—2020年多年平均水资源总量，京津冀三

---

[1] 《中国环境年鉴》编辑委员会编：《中国环境年鉴（2008）》，中国环境年鉴社，2008年，第470页。

[2] 方创琳：《京津冀城市群协同发展的理论基础与规律性分析》，《地理科学进展》2017年第1期。

地分别为 26.5 亿立方米、14.3 亿立方米和 149.5 亿立方米,从一个侧面反映出河北省作为京津城市生态腹地的重要价值。鉴于河北省作为京津大城市生态腹地的作用愈来愈重要,2003 年 1 月 1 日《河北省水文管理条例》实施,这是全国第一部水文管理的省级地方法规。

1996 年在河北省中南部发生了 1963 年以后的最大洪水。这一时期正值国家启动按流域开展防洪规划工作之际,在这一背景下,2005 年河北省重点完成了《河北省防洪规划》,提出坚持"上蓄、中疏、下排、适当地滞"的方针,深化构建以河道堤防为基础、大型水库为骨干、蓄滞洪区为依托、工程措施与非工程措施相结合的防洪减灾综合体系,进一步完善稳固了海河流域"分区防守、分流入海"的防洪格局。①

"十一五"规划(2006—2010)实施,国家加大了水污染防治与水资源保护的力度。为落实国家污染源治理和水资源保护相关规划,2000 年制定了《河北省海河流域水污染防治规划》,对省内海河流域水污染防治工作提出了分 2000 年、2005 年和 2010 年三步走的总体设计,通过调整产业结构、推行清洁生产等手段来巩固、提高治理成果,实现从工业污染末端治理向过程控制的转变。实施 167 项污染治理骨干工程,其中包括对保定等城市污水集中处理工程。②

2002 年全国开展水资源综合规划,河北省随即展开《河北省水资源综合规划》和各河系规划报告的编制。经过对经济社会发展趋势和需水量的预测,提出了水资源配置、水资源保护和水生态修复规划方案,包括南水北调、引黄入淀等重点工程项目,并对省内水资源及其开发利用、水生态环境等进行全面评价,规划于 2007 年 6 月编制完成。海河水利委员会编制《海河流域水资源综合规划》涉及河北省辖区时便采用了这一规划的主要内容。③

2015 年《河北省保障水安全实施纲要》出台,提出要通过实施山水林田湖生态修复、地下水超采综合治理、节约用水等一批重大规划,重点实施六

---

① 河北省地方志编纂委员会编:《河北省志·水利志(1979—2005)》,河北人民出版社,2018 年,第 104 页。
② 秦建文、王丽萍、韩晓东:《河北省水污染防治规划实施效果分析》,《海河水利》2010 年第 4 期。
③ 河北省地方志编纂委员会编:《河北省志·水利志(1979—2005)》,河北人民出版社,2018 年,第 104 页。

大工程——集约高效节水、重大水资源配置、水生态修复、水环境防控治理、防洪抗旱、信息化建设,强化源头治理,提升河北省水安全保障能力。其中与白洋淀相关的包括完善引岳济淀、引黄补淀、王大引水等库河、河河连通工程。①

在实施京津冀协同发展战略背景下,2014年5月白洋淀科技城建设获科技部支持,作为保定对接京津的重要项目,于2015年3月纳入《京津冀协同发展规划纲要》,科技城列为疏解北京非首都功能的重要平台,上升为国家战略。提出要打造为京津冀协同发展的先导示范区、新型城镇化城乡统筹的试点示范区、京津冀科研成果转化基地。2016年10月在保定市组织下《白洋淀科技城"十三五"规划(2016—2020年)》通过初步评审,提出按照"十年建成一个科技新城"的总目标,吸引高知、高创、高技人群,导入高端制造业及文旅业,成为承接北京科技资源、高端产业转移的重要平台。这也是第一次提出要把白洋淀建设成疏解北京非首都功能的重要平台。

三、"河湖水系连通工程"与白洋淀水环境修复

河湖水系连通是指流域内或跨流域江河、湖泊、湿地、塘堰、蓄滞洪区、水库水闸等不同水体之间建立联系,以实现水量、物质、能量交换。② 在全球水资源短缺越来越严峻的背景下,河湖水系连通作为一个新的战略方针被提出,是提高水资源循环能力的重要途径。③ 2011年《中共中央国务院关于加快水利改革发展的决定》提出:"尽快建设一批河湖水系连通工程,提高水资源调控水平和供水保障能力。"为贯彻落实中央建设"河湖水系连通工程"精神,2013年水利部先后发布《关于加强推进水生态文明建设工作的意见》《关于推进江河湖库水系连通工作的指导意见》,要求实施河湖水系连通工程,优先考虑以水资源配置为主的河湖水系连通,兼顾防洪减灾。基于白洋淀引水实践成效的分析,河湖连通工程实施后,有效缓解了淀内水资源匮乏的困境,改善了京津冀区域水生态环境。

---

① 王大引水即王快水库到大浪淀。
② 李宗礼、李原园、王中根等:《河湖水系连通研究:概念框架》,《自然资源学报》2011年第3期。
③ 张欧阳、熊文、丁洪亮:《长江流域水系连通特征及其影响因素分析》,《人民长江》2010年第1期。

（一）大清河流域水系联通工程与白洋淀水环境

随着经济社会的快速发展，河湖水系结构的演化过程逐渐由自然主导型向"人工—自然"双重主导型过渡，打破了原有的天然水生态平衡状态，也引发了水资源、水环境一系列问题。河流水系的分布特征、形态结构和连通性基本决定了区域或者流域的水资源空间分布特征，可以说水系形态结构和连通状况是河流发育的基础。[①]

白洋淀所在的大清河流域是京津保城市的重要生态功能区，流域水资源对周围地区经济发展有着重要作用。20世纪中期以来大清河流域范围内水利工程主要分两类：（1）早期流域内拦蓄工程，包括上游山区的水库、白洋淀区和下游尾闾的水闸；（2）20世纪90年代后基本无天然径流入淀，主要通过人工引水来调控白洋淀的水量，如引岳济淀、引黄济淀引水渠道，以及南水北调中线主干工程和配套的输水渠道。

毛泽东主席于1952年视察黄河时首次提出了"南水北调"的伟大构想，60多年后2014年12月南水北调中线一期工程全线通水。输水干渠以丹江口水库为水源区，北上输送到河南、河北、北京和天津，数年间陆续向沿线的30多条河流和白洋淀进行生态补水约10亿立方米，扩大了河湖及白洋淀的水面面积，提升了地下水位，不仅成为北京、天津等地区的主要水源地，还提高了沿线城市的社会经济，改善了生态环境。南水北调中线工程对保障华北地区及中线沿线地区的水安全、水生态修复、水环境改善具有重要意义。[②]南水北调中线工程的配套工程中主要供给城市用水的沙河干渠，水量丰富时，也可为白洋淀进行补水。

河湖水系连通对水系结构功能影响较大，对区域水旱灾害的抵御能力、水资源调剂配置能力、河湖生态健康保障能力等也必然产生重要影响，已逐步成为国家江湖治理的重要手段，成为新形势下的治水方略。[③] 根据《河北省水安全保障"十四五"规划》，将立足京津冀协同发展，依托南水北调中线、

[①] 金栋、张玉蓉、陈刚等：《高原山区水系结构及连通性初探——以滇池流域为例》，《长江科学院院报》2016年第11期。

[②] 毛文耀：《南水北调中线工程：连通南北，共饮长江水》，《中国工程咨询》2019第8期。

[③] 左其亭、崔国韬：《河湖水系连通理论体系框架研究》，《水电能源科学》2012年第1期。

东线和引黄入冀补淀总干渠,连通省内漳卫河、子牙河、大清河、永定河等七大河系,统筹供水、防洪、生态和信息化建设,构建"三纵七横、湖库连通,蓄泄兼筹、引排得当,多源互补、丰枯调剂,循环通畅、生态良好,协同调度、保障安全"的水网格局,构建一张纵横连通、覆盖河北省中心区域的输水网络。

(二) 引水工程、白洋淀水系连通工程反思

有学者运用生态学的方法评估了白洋淀水系结构连通性。结果表明,较2007年,2017年淀区综合连通指数由0.7524下降至0.4235,水面率略有上升,区域孤立湖泊增多。1990—2015年淀区孤岛湿地增加38.89%,导致水系整体连通性受阻,水环境状况较差,水系连通度及结构稳定性均为下降趋势。[1]

白洋淀内水系整体连通性降低,主要原因除了气候变化、村镇园田镶嵌的自然特征外,为引水济淀大量修建的引渠、闸坝等水利设施,也进一步加剧了湿地破碎化。为缓解干淀危机,实施上游水库调水、跨流域调水等工程,调水工程使区域水位上升,大大缓解了淀区的水资源危机;但人工修筑的引水工程却在一定程度上也破坏了水体连接通道,使得水系空间结构趋于破碎化,水网连通度有所下降。从土地利用类型来看,2017年淀区建设用地较2007年增加1.4倍。研究表明,1990—2015年白洋淀新增建设用地约1489公顷,增幅达1倍以上。建设用地增加,首先表现在居民点扩张,人口增加带来用水量增加,主要采用抽取地下水的方式满足,这必然破坏下垫面条件,降低区域蓄水能力;其次,建设用地总体分布较为散乱,也加剧湖泊破碎化,使水系结构连通性减弱。[2]

白洋淀水系结构连通性较差,湖泊连通受阻,影响了水体流动。淀内被孤立湖泊中生物的繁殖、觅食等活动都受到影响,不利于生态系统稳定发展。此外,除了白洋淀底泥和沉积物营养物释放会加速水质恶化,大量围堤、围埝导致的水系连通性变差也使污染物进入水体后难以有效稀释扩散,可能也是富营养化超标的一个原因,从而使浮游动植物及鱼类种类下降。

---

[1] 高婷、尹心安、何山等:《白洋淀水系结构连通性评价》,《水生态学杂志》2020年第5期。
[2] 张梦嫚、吴秀芹:《近20年白洋淀湿地水文连通性及空间形态演变》,《生态学报》2018年第12期。

因此,在白洋淀生态治理中,应坚持"控源、补水、连通"相结合的治理思路,在不影响底泥污染释放的前提下,拆除围堤、围埝等阻水建筑,实现白洋淀沟渠水系连通,改善水动力条件,促进污染扩散和降解。①

研究表明,湿地在流域防洪减灾、调节水资源、缓解环境污染、保护生物多样性和维持区域生态环境方面,发挥着重要功能。作为我国北方平原湿地系统之一,白洋淀湿地对于京津冀水资源安全、生态环境修复等具有关键性作用。② 水系连通的稳定性反映了河流系统在自然条件变化及人为活动影响下的可持续连通能力,而过度的水资源开发与水利设施修建会严重降低水网连通性。因此,不仅淀区不宜进行大规模的水源开发活动,而且在实施调水措施时应重视工程的规模和位置。

本 章 小 结

长期蓄洪滞沥使白洋淀湖泊群成为华北面积最大的湿地,为调节区域的生态环境和补充地下水源起到了重要作用。从社会文化视角来看,白洋淀区又是京津保三大城市的直接辐射区。因此,白洋淀在京津冀三地协同发展中的作用可以从"生态—经济—社会"复合系统进行解读,即对白洋淀在京津冀区域人与自然依存共生复合体系形成过程中的作用展开解读。

为解除干淀的威胁,1981年开始从上游水库放水入淀,1992年开始生态引水济淀,经历了从上游引水、跨水系引水、跨流域引水,以及南水北调生态引水。南水北调两期工程建成通水后,将与海河水系组成"二纵五横"的水网体系③,为海河水系设计新增供水量66.8亿立方米,将极大优化海河水系水资源配置④,缓解京津冀区域严重缺水的状况。

2014年京津冀协同成为国家战略后,2015年海河水利委员会主持启动了《京津冀协同发展六河五湖综合治理与生态修复总体方案》编制工作,重

---

① 刘世存、杨薇、田凯等:《基于多层全连接神经网络的白洋淀水质预测》,《农业环境科学学报》2020年第6期。

② 闫欣、牛振国:《白洋淀流域湿地连通性研究》,《生态学报》2019年第24期。

③ "二纵"是指南水北调中线、东线两条总干渠,"五横"是指北三河、永定河、大清河、子牙河、漳卫河等五个河系。

④ 李志华、冯亚耐、刘英泉:《海河流域水系连通设想》,《水利水电工程设计》2019年第4期。

点修复的六河是滦河、潮白河、北运河、永定河、大清河和南运河,重点修复的五湖是白洋淀、衡水湖、七里海、北大港和南大港湖泊湿地。这一总体方案是对海河流域重点河湖水生态系统综合治理的顶层设计,旨在深度发挥水利在京津冀协同发展中的约束引导与支撑保障作用,解决海河流域水生态安全保障的空间布局问题,切实提高京津冀三地水安全程度。

2016年水利部印发《京津冀协同发展水利专项规划》,提出经过多年水利建设,京津冀区域已形成较为完善的防洪、供水等工程体系;但由于人口和产业高度集聚,水资源环境严重超载,致使水资源短缺、水生态恶化、水污染严重、防洪体系不完善等水问题仍然突出。[①] 围绕从本源上解决上述问题,京津冀水安全协同成为关键,而雄安新区建设与白洋淀保护利用成为直接抓手。

[①] 《水利部印发〈京津冀协同发展水利专项规划〉》,《中国防汛抗旱》2016年第3期。

结论与讨论

白洋淀水危机是河北乃至整个华北的缩影。① 新中国成立70多年,白洋淀水环境变化剧烈,随着汛期洪水被有效控制,逐步呈现出湿地和水域面积减少、水质污染、动植物种类下降等问题,从水量盈溢成灾转向引水济淀以免干淀。引致变化的最根本原因是气候波动,人类活动叠加其上加剧了变化程度。值得关注的是新中国成立后生产资料公有制和人民公社生产组织形式等实施,使白洋淀的治水活动呈现出鲜明的自上而下的特征。通过对1949—2016年间在国家水环境政策影响下白洋淀地区人水关系的复原研究,可得出以下主要观点:

一、 地形、气候是白洋淀水环境变化的直接因素

基于生产力水平,新中国成立以来水环境的变化依然是人类活动叠加在自然因素变化基础之上的结果,或曰起决定作用的是自然因素,主要是气温、降水量等因素。人类活动叠加其上起到加速或减缓作用,主要是水库、堤坝、引河等水利工程对水系布局的改变,以及污染、引水济淀等人类活动对水质、水量的影响。

(一) 自然地貌是白洋淀在盈溢与干淀之间交替的自然基础

有学者提出"在白洋淀流域区发现一种特殊的地貌现象,暂称之为'碟形洼地'"②,忽略关于成因的阐述,这一概括十分形象。在地貌分区主要特征上,冀中平原、白洋淀流域完全不同于黄河流域和永定河流域等冲积平原平坦、广袤的基本特征,而是"不大的平原上坑塘洼淀广布,沟谷

---

① 《谁来解白洋淀之渴》,《中国环境报》2005年8月12日第4版。
② 王若柏:《白洋淀流域特殊地貌——撞击成因与相关问题的探讨》,《地学前缘》2004年第2期。

壕堼纵横"。① 白洋淀由143个大小不一的积水淀泊和与之相连、纵横交织的3700多条沟壕组成,构成了淀中有淀、沟壕相连、园田和水面相间的特殊地貌。② 这些特征与一般印象中烟波浩渺的湖泊有很大的不同。

白洋淀水资源的补给途径主要是降水和河道径流,损失途径则主要是蒸发、渗漏和淀外引水。地形地貌决定了白洋淀水域面积很容易发生变化,同时为减少灾害,淀周边堤埝围绕。这些堤埝把安新县境内淀边区分割成5块封闭区,在封闭区内又形成7个较大的洼地,当白洋淀水位超10.5米③,分洪后变为滞洪区,在一般年份可为耕地。淀区总地势自西向东略有倾斜,西半部淀边区高程7~9米,最高10米,为冲积平原洼地;东半部水区淀底高程5.5~6米,园田一般高程8.5米左右。④ 根据生态特征一般以其水位降至6.5米以下为干淀状态。作为华北地区最大的草型浅水湖泊,平均水深2~4米。浅平、敞开状的地貌,较少的水深,再加上耕垦与水产交替的资源利用方式,决定了白洋淀容易干涸的生态脆弱性,只要遇上连续两个枯水年,就必然面临干淀危险。⑤ 历史时期的变化也证明了这一点。

(二) 气候是引致白洋淀水环境变化的主要因素

研究表明,1960年以来气候变化在白洋淀湿地退化中起决定作用,此外,生产生活污染、围埝造田等人类活动也产生了显著影响。⑥ 白洋淀区属大陆性气候,主要依靠地表径流补充水源,一旦汛期少雨就很容易出现旱灾。降水量无论增加还是减少,在半湿润的华北地区都会引起径流量三倍左右的变化幅度,显示了华北地区径流对气候变化的敏感性。⑦

---

① 王若柏、苏建锋:《冀中平原历史地貌研究与白洋淀成因的探讨》,《地理科学》2008年第4期。
② 安新县地方志办公室编纂:《白洋淀志》,中国书店,1996年,第6页。
③ 这一部分水位均为大沽高程。
④ 安新县地方志办公室编纂:《白洋淀志》,中国书店,1996年,第7页。
⑤ 边志勇、贾绍凤:《"蓄水灌溉"已不宜作为白洋淀的管理利用原则》,《科技导报》2008年第6期。
⑥ 刘春兰、谢高地、肖玉:《气候变化对白洋淀湿地的影响》,《长江流域资源与环境》2007年第2期。
⑦ 施雅风、范建华:《中国气候和海面变化及其趋势和影响的初步研究》,《地球科学进展》1991年第4期。

早在50年代末就在竺可桢先生倡导下对海河流域特定地区降水的周期性和规律性展开探寻。依据90年代初对华北地区气候变化趋势的预测，可能从连续干旱转向暖干再过渡到暖湿，在过渡阶段发生大旱、大涝的可能性都会增加。事实证明从20世纪60年代中期开始，特别是80年代以后，华北地区气候暖干趋势逐渐明显，白洋淀流域90年代年平均温度比60年代升高了1.13℃。① 同时，1965年以后淀区年均降水量总体呈逐步减少态势②，而之前则以多雨特征为主。

气候暖干就意味着降水量减少，蒸发量增加。如果以20世纪50年代白洋淀流域年均降水量555.3毫米为参照，则60年代为92.6%，70年代为100.2%，80年代为84.6%，90年代为86%，2000—2005年间平均降水量继续减少到83.7%。同时，白洋淀流域内蒸发量90年代比60年代增加了21.6%，2001—2005年间蒸发量较60年代增加了27.8%。白洋淀水系径流量同步减少，以20世纪50年代年径流量为参照物，则60年代为54.1%，70年代为44.3%，80年代为29.6%，2000—2005年均径流量仅为12.1%，平原地区只有0.25%。③ 白洋淀及其流域水资源短缺情形可窥一斑。

有研究表明，年均降水量变化对水质和水生态有较为明显的影响。且随着年均蒸发量的增加，白洋淀湿地和水域面积快速下降。④ 还有研究表明，气温升高等导致降水量下降和蒸发量上升，人类活动叠加其上，引起白洋淀水位降低，入淀水量减少，湿地与水域面积下降，水质下降，水生物种类和数量也要受到影响。⑤ 总之，通过对1949—2016年白洋淀水环境变化的复原研究，从近70年变化大势分析，气候是引致水环境变化的主要因素。

---

① 曹丽青、余锦华、葛朝霞：《华北地区大气水分气候变化及其对水资源的影响》，《河海大学学报》（自然科学版）2004年第5期；韦志刚、董文杰、范丽军：《80年代以来华北地区气候和水量变化的分析研究》，《高原气象》1999年第4期等。

② 易雨君、林楚翘、唐彩红：《1960s以来白洋淀水文、环境、生态演变趋势》，《湖泊科学》2020年第5期。

③ 王立明、张辉：《白洋淀流域生态水文过程演变与生态保护对策研究》，载中国环境科学学会编《中国环境科学学会学术年会论文集》（2009），北京航空航天大学出版社，2009年，第354页。

④ 刘世存、王欢欢、田凯等：《白洋淀生态环境变化及影响因素分析》，《农业环境科学学报》2020年第5期。

⑤ 庄长伟、欧阳志云、徐卫华等：《近33年白洋淀景观动态变化》，《生态学报》2011年第3期；刘茂峰、高彦春、甘国靖：《白洋淀流域年径流变化趋势及气象影响因子分析》，《资源科学》2011年第8期。

二、 国家水环境政策与新中国自上而下的治淀过程

新中国成立以来白洋淀生态环境治理的历程,在很大程度上是党和国家自上而下主导推进的过程,这在改革开放之前尤为显著。依靠国家政治力量应对白洋淀水问题,也是符合当时历史条件和国情的必然选择。

(一) 地缘位置决定国家对白洋淀治理的重视

由于白洋淀湿地具有调节气候、调蓄洪水、维持生物多样性、保护土壤和净化水质等多种生态服务功能①,它也被称为华北地区生态环境的寒暑表。② 同时还是大清河水系中游的缓洪滞洪区,承担着海河流域洪水调蓄功能,对维护华北平原的生态平衡起着不可替代的作用。③ 此外,鉴于白洋淀湿地周边气温比同纬度的其他地区低3℃左右,空气湿度比远离湿地的其他地区高5%~20%以上,尤其在夏季东南风为主导风向时,白洋淀湿地对调节周边区域及京津地区温湿状况、减轻浮尘扬沙等有显著作用。④

白洋淀流域是我国水资源开发利用程度较高、水资源严重匮乏的流域之一。1963年大洪水之后,短短数年气候就开始向暖干变化,再加上大规模的水库截蓄、生产用水等,白洋淀开始面临水源不足、水体污染、湿地萎缩、生物多样性减少等诸多问题,生态系统服务功能开始衰退。于是,20世纪70年代初就开始了由国家指导推进的水环境综合治理。

由于白洋淀及其所在大清河、海河水系是京津冀三地重要的地理基础

---

① 刘晓辉、吕宪国、姜明等:《湿地生态系统服务功能的价值评估》,《生态学报》2008年第11期。

② 赵玉灵、杨金中、聂洪峰等:《近30年来白洋淀水域与苇地的遥感调查与监测》,载庄逢甘、陈述彭主编《2006遥感科技论坛:中国遥感应用协会2006年年会论文集》,中国宇航出版社,2006年,第282页。

③ 王洁、徐宗学:《白洋淀流域气温与降水量长期变化趋势及其持续性分析》,《资源科学》2009年第9期。

④ 胡福来、杨新阁:《引黄济淀对白洋淀的生态效益分析》,载潘增辉主编《水生态文明建设研究与实践》,河北科学技术出版社,2013年,第54页。

和生态腹地，早在1952—1954年河北省就编制了《大清河流域规划草案》，1957年水电部编制了《海河流域规划（草案）》，皆属于新中国较早的流域治理规划。1955年安新县制定了白洋淀第一部渔业法规——《白洋淀繁殖保护暂行条例》，提出禁捕幼鱼，确定禁渔期。同期国家层面颁布的与流域治理及水资源利用保护等相关的政策、法规等都对白洋淀水环境产生着影响，如1957年5月《中华人民共和国水土保持暂行纲要》、1973年《关于保护和改善环境的若干规定（试行草案）》、1979年《中华人民共和国环境保护法（试行）》、1984年《中华人民共和国水污染防治法》、1988年《中华人民共和国水法》、1997年《中华人民共和国防洪法》等等，不一一列举。每一部国家大法颁行后，各级地方政府都会制定相应法规制度依据贯彻落实，且政策文本总体上多于国家层面的数量。

1963年11月毛泽东主席发出"一定要根治海河"的号召，同月《海河流域防洪规划报告》提出了"上蓄、中疏、下排、适当地滞"的防洪方针，并成为六七十年代国家治理白洋淀的基本方针。主要包括：（1）以防洪、灌溉为主要职能；（2）主要是工程治理，上游水库截蓄，下游引河单独入海，淀区增筑堤埝。自1970年开始，在工程作用下，白洋淀基本失去了"自然"状态。上游入淀口开挖了白沟引河，淀水下泄口建成枣林庄枢纽，前者从根本上改变了上游水系布局，后者结束了白洋淀水自由下泄的历史。针对前期治理问题，1972年国家召开白洋淀问题座谈会，制定了"缓洪滞沥，蓄水灌溉，渔苇生产，综合利用"十六字治淀方针，次年河北省编制《白洋淀综合治理规划》，宗旨是兼顾防洪与淀内生产。1975年国务院《关于迅速解决白洋淀污染问题的批复》批准了"工厂根治、淀污分隔、截蓄灌溉、化害为利"的方针，拉开了白洋淀污水治理的序幕，并成为此后白洋淀污染治理、污水利用的根本原则。

1978年白洋淀北堤批准实施了新中国成立后的第一次增高，这一政策变化是白洋淀水域减少的结果，也反映了防洪策略的调整。20世纪80年代白洋淀出现了连续五年干淀，生产方式由渔转农，乡镇企业大兴。1988年重新蓄水后，经过调研讨论，不让白洋淀干淀成为各界共识，也成为治淀的首要任务，开始跨水系、跨流域引水补淀。同年第一部水法——《中华人民共和国水法》颁行，标志着我国开始走上依法治水的新道路。1993年白洋淀（含周边地区）被国家确定为蓄滞洪区，建设规划和水土资源利用等需要依据《中华人民共和国水法》《中华人民共和国防汛条例》《河北省蓄滞洪区管理办法》等进行。

进入21世纪水资源匮乏成为世界难题,国家制定了"开源节流并重"的水利方针,建设节水型社会成为水文化的重要内容。对白洋淀生态用水量等研究进一步科学化,也更具有实践指导意义。同时国家提出实施河湖水系连通工程的治水战略,引岳济淀、引黄济淀、南水北调等水系连通工程实施,有效缓解了白洋淀水资源严重不足的困境,在一定程度上改善了京津冀水环境。2014年随着京津冀协同成为国家战略,京津冀三地出现了协同治水、治淀的新理念、新态势。

(二)白洋淀流域居民对人水关系认知的变化

新中国成立至20世纪90年代,国内对生产力的理解一直受到苏联政治经济学的影响,认为社会生产力只有人和生产工具两个因素[①],把生产力理解为人类征服和改造自然的能力,因此也被称为"征服论"。直到20世纪90年代劳动对象是生产力的要素之一才被大多数研究者承认[②],但是"征服论"的思潮一直存在。2004年出版的普通高校"九五"重点教材《政治经济学》中对生产力的表述依然是:"人与自然界发生关系,叫生产力,也叫社会的物质生产力,它表示人们改造和征服自然的能力。"[③]

人水关系属于人地关系的一种。人是社会动物,因此人水关系还牵连到人类社会同水的关系,这使水科学必然具有社会科学的内容。[④] 特别是1957年初毛泽东主席提出"向自然界开战""向自然界斗争"之后[⑤],民众对人地关系的认知进一步摆脱了传统听天由命的消极思想,从畏惧自然转为利用、征服自然。白洋淀是海河流域最大的天然养殖区,既要保障京津保城市水产供给,更是三地洪水安全的中枢。新中国成立后进行了多种形式的宣传教育,群众开始逐步摆脱传统人地(水)关系的束缚。在水利建设"大跃

---

① 中共中央马克思恩格斯列宁斯大林著作编译局编译:《斯大林文集》,人民出版社,1985年,第218页。

② 龚万达、刘祖云:《生态环境也是生产力——学习习近平关于生态文明建设的思想》,《教学与研究》2015年第3期。

③ 张维达主编:《政治经济学》,高等教育出版社,2004年,第6页。

④ 张家诚:《人水关系的历史发展》,《贵州气象》1998年第1期。

⑤ 中共中央文献研究室编:《毛泽东文集》(第七卷),人民出版社,1999年,第216、289页。

进"中淀区群众就提出"只要思想不冻,地就不冻"的口号①,既表达了一种无畏精神②,也反映了当时跃进式的、脱离实际的生产方式。不遵循自然规律必然会对水生态造成破坏。

改革开放后随着市场机制启动、乡镇企业松绑、产业结构调整,白洋淀内及周边生产步入快车道,各种因素叠加导致了20世纪80年代连续五年干淀和1988年重新蓄水后连续发生的严重污染事件。1992年世界环境与发展大会标志着第二次世界环保浪潮到来,同年我国发表《中国环境与发展十大对策》,宣布实施可持续发展战略。1994年公布《中国21世纪议程——中国21世纪人口、环境与发展白皮书》,各地方政府随即开始将可持续发展付诸行动,河北省把白洋淀污染综合治理作为全省头号环保工程,实施了《白洋淀污染综合治理方案》,提出"决不能把治理白洋淀的问题留给下一代人"。③ 安新县规定每年5月至8月为白洋淀禁止捕鱼期,旨在恢复生态、实现渔业可持续发展。

2011年中央一号文件提出"水是生命之源、生产之要、生态之基",把水资源提升到前所未有的战略高度。2013年水利部印发了《关于加快推进水生态文明建设的工作意见》,正式在官方文件中明确了水生态文明概念。白洋淀地处京畿腹地,水资源的开发利用还肩负着社会文化功能,津保运河的繁荣使淀区长期接受京津保文化的辐射带动;同时在渔民与白洋淀趋利避害的博弈过程中生成的具有地域特色的水文化,也丰富了京畿区域文化的内涵。文化认同是区域协同最深层的因素,白洋淀水文化除了娱乐功能,在推进京津冀深度协同发展、可持续发展中也具有显著作用。

三、对"水库拦蓄"和"入海为安"治河利弊的重新审视

洪水是一种自然现象,在当前科技水平下,洪水发生的时间、水量、范围等难以人为控制,或曰人类尚无法完全控制洪水使其不产生灾害。具体到白洋淀,截至目前,气候等自然要素变化依然是导致其生态水文过程演变、

---

① 徐水县水利建设经验调查工作组:《学习徐水县水利建设的经验》,《中国水利》1958年第4期。
② 宋广伟:《保定民工提前完成了挖河任务》,《水利与电力》1966年第1期。
③ 宋健著:《向环境污染宣战》,中国环境科学出版社,1997年,第264页。

生态功能退化的根本原因。诚然,大规模的人类活动也不可忽视。自 20 世纪 60 年代中后期以来白洋淀流域库坝灌区等开始拦蓄引水,叠加在气候干旱的自然基础之上,水资源很快由盈余转向不足,1966 年开始出现干淀。可持续发展理念提出后,开始反思水利工程的生态效果。有研究也提出水库大坝可能会对河流生态环境存在负面影响,包括对径流量和中下游地下水位等产生不利影响,对在河道内栖息繁衍的动植物的生存环境造成破坏。[①]

(一) 水库、闸坝等水利工程功用的反思

水利工程对河湖水系连通性也会造成损坏,如闸坝的修建和对水量的调控,在自然河道水系内形成了若干段河道型湖泊,改变了流域水文形态,河道内水流在水利工程控制下变缓,甚至断流,最直接的结果之一就是极大降低了水体的纳污能力。所以,因不合理的闸坝调度引致的水污染事件频繁发生。[②] 此外,闸坝截断水流就意味着阻断了水生物产卵、育肥的洄游通道,使原有水域生态环境也发生较大变化。[③] 有研究还提出,南水北调东线工程跨南北流域调水,也有可能导致外来物种的入侵,改变河流生态系统格局。[④]

1955 年以前白洋淀上游河流基本未受人类活动干扰。从 1955 年第一座水库修建到 1958 年水库建设"大跃进",这一系列水利工程多在 1960 年以后投入使用,截蓄利用水量占比持续上升,入淀径流量占比持续下降。毋庸置疑,上游水库在 1963 年大洪水等大水年份起到了显著的拦蓄削峰作用。1965 年以后气候发生明显变化,趋向少雨。降水量减少,水库截蓄增加,再加上地下水过量开采,凡此诸种,在 1966 年 5 月、7 月白洋淀出现了部分干淀,此后干淀开始高频次发生。与此同步,1966 年大清河下游河道开始

---

① 李志强、魏智敏:《水库大坝在区域发展中的作用》,《科学世界》2010 年第 12 期。

② 水利部淮河水利委员会、水利部海河水利委员会:《南水北调东线工程规划(2001 年修订)简介》,《中国水利》2003 年第 2 期。

③ Zhang YY, She DX, Xia J et al., "Causal Analysis on the Specified Paroxysmal Water Pollution Incidents in Huai River Basin, China," *Environmental Engineering and Management Journal* 14, No.1 (2015): 139-151.

④ 夏军、赵长森、刘敏等:《淮河闸坝对河流生态影响评价研究——以蚌埠闸为例》,《自然资源学报》2008 年第 1 期。

出现断流。

　　1970年白沟引河建成,大清河北支在一般年份改入白洋淀。同时控制白洋淀出水口的枣林庄枢纽投入使用,白洋淀由天然过水型湖泊转变为人工调蓄型湖泊。① 北方河流与南方河流不同,汛期大洪水并不常见,上游水库蓄水后,水库以下的河道会经常处于干涸或半干涸状态,也使平原地区地下水位降低。依据1996年8月6日20点至翌日20点监测,计算应进入白洋淀流量与实测值相比平均损失达77%②,主因是地下水位过低,河道渗漏严重。从20世纪50年代到80年代末期,白洋淀面积缩小了约42%。③ 缺乏天然水量补给,白洋淀已经成为一个失去了自净和循环能力的死湖,这就使白洋淀水污染治理陷入恶性循环。

　　20世纪80年代北方连续干旱,为引水输入北京北部,有关方面曾决定在北拒马河上游张坊一带修建水库。白洋淀国土经济研究会组织专家经过综合考察研究后认为,修建张坊水库会直接"减少下游水资源",减少"地下水补给量","给下游地区群众生活及工农业生产造成严重困难及损失",并"引起拒马河冲积扇土地沙化和风沙灾害","加剧白洋淀的退化",否定了建造张坊水库的建议。④ 事实证明,这是颇富远见的科学决策。⑤ 也是对水库截蓄径流可能引发的区域生态问题的反思。

(二) 下游"入海为安"与洪水资源化思考

　　水,包括由雨水形成的洪水,既是资源又是自然环境的重要组成。防治洪水同样也需要贯彻可持续发展的思想与理念,主要包括:(1) 与河流共存,人类对河流的治理必须尽力维护并改善河流固有的各种基本功能,一

---

① 易雨君、林楚翘、唐彩红:《1960s以来白洋淀水文、环境、生态演变趋势》,《湖泊科学》2020年第5期。

② 张福义、周砺:《大清河白洋淀1996年洪水预报的回顾和分析》,《人民长江》1999年增刊第1期。

③ 李晓粤、张素珍:《白洋淀水资源承载力计算及保护对策》,载中国环境科学学会编《第十三届世界湖泊大会论文集》(中卷),中国农业大学出版社,2010年,第1618页。

④ 贡景战:《兴建张坊水库或引拒济京工程对华北平原地区的影响及对策建议》,《白洋淀国土经济研究》1990年第1期。

⑤ 彭艳芬著:《白洋淀历史与文化》,河北大学出版社,2012年,第73页。

定要努力避免导致河流消亡;(2)与洪水共存,防洪体系的建设应以将洪水风险控制在可承受的限度之内为目标,不是消除洪水,这也不可能做到。

洪水资源化重在把除害与兴利有效结合,实现"给洪水出路,让洪水为我所用"的治水战略。世界各国对洪水及其生态作用的认识也经历了一个探索纠错过程。如日本自20世纪60年代开始逐步建立起了较高标准的防洪工程体系,但后来逐步认识到通过工程确保洪水安全既不可能也不经济,防洪观念遂转向洪水资源化利用,转变为一定防洪标准下的"风险选择"策略,主要通过在河道上人为修造滩地和湿地、培育水生物等措施,使雨洪就地消化。国内对1996年8月洪水的研究亦证明,部分蓄滞洪区和农田受淹后地下水得到明显回补,产生了农业丰收与生态环境改善的综合效益。①

国家防汛抗旱总指挥部在洪水资源化调研报告中指出:洪水资源化就是从我国实际情况出发,按照新时期治水思路和理念,全过程、全方位、多角度地转变"入海为安"的思想,在保障防洪安全的同时,努力增加水资源的有效供给,维系良好生态。洪水资源化的重点应在北方地区,尤其是水资源紧缺、开发利用程度高的流域,在流域内应重点考虑上中下游洪水资源的合理配置,在流域间应考虑洪水资源的调配。② 水库拦洪是实现洪水资源化的重要手段,但洪水资源化不能简单理解为水库拦蓄,要从流域生态系统视角,着眼于上中下游区域间的用水矛盾,从追求人与自然和谐的目标出发,做好洪水资源化平衡利用。

白洋淀既要承接上游洪沥水,起缓洪滞沥、调蓄洪水的作用,又要维持淀内生态平衡,洪灾期间保护周边油田、铁路及下游京津城市安全,因而保持白洋淀稳定水位至关重要。进入20世纪80年代,蓄水越来越少,既无水可蓄,更无水可弃③,更需要白洋淀及其所在的大清河流域针对汛期雨洪,改变传统"入海为安"的观念,要与"天津—雄安"段大运河文化带建设等统筹考虑,通过洪水资源化在一定程度上解决区域水资源紧缺问题。

---

① 远帝红:《洪水资源化:让人水关系更和谐》,《辽宁日报》2007年8月3日第9版。
② 《洪水资源化:人水和谐相处的新探索》,《中国水利报》2004年4月10日第4版。
③ 安新县地方志编纂委员会编:《安新县志》,新华出版社,2000年,第179页。

四、21世纪人水关系重构中的白洋淀与中国话语

2017年习近平总书记在白洋淀考察时强调:"建设雄安新区,一定要把白洋淀修复好、保护好。"①在修复白洋淀水环境过程中,如何与中华优秀传统水文化结合,是一个需要深入探究的重要命题。早期人类治水和用水具有明显的农业水利的色彩。水力发电的规模化出现标志着水事活动进入工业社会,紧随之后的便是人口增加,经济发展,需水量剧增,很多地方开始出现了水荒,人类不得不抛弃传统对水资源用之不竭的认知,开始了可持续利用的探索。同时,水资源过度开发利用也加剧了水质污染等水环境问题。随着人类对人与水关系的深入思考,水文化也成为人类文明进化的重要组成。

(一) 如何让死水复活

白洋淀因水而生,因水而盛,同样也会因水而衰。气候转暖、流域经济社会的发展必然引致白洋淀水环境变化,首先是水量严重不足,与之相伴的就是水质污染。扎根于生态过程的水源补给成为维持白洋淀生态结构和功能稳定的基础。20世纪70年代以后白洋淀逐步成为一个失去了自净和循环能力的死湖,引黄济淀、南水北调补水等借外力维持最低生态需水量,皆属治末工程,只有恢复其生态系统内生能力才是治本。与之同步,对水环境概念的解析也有一个不断完善的过程。随着对水环境在生态系统中之中枢作用的认识,用系统观点来解读水环境内涵,尊重水环境演化的自身规律,对于引起水环境变化的自然和人为两大要素作用辩证分析,逐步成为共识。

现代文明视域下人水关系重构要体现中国话语。② 中华传统文化讲"人道"源于"天道","故人应法天而为之"。"天道"是客观的,水灾害的发生不以人的意志为转移。在治水活动中,人类需要根据水的特性,因地制宜,因势利导,让水行其道、居其所,才能使其安。对于人在人水关系中的作

---

① 霍小光、张旭东、王敏等:《千年大计、国家大事——以习近平同志为核心的党中央决策河北雄安新区规划建设纪实》,《人民日报》2017年4月14日第1版。
② 周垂田、董温荣、宋霞:《天人之学与建立和谐人水关系》,《中国水利》2006年第10期。

用,传统文化讲"人者天地之心",天地以人心为心,人对天地负有重大责任,人应该"明于天人之分",主动承担"人道"对于"天道"的责任,人应当"制天命而用之",即利用自然规律和自然资源为人类社会造福。在人水关系中,人如何发挥主导性?传统文化认为人类应树立"赞天地之化育"的理念,必须尊重自然生态休养生息的规律、自我修复的能力,在顺应中改造自然,而不能去征服自然。具体到对待洪水,人类须以包容之心给洪水出路,唯有如此才能够有效地解决人与洪水相争的矛盾。

1938年德国的Seifert首先提出"亲河川整治"概念,该理念认为河道治理应建立在实现河流的各种传统功能的基础之上,应该秉持接近自然河流的理念。"科学技术是第一生产力"①,生产的发展离不开科学技术,环境的治理同样离不开科技进步,但创新环境治理技术必须建立在深化对自然规律认识的基础之上。只有在人与自然和谐共处的理念下,努力探索掌握并尊重白洋淀及其流域生态系统自身运行规律,才能从根本上恢复和重建白洋淀的生态功能,让死水复活,让白洋淀焕发生机,从而保证区域生态环境与社会经济协调稳定及可持续发展。

(二) 走向现代: 雄安新区与白洋淀流域特色人水模式的创新探索

2017年4月1日,在全球经济重心东移、中国推进经济内生发展和实现中华民族伟大复兴的关键时刻,中共中央、国务院决定设立河北雄安新区,并用"千年大计、国家大事"的定位显示新区在国家制度模式中的创新性。雄安新区功能定位与其毗邻白洋淀的选址考量,显然有着更为深刻的人与自然和谐发展的中国式现代化道路的探索意义。

白洋淀是一个完整的生态体,但在行政划分上隶属保定市的安新、雄县、容城、高阳四县和沧州市的任丘市,沿淀五县市各自为政,白洋淀被条块分割,导致"一个淀五家管,大家都只顾自己的利益"②。由于一直没有统一的管理体制和机构,造成一系列不良后果,如水库与淀之间水量调控不力,

---

① 邓小平著:《邓小平文选》(第三卷),人民出版社,1993年,第274页。
② 《中国环境年鉴》编辑委员会编:《中国环境年鉴(1993)》,中国环境科学出版社,1993年,第107页。

农、工、渔争水,加剧了淀区生态破坏。① 1992年时任国家环保局局长的曲格平曾讲:"白洋淀应当统一管理,对水资源分散治理,搞什么几龙治水、几龙管水都不好,白洋淀最好也能统一管理,实行一龙管水。"②雄安新区设立后,白洋淀绝大部分为雄安新区所辖,并构成雄安新区绿色发展重要生态水体。新区的设立"使这一区域得以统一规划,此前彼此分认的问题现在可以全局考量"③,"为打破行政区域壁垒,实现白洋淀上下游溯源治污、源头护水"提供了一个统一的、更高层级的行政区划④,也使溯源治理成为可能。

尽管"人与水都是变量",但地球大陆上各地的水量"多年平均值的变幅十分有限",而人类繁衍生息,"几千年来人口增加了几十倍"⑤,社会形态也经过多次剧烈的变化,从传统走向了现代,人类社会在人水关系变化中的主动性、主导性不断提升。新中国成立以来对白洋淀水问题开展了多次大规模集中治理,成效可见,但也一度陷入"污染—治理—再污染—再治理"的恶性循环。⑥ 其根源还是在经济效益与生态环境孰轻孰重的博弈上。水资源开发利用缺乏全局观念,难以有效应对污染、缺水等生态环境问题。

20世纪后期以来,水资源短缺已经成为世界性问题。1981年我国第一次水资源评价的结果显示,随着城市化提速,水资源已经不能满足实际的需要。⑦ 因此,河流修复与城市再生也就成为世界潮流。习近平总书记提出雄安新区建设要"以水控城"。如何从战略角度提高认识,遵循人地(水)关系

---

① 保定市人民政府:《关于我市城市污水综合治理措施落实情况的报告》(1989年),河北省档案馆藏档案,档案号:1098-1-294-3。

② 《国家环保局局长曲格平同志在白洋淀污染治理现场办公会上的讲话》(1992年),河北省档案馆藏档案,档案号:1098-1-292-3。

③ 史自强:《华北明珠再绽璀璨》,《人民日报》2017年4月22日第9版。

④ 原付川:《协同治理,凝聚攻坚强大合力——白洋淀综合整治攻坚进行时》,《河北日报》2018年8月7日第5版。

⑤ 张家诚:《人水关系的历史发展》,《贵州气象》1998年第1期。

⑥ 《何少存在河北省白洋淀地区开发建设协调管理委员会第二次全体委员会上的讲话》,河北省档案馆藏档案,档案号:1098-1-767-3。

⑦ 许斌、谢平、陈广才编著:《变化环境下水资源评价方法不确定性研究》,长江出版社,2016年,第4页。

规律,更好地开发、利用及整治白洋淀,成为一个重要命题。地缘位置决定了雄安新区在深化京津冀协同发展国家战略中的使命,除了促进区域经济均衡发展、推动文化创新等功能,还在三地生态系统中,特别是水环境安全领域,承担着更大的功能。应通过建设绿色智能的生态新城,形成区域"生态—经济—社会"协同的示范样板。

五、 研究展望

本书对白洋淀水环境变化的认识,基于历史地理学关于人地关系的基本认知——自然环境变化是人类活动叠加在气候等自然要素变化之上的结果;同时亦不可否认,随着现代科学技术的发展,人类活动在其中所起的作用越来越大。而在人类生产生活活动中,国家政策又具有自上而下的引导作用,是使人的个体行为转变为群体行为的力量,从而对自然环境产生极大的影响。基于上述认识,本书选取了1949—2016年为研究时段,主要研究了其间在国家水环境政策的作用下,白洋淀这一数百平方千米的淀泊区内人水关系互动过程及特征的变化。受到数据资料研究手段的限制,研究仍存在以下几方面的不足:

(一) 如何利用雄安新区建设这一契机改善人水关系

白洋淀水环境修复任重道远,除气候因素、淀泊地貌及所在流域自身性质外,还存在区域经济发展和环境保护的阶段性矛盾。我国社会主要矛盾已经转化为人民日益增长的美好生活需要和不平衡不充分的发展之间的矛盾。从白洋淀区实际出发,人民群众对物质文化生活提出了更高要求,如何在当地百姓依靠淀水资源发展生产与京津保等城市对高质量水环境需求之间取得平衡? 在中国语境下,政策努力的最终目的在于"实现人的全面发展和社会全面进步,共享改革发展成果和幸福美好生活"[①]。京津冀协同发展、雄安新区设立的背景下,如何更好地协调解决好这一矛盾,尚需进一步深入研究探索。

---

① 《中共中央、国务院关于支持浙江高质量发展建设共同富裕示范区的意见》,《中华人民共和国国务院公报》2021年第18期。

（二） 如何创新性发展中华优秀文化，构建人水和谐的水环境

水环境修复方式大致可以分为禁止性修复、措施性修复、自然性修复等不同类别，在白洋淀规定禁渔期、引水补淀、退耕还湿就分属这三种不同修复方式。修筑水库、引水济淀等工程对白洋淀水环境的影响既是一个技术问题，更是对人水关系的认识问题，因此一直存在分歧。借鉴中华传统天人观念，人类对水环境的干预应该基于对江河湖淀自身运行规律科学掌握的基础上，顺应自然规律进行"无痕迹"干预修复。这也势必对国家水环境政策的制定提出更高的要求。

（三） 实现中国式现代化征程上，如何更好地发挥国家水环境政策的作用

白洋淀以水为核心的由自然、经济、社会等要素构成的复合系统，决定了其水环境修复工作需要政府、企业、公众等多元主体的共同参与，必须逐步解决当下存在的"政府主动、企业被动、公众不动"的困境。譬如可以借鉴美国的密西西比河流域、欧洲的莱茵河流域生态环境修复案例，逐步建立起政府主导、企业为主体、公众积极参与的水环境修复模式。只有真正激发了人民群众的主人翁精神，形成相对完善的"政府—市场—社会参与"协同形式，才能切实发挥社会主义制度优势。这一领域也尚需跨学科展开理论与实践相结合的深层探索。

参考文献

一、1949—2016年间与白洋淀水环境相关的政策文本

(一) 国家层面颁布实施的相关政策、法律及规划等

1957年《中华人民共和国水土保持暂行纲要》
1964年《中华人民共和国水产资源繁殖保护条例(草案)》
1973年《关于保护和改善环境的若干规定(试行草案)》
1979年《中华人民共和国环境保护法(试行)》
1979年《中华人民共和国水产资源繁殖保护条例》
1982年《海河流域各河防洪调度意见》
1984年《中华人民共和国水污染防治法》
1988年《中华人民共和国水法》
1989年《中华人民共和国水污染防治法实施细则》
1991年《中华人民共和国水土保持法》
1994年《大清河洪水调度方案》
1993年《海河流域综合规划》
1995年《国务院办公厅关于征收水资源费有关问题的通知》
1995年《关于征收地下水资源补偿费的复函》
1997年《中华人民共和国防洪法》
1997年《国务院批转水利部关于蓄滞洪区安全与建设指导纲要的通知》
1999年《国家环境保护总局关于加强农村生态环境保护工作的若干意见》
2000年《中华人民共和国水污染防治法实施细则》
2005年《海河流域生态与环境恢复水资源保障规划》

2006年《农村水电站安全生产管理分类及年检办法》

2006年《关于加强水库安全管理工作的通知》

2006年《国务院办公厅转发水利部等部门关于加强蓄滞洪区建设与管理若干意见的通知》

2007年《大清河防御洪水方案》

2008年《大清河洪水调度方案》

2008年《海河流域防洪规划》

2008年《海河流域水资源及其开发利用调查评价》

2008年《淮河、海河、辽河、巢湖、滇池、黄河中上游等重点流域水污染防治规划(2006—2010年)》

2008年《海河流域水污染防治规划(2006—2010年)》

2010年《海河流域水资源综合规划》

2011年《中共中央国务院关于加快水利改革发展的决定》

2011年《大清河洪水调度方案》

2012年《海河流域综合规划》

2013年《水利部关于加强推进水生态文明建设工作的意见》

2014年《水利部关于推进江河湖库水系连通工作的指导意见》

2014年《中华人民共和国渔业法》

2015年《国务院关于印发水污染防治行动计划的通知》

2015年《中华人民共和国环境保护法》

2015年《环境保护公众参与办法》

(二) 河北省级制定的相关规划、方案、办法等

1989年《河北省白洋淀水产资源管理办法(试行)》

1990年《河北省水利工程管理条例》

1991年《河北省平原行洪河道堤防等级标准》

1991年《河北省水库规范化管理考核标准》

1993年《河北省白洋淀水面有偿使用管理费收费办法》

1995年《河北省白洋淀水体环境保护管理规定》

1997年《河北省蓄滞洪区管理办法》

2000年《河北省海河流域水污染防治规划》

2001年《河北省人民政府关于任丘市与安新县对白洋淀资源利用问题的决定》

2002年《河北省白洋淀湿地自然保护区规划》

2005年《白洋淀及上游地区生态环境建设总体规划》

2010年《河北省白洋淀水污染防治条例》

2011年《河北省城镇污水集中处理设施环境保护监督管理规定》

2012年《白洋淀省级自然保护区总体规划(修编版)》

2015年《中共河北省委、河北省人民政府关于印发〈河北省水污染防治工作方案〉的通知》

2015年《白洋淀环境综合整治与生态修复规划(2015—2020年)》

2016年《河北省白洋淀和衡水湖综合整治专项行动方案》

2016年《河北省环境保护公众参与条例》

(三) 保定市级制定的相关规划、方案

2008年《保定市"白洋淀上游地区生态建设与环境综合治理"规划(2008)》

2016年《保定市水污染防治工作实施方案》

2016年《保定市白洋淀综合整治专项实施方案》

2016年《保定市重污染河流攻坚行动方案》

(四) 淀区各县(市)制定发布的规定、通告

1988年《安新县关于防治白洋淀环境污染的有关规定》

1992年《雄县关于白洋淀污染治理的实施意见》

1997年《雄县白洋淀水污染防治和环境卫生管理办法》

1996年《安新县关于加强白洋淀渔政管理保护水产资源的通告》

1999年《雄县种植业结构调整规划》

2015年《安新县白洋淀农家乐管理规定》

二、其他参考文献

（一）史志类

安新县地方志办公室编纂：《白洋淀志》,中国书店,1996年。

安新县地方志编纂委员会编：《安新县志》,新华出版社,2000年。

安新县地方志编纂委员会编：《安新县志（1978—2008）》,方志出版社,2017年。

安新县水利志编纂委员会编：《安新县水利志》,中国水利水电出版社,1995年。

白德斌主编：《保定市水利志》,中国和平出版社,1994年。

保定地区水利志编纂委员会编：《保定地区水利志·大型水库、灌区专志》,中国社会出版社,1995年。

保定市地方志编纂委员会编：《保定市志》,方志出版社,1999年。

海河志编纂委员会编：《海河志》（第二卷）,中国水利水电出版社,1998年。

海河志编纂委员会编：《海河志》（第三卷）,中国水利水电出版社,1999年。

海河志编纂委员会编：《海河志》（第四卷）,中国水利水电出版社,2001年。

河北省地方志编纂委员会编：《河北省志·第19卷·水产志》,天津人民出版社,1996年。

河北省地方志编纂委员会编：《河北省志·第11卷·环境保护志》,方志出版社,1997年。

河北省地方志编纂委员会编：《河北省志·水利志（1979—2005）》,河北人民出版社,2018年。

河北省水利厅编：《河北省水利十年》,河北人民出版社,1960年。

河北省水利厅水利志编辑办公室编：《河北水利大事记》,天津大学出版社,1993年。

河北省水文水资源勘测局编：《河北省水文志》,河北人民出版社,2016年。

雄县地方志编纂委员会编:《雄县志(1990—2012)》,河北人民出版社,2018年。

雄县县志编纂委员会编:《雄县志》,中国社会科学出版社,1992年。

张满乐主编:《圈头乡志》,安新县圈头乡地方志编纂委员会,2012年。

(二) 档案、文件汇编

《在合作化的基础上大力开展水土保持》(1950年),河北省档案馆藏档案,档案号:979-1-149。

《1956年水利基本建设计划完成情况及未完成计划分析》(1957年),河北省档案馆藏档案,档案号:982-3-404。

《河北省几年来的水利建设情况及今后意见》(1957年),河北省档案馆藏档案,档案号:982-1-236。

《保定市建设局关于补查鉴定给水水源和防止工业污水对地下水污染的请示》(1963年),河北省档案馆藏河北省建筑业管理局档案,档案号:953-2-683。

《河北省关于白洋淀情况汇报提纲(草稿)》(1972年11月),河北省档案馆藏河北省革命委员会档案,档案号:919-5-113。

《周总理在听取河北、天津、北京汇报海河工程问题时的指示》(1973年),河北省档案馆藏河北省根治海河指挥部档案,档案号:1017-1-370。

《白洋淀领导小组关于处理白洋淀有关工程问题的几项规定》(1973年5月15日),河北省档案馆藏河北省革命委员会档案,档案号:919-13-114。

《河北省革命委员会关于第二个十年根治海河的规划报告》(1973年6月24日),河北省档案馆藏河北省革命委员会档案,档案号:919-13-114。

《化工局郑宇同志在全省环境保护会议上的发言》(1973年12月26日),河北省档案馆藏河北省化学石油工业厅档案,档案号:964-6-10。

河北省建设委员会:《白洋淀污染严重急需治理》(1974年),河北省档案馆藏档案,档案号:1098-1-7-5。

《关于白洋淀、秦皇岛、北戴河污染情况及解决污染的请示报告》(1974年10月16日),河北省档案馆藏河北省革命委员会档案,档案号:962-4-29。

保定市革命委员会环境保护办公室：《宋养初、曲格平二同志对保定市污水治理工作的指导意见》(1975年)，河北省档案馆藏档案，档案号：1098-1-22-2。

河北省革命委员会基本建设委员会、河北省革命委员会计划委员会：《关于白洋淀、官厅水库污染治理工程急需解决设备、材料的报告》(1975年)，河北省档案馆藏档案，档案号：1098-1-11-7。

《河北省革命委员会环境保护办公室情况报告》(1975年)，河北省档案馆藏档案，档案号：1098-1-22-1。

《保定地区治理白洋淀污染工程指挥部关于府河清淤疏浚工程竣工验收的通知》(1975年)，保定市档案馆藏档案，档案号：45-21-62。

《1976年白洋淀污染治理工程计划说明》(1975年7月17日)，河北省档案馆藏河北省革命委员会档案，档案号：919-3-369。

河北省革命委员会基本建设委员会：《关于治理白洋淀污染工作中几个问题的请示报告》(1977年12月11日)，河北省档案馆藏河北省革命委员会档案，档案号：919-13-272。

《河北省革命委员会关于府河通航问题的批复》(1978年7月27日)，河北省档案馆藏档案，档案号：972-8-269。

《河北省革命委员会关于认真贯彻执行李先念副主席对环境污染问题重要批示的通知》(1978年8月21日)，河北省档案馆藏河北省革命委员会档案，档案号：919-13-272。

《河北省国民经济调整时期环境保护规划要点》(1979年11月)，河北省档案馆藏河北省革命委员会档案，档案号：919-13-320。

《刘英同志在全省环境保护工作会议上的讲话》(1979年11月12日)，河北省档案馆藏河北省革命委员会档案，档案号：919-13-320。

河北省调查白洋淀污染问题工作组：《关于白洋淀综合防治的意见》(1980年)，河北省档案馆藏档案，档案号：1098-1-52-3。

《河北省三十年来水土保持工作总结》(1981年10月)，河北省档案馆藏河北省水利厅档案，档案号：982-12-176。

《〈关于治理府河通航的建议提案〉调查落实情况的报告》(1982年)，河北省档案馆藏档案，档案号：972-8-252。

《保定市环境保护局白洋淀治理工程情况简介》(1983年5月18日)，

河北省档案馆藏河北省畜牧水产局档案,档案号:962-8-643。

《保定市环境保护局关于白洋淀污染治理工程验收情况的报告》(1983年6月14日),河北省档案馆藏河北省畜牧水产局档案,档案号:962-8-643。

余清、白英:《白洋淀污染问题急需治理》(1988年9月27日),河北省档案馆藏河北省畜牧水产局档案,档案号:984-11-250。

保定市环境保护办公室:《关于白洋淀污染与治理情况的汇报》(1988年10月),河北省档案馆藏河北省畜牧水产局档案,档案号:984-11-250。

《河北省建设委员会关于落实李鹏总理批示治理白洋淀污染问题的初步意见》(1988年10月13日),河北省档案馆藏河北省畜牧水产局档案,档案号:984-11-250。

河北省白洋淀污染防治调查组:《关于白洋淀污染防治问题的调查报告》(1988年11月5日),河北省档案馆藏河北省畜牧水产局档案,档案号:984-11-250。

《关于白洋淀污染及防治情况的汇报》(1989年),河北省档案馆藏档案,档案号:1098-1-292-6。

保定市人民政府:《关于我市城市污水综合治理措施落实情况的报告》(1989年),河北省档案馆藏档案,档案号:1098-1-294-3。

《国务委员宋健同志在白洋淀污染治理现场办公会上的两次讲话》(1992年),河北省档案馆藏档案,档案号:1098-1-292-2。

《国家环保局局长曲格平同志在白洋淀污染治理现场办公会上的讲话》(1992年),河北省档案馆藏档案,档案号:1098-1-292-3。

白洋淀国土规划组:《白洋淀地区国土综合整治开发规划(讨论修改稿)》(1993年5月25日),河北省档案馆藏河北省畜牧水产局档案,档案号:984-12-433。

(三) 研究报告

《白洋淀流域地下水污染调查报告》,河北省地质局水文四队,1970年。

《大清河系水利工程参考资料》,河北省大清河河务管理处,1975年。

《白洋淀本体硫化物和总铬的测定结果和污染情况的初步估计》，河北师范大学化学系，1975年。

《白洋淀水体污染调查和评价阶段报告（初稿）》，白洋淀水源保护科研协作组，1976年。

《白洋淀入淀河系污染调查报告（初稿）》，白洋淀水源保护科研协作组，1976年。

《白洋淀上游地区工厂污染源调查报告（初稿）》，白洋淀水源保护科研协作组，1976年。

《白洋淀地下水污染调查报告》，河北省地质局水文四队，1976年。

《白洋淀上游保定市郊农田污水灌溉调查总结（1975—1976）》，河北省地质局水文四队，1976年。

《白洋淀及唐河污水库污染调查报告（初稿）》，白洋淀水体污染调查组，1976年。

《白洋淀污染对鱼类水生生物的影响及渔业发展的调查报告（1975年工作小结）》，中国科学院北京动物研究所，1976年。

《白洋淀污染对人体健康影响的初步调查研究报告》，白洋淀污染对人体健康协作组，1976年。

《从白洋淀的治理看区域污染水系的综合防治方向问题》，河北省地理研究所，1977年。

《河北省白洋淀流域地下水污染调查总结报告（1975—1977）》，国家地质总局，1978年。

《白洋淀水体污染调查报告》，水利部海河水利委员会，1981年。

《白洋淀生态环境变化的调查报告》，水利部海河水利委员会，1981年。

《白洋淀流域水利工程对环境的影响》，水利部海河水利委员会漳卫南运河管理局水保办，1981年。

《白洋淀生态环境变化的调查报告》，白洋淀生态环境变化的调查课题组，1981年。

《白洋淀治污工程分析》，水利部海河水利委员会，1982年。

《白洋淀水污染与控制研究报告（1975—1978）》，白洋淀水源保护科研协作组，1982年。

《白洋淀国土经济初步研究（初稿）》，白洋淀国土经济研究会，1984年。

《白洋淀自然资源调查及发展前景预测》，河北省科学院地理研究所，

1986年。

《白洋淀水质保护及工程对生态环境影响报告》,河北省水利厅,1988年。

《白洋淀水质与水域功能分析预测研究报告》,河北省水利水电勘测设计院,1989年。

《白洋淀安全防洪蓄水规划》,河北省大清河河务管理处,1989年。

《白洋淀生态经济总体发展模式研究》,河北省地理研究所,1993年。

《白洋淀枣林庄闸前除堼一期工程实施计划》,河北省大清河河务管理处,1994年。

《白洋淀环境管理规划研究》,河北省科学院地理研究所,1995年。

《1996年汛期水位观测成果分析报告》,河北省大清河河务管理处,1997年。

《白洋淀枣林庄闸前除堼二期工程实施计划》,河北省大清河河务管理处,1998年。

《白洋淀枣林庄闸前除堼三期工程实施计划》,河北省大清河河务管理处,2000年。

《白洋淀水质监测分析报告》,河北省水文水资源勘测局,2000年。

《海河南系部分大型水库入库水量分析》,河北省水文水资源勘测局,2000年。

《海河流域水生态恢复研究(中间成果)》,水利部海河水利委员会,2001年。

《海河流域水生态恢复研究(初步报告)》,水利部海河水利委员会,2002年。

《河北农业大学白洋淀生态环境调查及生态抗旱技术体系研究》,河北省大清河河务管理处,2006年。

《引黄济淀对白洋淀的生态效益研究》,河北省大清河河务管理处,2010年。

《白洋淀湿地生态现状调查报告》,河北省水文水资源勘测局,2010年。

《保定市环境质量报告书(2006—2010年度)》,保定市环境保护局,2011年。

（四）期刊论文

许木启、朱江等：《白洋淀水系浮游动物群落结构特征与水质相互关系的研究》，载中国科学院动物研究所编辑《动物学集刊》（第 12 集），科学出版社，1955 年。

永：《白洋淀发展多种经济》，《中国水产》1958 年第 7 期。

王维恭：《白洋淀公社杨庄子丰产塘的经验》，《中国水产》1959 年第 1 期。

范果仪、张乃新：《白洋淀的青虾》，《动物学杂志》1959 年第 3 期。

刘遵海：《河北平原的湖洼及其改造和利用》，《地理知识》1959 年第 10 期。

张庆田：《北方的水乡》，《新观察》1959 年第 17 期。

赵越：《白洋淀积极发展虾篓生产》，《中国水产》1964 年第 6 期。

陈中康：《白洋淀渔业资源现状及增殖意见》，《淡水渔业》1980 年第 6 期。

王所安、顾景龄：《白洋淀环境变化对鱼类组成和生态的影响》，《动物学杂志》1981 年第 4 期。

陈中康：《白洋淀封淀保水禁渔》，《中国水产》1981 年第 6 期。

江山：《从白洋淀的兴衰看国土整治》，《瞭望》1981 年第 8 期。

童文辉：《白洋淀自然资源开发利用问题》，《河北农学报》1982 年第 2 期。

宋树恩、薛兆瑞、马大明：《白洋淀环境演变及控制探讨》，《地理丛刊》1983 年第 1 期。

王会昌：《一万年来白洋淀的扩张与收缩》，《地理研究》1983 年第 3 期。

童文辉：《白洋淀渔业自然条件分析》，《华北农学报》1984 年第 1 期。

王庄静：《工业废水对白洋淀水生生物的影响》，《环境保护》1984 年第 5 期。

戴魁一、周炳煜：《让"华北明珠"重放异彩：白洋淀兴衰存废值得重视》，《地理知识》1984 年第 11 期。

陈耀东：《白洋淀水生植物区系初步分析》，《植物分类学报》1987 年第 2 期。

徐世钧：《白洋淀的今昔与治理》，《中国水利》1988年第11期。

曹玉萍：《白洋淀重新蓄水后鱼类资源状况初报》，《淡水渔业》1991年第5期。

孟宪德、王永贵、张玉兰等：《白洋淀考察报告——开发前景与方略》，《河北渔业》1991年第5期。

韩希福、王所安、曹玉萍等：《白洋淀重新蓄水后鱼类组成的生态学分析》，《河北渔业》1991年第6期。

河北省白洋淀饮水卫生状况调查组：《白洋淀上游蓄污工程沿岸地下水污染状况及对居民健康影响的调查》，《环境与健康杂志》1994年第1期。

鲁明芳、杨占波：《唐河污水库对北侧地下水的影响》，《河北水利科技》1995年第3期。

张义科、田玉梅、张雪松：《白洋淀浮游植物现状》，《水生生物学报》1995年第4期。

田玉梅、张义科：《白洋淀水生植被》，《河北大学学报》（自然科学版）1995年第4期。

文丽青：《白洋淀水生态环境的变迁及影响因素》，《环境科学》1995年增刊第1期。

赵芳：《白洋淀大型水生植物资源调查及对富营养化的影响》，《环境科学》1995年增刊第1期。

崔秀丽、侯玉卿、王军：《白洋淀生态演变的原因、趋势与保护对策》，《保定师专学报》1999年第2期。

冯建社：《白洋淀浮游植物与水质评价》，《江苏环境科技》1999年第2期。

田锁章：《中德合作"河北省白洋淀上游集水山地生态造林项目"综述》，《河北林业科技》2000年增刊第2期。

王建革：《清浊分流：环境变迁与清代大清河下游治水特点》，《清史研究》2001年第2期。

张同乐：《试论20世纪60—70年代的河北环境保护》，《当代中国史研究》2002年第1期。

刘洪升：《唐宋以来海河流域水灾频繁原因分析》，《河北大学学报》（哲学社会科学版）2002年第1期。

李振卿、刘建芝、王卫喜：《白洋淀泥沙淤积成因分析》，《河北水利水电技术》2002 年第 2 期。

张磊：《人类行为下的水环境研究体系》，《南水北调与水利科技》2002 年第 5 期。

郭根林：《关于水环境研究的几点认识》，《江苏水利》2003 年第 1 期。

曹玉萍、王伟、张永兵：《白洋淀鱼类组成现状》，《动物学杂志》2003 年第 3 期。

张素珍：《白洋淀湿地生态功能评价及保护对策》，《石家庄师范专科学校学报》2003 年第 3 期。

王建华：《白洋淀湿地资源退化及其原因分析》，《沧州师范专科学校学报》2003 年第 4 期。

温志广：《白洋淀湿地生态环境面临的危机及解决措施》，《环境保护》2003 年第 9 期。

李英华、崔保山、杨志峰：《白洋淀水文特征变化对湿地生态环境的影响》，《自然资源学报》2004 年第 1 期。

赵敏涛、绳莉丽、安秀荣：《白洋淀蓄滞洪区现状及发展对策》，《河北水利水电技术》2004 年第 2 期。

马敏立、温淑瑶、孙笑春等：《白洋淀水环境变化对安新县经济发展的影响》，《水资源保护》2004 年第 3 期。

李建国、李贵宝、刘芳等：《白洋淀芦苇资源及其生态功能与利用》，《南水北调与水利科技》2004 年第 5 期。

王朝华、吕丹彤：《引岳济淀对白洋淀水环境影响分析》，《海河水利》2005 年第 2 期。

崔力拓、徐春霞、李志伟等：《白洋淀水域环境状况调查与分析》，《中国环境管理干部学院学报》2005 年第 3 期。

徐卫华、欧阳志云、Irisvan Duren 等：《白洋淀地区近 16 年芦苇湿地面积变化与水位的关系》，《水土保持学报》2005 年第 4 期。

张素珍、李贵宝：《白洋淀湿地生态服务功能及价值估算》，《南水北调与水利科技》2005 年第 4 期。

赵翔、崔保山、杨志峰：《白洋淀最低生态水位研究》，《生态学报》2005 年第 5 期。

任国玉、郭军、徐铭志等：《近 50 年中国地面气候变化基本特征》，《气象学报》2005 年第 6 期。

衷平、杨志峰、崔保山等：《白洋淀湿地生态环境需水量研究》，《环境科学学报》2005年第8期。

胡国成：《白洋淀污染事件反思》，《中国水产》2006年第5期。

刘春兰、谢高地、肖玉：《气候变化对白洋淀湿地的影响》，《长江流域资源与环境》2007年第2期。

张素珍、田建文、李贵宝：《白洋淀湿地面临的生态问题及生态恢复措施》，《水土保持通报》2007年第3期。

王文林：《枣林庄枢纽现状泄洪能力分析》，《水科学与工程技术》2007年第5期。

刘克岩、张橹、张光辉等：《人类活动对华北白洋淀流域径流影响的识别研究》，《水文》2007年第6期。

赵春龙、肖国华、罗念涛等：《白洋淀鱼类组成现状分析》，《河北渔业》2007年第11期。

张跃伟、刘存歧、邢晓光等：《河北白洋淀的枝角类和桡足类》，《四川动物》2008年第5期。

沈会涛、刘存歧：《白洋淀浮游植物群落及其与环境因子的典范对应分析》，《湖泊科学》2008年第6期。

边志勇、贾绍凤：《"蓄水灌溉"已不宜作为白洋淀的管理利用原则》，《科技导报》2008年第6期。

李峰、谢永宏、杨刚等：《白洋淀水生植被初步调查》，《应用生态学报》2008年第7期。

刘真、刘素芳、刘平贵：《白洋淀湿地面临的生态危机及对策》，《中国水土保持》2008年第8期。

尹健梅、程伍群、严磊等：《白洋淀湿地水文水资源变化趋势分析》，《水资源保护》2009年第1期。

王洁、徐宗学：《白洋淀流域气温与降水量长期变化趋势及其持续性分析》，《资源科学》2009年第9期。

王建伟、张秀举：《从"96·8"洪水看白洋淀十方院水位的可靠性》，《水利发展研究》2009年第11期。

谢松、黄宝生、王宏伟等：《白洋淀底栖动物多样性调查及水质评价》，《水生态学杂志》2010年第1期。

刘越、程伍群、尹健梅等：《白洋淀湿地生态水位及生态补水方案分析》,《河北农业大学学报》2010 年第 2 期。

王京、卢善龙、吴炳方等:《近 40 年来白洋淀湿地土地覆被变化分析》,《地球信息科学学报》2010 年第 2 期。

张婷、刘静玲、王雪梅:《白洋淀水质时空变化及影响因子评价与分析》,《环境科学学报》2010 年第 2 期。

易磊、刘存歧、邢晓光等:《白洋淀浮游甲壳动物的生物多样性研究》,《水生态学杂志》2010 年第 4 期。

王立明、朱晓春、韩东辉:《白洋淀流域生态水文过程演变及其生态系统退化驱动机制研究》,《中国工程科学》2010 年第 6 期。

谢松、贺华东:《"引黄济淀"后河北白洋淀鱼类资源组成现状分析》,《科技信息》2010 年第 9 期。

刘丰、刘静玲、张婷等:《白洋淀近 20 年土地利用变化及其对水质的影响》,《农业环境科学学报》2010 年第 10 期。

孟晶、王军、贾俊民:《白洋淀淀区农民参与式治理污染的现状调查与经济分析》,《农业环境与发展》2011 年第 1 期。

陈芳:《白洋淀水质时空变化分析及应对措施》,《河北水利》2011 年第 2 期。

程朝立、赵军庆、韩晓东:《白洋淀湿地近 10 年水质水量变化规律分析》,《海河水利》2011 年第 3 期。

庄长伟、欧阳志云、徐卫华等:《近 33 年白洋淀景观动态变化》,《生态学报》2011 年第 3 期。

张彪、赵志轩、郝采莲:《基于 AHP 法白洋淀湿地生态评价》,《环境保护科学》2011 年第 3 期。

马晓利、刘存歧、刘录三等:《基于鱼类食性的白洋淀食物网研究》,《水生态学杂志》2011 年第 4 期。

王瑜、刘录三、舒俭民等:《白洋淀浮游植物群落结构与水质评价》,《湖泊科学》2011 年第 4 期。

陈龙、谢高地、鲁春霞等:《水利工程对鱼类生存环境的影响——以近 50 年白洋淀鱼类变化为例》,《资源科学》2011 年第 8 期。

吴新玲:《引黄济淀对白洋淀鱼类种群影响分析》,《河北水利》2011 年第 11 期。

王印传、王军、陈影:《白洋淀自然保护区村庄环境综合整治研究》,《环境科学与管理》2011年第12期。

王文林：《白洋淀开卡除垡及其防洪作用》，《黑龙江水利科技》2012年第1期。

石超艺：《历史时期大清河南系的变迁研究——兼谈与白洋淀湖群的演变关系》，《中国历史地理论丛》2012年第2期。

陈炳辉、刘正文：《滤食杂食性鱼类放养对浮游动物群落结构的影响》，《生态科学》2012年第2期。

方宏阳、栾清华、赵志轩等：《变化环境下白洋淀湿地演变驱动机制分析》，《水电能源科学》2012年第8期。

余敏江：《论区域生态环境协同治理的制度基础——基于社会学制度主义的分析视角》，《理论探讨》2013年第2期。

高楠楠、李晓文、诸葛海锦：《白洋淀台田结构与水体富营养化程度变化的关系研究》，《湿地科学》2013年第2期。

徐杰、何萍、王钦等：《夏季白洋淀沉水植物分布与水环境因子的关系》，《湿地科学》2013年第4期。

刘佩佩、白军红、王婷婷等：《白洋淀优势植物群落生物量及其影响因子》，《湿地科学》2013年第4期。

李晓春、崔惠敏：《白洋淀湿地生态现状评价及保护对策》，《河北农业大学学报》（农林教育版）2013年第5期。

白军红、房静思、黄来斌等：《白洋淀湖沼湿地系统景观格局演变及驱动力分析》，《地理研究》2013年第9期。

李云虎、刘秉良：《白洋淀湿地生态环境现状与保护对策》，《江苏农业科学》2013年第10期。

葛京、赵士超、高倩等：《白洋淀纯水区村留守渔民经济收入调查》，《河北渔业》2013年第11期。

袁勇、严登华、王浩等：《白洋淀湿地入淀水量演变归因分析》，《水利水电技术》2013年第12期。

梁淑轩、秦哲、张振冉等：《从白洋淀内源污染调查探析其环境保护对策》，《中国环境管理》2014年第1期。

程伟：《影响白洋淀防洪能力因素分析》，《河北水利》2014年第3期。

王长松、尹钧科：《三角淀的形成与淤废过程研究》，《中国农史》2014年第3期。

夏雪岭、翟雷田:《几种在白洋淀野生状态下绝迹的经济鱼类及原因》,《河北渔业》2014年第5期。

王家庭、曹清峰:《京津冀区域生态协同治理:由政府行为与市场机制引申》,《改革》2014年第5期。

刘军民、温立华:《白洋淀:黑烟玷污"华北明珠"》,《环境与生活》2015年第7期。

唐娟、梁杨、王文娣:《白洋淀鸭养殖废弃物污染现状调查及对策研究》,《黑龙江畜牧兽医》2015年第9期。

李祥、寿绍文、白艳辉等:《1960—2013年白洋淀湿地气候变化特征分析》,《气象与环境学报》2016年第1期。

曹建智、张健:《人工神经网络在白洋淀水质评价中的应用》,《电子技术与软件工程》2016年第8期。

龙幸幸、杨路华、夏辉等:《白洋淀府河入淀口周边水质空间变异特征分析》,《水电能源科学》2016年第9期。

张敏、宫兆宁、赵文吉等:《近30年来白洋淀湿地景观格局变化及其驱动机制》,《生态学报》2016年第15期。

金磊、李林钰、周杨等:《白洋淀三大典型水域浮游植物群落及水质评价》,《河北大学学报》(自然科学版)2017年第3期。

任旺、徐国宾:《基于GA-灰色波形预测模型的白洋淀天然入淀水量》,《南水北调与水利科技》2017年第5期。

江波、陈媛媛、肖洋等:《白洋淀湿地生态系统最终服务价值评估》,《生态学报》2017年第8期。

夏军、张永勇:《雄安新区建设水安全保障面临的问题与挑战》,《中国科学院院刊》2017第11期。

程伍群、薄秋宇、孙童:《白洋淀环境生态变迁及其对雄安新区建设的影响》,《林业与生态科学》2018年第2期。

詹国辉、刘邦凡、张瑾:《农业面源污染的适应性治理:国际经验、限度与路径选择——基于雄安—白洋淀水域的实证考察》,《河北经贸大学学报》2018年第2期。

邓辉、李羿:《人地关系视角下明清时期京津冀平原东淀湖泊群的时空变化》,《首都师范大学学报》(社会科学版)2018年第4期。

贾秋兰、赵玉兵、王小娟等:《1972—2012年白洋淀湿地潜在蒸散量变化分析》,《农学学报》2018年第5期。

张梦嫚、吴秀芹:《近20年白洋淀湿地水文连通性及空间形态演变》,《生态学报》2018年第12期。

徐慧博、乔红娟、雷茵茹:《中国湿地保护现状问题及对策分析》,《南方农业》2018年第19期。

杨雨风、易雨君、周扬等:《白洋淀底栖动物群落影响因子研究》,《水利水电技术》2019年第2期。

易雨君、杨雨风、张尚弘等:《浅水湖泊底栖动物栖息地模拟》,《水利水电技术》2019年第5期。

朱金峰、周艺、王世新等:《1975年—2018年白洋淀湿地变化分析》,《遥感学报》2019年第5期。

赵新峰、张欣蕊:《雄安新区水污染治理中的政策工具选择研究——基于白洋淀流域政策文本(1984—2018)》,《中共宁波市委党校学报》2019年第5期。

李俊、叶瑜、魏学琼:《过去300 a大清河上游南部流域耕地变化重建》,《地理科学进展》2019年第6期。

闫欣、牛振国:《白洋淀流域湿地连通性研究》,《生态学报》2019年第24期。

汪敬忠、刘卓、魏浩等:《白洋淀表层沉积物元素的空间特征、风险评价及来源分析》,《环境科学》2020年第1期。

刘鑫、史斌、孟晶等:《白洋淀水体富营养化和沉积物污染时空变化特征》,《环境科学》2020年第5期。

王东升、门彬、张美一:《论浅水湖泊中的水固交错带与科学清淤规划——以雄安新区白洋淀为例》,《环境科学学报》2020年第5期。

刘世存、王欢欢、田凯等:《白洋淀生态环境变化及影响因素分析》,《农业环境科学学报》2020年第5期。

杨薇、孙立鑫、王烜等:《生态补水驱动下白洋淀生态系统服务演变趋势》,《农业环境科学学报》2020年第5期。

高婷、尹心安、何山等:《白洋淀水系结构连通性评价》,《水生态学杂志》2020年第5期。

易雨君、林楚翘、唐彩红:《1960s以来白洋淀水文、环境、生态演变趋势》,《湖泊科学》2020年第5期。

张志雄、王仕琴、张依章等:《雄安新区唐河污水库残留污染物对地下水水化学动态的作用机制》,《环境科学》2021年第11期。

(五) 报纸

徐正:《河北水利问题商榷》,《河北日报》1957年4月10日。
《多捕河湖鱼虾供应城市》,《大公报》1959年6月28日。
赵越:《白洋淀》,《大公报》1963年6月11日。
《白洋淀的喜讯》,《人民日报》1972年2月11日第7版。
王仰之:《白洋淀的变迁》,《河北日报》1979年7月26日。
张磊:《呼吁关心白洋淀的综合治理(白洋淀采访随笔)》,《河北日报》1980年7月26日。
马大明:《华北平原的一颗明珠——白洋淀》,《河北日报》1981年2月14日。
尹钧科:《百里古泊延芳淀》,《北京晚报》1981年8月19日。
曹寿江:《采取积极措施抢救白洋淀》,《人民日报》1982年4月24日第7版。
杨德华:《能把白洋淀从地图上抹掉吗?——就白洋淀问题访于光远同志》,《北京日报》1984年6月22日。
李振海:《白洋淀兴废为人瞩目》,《河北日报》1984年7月12日。
于光远:《不应该从地图上抹掉白洋淀》,《经济日报》1984年7月17日。
赵秀岩:《冰冻三尺寒如今要变样?河北省决心明年还清白洋淀》,《中国环境报》1996年3月23日。
周晋耀:《水质好转引来众多禽鸟?白洋淀有望重现旧风光》,《中国环境报》1997年5月13日。
白剑峰:《治理重点污染源,建设生态防护林,"华北明珠"白洋淀碧波重现》,《人民日报》1998年11月16日第10版。
谢剑峰:《白洋淀鹅鸭戏碧水》,《中国环境报》1998年11月21日第9版。
赵佩珍:《白洋淀再遭污染,养殖户损失惨重》,《人民日报》2000年4月26日第12版。

杨宝东:《白洋淀恢复生机》,《人民日报》2004年7月16日第18版。

梁文君、姜莉莉、郭娟:《白洋淀死鱼谁之过?》,《中华工商时报》2006年3月27日第5版。

白志军:《白洋淀治污:骗过了检查,逃不过惩罚》,《新华每日电讯》2006年4月12日第2版。

蔺玉堂、耿建扩:《黄河水引进白洋淀,生态环境显著改善》,《光明日报》2007年2月26日第8版。

唐宝贤:《白洋淀复清需治污补水并重》,《中国环境报》2007年7月30日第7版。

王明浩:《保定擦亮"华北明珠"白洋淀》,《人民日报》2007年8月9日第9版。

曹培锋:《白洋淀湿地生态环境显露生机》,《中国环境报》2010年5月3日第6版。

河北省安新县水产畜牧局:《安新全面加快白洋淀渔业发展》,《中国渔业报》2011年7月25日第8版。

朱峰:《白洋淀新增两种野生鸟类》,《保定晚报》2011年12月8日第12版。

霍小光、张旭东、王敏等:《千年大计、国家大事——以习近平同志为核心的党中央决策河北雄安新区规划建设纪实》,《人民日报》2017年4月14日第1版。

宋美倩、李保健:《让"华北明珠"再生辉——白洋淀生态修复工程纪实》,《经济日报》2017年4月18日第13版。

史自强:《华北明珠再绽璀璨》,《人民日报》2017年4月22日第9版。

耿建扩:《让"华北明珠"重放异彩——河北省加快白洋淀生态修复》,《光明日报》2017年4月27日第1版。

李如意:《白洋淀将彻底摆脱干淀威胁》,《北京日报》2017年11月3日第11版。

李遥:《保定大力治理白洋淀上游流域生态》,《河北日报》2018年2月19日第1版。

原付川:《协同治理,凝聚攻坚强大合力——白洋淀综合整治攻坚进行时》,《河北日报》2018年8月7日第5版。

原付川:《2020年白洋淀湖心区水质达四类标准》,《河北日报》2021年

2月2日第5版。

曹国厂、高博：《绿色、创新、智能——解码雄安新区高标准高质量发展》，《人民日报》2021年1月18日第10版。

（六）著作

中国科学院动物研究所白洋淀工作站编著：《白洋淀生物资源及其综合利用初步调查报告》，科学出版社，1958年。

河北省科学院地理研究所主编：《白洋淀水源保护研究图集》，科学出版社，1983年。

白洋淀国土经济研究会等编：《白洋淀综合治理与开发研究》，河北人民出版社，1987年。

王树才主编：《河北省航运史》，人民交通出版社，1988年。

金相灿主编：《中国湖泊水库环境调查研究（1980—1985）》，中国环境科学出版社，1990年。

《河北省四十年水利建设成就——水利统计资料（1949—1988）》，河北省水利厅计财处，1993年。

《中国环境年鉴》编辑委员会编：《中国环境年鉴（1993）》，中国环境科学出版社，1993年。

《中国环境保护行政二十年》编委会编：《中国环境保护行政二十年》，中国环境科学出版社，1994年。

朱宣清、弓冉著：《白洋淀环境演变及预测》，西安地图出版社，1994年。

章申、唐以剑等著：《白洋淀区域水污染控制研究：水陆交错带水环境特征与调控机理》，科学出版社，1995年。

河北省水利厅编：《河北省水旱灾害》，中国水利水电出版社，1997年。

宋健著：《向环境污染宣战》，中国环境科学出版社，1997年。

王幼辉主编：《河北的水》，河北科学技术出版社，1999年。

肖显静著：《环境与社会：人文视野中的环境问题》，高等教育出版社，2006年。

洪大用主编：《中国环境社会学：一门建构中的学科》，社会科学文献出版社，2007年。

杨华著：《中国环境保护政策研究》，中国财政经济出版社，2007年。

吴凤章主编：《生态文明构建：理论与实践》，中央编译出版社，2008年。

温宗国编著：《当代中国的环境政策：形成、特点与趋势》，中国环境科学出版社，2010年。

河北省环境科学学会环境评价分会编：《河北省环境影响评价文件汇编》，河北人民出版社，2011年。

彭艳芬著：《白洋淀历史与文化》，河北大学出版社，2012年。

河北省第一次水利普查领导小组办公室、河北省水利宣传中心编：《河北省第一次全国水利普查辑录》，河北科学技术出版社，2013年。

潘增辉主编：《水生态文明建设研究与实践》，河北科学技术出版社，2013年。

崔保山等著：《白洋淀沼泽化驱动机制与调控模式》，科学出版社，2017年。

范周主编：《雄安新区发展研究报告》（第一卷），知识产权出版社，2017年。

范周主编：《雄安新区发展研究报告》（第二卷），知识产权出版社，2017年。

范周主编：《雄安新区发展研究报告》（第三卷），知识产权出版社，2017年。

范周主编：《雄安新区发展研究报告》（第四卷），知识产权出版社，2018年。

范周主编：《雄安新区发展研究报告》（第五卷），知识产权出版社，2018年。

范周主编：《雄安新区发展研究报告》（第六卷），知识产权出版社，2020年。

中共河北省委党史研究室编著：《中国共产党河北编年史（1949—1952）》，河北人民出版社，2019年。

（七）硕、博士学位论文

姜海：《白洋淀区域环境问题研究》，硕士学位论文，天津大学，2003年。

刘春兰：《白洋淀湿地退化与生态恢复研究》，硕士学位论文，河北师范大学,2004年。

刘立华:《白洋淀湿地水资源承载能力及水环境研究》,硕士学位论文,河北农业大学,2005年。

曾群:《汉江中下游水环境与可持续发展研究》,博士学位论文,华东师范大学,2005年。

郭琪:《20世纪50年代河北环境问题研究》,硕士学位论文,河北师范大学,2006年。

李亚鹏:《白洋淀的水环境质量与保护对策研究》,硕士学位论文,河北农业大学,2006年。

高芬:《白洋淀生态环境演变及预测》,硕士学位论文,河北农业大学,2008年。

姜书平:《20世纪70—80年代初河北环境问题研究》,硕士学位论文,河北师范大学,2008年。

董娜:《白洋淀湿地生态干旱及两库联通补水分析》,硕士学位论文,河北农业大学,2009年。

杨洪刚:《中国环境政策工具的实施效果及其选择研究》,博士学位论文,复旦大学,2009年。

李博:《白洋淀湿地典型植被芦苇生长特性与生态服务功能研究》,硕士学位论文,河北大学,2010年。

王资峰:《中国流域水环境管理体制研究》,博士学位论文,中国人民大学,2010年。

邓睿清:《白洋淀湿地水资源—生态—社会经济系统及其评价》,硕士学位论文,河北农业大学,2011年。

杨盈:《基于食物网营养动力学的白洋淀湿地生态需水研究》,硕士学位论文,北京师范大学,2011年。

王宇:《从水土环境要素研究河北保定—沧州地区湿地演变》,硕士学位论文,中国地质大学(北京),2012年。

边蔚:《白洋淀水产养殖污染负荷与控制研究》,博士学位论文,中国地质大学(北京),2013年。

常利伟:《白洋淀湖群的演变研究》,硕士学位论文,东北师范大学,2014年。

刘丹丹:《白洋淀水资源量变化及其原因分析》,硕士学位论文,河北农业大学,2014年。

彭吉栋:《白洋淀湿地昆虫多样性研究》,硕士学位论文,河北大学,2015年。

王敬照:《白洋淀生态报道研究(1972—2018)》,博士学位论文,河北大学,2018年。

高尚:《京津冀区域水环境政策评价研究》,硕士学位论文,天津工业大学,2019年。

刘园园:《白洋淀湿地生态系统的演变分析及健康评价》,硕士学位论文,河北农业大学,2019年。

张蕾:《白洋淀水生植物群落分布与水环境因子关系研究》,硕士学位论文,河北大学,2019年。

李聪:《引黄入冀补淀工程水量供需耦合分析》,硕士学位论文,河北农业大学,2020年。

朱明澹:《唐河污水库及周边地区地下水脆弱性数值模拟研究》,硕士学位论文,重庆交通大学,2021年。

图书在版编目(CIP)数据

1949—2016年水环境政策与白洋淀地区人水关系研究/
张慧芝著. --上海：复旦大学出版社,2025.3
ISBN 978-7-309-17802-9

Ⅰ.X321.222;X143
中国国家版本馆 CIP 数据核字第 2025BR8431 号

1949—2016 年水环境政策与白洋淀地区人水关系研究
1949—2016 NIAN SHUIHUANJING ZHENGCE YU BAIYANGDIAN DIQU RENSHUI GUANXI YANJIU
张慧芝　著
责任编辑/高　原

复旦大学出版社有限公司出版发行
上海市国权路 579 号　邮编：200433
网址：fupnet@fudanpress.com　http://www.fudanpress.com
门市零售：86-21-65102580　　团体订购：86-21-65104505
出版部电话：86-21-65642845
苏州市古得堡数码印刷有限公司

开本 787 毫米×1092 毫米　1/16　印张 29.5　字数 483 千字
2025 年 3 月第 1 版
2025 年 3 月第 1 版第 1 次印刷

ISBN 978-7-309-17802-9/K·856
定价：88.00 元

如有印装质量问题，请向复旦大学出版社有限公司出版部调换。
版权所有　侵权必究